本书获得教育部人文社科重点研究基地——河北大学宋史研究中心基地建设经费、河北省历史学强势特色学科经费、中国史双一流学科经费资助。

宋史探研

THE COLLECTION OF RESEARCH ABOUT THE HISTORY OF SONG DYNASTY

河北大学宋史研究中心博导丛书

汪圣铎 著

中国社会科学出版社

图书在版编目（CIP）数据

宋史探研／汪圣铎著．—北京：中国社会科学出版社，2019.12（2021.6 重印）
ISBN 978－7－5203－5235－2

Ⅰ.①宋…　Ⅱ.①汪…　Ⅲ.①中国历史—研究—宋代
Ⅳ.①K244.07

中国版本图书馆 CIP 数据核字（2019）第 216487 号

出 版 人　赵剑英
责任编辑　宋燕鹏
责任校对　杨　林
责任印制　李寡寡

出　　版　中国社会科学出版社
社　　址　北京鼓楼西大街甲 158 号
邮　　编　100720
网　　址　http://www.csspw.cn
发 行 部　010－84083685
门 市 部　010－84029450
经　　销　新华书店及其他书店

印　　刷　北京明恒达印务有限公司
装　　订　廊坊市广阳区广增装订厂
版　　次　2019 年 12 月第 1 版
印　　次　2021 年 6 月第 2 次印刷

开　　本　710×1000　1/16
印　　张　25.25
插　　页　2
字　　数　386 千字
定　　价　118.00 元

目　　录

宋代货币地租分析

货币地租的出现是研究我国经济史，特别是资本主义萌芽问题的重要课题。漆侠先生近年发表了《宋代货币地租及其发展》《宋代封建租佃制及其发展》① 两文，对此发表了一系列重要见解。本文拟谈一些与漆先生商榷的意见，以期抛砖引玉，推动讨论。

一　宋代学田货币地租之分析

漆侠先生上述文章（以下简称漆文）提出："宋代封建国家土地所有制中的学田、沙田芦荡和建康府营田都存在货币地租。其中以学田的货币地租最为发展。"从时间上看，"从十一世纪到十四世纪的三四百年中学田一直征收货币地租"。从地域上看，"特别是在以太湖流域为中心的两浙路，就更为普遍"。那么，我们的分析工作不妨就从这里开始。

关于两浙路学田的货币地租，如果就漆先生主要引证的《江苏金石记》、《宝庆四明志》和《越中金石记》中有关的记载，重新做些分析，就会发现有如下几方面的问题：

（一）记载中所谓学田的货币收入有不少并非真是地租，而是地租以外的别种收入。例如，漆文引证的《江苏金石记》卷一三《吴学粮田籍

---

① 前篇原载1979年第1期《河北大学学报》，转载于山西出版社1982年版《中国封建经济史论丛》（第二辑），收入漆先生的《求实集》。后篇载于1982年第4期《陕西师范大学学报》。

记》，表面上，货币收入如漆文所讲，有二千二百五十三贯之多，“在总收入中的比重是不轻的”。但细分析起来，这笔数量相当的货币收入却包括了地租以外的下列收入。

1. 带收钱和縻费钱。据原书记载，这两项“系白米每石纳带收钱叁佰肆拾陆文省，縻费钱壹佰文省”。又从宋代文献记载中可以得知，人户向官府缴纳钱物，往往要附纳縻费钱；带收钱即赋税的“代纳钱”；二者同属一种附加税。尽管它们同田租一起归入赡学收入，但称它们为货币地租却是不妥的。

2. 屋钱。屋钱数量不见于碑记，但原文明言“五县总收田荡租钱及屋钱计……”，可见货币收入总数中实包括屋钱。若我们把整个碑文所载各分项收入中货币部分加在一起，约只有七百贯，从上述总收入货币数一千七百六十一贯中减去此数，尚有一千余贯不知所从来。此碑文虽有脱落处，但并不多。可知这一千贯大部分当是屋钱无疑。事实上，不仅在这一碑文中把“屋钱”列入学田籍，其他文献也往往把“屋钱”甚至“楼店务钱”等计入学田收入。这在古人固不可厚非，但今天研究地租问题时，却不宜混同。

3. 碑文所载各分项收入中货币收入总数为七百余贯，这里面又有“吴江县遗利钱捌拾壹贯贰佰陆拾贰文省”，显然不属地租收入。

这样，所谓二千二百多贯货币收入中大部分实际上不是地租。

又如，漆先生提到《宝庆四明志》卷二所载“砂岸钱”，共有三万多贯，“这笔货币收入是庆元府学最大的一笔收入”。“砂岸钱”是否就是货币地租呢？原书所录淳祐六年（1246 年）省劄，为我们认识“砂岸钱”的性质提供了资料：“……今乃非关市而横征，讬砂岸而苛禁……濒海细民素无资产，以渔为生。所谓砂岸者，即其公共渔业之地也。数十年来，垄断之夫抱细以为名，啗有司以微利，挟趁办官课之说，为渔取细民之谋……倚势作威，恣行刻剥。有所谓艚头钱、有所谓下莆钱、有所谓晒地钱，以至竹木薪炭莫不有征，豆麦果蔬亦皆不免，名为抽解，实则攫拿，犹且计口输金，下及医卜工匠、创名色以苛取，皆官司之所无……”从上引前后文字和“砂岸”之文义看，“砂岸”或许释为渔港较释为

“近海渔场”更贴切。[①] 又从引文可知抱佃者乃是通过抽解征税的方式来敛取钱财的。故砂岸与其说是货币租，毋宁说是渔业税。

再如《江苏金石记》卷一七《无锡县学续增养士田记》所载的货币收入中，有些内容也值得分析。如一类，共有六例，所纳之钱全部为草屋租赁钱（每间租金一般二百文）。用草屋钱说明商品经济的发展或许可以，但将它算入地租却不尽妥当。另一类，共四例，三处房基地，一处埭地，都非农用地。非农用地的货币地租与我们讨论的作为封建社会土地关系没落标志的货币地租是有很大距离的。

可见被漆先生当作货币地租看待的有些实际上并不是货币地租，或者不是我们所要着重讨论的货币地租。虽然它们也混在学田收入之中，但我们在研究货币地租时，却要细致地加以区别。

（二）记载中缴纳货币地租的数量和缴纳货币地租事例的数量都是很少的。上述各书中记载缴纳货币地租数量最多的只有《吴学粮田籍记》。漆文讲过，其中“田荡租钱及屋钱”共一千七百余贯，而“田荡租钱”究竟占多少并不清楚。如果按分项记载数之和计算，则仅有六百余贯（就中又有种种情况，以下另析）。以此数与实物地租米谷二千三百余石、山柴三千余束相比，显然已是十分之一以下。其他各例货币地租所占比重，尚不及此。见后附表：此表说明，即便是货币地租最盛的南宋两浙路学田，货币地租无论在价值量上还是在事例数量上都无法与实物地租相比。表内所列尚仅为载有货币租的文献所提供的情况，大量的地租收入记载因不是货币地租而未包括在内。漆文说：“南宋历年来的学田碑，一直到元朝至大等年的学田碑，都载有货币地租。”其实是不确切的。远的不讲，即如前述几部书来说，《江苏金石记》卷一四《吴学续置田记》、卷一五《平江府添助学田记》、卷一八《嘉定县学田租记》以及《越中金石记》卷六《绍兴府建小学田记》都载有佃户缴纳实物学田租的情况，却无缴纳货币之情况。

（三）记载中货币地租的形成各有其特殊原因。主要有：学田本身的

---

① 《四明开庆续志》卷八《蠲放砂岸》，引吴潜、奏疏中砂岸与税场连称，又有“应干砂岸诸岳”之说法，也可为佐证。

特殊情况及官学地租管理支配的特殊性等。学田的构成与民田区别很大，学田的来源主要是户绝田、犯罪者的没官田及无主的市镇空闲地、山坡、水荡等。这就使得学田分布广而零散，地情复杂，劣质地占较大比重等，这与征收货币租有直接关系。如《常熟县学田籍贯》载纳货币地租者共十例，其中六例地在市镇（福山镇五例，县市一例）。市镇之地，往往不用于农业，与一般乡村土地有别。其余四例中有二例系柴地，余二例为情况不明之“地”（南宋两浙水田不称“地”，“地”专指无水利条件之高地），可见十例情况各有特殊之处。《吴学粮田续记》载纳货币者共六例，其中五例系“荡”，一例系“山”。《绍兴府县学田记》所载大都是“桑地”。可见征货币租者，绝大部分都不是产粮食的“杂地”，用这些非同一般的土地的情况来说明宋代整个土地制度的重大变化，有欠说服力。从另一方面说，学田既属官员，收入用于赡学，那么它在管理地租的方式上即与世俗地主有所不同。分成租在当时一般地主中间多被采用，学田却极少采用。因为地主大都居住本乡本土，可以随时到地里察看。官学设在城镇，学田散于四方，学官无暇一一查实收获量，也不放心派人下乡分成收租。加之官学师生有定额，逐年支费起伏较小，相应地需要每年收入稳定。这些均同实行分成租相矛盾。世俗地主对于收获物品种复杂并不反感，因为他和他的家庭生活需要是多方面的；而收纳品种复杂的实物租却会给官学带来麻烦。首先，官学的支出与世俗地主不同，诸如纸、笔及其他文具等都是实物地租所不能直接供给；官学地处城镇，对货币的需求也较世俗地主为多。其次，地租品种复杂给官吏贪污作弊提供机会，造成保管收藏的困难。另外学田的性质、用途，也决定了其不宜实行分成租。

以上分析表明：即便是被认为货币地租最兴盛的南宋两浙路学田，货币地租的存在也不具有普遍性。各种形态的货币地租的存在，尽管反映了商品经济的某种发展，但它们本质上却不是商品经济发展的产物。造成其存在的决定性原因是学田的特殊功用、特殊的管理和特殊的构成等。不但南宋两浙路是如此，两宋其他地区的学田也并无两样，兹不赘述。

		《江苏金石记》卷一七《常熟县学田籍碑》	《江苏金石记》卷一七《无锡县学续增养士地记》	《江苏金石记》卷一七《无锡县学续增养士田记》	《江苏金石记》卷二〇《吴学粮田续记》	《越中金石记》卷四《绍兴府县学田记》	《宝庆四明志》卷二《学校》
		庆元二年（1196 年）	嘉熙元年（1237 年）	淳祐三年（1243 年）	咸淳七年（1271 年）	绍兴五年（1135 年）	宝庆年中（1225－1227 年）
总收入量比	实物地租	米、谷、麦 2287 石 石山柴 3300 束	米 736 石	米、麦 306 石	米、麦 1078 石	米 111 石	米、谷 4500 石
	货币地租	602 贯	87 贯	8 贯	393 贯	43 贯	621 贯
事例数量比	实物地租	39	155	128	62	37	×
	货币地租	6	10	3	6	7	×
备注	＊实物租与货币租互相比较，尚须考虑当时当地的物价。南宋两浙米价绍兴年中曾达六七贯一石，后期宝祐年中曾达官会四十余贯一石，孝宗时最低，约二贯。故以中价计，石、米之值不下于四贯。谷约为米价十分之七，麦则与米相近。 ＊表中所列，粮石以下，钱贯以下均略去。						

二　其他官私土地货币地租分析

如漆文所述，宋代官田除学田外，沙田①、官庄康府营田等也存在征收货币租的情况。② 有关记载大都过于简略，难以窥见全貌。然仅就现有资料，仍可看出官田征收货币租者通常有以下几方面特点。

（一）这些官田同学田相类，在管理和地租收入的支配等方面都有不

① 漆文中称沙田即江涨涂田，似不尽妥当。沙田与涂田实有区别，大抵涂田为泥质，沙田为沙质；另外涂田、沙田不仅江河畔有，沿海也有。参见王桢《农书》《宋元四明六志》等。

② 漆先生未述及四明广惠院田、蜀地职田、福州以外的官庄也有征收货币租的情况，本文补入并述。

同于民田的特殊性。例如，据《建炎以来朝野杂记》甲一五《都下马料》及《宋会要辑稿》、《宋史》有关章记，南宋绍兴末年始大规模括取沙田、芦场为官有。记载说明，这次括取沙田、芦场的始因，是要解决行都附近驻军的马料支费问题，所括之沙田、芦场直接隶属于朝廷官田所或户部。这些土地分布于数路之广阔地域，就使得它们比分属各州县的学田管理起来更加困难。假若实行分成租，有关官吏难免有欺下瞒上、中饱私囊之事，官民俱受损失，故定额租是势在必行的。又因其分布广，各处租赋多少不一，且要辗转输送于相距千百里的行都，折征货币显然是适应管理上的特殊条件的。又如，《四明开庆续志》卷四《广惠院》记广惠院田也征收一部分货币租。从此书可知，广惠院是一种官办慈善机构，用以赡养无依靠的老、小及病残之人。机构设在城里，每日均需开支买盐、菜、酱、柴及院内工作人员贴支等钱。其田产却分布本州各处，有些地块离城很远。因此将一部分地租折征货币，既是管理上的需要，也是广惠院自身性质的要求。

（二）征收货币租的官田一般是性质低劣的土地。官有沙田、芦荡，本系一种极不稳定的淤积地或沼泽地，① 与普通田地相比，已属低劣。而据《建炎以来朝野杂记》等记，官府将沙田、芦荡又加以区别，起初规定沙田、沙地征实物，芦荡征柴、见钱。后又改为沙田征米，沙地、芦荡征钱。可知征收货币者又是沙田、芦荡中性质较差的。沙田、芦荡所征货币租中，有时每亩只征几文、十几文，如果征实物，征收时的麻烦是可以想见的。又如前述四明广惠院田，其中征货币租即为沙地、房基地、山地、地、淘湖田及海塘田，除淘湖田性质尚好外，其他均为性质低劣之田地。内中海塘田最多，共一千三百余亩，每亩征米一斗五升至二斗五升（后折征货币），只相当普通水田地租的四分之一或七分之一。同书所载普通水田，则全部征收米谷。

（三）官田征收货币地租往往出于某种特殊需要。例如，《建炎以来朝野杂记》载，南宋时“蜀中圭租皆折见钱，又多从隔郡支给”。职田租折征钱，在南宋似只有四川地区是合法的。这事的形成有着历史的原因。

---

① 见《宋史》卷三八四《叶颙传》、《宋会要辑稿》、《建炎以来朝野杂记》等。

据《宋史·职官志》，北宋熙宁年间（1068—1077年）曾有诏，令“成都府路提点刑狱司，以本路职田令逐州军岁以子利稻麦等拘收变钱，从本司以一路所收钱数，又纽而为斛斗价值，然后等等均给”。这一将职田租由全路统一管理分配的制度后来被长期沿用。诏令中原规定由官府将职田租入转变为现钱，而官府自己担负此种事务实多有不便，于是逐渐即由民户自己直接缴纳货币。可知蜀中职田租折钱，是朝廷对蜀中职田的特殊规定起了主要作用。此外，官吏有时为了多从佃户处榨取钱财，官府有时为防止官吏过多留意于职田收益败坏风气，都曾在某一段时间里征收过职田货币租。① 无疑，也是由于特殊需要所致。漆文又讲到福州官庄征收货币租，且称之为“最早的货币地租”。为了弄清史实，将漆先生据以立论的记载重录如下：

［天圣二年］十一月，淮南制置发运使方仲荀言：福州官庄与人户私产一例止纳二税，中田亩钱四文、米八升，下田亩钱三文七分，米七升四勺……②

文中分明是讲“二税”，不知漆先生为何说是“货币地租”。假若此文尚有疑义，紧接此段，原书又载天圣四年（1026年）六月辛惟庆之语，也讲福州官庄“于太平兴国五年（980年）准敕差朝臣均定二税，给帖收执”。也可证福州官庄从太宗至仁宗时佃户只纳二税不纳田租。又《文献通考·田赋》载天圣三年（1025年）屯田员外郎张希颜奏称：“福建八州皆有官庄，七州各纳租课，惟福州只依私产纳税。”是二税而不是租课，此处讲得何等明白。所讲钱数即二税税钱额，则根据北宋惯例，实征时仍要折征实物并不征货币的。可见漆文所谓福州官庄从太宗时起就征货币地租的提法是缺乏根据的。由于神州官庄只纳税不纳租，被认为“显是幸民”，天圣以后才一度全部将税额折征货币，张希颜自己讲明这是为了暗增税额。这一次虽然是真正地征货币了，但所征货币仍是由二

① 见《建炎以来朝野杂记》甲一六《圭田》，《宋会要辑稿》职官五八之二二等处。
② 《宋会要辑稿》食货一之二三。

税额折变而来的。[1] 至于说到营田征货币租，那更是一种特殊情况。因为无论是屯田还是营田，在宋代主要是为了解决军粮供应问题。营田租征货币而不征粮，这本身即说明系出于某些特殊需要。漆文所引《景定建康志》“初以稻入，后以镪入”一语后，原文尚有“初以饲马，后以饷军”一句，它虽未能讲出征实物变为征货币的详因，却透露了有关实物租变货币租（并非全变，除改征货币四千四百余贯外，尚有马料一万三千八百余石等）事因的线索，即当时需要军饷的急迫性超过了需要马料的急迫性。两宋关于营田、屯田的记载颇多，而纳货币租者似仅此一例，也说明了事属例外。

漆先生文章中关于私有土地的货币地租仅引证三例。其中《郑氏规范》最后成书于明代，漆先生自己说明，此书几经修改，有关文字难以确定究竟何时写入。又原文讲“钱货折租”，即原本以实物定额，难以确定是否指遇到特殊情况如天灾等而临时折纳钱币，因此便不大能说明问题。另一例是《临川先生集》卷四三《乞将田割入蒋山常住劄子》。已有论者指出，此文所述乃是王安石所献田的税赋数。[2] 即便假定所述为田租数，则漆先生也认为其中二十余贯的货币租“占全部地租的比重不大”，又“显然是从芦荡等类型土地上征收的地租”。既如此，用此例说明“宋代地主土地所有制中不仅存在货币地租，而且这种形态的地租也得到了相应的发展”的结论，是有欠说服力的。相反，此例中实物“簾”居然有一万七千领之多，恰可说明当时实物地租的兴盛。漆文引证的第三例是《铁庵方公集》卷二一《乡守项寺丞》中“士大夫家当收租时多折价”一语。然此又是临时折价，不是货币定额。又从原书上下文及有关记载看，福建（即引文中士大夫所在）“土狭人稠，虽半年无半年粮，全仰广舟”；又所讲为士大夫家即仕官人家，宋代当官人调动频繁，家属随行者也迁徙无常，而田产不宜颇移，故多委亲戚、干人代管。福建缺粮，其价必高，若收折价，士大夫家有输送之便，又有徙贵就贱之益，佃户

---

① 除福州官庄外，崇宁间各地宗室司官庄也有征收货币的现象，见《宋会要》帝系五之一九。主要原因是“宗室所请钱米外诸物，候官司粜货兑拨见钱迟缓妨用”。

② 详见王曾瑜《王安石变法简论》，载《中国社会科学》，1980 年第 3 期。

自也乐于输钱。可见“士大夫家当收租时多折价”这种现象，也是当时当地特殊情况所决定。

三 宋代商品经济发展特殊性之分析

我们讲宋代官私土地上的所谓货币地租的出现，本质上不是商品经济正常发展之结果和标志，但并不是说其与商品经济发展状况无关。各种货币形态的地租尽管数量极少，又以商品经济发展以外的各种特殊情况为先决条件，但是它们毕竟也反映了商品经济的某种发展。只要对宋代经济做深入分析，将其与马克思、恩格斯论述的西方中世纪经济做一番比较，就会发现宋代商品经济发展有着一些显著的特点，其大致可以简略地概括为以下几方面。

（一）赋税制度中折变、征钱对自然经济的破坏以及由此导致的商品经济的不正常发展。自从唐朝实行两税法，我国历史上的赋税制度就发生了一次重大变化。其中一个重要方面就是新税制以钱、米二项定额，其夏税钱往往折征实物，其种类往往并不确定。陆贽《陆宣公奏议》卷六《均节赋税恤百姓六条》中讲道：“今之两税……但估资产为差，便以钱谷定税，临时折征杂物，每岁色目颇殊。唯计求得之利宜，靡论供办之难易。所征非所出，所业非所征。遂或增价以买其所无，减价以卖其所有……”入宋以后，赋税折变很普遍，有关记载不胜枚举。又后渐演化出赋税由物再折征现钱，不但夏税征钱，秋苗也征钱。如宋神宗时东南凡歉收地区往往即令秋苗折钱，称为“折斛钱”。特别到了南宋，二税征收货币就更为普遍。有时官府为了称提楮币之价，还特别规定赋税要折收楮币。二税之外，役钱、青苗息钱、免夫钱等许多杂税都直接征收现钱。尤其南宋的折帛钱，总数达二千万缗，数量相当可观。从大量赋税征钱的记载看，赋税由征实物变为征钱币的主要原因，并不是商品货币经济的充分发展，而是各级官府为通过征钱币达到增加财政收入等目的。公开的赋税以外，禁榷收入“几半天下之赋”，实际是一笔更大的征钱税。禁榷收入绝大部分是货币。这是因为禁榷收入虽然实质上是一种人头税（这一点先秦《管子》即已指出），但其途径却表现为官民之间的贸易，即官府利用其政治特权强迫人民与其进行不等价贸易。官府出于管理上的需要，不可能像世俗商人那样收受品种复杂的实物，这就使得禁榷收入绝大部分是货币收入。赋税折变和征钱，必须要刺激商品货币经济的发展：以前农民不必依赖交换，现在所征非所出，就不得不去交换；以前农民手中没有钱币也能过日子，现在却不得不想办法弄到钱币来完纳税务、买盐、茶、酒、醋等。农民被迫“增价以买其所无、减价以卖其所有”，使得本来不该投入流通的产品变成了商品；价之低昂，又刺激了商人的经营欲望。《历代名臣奏议》卷二七一载南宋李椿奏，讲到赋税征钱对自然经济的破坏：

国家养兵禄吏，固当以理财为务……今谷帛之税，多变而征钱，钱既非民之所自出，不得不逐一切之利以就司所需。既逐一切之利，则不专于农桑……

这些话深刻揭露了赋税征钱使越来越多的人从事与商品经济相关的活动，致使农业生产遭到破坏。于是，商品货币经济的不正常发展就与农业生产的被破坏互为因果而并存了。

（二）冗兵冗官等所造成的巨大市场对商品经济发展的刺激作用。宋化实行募兵制，军队数量十分惊人，北宋最多时曾达一百三十万以上，南宋时也近百万。宋代官僚机构空前臃肿，官吏数量也空前增加。品官最多时达四万以上，约为盛唐两倍。吏员自从改差为雇，也成为一种数额众多的职业雇员，从而实际上又扩大了官吏队伍。宋代官、宫薪俸一般都按比例支发现钱，所支实物部分则常常通过商品流通渠道获得。这样就给商品经济提供了巨大的市场。例如军粮，尤其是沿边的军粮，常常采取招募商人入中的办法获取。《文献通考·征榷》记：“……商贾以物斛至边入中，请［盐］钞以归。物斛至边，有数倍之息……以此，所由州县贸易炽盛……”可见，军粮贸易带动了其他贸易，促进了整个商品经济的发展。南宋变入中为籴买，其对商品经济发展的刺激作用没有多少区别。官吏、军兵的众多又造成了城市的发展。我国古代的城市与西方各国有别，它首先是政治、军事中心，官吏、军兵（除了戍边者外）

大都居住在城市或城市附近。[①] 这就又导致了为其服务的各种事业的发展，造成了巨额的城市人口，造成了对各种商品的巨大需求。

（三）竭泽而渔的搜刮对农业生产的摧残以及由此造成的商品经济发展的特殊条件。宋代赋税之重是历史上空前的。造成这种状况的是朝廷巨大的财政开支，除冗兵、冗官之外，皇室、宗室、祭祀等方面的开支都是很大的。宋朝各级官府为了弥补财政亏空，竭泽而渔地从百姓那里搜刮钱财，前人已屡有论述，在此不作重复。繁重的苛捐杂税，榨干了广大农民的血汗，使农业再生产难以进行，造成农民大批破产流亡，土地因税重而荒芜。破产农民或则走上聚众起义的道路（宋代农民起义之接续不断是历史所罕见的），或则变为客户，相当数量的破产农民转变为手工业者、小商贩和各种苦力雇工，这就给工商业发展提供了大量的人力资源。尚未破产的农民为难持简单再生产，也不得不兼营副业，从而扩大了农村的商品生产。

（四）官府把发行钞引、货币等作为聚敛手段，对商品货币经济发展的特殊影响。封建统治者早就发现造币不但可以作为调节经济的手段，而且可以成为生财的手段，宋朝铸钱数量较前代大增，当与财政拮据有很大关系。但后来由于钞引、楮币大行、物价上涨等。铸币乃有费大于得的现象，官府即改铸成本较低的折二钱、当十钱、夹锡钱、铁钱等，原料、成本增加得不多，铸造的钱数却大大增加了。钞引（包括便钱券）的发行也大半是出于官府的财政需要，一则可借之以很小的代价就能实现大批财赋的转移，再则可借以吸收游资为官府调用，三则可通过发行超额钞引获得利益。每年官府发行的钞引都在千万贯以上。宋代钞引不但有票面价值和市场价格，而且有时用以支发薪饷或用为储藏手段。钞引之外，还有度牒和官告，都有官价和市价。这样，宋代就存在多种在世界经济史上独具一格的有价证券，成为我国历史上最早发行纸币的时期。随着财政的恶化，纸币的发行成为弥补财政亏空的主要手段，发行

---

① 关于驻军与城镇商业等的关系，可举《真西山集》卷六《奏乞为江宁县城南厢居民代输和买状》所载为例，此文记建廉城南草市之盛，即起因于马军行司移入。“连营列戍，军民憧憧，聚彼贸易，市日以繁盛。”

额直线上升，南宋末年会子的实际发行量竟达五亿贯以上。巨额的铸币、楮币、钞引、度牒、官造等的发行，造成了货币经济的恶性膨胀。一方面官府通过官兵薪饷、籴买、和买等大量支出货币，一方面则通过赋税、专卖及其他各种渠道回笼货币，造成了货币特殊的周期性运转，其结果，势必是商品货币经济的畸形发展。

概言之，宋代商品货币经济尽管在某些方面较前代有所发展，但却不能不看到，商品经济的发展带有很大的畸形性。就是说，宋代商品货币经济的发展在很大程度上不是靠农业、手工业的充分发展，而是基于诸如国家财政、官僚制度、军事制度等方面的原因。商品货币经济确实呈现出前所未有的繁荣，但是这种繁荣却带有不小的虚假成分。这就是说，商品货币经济的发展在一定程度上离开了它的基础——社会生产力和社会生产的发展水平，甚至在某些情况下，反而建立在社会生产力和社会生产遭受破坏的基础上。

通过以上分析，可以得出如下结论：一是宋代的货币地租在数量上极其微小；二是宋代各时期各种货币地租的形成，起决定作用的是田地产本身或田地产所有者的特殊情况；三是宋代货币地租的出现以商品货币经济畸形发展为前提条件。因此，宋代的货币地租尽管也是一种货币地租，但却与马克思《资本论》所论述的货币地租有本质区别。它是一系列特殊原因造成的特殊现象，并不能造成“整个生产方式的性质”的改变，也不是资本主义萌芽出现或将要出现的曙光。在此后六七百年时间里，直到鸦片战争前，其存在范围及数量几乎没有任何发展，就是极好的证明。

叶适管理思想研究

南宋孝宗统治时期，政治较为开明，思想较为活跃，出现了朱熹、叶适、陆九渊等不少思想家。其中叶适讲究功利，在国家管理方面造诣颇深，提出了较系统的管理理论。本文拟就此做一些探讨。

一　集权与分权及管理幅度

叶适的管理理论，是通过对宋朝统治弊病的批判来阐出的。他的批判可以归结为四句话："自昔之所患者，财不多也，而今以多为累；自昔之所患者，兵不多也，而今以多为累；自昔之所患者，法度疏阔也，而今以密为累；自昔之所患者，纪纲纷杂也，而今以专为累。"① 在这四条之中，最重要的是纪纲以专为累。

叶适分析了宋朝专制统治的发展过程。他提出，宋朝立国之始，在施行国家管理的根本方针上，与历朝有深刻的差异："国家规模，特异前代，本缘唐季陵夷，藩方擅命，其极为五代废立士卒断制之祸，是以收揽天下之权，铢分以上悉总于朝，上独专操制之劳。"② 收揽天下之权，突出表现在：在军事方面，将绝大部分作战部队的调动权收归朝廷，地方和军将无朝旨不能调动军队；在财政方面，将绝大部分赋入的支配权收归朝廷，地方军政长官无权支配财赋；在官员任用方面，将前代允许

---

① 《水心别集》卷一〇《实谋》。

② 《水心别集》卷一五《上殿札子》。

地方长官自行任命权收归朝廷。路级不设统管军政的长官，而分设互不隶属分掌军、政、财、刑等的监司，各监司直接对朝廷负责。这样处置的结果，各方面的权力都集中于朝廷和皇帝本人，“国家因唐、五季之极弊，收敛藩镇权归于上，一兵之籍，一财之源，一地之守，皆人主自为之也”①。这种过分专制的做法又被后来的统治者奉为“守邦之大猷而当百世而不变”②，被认为是“古人之未至，而今日之独得”③。本来，宋初为消除割据分裂祸患，实行一些矫枉过正的政策也不必厚非，然而当其统治巩固之后，非但不加以纠正，反而变本加厉地加强专制，并“于烦文细故加增之”④，使得这种专制不断深化趋于极端。仁宗时，范仲淹等力图改革，行庆历新政，以受挫告终。神宗时，王安石想扭转颓势，而未抓住要害，“不知其为患在于纪纲内外之间，分画委任之异，而以为在于兵之不强，财之不多也”，“欲因弱势以为强势”，也未成功。此后，纪纲以专为累的情况就日趋严重。

叶适指出，纪纲过专带来的弊害首先就是边防虚弱，战争失利。他认为，宋初收揽事权没有考虑边疆与内地的不同。他主张“固外者宜坚，安内者宜柔。使外亦如内之柔，虽能自安，而有不大可安者”⑤，这种忧患就是外侮。本来，太祖时还给边将一些机动权，使他们得以在一定程度上施展才能。然而太祖末年和太宗即位后，连原来给的机动权也收回了。“故自雍熙、端拱以后，契丹（辽）日扰，河北、山东无复宁居，李继迁叛命，西方不了解甲”⑥，战则胜少败多，且敌强我弱的形势渐成定局。查其根源，就是“诸将不能自奋于一战者，权任轻而法制密，从中制外而有所不行也”⑦。“治具日密，法令则日烦，禁防束缚日不可动，爵禄恩意豢养群臣狃于区区文墨之中。”⑧ 军将一举一动都受到法制的约束，

① 《水心别集》卷一〇《始议二》。
② 《水心别集》卷一四《纪纲二》。
③ 同上。
④ 同上。
⑤ 同上。
⑥ 同上。
⑦ 同上。
⑧ 同上。

一言一行都受到君主的猜忌，他们的军事才能不能发挥，而他们养尊处优无所事事却得到鼓励。结果，“虽聚重兵勇将而无一捷之用，卒不免屈意损威以就和好”①。如北宋末年，“女真之来南地，杂以奚、契丹、渤海、汉儿，前才五六万，后亦不满十万而已”②，然而“长驱而至，莫有敌者”③。宋朝百余万大军，顷刻土崩瓦解，北宋随之灭亡。这就是过分专制的恶果。南宋统治者并未接受教训，重蹈覆辙，不给军将和平时期必要的治军权、战争中必要的机动处置权，严重损伤了军队的战斗力。针对这种状况，叶适提出了他的改革方案：“分两淮、江南、荆湖、四川为四镇，以今四驻扎之兵各以委之”；“于中各割属数州，使兵民财赋皆得自用，而朝廷不加问焉，余则名属之则已。而又专择其人，以各自治其一州，所谓兵民财赋皆得自用。”④ 这一建议体现了他的适当分权分责的主张。

在国家管理的其他方面，叶适描绘其过分专制状况道：“自边徼犬牙万里之远，皆上所自制命。一郡之内，兵一官也，财一官也，彼监此临，互无统属，各有司存，推之一路犹是也。故万里之远，口频呻动息，上皆知之，是纪纲之专也。”⑤ 即讲，州和路二级均无统一的管理核心，分掌兵财等的官员都与朝廷直接发生联系，重要的决策权全部总揽于朝廷。“尽收威柄，一总事权，视天下之大如一家之细。”⑥ “私其臣之无一事不禀承我者为国利”⑦，认为只有这样才能消除反叛割据的危险，满足自己的权力欲。叶适认为，这种管理方式固然不无便利之处，但“有大利必有大害”⑧。宋朝收揽事权，“欲专大利而无受其大害”⑨，固然也做出了

---

① 《水心别集》卷一五《上殿札子》。
② 《水心别集》卷一五《终论二》。
③ 《水心别集》卷一一《兵总论二》。
④ 《水心别集》卷一五《终论一》
⑤ 《水心别集》卷一〇《实谋》。
⑥ 《水心别集》卷一五《应诏条奏六事》。
⑦ 同上。
⑧ 《水心别集》卷一〇《始议二》。
⑨ 同上。

很大的努力，然而归结起来不过是“废人而用法，废官而用吏，禁防纤悉”[①] 而已。其实行的结果则是“人材衰乏，外削中弱”。[②] 所以，“无所分画则无所寄任，天下泛泛焉而已。百年之忧，一朝之患，皆上所独当……故纪纲以专为患而至于国威不立”[③]。叶适又从历史经验教训的角度对此做了论证，他指出：“两汉之治所以过于后世者，岂非其操之简而制之要哉。”[④] 唐朝之所以强盛，也是由于其事权集散较为适当。与前代相比，宋朝最为集权，而“天下之弱势，历数古人之为国，无甚于本朝者”。

针对宋朝纪纲过专的弊病，叶适提出：“知威柄之不能独专也，故必有所分；控持之不可尽用也，故必有所纵。”[⑤] 要适当改变管理层次不合理的状况，必须实行弹性控制。对于分级管理中不适当的权力上移的倾向要予以纠正，“还转运司之权以清户部之务，罢提举司之事以一转运之权”[⑥]。“分画委任而责其成功”，“功罪有归”，奖罚分明。

他还批评了那种机械地将《周礼》所载管理国家的手段移之于宋代的做法和主张。他说，借鉴《周礼》是可以的，但不能原样照抄。这是因为管理国家“必辨其内外大小之序，而后施其繁简详略之宜”[⑦]。周朝与宋朝，古今悬隔，管理体制有着深刻的差异：“三代之时，自汉、淮以南皆弃而不有，方天下为五千里，而王之自治者千里而已。其外大小之国千余，皆得以自治……其生杀废置犹不能为小者，天子皆不预焉。”[⑧] 由于天子直接管理的范围小，地狭民寡[⑨]，故可以管得细，“米盐縻密无所不尽”[⑩]。而宋代“包夷貊之外以为域，破天下之诸侯以为州县，事虽

---

① 《水心别集》卷一〇《始议二》。
② 同上。
③ 《水心别集》卷一〇《实谋》。
④ 《水心别集》卷一四《纪纲一》。
⑤ 《水心别集》卷一五《应诏条奏六事》。
⑥ 《水心别集》卷一四《监司》。
⑦ 《水心别集》卷五《周礼》。
⑧ 同上。
⑨ 同上。
⑩ 同上。

毫发，一自上出，法严令具，不得摇手”①。且“其臣不能久于其官而遽去”②。在这种情况下“以求合于《周礼》之书”③，必然导致“人情不安而至于乱”④。这就是说，在管理的地域范围成倍增广的情况下，管理的密度必须适当加以调整，才能使管理的负担适中从而保证管理的可靠性和可行性。

二　人与制度

由纪纲过专派生而出，即法度过密。叶适说：“纪纲、法度一事也，法度其细也，纪纲其大也。”⑤ 这里所说的法度，不仅指法律、法令，也包括制度。国家管理上的过度集权，必然导致法度的细密严苛。法度由疏到密的演化大体是与纪纲由散到专同步的。叶适讲：“本朝之所以立国定制、维持人心期于永存而不可动者，皆以惩创五季而矫唐末之失策为言，细者愈细，密者愈密，摇手举足辄有法禁。而又文之以儒术，辅之以正论，人心日柔，士气日惰，人才日弱，举为懦弛之行以相奉繁密之法，遂揭而号于世曰：此王政也，此仁泽也，此长久不变之术也。”⑥“以二百余年所立之国，专务以矫失为得”⑦，法度就只能是越来越细密。法度细密突出地反映在宋初以来历朝编定的“编敕”“敕令格式”“条法事类”等有法律效力的官方文书上。这类文书内容庞杂，包括法律条文、诏敕、规定的帐籍或申文的格式等。“自嘉祐、熙宁、元丰、元祐、绍圣、大观、政和、绍兴，皆自为书……乾道、淳熙，已再成书矣。以后冲前，以新改旧。”⑧ 其部帙之浩繁，达到令人吃惊的程度。例如，绍兴年中秦桧主持编定的盐茶敕令格式有二百四十九卷，常平免役敕令格式

---

① 《水心别集》卷五《周礼》。
② 同上。
③ 同上。
④ 同上。
⑤ 《水心别集》卷一四《纪纲一》。
⑥ 《水心别集》卷一二《法度总论二》。
⑦ 同上。
⑧ 《水心别集》卷一四《新书》。

五十四卷，连同其他方面的文书，简直是汗牛充栋。官员们不要说通晓这些文书，就连通读一遍也非易事。法度如此细密，自然是为了使集权专制统治得以维持，防范各种离心倾向。然而法度过密，就意味着各级官员的随机处置权的过分减少，“任法不任人”，即只见管理制度不见管理者。宋王朝沿此邪路愈走愈远，终于到了摧残人才进而使管理混乱的地步。

任法不任人，单纯依赖法律、法令、制度等，而不发挥各级官员的主观能动作用，其弊害首先是使人的才能无法发挥，优秀人才的选拔受到妨碍。在广大的范围内施行同一法度，法度又过于细密，而管理者的水平参差不齐，就必然束缚一些有才能的管理者的手脚，使他们丧失了发挥长处的活动天地。叶适讲：“国家以法为本，以例为要，其官虽贵也，其人虽贤也，然而非法无决也，非例无行也。”[①] 大家一样地照章办事，就难免优劣难辨。“每事心守程度、按故例，一出意则为妄作矣。”[②] 弄得管理者们不得不谨小慎微，不求有功但求无过。细密的法度又驱使他们为一些细小的硬性规定奔忙劳碌。例如，关于路级监司的法度突出体现了“恐其擅权而自用”[③] 的意图：“非时不得巡历，或巡历不得过三日，所从之吏卒、所批之券食、所受之礼馈，皆有明禁。”[④] 然对其如何督促属郡搞好民政财政，却没有行之有效的法度。这样，“不责其大而姑禁其细”，“监司之弛惰，人反以为宽大，上迹以为知体。监司之举职，人反以为侵权，上亦以为生事”[⑤]。州县官则又终日困于财计，“一日为吏，簿书、期会迫之于前，而操切无义之术用矣”。“县则以板帐，月桩无失乎郡之经常为无罪，郡则以经总制无失乎户部之经费为有能。”[⑥] 他们的精力都消耗于无聊的琐事中了。其结果，“人之才不获尽，人之志不

---

① 《水心别集》卷一五《上殿札子》。

② 《水心别集》卷一一《经总制钱二》。

③ 《水心别集》卷一四《监司》。

④ 同上。

⑤ 同上。

⑥ 《水心别集》卷一一《经总制钱二》。

获伸，昏然俯首一听于法度”[①]；“将迎唯诺，自可称职，而贤能遂至于无用矣”；“修饬廉隅者反以行见异，研玩经术者反以学见非，志尚卓荦者反以材见嫉，伦类通博者反以名见忌”[②]。弊害还不止于此，法度过于细密，其中必然有不适用、不可行或过时者，有在某一范围内不适用者，又难于及时修正。由于强制推行这些不适当的法度，就滋长了管理者中间的歪风邪气。“有知其不可行而姑委之于下，下则明知其不可行而姑复之于上，虚文相挺，浮论相倚”[③]，进而“事功日隳，风俗日坏，贫民愈无告，奸人愈得志。此上下之所同患，故法度以密为累而治道不举”[④]。

任法不任人，也妨碍了人才的选拔。宋朝人才选拔主要靠科举、官员考课、荐举铨选等制度。这些制度也比前代细密繁杂得多。其指导思想也是加强专制，防范官员培植私党、发展私人势力。叶适批评科举取人，言其“用科举之常法，不足以得天下之才，其偶然得之者，幸也”；“科举所以不得才者，谓其以有常之法而律不常之人”。以诗赋取人，所取者仅长于文艺；以经书取人，所取者仅长于记诵；至于操行、管理才能都难以通过科举考试考察。有时考生虽“在高选，辄为天下之所鄙笑”[⑤]。制举制度的考察科目虽稍广，然仍未脱离“责之于记诵、取之于课试”[⑥] 的窠臼，使“豪杰特起者轻视而不屑就”[⑦]。考生名额分配也有制度，名额多处不学之人轻易参试，名额少处考生则“奔走四方，或求门客，或冒亲戚，或趁籴纳”，“假冒干请，无所不为”[⑧]。选拔人才变为摧残人才。叶适认为，士人入官，是国家获得人才的源泉，“立国之命系

① 《水心别集》卷一〇《实谋》。
② 《水心别集》卷一五《应诏条奏六事》。
③ 《水心别集》卷一二《法度总论二》。
④ 《水心别集》卷一〇《实谋》。
⑤ 《水心别集》卷一三《科举》。
⑥ 《水心别集》卷一二《法度总论三》。
⑦ 《水心别集》卷一三《制科》。
⑧ 同上。

焉”①。选拔人才仅通过细密的科举制度而不动员有关的官员发挥能动作用去识别引荐，所获得者便不是优秀的人才。

任法不任人，也使在在职官员中选拔人才受到妨碍。宋朝制定了繁密的官员考课升黜制度，项目庞杂，综合评定十分困难，而官员的出身和资历却是摆在明处的，于是，考课多流于形式，而升迁以出身与资历为据却成为惯例，即所谓“不任人而任法之弊，遂至于不用贤能而用资格”②，“无有流品，无有贤否，由出身而关升，由关升而改官”，“资深者叙进，格到者次迁”，“侍从不荐士，执政不举贤，执资格而进曰：此足以任此矣”③。荐举制度本来是要官员们推荐下级官员的，但由于宋朝对选人改官、京官改朝官等所需上级官员举荐的人数、类别等都做出了硬性规定，就使得上级官员或出于怜悯，或出于情面等，不得不举荐；而下级官员，为了获得升迁机会，不论贤愚邪正，都得设法按规定求得足够数量的举荐者。如此“上不信其举人者，举人者不信其求举者，求举者不以自信”④，徒有荐举的形式，并无选拔贤能的实效，且造成了“奔竞成风，干谒盈门”⑤ 的坏风气，最终使那些分明有选拔人才义务者也不履行其职责。宰相历来的首要任务是选任贤才，然在宋代，下级官员众多，宰相多不认识，自难举荐；“若乃侍从近臣之进退，又常曰不敢预闻”⑥，以免招来猜忌。吏部本应专以选拔人才为职，然而却不能很好发挥其职能作用。“天下法度之至详，曲折诘难之至多，士大夫不能一举手措足，不待刑罚而自畏者，顾无甚于铨选之法也。”⑦ 吏部官员终日与此繁文密法周旋，耗尽了精力，选任贤能，几成虚言，遂使吏部成为“天下大弊之源”⑧。

这种完全忽视发挥各级官员的主观能动作用，迷信法度条文，只见

---

① 《水心别集》卷一三《科举》。
② 《水心别集》卷一五《上殿札子》。
③ 《水心别集》卷一二《资格》。
④ 同上。
⑤ 《水心别集》卷一三《荐举》。
⑥ 《水心别集》卷九《廷对》。
⑦ 《水心别集》卷一二《铨选》。
⑧ 同上。

法度而不见人，最终还要波及国家管理的各个方面，“举一事求利于事而卒以害是事，立一法求利于法而卒以害是法”；“行经界则经界为害，行保甲则保甲为害，行方田则方田为害”；“天下皆行于法度之害而不蒙法度之利，二百年于此，日极一日，岁极一岁”①。叶适认为，这种做法应该立即纠正，改任法不任人为“任人以行法”，“使法不为虚文而人亦因以见其实用。功罪当于赏罚，号令一于观听，简易而信，果敢而行”。②例如管理官员调配升黜的吏部，要有实际的机动权。要把由宰相公署分占的部分官员委任权交还吏部，使吏部通盘规划，通融调度，“少助朝廷用人”，“尚书、侍郎者不虚设矣”③。以此类推，其他岗位上的官员也应具备尽职尽责所必需的条件和机动权力。

三　兵少而后强，财少而后富

叶适又批评宋朝统治，谓其“兵以多为累”“财以多为累”。纪纲、法度是着重从管理者之间的关系进行讨论，兵、财则侧重从对管理对象的处置方面进行讨论。“兵多”与“财多”有密切的联系。他说：“今事之最大而当极论之，论之得旨要而当先施行者，一财也，二兵也。虽然，财之所以为大事者，由兵之为大事而已。”④“今天下之财自一缕以上无不尽取……十分之九以供之而犹不足者，兵是也。”⑤简言之，财多主要因为兵多，减财须先减兵。叶适认为，全面推行募兵制是不可取的，他说：“因民为兵而以田养之，古今不易之定制也。募人为兵而以税养之，昔人一时思虑，仓猝不审积习而致然尔。”⑥他又进而对宋朝的兵制做了分析：“古者以民为兵，不以兵为民；因事以养兵，不养兵以待事；兵聚则求战，聚则不敢不战。今食钱自日百钱以上，家小口累仰给于官，国力不

---

① 《水心别集》卷一二《法度总论三》。
② 《水心别集》卷一四《新书》。
③ 《水心别集》卷一二《铨选》。
④ 《水心别集》卷一一《兵总论一》。
⑤ 《水心别集》卷九《廷对》。
⑥ 《水心别集》卷一六《后总》。

供而常有饥寒之色，是以兵为民地；北方无事二十余年终不解甲，是养兵以待事也。养兵如故，和亲亦如故，是聚兵而不敢战也。”① 宋朝不但行募兵制，而且常备军数量也极冗多。北宋时有一百数十万，然版图尚广，或可支吾；南宋半壁河山，其数额却未能有效地实行裁减。叶适言：“今天下之兵，惟其在内之三衙，名曰宿卫京师，是其虽可议而犹不可废也。四屯驻之大军何其多也！诸州之厢兵、禁兵、土兵，又有小小控扼所屯之兵，併兵之数亦且百万，亦古无有也。”② 兵员冗多，管理不免漏洞百出，“统副非人，朘刻禀赐，卒伍穷饿，犯嗟流闻”③。同时“国力不供”④，兵士兵困，士气低下，军无斗志，“大则历数十岁与虏人和亲而不敢斗一日之兵，小则草寇数百人忽发而不能制，……故兵以多为累而至于弱”⑤。统治者还常以兵变为忧，“内则常忧其自为变而外则不足以制患”⑥。故叶适讲：“养兵以自困，多兵以自祸，不用兵以自败，未有甚于本朝者也。”⑦

叶适批驳了那种以为恃兵为固乃太祖神策，“可因而不可改，可增而不可损”⑧ 的认识，谓其“厚诬太祖而重误国家”⑨。他提出，宋太祖行募兵制，乃沿前代之旧，且“汰兵使极少，治兵使极严”⑩，借此才能“平一僭乱，威服海内”⑪。他又指出，反对裁减兵员者多数都因对兵多的害处认识不足所致，富国强兵之关键在变军制，变军制必须以裁减为第一步，“不减宿卫屯驻之大兵，而国力不宽；不减厢禁弓手土兵，则州郡之力不宽”⑫。“兵以少而后强，财以少而后富，其说甚简，其策甚要，其

① 《水心别集》卷一五《上殿札子》。
② 《水心别集》卷一〇《实谋》。
③ 《水心别集》卷一五《应诏条奏六事》。
④ 同上。
⑤ 《水心别集》卷一〇《实谋》。
⑥ 《水心别集》卷一一《兵总论一》。
⑦ 《水心别集》卷一一《兵总论二》。
⑧ 同上。
⑨ 同上。
⑩ 同上。
⑪ 同上。
⑫ 《水心别集》卷一二《厢禁军弓手土兵》。

行之甚易也。”[1]

叶适又批评了想用保甲取代募兵的做法。他说：“王安石为神宗讲所以销兵之术，知兵之不胜养，而犹不悟籍兵之不必多，教诸路保甲至四五十万，阴欲以代正兵，正兵不可代，而保甲化天下之民皆为兵。”[2] 他肯定了王安石寓兵于民的努力方向，又批评了他在未能有效裁军的同时又广行保甲，加重了百姓负担，“于是，虚耗之形见而天下之势愈弱”。“至于绍圣以后则又甚矣，保甲复治，正兵自若，内外俱耗，本末并弱。大观、政和中，保甲之数至六七十万”[3]，百姓负担之沉重已是无法忍受，北宋末年的动乱败亡与此有着密切的关系。

宋朝财多，实因费广所致。多兵外又有冗官、岁币等。叶适讲：“今天下有百万之兵，不耗不战而仰食于官；北有强大之虏以未复之仇而岁取吾重赂；官吏之数日益而不损，而贵臣之员多不省事而坐食厚禄。”[4] 这使得宋朝君臣上下以敛财为急，“天下之财用责于户部，户部急诸道，每道急其州，州又自急其县，而县莫不皆急其民。天下之交相为急也，事势使然”[5]。敛财不但急，而且多。叶适言：“以祖宗之盛时所入之财，比于汉唐之盛时一再倍；熙宁、元丰以后……比治平以前数倍，而蔡京变钞法以后，比熙宁又再倍矣……然要之渡江以至于今，其所入财赋视宣和又再倍矣。是自有天地，而财用之多未有今日之比也。”[6] 如此取财，就给财政管理带来巨大的困难。首先，要获得如此多的钱财，就不得不巧立名目，开始取之田赋附加税，继而取之盐酒茶矾香、商税，然后取之市易、青苗、免役，最终乃取之于和予买、经总制等。大抵后者之所为，乃前者所不道，而再后者之所为，又乃后者所羞为。如此越来越陷于“其事无名，其取无义”[7] 的境地，严重损害了国家的威信。叶适认

① 《水心别集》卷一二《四屯驻大兵》。
② 《水心别集》卷一一《兵总论二》。
③ 同上。
④ 《水心别集》卷二《财计下》。
⑤ 同上。
⑥ 《水心别集》卷一一《财总论二》。
⑦ 《水心别集》卷一一《折帛》。

为，管理国家，要取信于民，“使天下疑已，不可以为天下”①，“理天下之财而天下不疑其利，擅天下之有而天下不疑其贪，政令之行，天下虽未必能知其意而终不疑其害已”②。然而南宋时，百姓对国家已无起码的信任，稍有举措，百姓就疑心是敛财的新花样，从而人心惶惶，这就给财政管理增加了麻烦。其次，巧立名目敛财，也给财务管理带来不便。“上之取财其多名若是，于是州县之所以诛求者，江湖为月桩，两浙、福建为印板帐，其名尤繁，其籍尤杂”③，“胥吏疲于磨算，属官倦于催发”，“士方其入仕，执笔茫然莫知所谓”④。这势必造成管理上的漏洞，给贪污舞弊者以可乘之机。最后，由于聚财敛财的任务过重，使得财政管理的其他任务都被一笔勾销。依照叶适的认识，理财应有如下功能：“衣食之具或此有而彼亡，或彼多而此寡，或不求则伏而不见，或无节则散而莫收，或消削而浸微，或少竭而不继，或其源虽在而浚导之无法”⑤，这些都在管理者职责范围之内。只有这样，才能真正做到“以天下之财与天下共理之”⑥。而在南宋，理财变成单纯的“取诸民而供上用”，“理财者，聚敛而已矣”⑦。无限制地聚敛，就成为竭泽而渔，“昔之号为壮县、富州者，今所在皆不复可举手”；“齐民中产衣食仅足，昔可以耕织自营者，今皆转徙为盗贼冻饿矣”⑧。财源因而枯竭。叶适又从历史经验的角度，进一步论证财多为弊的道理。他指出：“隋最富而亡，唐最贫而兴。唐（按指前期）之取民，以租以庸以调，过此无取也。而唐之武功最多，辟地最广，用兵最久，师行最胜”，“致唐之治，有唐之胜，其不待财多而能之也决矣”⑨。他进而论道：“古者财愈少而愈治，今者财愈多

---

① 《水心别集》卷二《财计下》。
② 同上。
③ 《水心别集》卷一一《经总制钱一》。
④ 同上。
⑤ 《水心别集》卷二《财计上》。
⑥ 同上。
⑦ 同上。
⑧ 《水心别集》卷一一《经总制钱二》。
⑨ 《水心别集》卷一一《财总论一》。

而不足"[①]，因此"善为国者将从其少而治"[②]。他反对那种先北伐成功而改革内政的主张，提出："能捐横赋而后可以复版图，俟版图之复而后捐之者，无是道也；能裕民力而后可以议进取，待进取之定而后裕之者，无是道也。"[③] 这就是说，当务之急压倒一切的是使财由多变少，使百姓减轻负担，才能富国强兵一雪国耻。

叶适的管理思想是很丰富的，与其同时代的思想家相比，有不少独到之处，以上只能略举其概。他的关于集权分析、管理幅度与密度、管理中的人与法等思想，他的关于富国强兵的战略思想，对于我们都有较大的借鉴和参考价值，应当认真加以研究。尤为难能可贵的是，叶适不是把国家管理的各个方面看成是互不相干的，而是把它们看成一个整体内互相联系的部分，他强调管理的系统性和有序性，这同现在的管理学是有些相近之处的。作为一个封建时代的思想家，他的理论中也有粗糙不够严密之处，有些消极失当的成分，例如他过多地美化三代，在批判宋朝时弊时也或有矫枉过正的地方，但考虑到当时他所处的社会历史环境，这也是不应苛求的。

---

① 《水心别集》卷一一《财总论二》。

② 同上。

③ 《水心别集》卷九《廷对》。

关于宋代纸币的几个问题

一　关于宋代纸币的性质

1. 宋代纸币的两种状况

宋代纸币实际上有两种存在状态，在这两种状态下，其性质有本质的区别。就其中一种存在状态而言，其基本特征是官方按面额兑给纸币持有者铸币，即它是一种可兑换纸币。这种纸币通常不可能大幅度贬值。在交子（钱引）、会子发行初期，都有一个阶段属于此种状态。

交子在最初私营阶段，“书填贯不限多少。收入人户见钱便给交子，无远近行用，动及万百贯。街市交易，如将交子要取见钱，每贯割落三十文为利”（《宋朝事实》卷一五《财用》）。即有三个特点：一是无固定面额、二是要扣手续费、三是凭交子可领足额铁钱。收归官有后，“起置簿历，逐道交子上书出钱数，自一贯至十贯文，合用印过，上簿封押。逐旋纳监官处收掌，候有人户将到见钱，不拘大小铁钱，依例准折交纳，置库收锁，据合同字号给付人户，取便行使。每小铁钱一贯文，依例克下三十文入官。其回纳交子，逐旋毁抹合同簿历。”（《宋朝事实》卷一五《财用》）官交子同私交子相比，只是将无固定面额变为有固定面额，扣取手续费和兑取全额铁钱则无变化。官交子又有登记入账（簿历）和注销的管理程序，这是私营时没有的，或是记载者疏忽，这说明官交子在最初阶段还保留着较多的汇票、支票的残迹。

交子在未改名钱引的八十多年中，除个别情况外，官方大抵都是按面额兑给交子持有者铁钱的，因而交子在此时期（除个别情况外）没有出现严重贬值。所谓个别时间，是指宋神宗在位的某些时间或某些局部。有记载说，宋神宗时，郭子皋“监成都交子务，纸币之设，本与钱相权，至是大坏，价钱（贱?）不售，法几为废”（范祖禹《范太史集》卷四二《朝奉郎郭君墓志铭》）。另官方此时期在河东、陕西发行交子，也有不备或不备足本钱的情况，既如此，就可能出现因官方拖期兑付而造成纸币较严重贬值的情况。除上述情况外，官方大抵都能按面额兑给交子持有者铁钱，因而交子未出现贬值问题，有时贬值至每贯兑九百二三十文，还不算严重。

但到了宋徽宗大观年以后，官方将交子改名钱引，发行量骤增而不增加本金，于是官方不再承担按面额兑换给交子（钱引）者铸币的义务，钱引严重贬值，钱引变为不可兑换纸币。这种情况在进入南宋后未有改变，钱引在南宋始终是不可兑换纸币。

会子初发行时，官方也能按面额兑付给会子持有者铜钱，只是这种情况维持时间很短。史学家李心传记：“［绍兴末］临安之民复私置便钱会子，豪右主之，钱处和（按钱端礼字处和）为临安守，始夺其利以归于官。”（《朝野杂记》甲集卷一六《东南会子》）会子既然最初是便钱会子，即属汇票、支票性质，自然要按面额兑付。又时人洪迈记：“官会子之作，始于绍兴三十年，钱端礼为礼部侍郎，委徽州创样撩造纸五十万，边幅皆不剪裁。初以分数给朝士俸，而于市肆要闹处置五场，辇见钱收换，每一千别输钱十以为吏卒用。”（《容斋三笔》卷一四《官会折阅》）他讲官方置场收换，只收千分之十的手续费，显然是按面额兑给的。宋宁宗时，官员陈宓曾比较了会子初行时及会子在宋宁宗嘉定年间时发行制度的差异，他说：“阜陵（按指宋高宗）之始造会子也，出内府钱三百万，开会子务六，所书之币则曰就某处兑换，收工墨直二十文，此信足以行其权，名足以副其实也。今无务之可开，无钱之可兑，亦无籍之可销，犹之可也。知出而不知收……用于下而不行于上，散于民而不敛于官，吾之信能不致疑，吾之权不既穷矣乎！”（《复斋先生龙图陈公文集》卷二三《朝散大夫直秘阁主管亳州明道宫林公行状》）据他所记，会子初行时，连兑换地点都明确标示在会子上，当然此时的会子是可兑换纸币。

而到了宋宁宗嘉定年间（实际比这更早），会子已变成不可兑换纸币。

除交子、会子外，我们看到宋代的其他纸币如湖会等，也存在类似的由可兑换纸币到不可兑换纸币的转变过程。

2. 税收是影响会价的决定性因素

纸币自身的价值是微不足道的，在官方不承担按面额兑换铁钱、铜钱的义务后，它的购买力是来自何方、其大小是由什么决定的呢？这里我们想以会子为例讨论一下上述问题。首先，我们必须认识到：会子同近代严格意义上的本位币不同，它是有面额的，其面额是以铜钱数标示的，但在它流通的大部分时间里，它都不能按面额兑换铜钱。由于它是以铜钱标示面额，所以，它同现代无本位纸币也有不同点，至少在形式上和当时多数人的观念上，它仍是一种金属货币的代替者。它是由国家强制发行的，但国家却无法规定它的购买力。在宋代，人们习惯上以铜钱作为价值尺度，所以，会价即会子与铜钱的比价，也就被人们视为会子购买力的表现形式（实际上二者是有区别的），所以，我们考察会价的变化，也就接近于考察会子购买力的变化。

我们看到，在会子发行之初，以及后来几次大规模的称提时，官方都曾试图规定会价，规定新会依面额兑换铜钱，但都很快遭到失败。因为要想让会子依面额兑换铜钱，官方就必须准备足够的铜钱用于兑换，这在起初被官方认为是很吃亏而不愿如此做的；而到后来，会子发行数量过多，官方又拿不出那样多的铜钱用于兑换。所以，官方是无法完全控制会价的。过去有过一种认识，即认为会价是由官方置办的准备金的数量决定的。宋代发行楮币确实有准备金。四川发行交子，每界备准备金三十六万贯。南宋发行会子之初，既是效法川交子，大约也有准备金，只是准备金与总发行额的比例不知是否有规定，但可以断定，即使有规定，其比例也不会很高，而且据当时官员议论可知，有好几次增印会子，都没有筹措准备金。这样，数量有限的准备金，不可能对会价产生太大的影响。如果我们对会价进行考察，就会发现，从会子发行之初，会价就与会子的面额有明显差异，而且在一些时间和一些地区，其差异相当之大，这就表明持会子不是随时随地都能按面额兑到铜钱的，就是说，会子在多数情况下是一种不能（依面额）兑换的纸币。这同时也就表明，会子的准备金没有发挥作用或没有发挥保证会子信用的作用。

事实上，对会价影响最大的，是国家的税收与榷卖。南宋人谈到交子、钱引能长期行用的成功经验时，几乎都讲到交子、钱引与税收的关系。如李流谦说：交子和钱引之所以能长期行用，是因为它“常用于官而不滞于私”。“每州（岁?）之春，引直必亏，至笋茶之出、官司催驱之时则例增。”（《澹斋集》卷九《与汪制置札子》）是讲，每当税收时，钱引价格就会上升。其实会子也存在类似情况。辛弃疾说：“往时应民间输纳，则令见钱多而会子少，官司支散，则见钱少而会子多，以故民间会子一贯换六百一二十文足，军民嗷嗷，道路嗟怨……近年以来，民间输纳用会子、见钱中半，比之向来，则会子自贵，盖换钱七百有奇矣（原注：江阴军换钱七百四十足，建康府换钱七百一十足）。”（《历代名臣奏议》卷二七二辛弃疾《论行用会子疏》）他很具体地说明了会价与税收的关系。另张伯文、杨冠卿都比较了交子和钱引的成功和会子发行的不畅，张伯文说：“在昔楮券之行于蜀……是故州县之折纳、四方之征商、坊场河渡之课息，不贵其钱，不拘其楮，故钱重而楮亦重。今则不然，官之予民者必以楮，而其取于民者则必曰见钱焉。朝廷散于郡邑者则以楮，而其索于郡邑者则必曰见钱焉。”（《古今合璧事类备要》外集卷六六《财用·楮币》）杨冠卿则讲：“夫蜀之立法，则曰租税之输、茶盐酒酤之输、关市梁泽之输皆许折纳，以惟民之便……今此则不然，天下之输税不责以楮而必责以钱，官务之支取既无其钱，而徒易以楮，至则发纳上供，官则以微价收民之楮以充其数。”（《客亭类稿》卷九《重楮币说》）他们对交子、钱引、会子发行情况的议论，清楚地说明了官方出卖禁榷品、赋税是否收受楮币，是楮币能否被百姓认可的关键。宋光宗时，彭龟年说：“近日会子流通胜于见钱，官私便之，似觉无敝……此无他，官司许作见钱入纳，井市兑便者稍众也。”（《止堂集》卷一《论雷雪之异为阴盛侵阳之证疏》）他的话更加明确地讲明了官方是否收受、如何收受会子决定着会子的信用。

宋代禁榷收入在国家财政收入特别是货币收入中所占比重大大超过

前代，因而钞引算请、禁榷品出卖是否收受楮币、如何收受楮币，对楮币的流行及楮币的购买力（市场价格）影响很大。马端临说："客旅算请茶盐香矾等岁以一千万贯，可以阴助称提，不独恃见钱以为本。"（《文献通考》卷九《钱币考》）马氏讲钞引算请可以阴助称提是对的，但他讲岁入一千万贯却是不精确的，北宋仅钞盐一项就不止岁入一千万。南宋孝宗时，仅在京、建康、镇江三榷货务场岁入就已超过二千万贯。所以，榷货算请时按多大比例收受楮币、是否按面额计算楮币价值，对于会子的作用影响巨大。

总之，会子的信用是靠国家的税收（含变相税收榷卖）来保证的。会子的法偿能力，也主要是通过它的纳税能力和榷买能力来体现的。

当然，宋人认为，国家的称提，即贱买贵卖，是保证会子价值的重要手段。如杨冠卿即讲："又有一法焉：贱则官出金以收之，而不使常贱；贵则官散之，以示其称提，使之势常平，而无此重彼轻之弊。"（《客亭类稿》卷九《重楮币说》）但是，也正如杨冠卿本人所见到的："朝廷欲革其弊，曩者固尝令官自出钱，比民间兑折之价重其价以收之，然其法则一人日支一缗，过其数者罪焉，胥吏艰阻之态百出，民亦何苦费力如是而受无辜之责邪！"（《客亭类稿》卷九《重楮币说》）即官方买入时既不依面额，而且还附有种种限制。杨氏此处大约讲的还不是朝廷多次举行的大规模称提会子，这些次称提都起到了提高会价的作用。但是，这些称提都是短期行为，其效果都不能保持长久。其次，在称提过程中，官方回收会子时，也往往不是依会子的面额，而是依会子的市场价格来回收的。再次，我们看到，官方的称提越来越软弱无力，作用也越来越小。故而，官方的称提同税收比起来，对会子的影响仍是次要的。

3. 铜钱是会子的本位币吗

南宋叶适曾对会子驱逐铜钱做过如下论断："造楮之弊，驱天下之钱，内积于府库，外藏于富室。"（《水心别集》卷二《财计中》）今人往往对叶适的论断不以为然：只有劣币驱逐良币，哪里会有纸币驱逐其本位币的事！

会子面额以铜钱数标示，这很容易使人做如下误解，即认为铜钱是会子的本位币。基于这一认识，使人们对南宋叶适关于楮币驱逐铜钱的论断予以否定。然而，我们只要深入考察，就会首先发现，铜钱并不是严格意义上的会子本位币，其突出表现是，持会子并不能随时随地兑到面额标示数量的铜钱，或者更准确地讲，在大多数时间和大多数地区，持会子都不能兑到面额标示数量的铜钱。再深入就会发现，如上所述，会子的价值并不完全是由它所能兑到的铜钱来决定的，而更确切地讲，是由它的纳税能力决定的。在南宋后期，楮币可以离开铜钱而独立存在的趋势已逐渐明显，到了元代，楮币就完全离开铜钱而独立运行了。楮币就其本质而言既可离开铜钱而独立存在，它与铜钱的关系就不是本位币及其纸币的关系，而是两种各自独立的货币之间的关系，所以，会子驱逐铜钱的论断也就不难理解，况且，南宋的史实也证明了叶适的论断是很有预见性的呢！

4. 南宋纸币的有限法偿地位

北宋的纸币也不是无限法偿的，它们并不是随时随地都能代替铸币行用的，突出的是北宋的纸币行用都有区域限制，但在划定区域内，其法偿能力却未见有法定限制。但是，南宋的情况有所不同，南宋发行会子之初，虽也规定“上供军需并同见钱”，但不久就因畏惧税收所得全是纸币而进行修正，推行了“钱会中半”的制度（所谓“钱会中半”，是指财政收支中实施一半现钱一半会子的总原则，但具体某一项收支，又有不同钱、会比例规定，并不总是钱、会各半的）。“钱会中半”的原则后来也推行到行用钱引、淮交等地区，成为全宋普遍实行的制度。这一制度的实质，是限制纸币的法偿能力，因为在当时，如果有人自愿全用铜钱来纳税，那官方是求之不得不会拒绝的。这样，南宋时期的纸币的货币功能就受到法律的限制，从而成为货币功能不完整的货币。这一点是同近现代纸币决然不同的。

二　关于宋代纸币的管理

1. 纸币的管理体制

北宋徽宗即位以前，在绝大部分时间里，只是四川地区行用纸币（河东、陕西虽曾行用交子，时间都较为短暂）。因此，纸币的发行相对不太受重视，除重大决策由朝廷作出外，日常事务似主要由成都府（益州）路转运司负责，具体操作则由交子务进行。宋徽宗为了将钱引推广于别路，曾设京西北路专切管干通行交子所等机构，又从交子、钱引印文来看，可能曾设“提举交子官”和“提举钱引官”，又在京地区的交子、钱引发行具体事务由榷货务买钞所操办。

南宋时期，纸币发行在财政上的地位越来越重要，相应地纸币发行也越来越受朝廷重视。于是会子经常设有“提领官”，见于记载者，前为户部侍郎钱端礼、曾怀，后为兵部侍郎陈某。讨论者往往是宰相、参政、侍从等。宰相叶衡、乔行简等都曾主持收兑，参政曾专门负责研究。南宋后期，往往令一位执政大臣专门负责会子事务，如薛极、余天锡、吴潜等都曾受此委任。记载中有“提领会子所”机构名。其他地区的纸币，一般由朝廷决策、总领所具体负责。

交子务、会子务等是具体印制、发行纸币的操作机构。费著记，北宋四川交子务“监官一员，元丰元年增一员，掌典十人，贴书六十九人，印匠八十一人，雕匠六人，铸匠六人，杂役一十二人，廪给有差”（《蜀中广记》卷六七引《楮币谱》）。这里很具体地介绍了成都交子务的人员构成。据此，成都交子务共有一百八十多人，规模可观。其中讲到元丰元年（1078 年）以前只有监官一员，与李攸所记不同，李攸记：“景祐三年（1036 年）置监官二员轮宿。”（《宋朝事实》卷一五《财用》）不详孰是。又史载，大观二年（1108 年）宋廷重新在永兴军置交子务，“遣文臣二人监之”（《宋史》卷一八一《食货志·会子》）。除成都交子务外，北宋时期还曾在河东潞州、陕西永兴军、东京设交子务。

南宋绍兴六年（1136 年）发行铜钱交子时，曾在行都临安设交子务，随废。后发行会子，乃在临安设交子务，隶榷货务都茶场。地志载：“会子库在［榷货］本务，绍兴三十一年，诏临安府置会子务，隶都茶场，悉视川钱法行之。用户部侍郎兼知临安府钱端礼之请也。中经省并，以榷务门官兼领。绍定三年复。五年，因毁重建，以都司官提领。工匠凡二百四人，日印则取纸于左帑，而以会归之。自咸淳以来，朝廷措置住造钱关，止于元年之五月十八日，止于三年之三月（按：此处文字似有阙误）。”（《咸淳临安志》卷九《行在所》，参《梦粱录》卷九《监当诸局》）又据载，行都的交子务有五六所。又史载，隆兴元年（1163 年），曾在江州设会子务。宋理宗时，袁甫上奏言预造新会子事，其中讲道：“印造新会屋宇器具，虽已素备，其常时所放散造会工匠并宜尽行拘上，禀给加厚，勿惮小费，务在集事，此专在都司主张维持之力耳。”（《蒙斋集》卷七《论会子疏》）说明会子务此时已由都司官掌管。淮交的印制不见有专门机构，而两总领所分管淮东、淮西，都不便掌管淮交印行，大约淮交印行是由行都临安的会子务兼管的。湖会开始是由总领所负责发行，应有专门发行机构，但不见记载。

2. 关于纸币的称提

宋代纸币是由民间便钱券发展演变而来的，在当时人的观念中，它只是铸币的代表物，因而，它是以铸币量为面额的。当单位纸币的购买力（通常表现为“会价”）与其面额偏离甚至偏离得很远时，自然而然地会在人们心中产生一种恐慌。于是就产生了“称提”的要求和各种各样的“称提”理论。称提的目的就是想让纸币能兑到的铸币数与其面额彼此接近。

在纸币是可兑换纸币的情况下，纸币不会发生严重贬值，也就不需要称提。所以，北宋徽宗即位以前，基本上没有称提活动。称提活动主要发生在宋徽宗即位以后特别是南宋时期。

称提的目的是想让纸币能兑到的铸币数与面额接近，即想改变纸币与铸币的比价，那么办法无非是两个：增加流通中的铸币数量，减少流通中的纸币数量。增加铸币数量是南宋王朝始终致力而又成效甚微的，主要原因是铸钱赔钱，而且赔得很多。减少纸币发行量，宋朝官方采取的办法主要有：一是以新兑旧时实行不对等折算，即以一新兑数旧。二者的比例，通常是假定新纸币完全可按面额兑换，而旧纸币按当时实际可兑得铸币数来计算的。二是以铸币、金银、粮食等实物回收部分纸币，这种做法代价较大。三是增加税收中的纸币比例，这种做法会导致财政收入中的纸币数量增加，如果增收的部分销毁，则与前种回收办法结果一样。四是强制要求百姓无偿缴纳一定数量的纸币。南宋几次“履亩征会”即属此类。五是强制规定纸币与铸币的比价。此办法一实行就马上引起混乱，因为势必有人乘机以纸币兑取铜钱、偿还债务、购买货物等，造成商店停业、诉讼倍增，不少时人都记述了这方面的情况。（参见《真西山集》卷二《癸酉五月二十二日直前奏事》，《宋史》卷四一五《黄畴若传》，《勉斋集》卷三三《陈希点帅文先争田》，《复斋先生龙图陈公文集》卷二三《朝散大夫直秘阁主管亳州明道宫林公行状》等）。官府本身也难以执行，因为执行的结果也会造成库存铜钱的流失。此办法完全违背经济规律，是根本行不通的。

各次称提都曾收到一定效果，但不能维持长久，原因是纸币发行总量的失控。

宋代文人对发行纸币会子有赞成和反对两种态度。如当时人杨冠卿、辛弃疾都持赞成态度，叶适、戴埴等人都持反对态度。以往学术界对持反对态度者一般予以贬斥，认为他们顽固守旧。其实人们往往忽略持后一种态度者理论中的合理成分，特别是他们关于会子久远必败的论断是有预见性的。

无疑，纸币的创行使中国荣膺世界最早行用纸币的国家的美誉。纸币的行用在当时确曾给社会发展带来巨大便利，特别在促进商业发展方面所起的积极作用不容低估。中国行用纸币，对纸币在全世界的行用也起到了促进作用，对全世界经济发展起了积极作用。宋元行用纸币给后人提供的经验教训更是一笔宝贵的精神财富。

但是，中国人为此付出的代价也是不能忘怀的。由于纸币是由封建国家直接发行的，它与封建国家之间没有任何中介，所以，它的发行数量完全是由封建国家控制的。封建国家能否有效地控制其发行数量呢？不能。这是因为封建国家本身缺乏一种有效的自我约束机制。许多开明的君主、许多贤明的大臣都曾认识到楮币数量失控的危害，他们都想扭转局面，但他们最终都失败了。这是因为，封建国家缺乏自我约束机制这一点，不是个人意志所能改变的。我们看到，宋、金、元、明四代行用纸币，都不能有效控制其发行数量。除了明朝主动废弃纸币外，宋、金、元三朝的纸币都成了“寅吃卯粮”的手段，结果都造成巨大的社会灾难，其灭亡都同楮币发行有着重要的联系。纸币在明清时期中断发行，与此有直接联系。

3. 钱会中半的不稳定性及评价

钱会中半制度是宋朝官方在两难境地中推行的制度：一方面，楮币会子发生了严重的信用危机，要维持会子的发行，就必须规定会子的法偿地位。另一方面，官方又不能给予会子无限法偿的地位，因为统治者心中存着一个很大的顾虑，即如果给予会子与铜钱同等的法偿地位，那么，官方的各种收入很可能绝大部分（如果不是全部）都是会子，统治者认为会子是靠不住的，而金银铜钱才是硬通货，所以，必须避免出现这种结果。于是，钱会中半的制度应运而生。

钱会中半的制度有其客观合理性，即从财政收支的角度讲，会子的贬值会使国家减少实际收入，而铜钱在纳税季节又会出现暂时的升值，国家如果措施得当，可以抵消因会子贬值造成的损失。但钱会中半制度推行起来，又遇到巨大困难。纳税者（含购买榷货者）总是力图增加会子的比例而减少铜钱的比例，而收税者则总是力图增加铜钱的比例而减少会子的比例，从而引发无数的纠纷和矛盾（记载甚多，恕不赘举）。一个最大的问题是，由于商业活动中没有也无法实行钱会中半的制度，于是商业活动中越来越多地使用纸币，纸币已成为主要交换媒介，因此，钱荒问题越来越严重，百姓交纳一半铜钱越来越困难，成为越来越突出的社会问题。这样，要求打破钱会中半规定的呼声越来越高，坚持钱会中半制度越来越困难。事实上，南宋末年，钱会制度已经遭到破坏。

我们不妨回过头来审视一下当初统治者的顾虑，其实认为纸币靠不住、只有金银铜钱才靠得住的理念是错误的。因为如果纸币发行得当，数量能得到有效控制，纸币也是能靠得住的。后代只用很少铸币、主要用纸币的通行做法已证明纸币的可靠性。而元代长时间只发行纸币的历史，也证明不是非要钱会中半不可的。但钱会中半在当时又是唯一可行的，因为当时从用铜钱到用纸币从上到下都需要一个心理准备过程。如果不实行钱会中半，很可能最终会造成社会动荡。另外，自秦到清的中国古代国家制度，都缺乏一种有效的自我约束机制，因而有效控制纸币发行量是根本不可能的，所以，钱会中半制度的推行，客观上也推迟了由于纸币发行失当而引发社会经济危机的时间。

4. 界的功能利弊

学术界有人认为元代发行纸币不分界比宋代是一种进步，这种认识令人不敢苟同，因为换界有利有弊，不能仅因为今天的纸币不换界，就断定古代的纸币也一定是不换界比换界进步。

宋代纸币换界有什么弊病呢？首先，纸币的换界可能造成一些浪费。换界时，可能有些纸币并未损坏，回收后废弃不用自然是一种浪费。其次，换界要花费不少人力物力。再次，官方在换界时要向百姓征收一部分手续费，这势必给百姓增加负担。

我们也应当看到，宋代纸币换界的益处。首先，纸币定期换界，可以阶段性地以新换旧，可以使流通的大部分纸币不破旧。在宋代当时的历史条件下，纸币用纸质量不可能太高，因此纸币在民间使用的时间不应太长，定期以新换旧是必要的。其次，纸币定期换界，有利于纸币发行的管理，官方可以通过换界，掌握纸币的实际流行数量。事实上，纸币的实际流行数量同发行数量之间总是有些差距的，如果长期不换界，这一差距就会越来越大，使发行者心中无数。宋代官方往往利用纸币换界，提高纸币价值，减少纸币发行数量，这对纸币发行是有利的。再次，纸币换界有利于防伪，每次换界，都要重新制版，图文的不断变化给造伪者带来一定困难。现代纸币发行过若干年也更换新版，也主要是出于防伪的需要。宋代每次换界都严格检查真伪，为此订立了详密的制度，这等于说每次换界都是一次清除伪币的活动。

再从宋代具体情况看，宋代纸币大抵在能正常换界时期运行较好，而一旦不能正常换界，纸币的发行也就出现严重问题。东南会子、淮交等最初都是没有界期的，结果都出现了危机。东南会子第十七、十八界后来一度宣布无限期使用，也是纸币发行出现严重问题的情况下宋廷作出的决定，取消立界也未给会子带来任何好处。再从元代情况看，元代纸币是不立界的，但元代纸币发行状况并不比宋代好，其贬值速度比宋代更快、伪币泛滥的程度比宋代更厉害。为此，元朝官方不得不几次更换纸币名称、发行新纸币，这同纸币换界本质上是没有什么区别的。

所以，应当说，纸币换界是当时历史条件下的必然产物，在当时的情况下，换界比不换界利多弊少。

三 宋代纸币的形制

1. 纸币的用印及图案

印制各种纸币的印、记，至少是最主要的印、记，都是铜铸的。又除用交子务印外，还要用有关官署的印。随着人们对防伪重要性认识的提高，所用印记数量也不断增加。如当北宋仁宗初年将交子收归官营前，知益州薛田、益州路转运使张若谷上奏请求发行官交子，言及“其交子一依自来百姓出给者阔狭大小，仍使本州铜印印记”。后宋廷令梓路提刑王继明与薛田、张若谷一同定夺此事后，在上奏时又谈道“乞铸益州交子务铜印一面，降下益州，付本务行使，仍使益州观察使印记”。（《宋朝事实》卷一五《财用》）即官交子初行时用交子务印和益州观察使印两种印。宋徽宗崇宁四年（1105 年）始行钱引，榷货务买钞所上奏言及：“［新官局］合用榷货务买钞所朱记，所有旧交子务铜朱记一面，乞下少府监毁弃，所有‘在京提举交子官印’铸印一十面，今合改作‘提举钱引之印’六字为文，‘在京交子务交子记’八字铜朱记一十面，今改作‘榷货务买钞所钱引记’九字为文，乞下本监改铸降下。”此奏准行。（《宋会要辑稿·职官》二七之一八）建炎年间，川陕宣抚司捕获非法私印的钱引三十万，随军转运使赵开对宣抚使张浚讲“引伪，加宣抚使印其上即为真”（《宋史》卷三七四《赵开传》），说明四川钱引可能与交子初行时一样，要加盖地方官府的官印方可正式行用。

绍兴六年（1136 年）宋廷下令发行东南交子，礼部尚书李光反对发行交子，上奏中讲道“其工部铸到交子务铜印，臣未敢给降”（《宋史》

卷三六三《李光传》)。又史载,绍兴年间“更铸者,成都府钱引每界以铜朱记给之。行在都茶场会子库,每界给印二十五;国用印三钮,各以‘三省户房国用司会子印’为文,检察印五钮,各以‘提领会子库检察印’为文;库印五钮,各以‘会子库印造会子印’为文;合同印十二钮,内一贯文二钮,各以‘会子库一贯文合同印’为文,五百文、二百文准此”(《宋史》卷一五四《舆服志·印》)。又马端临记:“孝宗隆兴元年,诏官印会子,以‘隆兴尚书户部官印会子之印’为文。”(《通考》卷九《钱币考》,按《宋史》卷一八一《食货志·会子》所记同)另史载:“乾道二年,铸成都钱引务朱记。”(《宋史》卷一五四《舆服志·朱记》)宋人将印、记加以区分,其区别究竟怎样,已难考详。又史载,乾道四年(1168 年),宋廷曾决定停止发行会子,宋孝宗“慨然发内府白金数万两收换会子,收铜版勿造”(《宋史》卷三八八《陈良佑传》)。随又决定发行新会,则又令“铸‘提领措置会子库印’”(《通考》卷九《钱币考》),马端临记,淳熙三年(1176 年)诏“令都茶场会子库将第四界铜板接续印造会子二百万,赴南库桩管”(《通考》卷九《钱币考》)。

不但交子、钱引、会子的印版是铜制的,湖会的用印也是铜制的,马端临记,隆兴元年(1163 年)创行时,曾“铸勘会子覆印会子印”(《通考》卷九《钱币考》,《宋史》卷一五四《舆服志·朱记》则记隆兴二年(1164 年)铸“湖广总领所覆印会子记二钮”),此句语不通,疑是“铸勘会、覆印会子印”即所铸者为两种印文的印。马端临又记后来朝廷“诏总所以印造铜板缴申尚书省”(《通考》卷九《钱币考》,按《宋会要辑稿·职官》四一之五四也言及湖会铜版),说明湖会用印也是铜质的。

除各种官署印、记以外,还有多种图案印和饰有花纹的文字印,另各种印记分别用不同颜色。李攸记,北宋前期民间发行的私交子,“印文用屋木人物,铺户押字各自隐密题号,朱墨间错,以为私记”(《宋朝事实》卷一五《财用》)。可知私人所行交子,已有印文即图案,另有红黑相间的押字。官府接管后,交子的形制应与私交子较为接近。费著记:“大观元年(1107 年)五月,改［四川］交子务为钱引务,所铸印凡六:曰敕字,曰大料例,曰年限,曰背印,皆以墨;曰青面,以兰;曰红团,以朱。六印皆饰以花纹,红团背印则以故事。”(《蜀中广记》卷六七引

《楮币谱》）又南宋谢采伯讲，北宋徽宗时期发行的小钞，“书押印造样号年限条禁，并依川钱法”，“大观二年第一料，其样与今会子略同：上段印‘准［敕?］伪造钞已成流三千里，已行用者处斩。至庚寅九月更不用’。中段印画泉山。下段平写‘一贯文省’，守倅姓押子（字）”（《密斋笔记》卷一）。他的记述使我们了解了两种纸币的概貌。这说明会子同钱引一样，也要用多种印，其中包括图案印。

淳熙九年（1182 年）朱熹弹劾知台州唐仲友指使、包庇亲属、部下伪造会子，其中谈到伪造了“印六颗”，其图案为“会子出相人物”，“人物是接履先生模样”，又有“篆写‘一贯文省’并专典官押三字”，所用颜料有“土朱、靛青、椶墨等”。另又言及“朱印三颗”，“青花上写‘字号’二字”（《朱文公文集》卷一九《按唐仲友第六状》）。这与谢采伯的记述是基本一致的。又南宋后期人吕午讲：“当时十七界曰瓶楮，十八界曰芝楮，取绘物名。”（《左史谏草》附《监簿家传》）说明第十七界、第十八界会子各有特征性图案。费著将若干界钱引的图案、文字列表记录，内含“界分”、“财头五行料例”、“敕字花纹印”、“青面花纹印”、“红团故事印”、“年限花纹印”、“一贯故事背印”、“五百故事背印”、“书放额数”十项，此不赘引。《蜀中广记》卷六七引费著《楮币谱》我们把它略加整理，以今人习惯的形式表示如后（见附表）。

楼钥记他的哥哥楼锡任主管都茶场会子库时，朝廷一度决定废罢会子，楼锡向宰相提出，国家财政依仗会子，罢后必复，必须防止印制会子人员外流，因为“作伪者他皆可为，惟贯百例不能乱真，故多败。此曹（按指印制官会人员）无聊，若冒为之，智者不察也”（《攻媿集》卷八五《先兄严州行状》）。这说明标示面额的文字很有讲究，一般人难以模仿，可见其精致。

关于南宋晚期的关子的形制，史籍有如下两种记载。

关子之制：上黑印，宛如西字，三红印相连如目字，其下两旁各一小长黑印，如两脚，宛然一贯字也（《宋史全文》卷三六，《宋季三朝政要》卷三所载略同）。

关子之制：上黑印，如品字；中红印三，相连如目字；下两傍各一小长黑印，宛然一贯字也。银关之上，列为宝盖幢幡之状，目之曰金幡

胜，以“今代麒麟阁，何人第一功”为号。大［元］兵下江南，如入无人之境，人以为谶，信然。(《钱塘遗事》卷五《银关先谶》)

两种记载无矛盾处，后一记载内容稍多。通过这两种记载，我们可以了解关子的概貌，即由八方印组成，上饰宝盖幢幡状花边。

通过上引记载和分析可知，宋代纸币印制技术达到较高水平。图案文字及结构都较为复杂和精细，有花草人物等图，有装饰性图纹或花边，且有三种以上颜色。

2. 关于纸币的面额

宋代纸币面额有多种，其具体制度各种纸币不一，就一种纸币而言又前后不一，情况较为复杂。

北宋仁宗时，官交子初发行前，王继明、薛田、张若谷奉命定夺交子事，议定：“逐道交子上书出钱数，自一贯至十贯文。”（《宋朝事实》卷一五）这就是说，最初的交子有十种面额，但所言“书出”不知是指临时书填还是仅指“标明”。此后有两次重大变更，费著记：交子“每道初为钱一贯至十贯，宝元二年（1039 年），以十分为率，其八分每道为钱十贯，其二分每道五贯，若一贯至四贯、六贯至九贯，更不书放。熙宁元年（1068 年），始以六分书造一贯，四分书造五百，重轻相权，易于流转”（《蜀中广记》卷六七引《楮币谱》）。据此，宝元二年（1039 年）后改为十贯、五贯两种，熙宁元年（1068 年）后改为一贯、五百两种。

北宋后期发行的小钞，面额有数种。但记载有关文字有错讹，有几种说法：“自一百至十贯止”（《九朝编年纲目备要》卷二六、《通考》卷九《钱币考》），“自二百十一贯止”（《皇宋十朝纲要》卷一六），“自一百等之至于一贯”（《浮沚集》卷一《上皇帝书》）。记载中有一百、一贯两种，所以至少有这两种面额，是否还有十贯或其他面额难以确定，因为一贯、十贯是常常互有刊误的。

关于东南会子的面额，李心传记，绍兴三十一年（1161 年）初置会子务时，所发行的会子“分一千、二千、三千凡三等”（《系年要录》卷一八八），即最初的会子有三种面额。史载，绍兴年间铸会子印，有“会子库一贯文合同印”“会子库五百文合同印”“会子库二百文合同印”三种（《宋史》卷一五四《舆服志·印》），就是讲会子此时有一贯、五百、二百三种面额，此记载大约系时有误，会子面额有二百、三百等种类，似不在绍兴末年，而是在宋孝宗时，马端临记：隆兴元年（1163 年）“更造五百文会，又造二百、三百文会”（《通考》卷九《钱币考》）。又地志载：“［乾道元年］十二月十四日，诏印造建康府二百、三百例零会二十万贯，令榷货务差号簿官逐旋管押前去交纳。从淮西总领所请也。”（《景定建康志》卷一四《年表》）当然，上引马氏及地志所记又比史文多了三百文一种。马端临又说：“盖置会子之初意，本非即以会为钱，盖以茶盐钞引之属视之，而暂以权钱耳。然钞引所直者重，会子止于一贯，下至三百、二百……自一贯造至二百，则是明以之代见钱矣。”（《通考》卷九《钱币考》）他在这里也讲到会子有面额为三百文的一种。另外，他把发行小面额会子，看作会子真正成为纸币的主要标志。大约讲会子在宋孝宗以后分为一贯、五百、三百、二百四种是较为可信的，因为李心传曾讲：“东南会子有四品，自一贯至二百，盖便于转用也。”（《朝野杂记》乙集卷一六《四川总领所小会子》）又说：“［会子］其法自一贯、五百、三百、二百凡四等，民甚便之。”（《朝野杂记》甲集卷一六《东南会子》）

关于南宋时期的四川钱引，李心传记：“其法自一千至二百凡二等。”（《朝野杂记》甲集卷一六《四川钱引》）“二百”应为“五百”之讹。他又说：“东南会子有四品……川钱引则分一贯及五百而已。丁卯岁（开禧三年）陈咸以用不足，始创小会子。”（《朝野杂记》乙集卷一六《四川总领所小会子》）但他未言小会子的面额。

关于淮交的面额，史载：“乾道二年（1166 年），诏别印二百、三百、五百交子三百万，止行于两淮，其旧会听其对易。”（《宋史》卷一八一《食货志·会子》）但这只是最初的淮交，此后情况如何则失载。关于湖会的面额，马端临均记，隆兴元年初创时有一贯、五百文两种面额。又史载：“［淳熙十一年，湖北］帅、漕、总领言：乞印给一贯、五百例湖北会子……从之。”（《宋史》卷一八一《食货志·会子》）又据载，淳熙十三年（1186 年）八月八日诏书中也言及“准指挥印降一贯、五百例湖北直使会子”事（《宋会要辑稿》食货四一之一四），这表明见于记载的湖会只有一贯、五百文两种面额。

南宋前期和中期发行的关外银会则以银计量，有一钱、半钱两种面额。南宋后期发行的四川银会则按一比一百的比例直接与钱引挂钩，是以钱贯为面额的，但具体有几种面额则失载。关外铁钱会子的面额都很小，有一百文、二百文、三百文三种。

3. 纸币的用纸

注意纸币的用纸是防止伪造的重要方面，所以官方较为重视。四川是宋代造纸业较为发达、造纸技术较为先进的地区，北宋交子是用四川本地纸印造的。费著记，熙宁五年（1072 年）交子务监官戴蒙请求设置抄纸院，“官自抄纸，皆自蒙始”（《蜀中广记》卷六七引《楮币谱》）。费著又记：交子、钱引“所用之纸，初自置场，以交子务官兼领，后虑其有弊，以他官董其事。隆兴元年（1163 年），始特置官一员莅之，移寓于城西净众寺。绍熙五年（1194 年），始创抄纸场于寺之旁，迄，官治其中，抄匠六十一人，杂役三十人”（《蜀中广记》卷六七引《楮币谱》）。据此，南宋中期钱引造纸场有服役者近百人。

抄纸场既受重视，其监官的任命就较为慎重。据载：“嘉定元年（1208 年）十月三日敕：户部勘当，成都运判钱文子状：本司所管成都府钱引务抄纸场监官，职事繁剧，弊幸实费关防。乞将监官窠阙注奏举关升经任有举主人，仍不注初官及恩科并年六十以上人破格注授，如见任人去替半年无人注授，从本司照格法选辟。奉圣旨依。”（《永乐大典》卷一四六二二又一四六二五引《吏部条法》）这说明当时选择抄纸场监官须符合若干条件，其中最主要的是有管理经验、年纪不老两条。

南宋时期会子大部分时间也用四川纸印造。李心传记：“［绍兴三十一年二月丙辰］置行在会子务……初命徽州造会子纸，其后造于成都。”（《系年要录》卷一八八）马端临记：“当时会纸取于徽、池，续造于成都府，又造于临安府。”（《通考》卷九《钱币考》，《宋史》卷一八一《食货志·会子》所载略同）都讲了成都造会子纸的情况。又楼钥记，绍熙四年（1193 年），杨王休受命担任成都府路转运使，时“造吴、蜀会子纸，每界至六千万，漕计始十七万缗，偶会多事，费倍平时，或虑乏兴，公处之裕如”（《攻媿集》卷九一《文华阁待制杨公行状》）。这说明当时成都造纸的任务是很重的。抄造会子纸的事务由成都转运司负责，我们可以查见关于一些成都转运司官员因造纸、运纸有功而得奖赏的记载。如许应龙曾起草《李刘昨任成都运判日起发会纸及五纲转一官制》，制文称：“造券以佐用度，必资蜀楮，设官以司其局，凡宣劳者悉该赏典。矧尔曩任计台，实董其事，既及五纲之数，盍升一秩之荣，虽率旧章，式昭新渥。”（《东涧集》卷六）文中既谓“旧章”，说明已沿行多时。同人又曾撰《厉模昨任成都运判起发会纸及五纲转一官制》，说明受此奖赏者颇有人在。厉模又曾因会纸质量优良而受奖，洪咨夔拟有《厉模楮纲赏转朝请大夫制》，文称：“币行于东南，而取楮于蜀。精实致密，伪难以乱真也。尔抱才敏锐，将漕井络，岁发楮纲，适应赏。今其升一级，庸劝奉公。”（《平斋集》卷二〇）

前文已述，会子用纸起初在徽州、池州抄造，随后在四川抄造，在四川抄造的时间较长，后来又曾在行都抄造。地志载：临安“造会纸局，在赤山之湖滨。先造于徽州，既又于成都，乾道四年（1168 年）三月，以蜀远纸弗给，诏即临安府置局，从提领官权兵部侍郎陈弥作之请也。始局在九曲池，后徙今处。又有安溪局。咸淳二年（1266 年）九月并归焉，亦领以都司官，工徒无定额，今在一千二百人。咸淳五年（1269 年）之二月，有旨住役”（《咸淳临安志》卷九《行在所》）。按宋末元初人吴自牧于《梦粱录》卷九《监当诸局》所记与此略同，而明谓纸局系“都司官属提领”，又谓“工役经定额，见役者日以一千二百人耳”，与上引小异。这里的记述有缺陷，容易使人误解为会子纸乾道四年（1168 年）以后就都在临安抄造了，这是不符合事实的。大约造纸地点曾有几次变化。据载“嘉定十六年（1223 年）四月十五日，圣旨：监行在会子库造纸局官，每岁许用户部长贰及左右司提领官通行荐举”（《永乐大典》卷一四六二七引《吏部条法》），大约此前后至少部分会子用纸是临安造的。但史载：“淳祐二年（1242 年），宗正丞韩祥奏：‘……今已罢诸造纸局及诸州科买楮皮，更多方收减，则楮价有可增之理。’三年，臣僚言：‘……大抵前之二界，尽用川纸，物料既精，工制不苟……迨十七界之更印，已杂用川、杜之纸，至十八界则全用杜纸矣。’”（《宋史》卷一八一

《食货志·会子》）可知淳祐年以前印第十五、十六两界会子曾全用四川纸，第十七界会改杂用川、杜（“杜”代表何处不详），第十八界全不用川纸。宋理宗时袁甫上奏说：“臣又窃思撩纸一事，须使朝廷、州郡通为一体。所有给降本钱应期发下，勿复稽迟。庶几收买楮皮不至阙乏。又其间有以楮皮不足来告者，须当体恤此意，使有余、不足彼此通济。如印造旧会之纸，曩时责办于徽、严等处者，尤当从长区处，使新会时无相妨，不致受害偏重，如此则朝廷得以责成州郡，无以藉口。”（《蒙斋集》卷七《论会子疏》）据此，似乎除会子始行阶段外，后来又一次用徽州纸（同时又用严州纸）。宋晚期人吕午也说会子起初“用四川纸印造”，“自四川破，十八界会子及关子用徽州纸，易破烂”（《左史谏草》附《监簿吕公〈沆〉家传》。参《宋史》卷四〇七《吕午传附子沆传》），可知南宋晚期确曾用徽州纸印会子、关子。但随又有变化，史文又谓：“［咸淳］七年，以行在纸局所造关子纸不精，命四川制司抄造输送，每岁以二千万作四纲。”（《宋史》卷一八一《食货志·会子》）可知抄造会子用纸的地方是经常变化的。

印制纸币除用大量的纸以外，还要用墨，关于这方面记载有少，仅见下引。知黎州李石上奏说：“石比准檄下本州和买印造七十四界钱引墨三千二百八十五斤。石自到官后已节次买发过一千八百斤外，寻检照旧案牍，见得日前每界所买墨不过二千七百斤，往往买发不足，而今次所买过于每界五百余斤。缘本州墨工止有五户，又所烧松烟率近生界，比年以来，烧烟人户多是藉口采斫禁山松木……委是于边防不便。”（《方舟集》卷七《乞减科买墨烟札子》）另他又吟诗言此事，谓：“一朝污浊流，钱券满吾蜀。童山要进取，万石压车轴。”（《方舟集》卷一《黎墨》）我们只能从这有限的记载中了解有限的情况，体会到筹集印制这样多的纸币所需的墨也是很不易的。

4. 被认为是宋代纸币文物的印版等

宋代发行的纸币品种虽多，数量虽大，今天却没有一张存世。不过，有几件被认为是宋代纸币印版的物品，这里不能不加以讨论。这里所说的“纸币印版”，计包括：所谓北宋交子、钱引或小钞的印版；所谓南宋东南会子的印版；所谓南宋晚期关子的印版。

所谓北宋交子、钱引或小钞的印版，都是指一块印版，此印版今已不可见，或说其流往日本，或言其失踪。印版虽不可见，却有一张拓片存留。此印版并没有标明“交子”、“钱引”或“小钞”等字样，所以，人们对它做了多种猜测。此印版肯定不是交子印版，因为拓片文字标明它不在四川行使，同理，它也不是四川地区的钱引。所以，如果假定它是宋代纸币印版，它只能是四川以外的钱引或小钞的印版。它有如下疑点：一是来历不明，它不是出土文物，究竟怎样流传也不见记载；二是它的图形文字过于粗糙，其文字歪歪扭扭，特别是将它同时期的印刷品比较，更感觉它不像官方纸币印版；三是拓片上文字也有可疑处，如“公私从便主管”“流转行使”这样的话，似不见于同时期的其他文献；四是无法见到原物，无法考察其质地、外观等。所以，尽管比较而言，讲它是小钞印版更近于合理，但是，要证明这一点还缺乏有力的证据。

所谓南宋会子印版，今存国家历史博物馆。它的主要疑点有：一是与上述“小钞印版”一样，来历不明、流传历史不明。二是与南宋谢采伯所述会子形制比较，有较大差异，如面额钱数横写占一横栏，此印版却是竖写，位置不够突出，不符合一般突出标明钱数的习惯。相反，大字标出“行在会子库”似无必要。三是据前引记载，会子印版标明钱数的几个字写得非常讲究，一般难以模仿，此印版上标明钱数的几个字却似不具备这一特点。四是这一印版比起所谓“小钞印版”来，图文都要讲究得多，但同文献所记钱引形制及今存宋版印刷品比较，它仍显得粗糙、简陋。当然，这里应提及，现今还存有一块照这块印版伪造的另一块印版，伪造得十分拙劣，错字有多个，连“进义校尉”也误作“进义校听”，前人已多有析论，此不赘言。近见孙仲汇先生《钱币鉴赏》二五《进义校尉释》说“进义校尉的职责主要是管理当地的邮传工作”云云，殊觉不妥。进义校尉是宋代最低的武官官阶名，而不是差遣（职务）官名，就是说，有进义校尉官阶者担任什么差遣（职务）是不一定的，并不一定“管理当地的邮传工作”。犹如今天有少尉军阶的人可以担任排长，也可以担任团参谋一样。

所谓“关子印版”共有八块，是近年在安徽东至县发现的。这组文物的主要疑点有：一是流传历史不明。此组印版是1983年7月在本县废品中转仓库中发现的，它是怎样到的此仓库中的呢？不清楚。至于它在七百多年中（如果它非伪造）的经历更难考察。二是关于关子的形制，前引史籍有所记载，虽然记载中是用印八方，现在正好有八方印版，但却不能如记载中所言，拼成“贯”字形。三是记载中讲印文中以“今代麒麟阁，何人第一功”为号，现印版中找不到其痕迹。尤其可疑的是，此印版中也像所谓小钞印版一样，有“诸路州县公私从便主管”这样令人费解的词语。四是记载中的印版都是铜质的，此印版却不是铜质的。

总之，被人们认为是反映宋代纸币发行的那些物品，在笔者看来，大抵都是可疑的，不敢贸然断定其真伪，有待将来进一步研究考察。

这里还应讲到传世的“壹贯背合同印”，此印王国维先生据《宋史》卷一五四《舆服志》关于“会子库一贯文合同印”的记载，考定为宋代会子印（《观堂集林》卷一八《宋一贯背合同铜印跋》）。笔者不敢苟同。首先，此印是否为宋代文物缺乏有力证据。其次，即使是宋代文物，便钱券（如北宋和南宋前期的关子）也可能使用此种合同印，故它不一定是用于印会子的。

宋代地方审计补论

关于宋代审计司，从正史记载看有两种，一是由三司体制下的诸军专勾司、诸司专勾司演化而来的隶属于太府寺的或被称为“六院四提辖”之一的诸军审计司、诸司审计司，二是隶属于四总领所的审计司。《宋会要辑稿·职官》《通考·职官考》等大抵也都是如此。那么，路、州、县有没有审计机构？正史无载。笔者在撰写《两宋财政史》时，见到宋代大儒朱熹关于州郡审计的一段议论。朱熹在对学生谈自己的做地方官体会时曾讲：“做官须是立纲纪，纲纪既立，都自无事。如诸县发簿历到州，在法本州点对自有限月。如初间是本州磨算司，便自有十日限，却交过通判审计司，亦有五日限。今到处并不管着限日，或迟延一月，或迟延两三月，以邀索县道，直待计嘱满其所欲，方与呈州。初过磨算司使一番钱了，到审计司又使一番钱，到倅厅发回呈州，呈覆吏人又要钱。某曾作簿，知其弊，于南康及漳州皆用限日。他这般法意甚好，后来一向埋没了。”（《朱子语类》卷一〇六《外任·漳州》。起初笔者是在《朱文公政训》中以现此条史料的，后来才又在《朱子语类》中找到完全相同的记载）据他所讲，各州通判之下，设有审计司，各县发财务簿历到州，要先经磨算司、审计司的审查才能呈州。他且讲了这二司吏人如何作弊的情况。笔者又发现《庆元条法事类》卷三〇《上供》中关于州郡上供钱物帐状须审计司磨勘并题署的记载。但当时未敢就此得出有州郡审计机构的结论（见拙著《两宋财政史》中华书局1995年版第656页）。

后来，包传民先生惠赠他的大著《宋代地方财政史研究》（上海古籍出版社 2001 年版），看到他发现了关于州郡审计的如下一段重要史料：

> ［建中靖国元年］十月四日，都省批送下权知开封府司录参军公事王旃状："切见天下勘给官吏军兵请受及勘支官物，并须先由粮料院批勘，封送勾院点检勾勘讫，仓库方得依数支。今天下州府粮料院批勘，而判勾即皆专委通判，盖通判是本州按察官，使之判勾则其势可以点检粮料院违条妄支官物及诸般差错作弊事。唯县则倒置不同。今府界等县勘给务反令知县领之，签勾反令监当官领之。监当官视本县长吏其势与按察官无以异，虽坐视勘给务违法等事，在于人情，岂敢追呼点检！欲乞特降指挥，应县有勘给务处，俾监当官兼之，而签勾即委本县长吏。如此则签勾之势可以点检勘给务，而关防之法不为虚设矣。"从之。

这段记载与前引朱熹的议论相对照，州郡审计机构的存在是显而易见的。因为尽管《宋会要辑稿》的记载没有明确讲通判属下有州勾院，但州郡在通判属下有一与勾院对应、职责相同的机构是无可置疑的。引文讲"州府粮料院批勘"，"判勾即皆专委通判"。通判在"判勾"之前先要进行审核，而具体的审核照理不会由通判自己来搞，定会借助吏人，这些吏人显然就是州郡的勾院，也即朱熹及《庆元条法事类》中所讲的州郡审计院。包先生同时征引了上述朱熹的言论及《庆元条法事类》卷三〇《上供》的记载，又补充了《庆元条法事类》卷三七《给纳》中的如下记载："诸仓库见在钱物，所属监司委通判岁首躬诣仓库点检前一年实在数，令审计院置簿抄上，比照帐状。"他据此明确指出，在通判属下有一被称为"勾院"（后改名"审计院"）的机构，而在县级则也有与之对应的勘给务。这使对此问题的研究产生了质的飞跃（参见《宋代地方财政史研究》第 61—71 页，即第二章"州军财政制度"三"州军财政管理机构"、四"属县财政"）。

笔者近细读《庆元条法事类》，感到自己对原先已看到的史料分析理解不够深入，另发现此书还有不少未被重视的关于地方审计的记载，从中可以进一步深化我们对地方审计的认识。

如前所述，《庆元条法事类》卷三〇《上供》中关于地方审计的内容，是笔者过去就看到了的，但现在重新审读，感到又有新的认识。如此卷载："诸上供钱物状，逐州次年正月中旬依或（式）攒送磨勘司、审计院，各限五日磨、审讫，申转运司覆验，限三月终缴申尚书户部。"（此文另见《庆元条法事类》卷三二《点磨隐陷》）又同卷载各州《起发上京供年额钱物状》固定格式中，在详列上供年额钱物品类及数量等后，有"审计院勘同系书如常式，磨勘司勘同系书如常式"二项。又载各州《无额上供钱物状》固定格式中，也列有"磨、审如常式"一项。悉心体味，这里所言的磨勘司、审计院，都不大可能是都城或总领所的磨勘司、审计院，因为它们往往离各州较远，有的达数百里或上千里，各州将帐状都送交设于都城、总领所的磨、审院，磨、审后再缴转运司，这是绝难想象的，唯一合理的解释，就是引文中所言磨勘司、审计院都是设在本州的。

《庆元条法事类》卷三七《给纳》载："诸转运司钱物本司应支用者，旁帖并经所在州县粮、审院勘审。"此记载再次明确无误地表明，宋代州县也有粮料、审计机构（将粮料院、审计院合称为"粮、审院"是宋代史籍中常见的），它们在转运司支用本司钱物时，行使事前审计的职权。

《庆元条法事类》卷一七《架阁》载："诸军差出小券，粮、审院立号注籍拘管（原注——下同：缴到券毁抹讫勾销）。同行人虽多，总为一券，限即时给。并印缝，具元差事因、所诣处及军分、姓名、请给则例、逐名克折或未请勿［总?］数，管辖人同印书批勘。如官司及写券人点检与券不同，或稽程及不由所诣驿路并送所属究治。候回及到所诣处官司，限壹日随所赍公文拘收，送磨勘司及审计院驱磨讫，保明申州，付粮料院收入大历，抹券架阁（无大历处保明讫批勘，即不回者所诣官司报出券处销籍）。"此规定讲，军人因公出差，路途中支领钱粮等事前要在粮、审院备案，事后一日之内要缴磨勘司、审计院磨、审，然后"申州"，付粮料院注销存档。这里讲限一日就交磨勘司、审计院磨、审，此后再申州，则所言审计院不应是远在都城的或设在总领所的审计司。所以，这里讲的磨勘司、审计司、粮料院一般也应指设于各州郡的机构（当然，都城或总领所驻地军人出差或许情况特殊）。

《庆元条法事类》卷三七《勘敕》载：

> 诸勘请、官物勘给，送审计院审讫，封旁付给处粮料院，每月具已勘旁及物数开（关?）磨勘司对帐，申转运司。
>
> 诸身分请给合支券者，并于料钱历内批勘，不得因事添给，唯从军许更文（支?）一道（通旧不得过两道），事毕或任满日缴纳纳所在粮、审院驱磨。
>
> 诸县官在县镇寨者，其请给本州勘审，各限一日批付近便仓库给。

上引三条史料表明，州县官的俸禄支领前及事后均要经本州审计院、粮料院的审核。其中第二例讲事后由“所在粮、审院驱磨”，更明确讲不一定是都城或总领所的粮、审院。故而，同书卷三二《理欠》所载对审计、粮料院失职官吏的惩罚规定，应也主要是针对各州审计、粮料官吏的。

《庆元条法事类》卷三一《应在》载《保明（官员）开破应在官物酬赏状》、卷四八《税租帐》载《保明磨勘出税租亏失酬赏状》，除各详列有关官员任职时间、开破应在钱物或磨勘出税租亏失详数及有无曾受处罚等外，后均列有“审计院、磨勘司审、磨并同，官吏姓名（按当指审、磨官吏姓名）”一项。同书卷三二《理欠》有《保明理欠官催纳分数酬赏状》，内亦有“审计院、磨勘司审、磨并同，官吏姓名”一项，而特标明“此项用朱书，余式准此”（明为醒目，此项文字系用红笔书写）。可知在决定各州应在司官员、核查税租收入官员、理欠官员能否受奖赏时，审计、磨勘司官吏的审核证实是必经程序，且受到特别重视。大约当局认为审计院、磨勘司应在防止财赋流失方面发挥特别的作用。

《庆元条法事类》卷三一《封桩》载：“诸封桩禁军阙额请给，粮、审院每季置册，开具勘审过某指挥阙某色人数、逐等则例、合桩衣粮色数（赏给朔服等并准此），州取索点检，具申枢密院。”既言粮、审院勘审结果由州点检，则此处所言粮、审院必也为州的粮料、审计院。可知各州封桩禁军阙额请给财赋，也要由各州粮料、审计院勘审。同书同卷又有《封桩禁军阙额请给关状》定式，内有“仍准旁帮书勘审，关仓库者审计院随旁封付”的内容。同书同卷又有《封桩禁军阙额请给旁》定式，内有“依常式帮书勘审”一项。以上皆可为佐证。

据上所述，州郡一级是有审计院的，但宋代文献中为什么有关记载这样少呢？笔者认为，这主要是因为州郡审计院没有专职官员，除主管者州通判外，其他组成人员都是吏。顺带讲，宋代审计司官员的级别都较低。北宋前期三司内的专勾司（审计司的前身），是由三司判官主管的，三司判官是中级官员，但一位判官通常要同时管几个司，所以，具体专勾司的组成人员，也都是吏。元丰改制后，专勾司归属太府寺，是太府寺十几个机构中的一个，其地位较三司体制下明显降低。其具体品级则无考。据李心传记，南宋时，干办审计院官“例以京官知县有政绩者为之”（《建炎以来朝野杂记》甲集卷一〇《六院官》），则都城的审计司长官连升朝官都不是，即没有资格上朝。地位仅比选人稍高，大约与从八品官相当。入杂压时，干办审计司列于寺监主簿之后，而监察御史为从七品，列于寺监主簿之前。都城的审计司官品级如此低，总领所属下的审计司官品级就更低了。州郡审计院人员自然就只能是没有品级的吏人了。

据前所述，州郡具有一定审计职能的机构有三个，即审计院、磨勘司、粮料院，三者侧重各有不同，机构隶属也有不同。如前所述，审计院隶属通判，磨勘司（又称磨算司）大约隶属知州，而粮料院往往由朝廷委派专官（参下文），它是监当官中的一种。因此，粮料院官在三者之中相对独立性最强。《庆元条法事类》卷四《职掌》载：“诸粮料院无官专监者，录事、司户参军同知，仍分掌给纳。”可知粮料院只在监官出阙时方由州郡幕职官代管，且由一位幕职官专管收，另一位则专管支。在上述三个机构中，大约粮料院除了监督职能之外，还要处理实际事务，因为官员、军兵的各种支给都要它出具支给凭证，持证人以此到仓库支领。这同审计院只审核、不具体开具凭证是有差异的。磨勘司与审计院的区别除了隶属不同外，大约前者更偏重“磨筭”，即重在核算帐状中的各种数据；而审计司则着重在审查财务收支是否符合官方各种规定。所以，从记载看，磨勘司涉及的领域要比审计院广。

如前所述，州郡具有审计职能的机构，除审计院外，还有粮料院。与审计院不同，证实州郡粮料院的存在要容易得多，因为州郡粮料院见于记载的次数比审计院多。据不完全记录，李焘《续资治通鉴长编》中就先后出现过泗州粮料院（卷一五四、卷三四七），潭州粮料院（卷一五九），陈州粮料院（卷二八一、卷二九〇），杭州粮料院（卷四九七），江宁府粮料院（卷五〇二）等。另《宋史》卷三一四《范仲淹传》记范仲淹曾任监楚州粮料院，《永乐大典》卷一四六二二引南宋《吏部条法》载“尚书左选通差阙”中有平江粮料院、潭州粮料院、江陵府粮料院、建康府粮料院等。今上海图书馆藏宋本古籍《王文公集》书背宋人遗迹钤有“绍兴舒州粮料院记”印记。这些都能无可争辩地证明宋代州粮料院的存在：

> 关于县级粮、审机构，笔者尚未查见其他记载。但此书中却有关于路级审计机构的如下记载：
>
> 诸转运司审院以主管文字官兼。（《庆元条法事类》卷四《职掌》又卷六《差出》）
>
> 诸转运司帐司、审计院吏人、军典请受以减到造帐工食纸笔钱给，不足支系省头子钱。(《庆元条法事类》卷三七《勘敕》)
>
> 诸转运司应支用钱物不经粮、审院勘审者杖八十。(《庆元条法事类》卷三七《给纳》)

上引“转运司审院”“审计院”疑即转运司内所设审计院。转运司中的帐司是见于记载的转运司属下的重要机构，其长官同转运司主管文字地位相近或稍高，则与之并列的审计院也应是转运司的下属机构，据上引，它是由转运司主管文字官兼管的，也是由吏人组成的机构。上引讲转运司支用钱物须经粮、审院勘审，所言审院，或也包括转运司中的审计院。

王安石是经济改革家吗

王安石是北宋熙宁变法的主持者，是著名的思想家、政治家、文学家，但他是不是一位经济改革家或财政改革家呢？不是。因为按照现今人们对改革家称号的理解，被称为改革家者，不仅仅是改变了现行制度，而且还须使这种改变具有顺时立政、革除陈腐、推动历史前进的性质。王安石变法不具有这样的性质。为了说明问题，以下从三个方面对王安石理财新法进行分析和评价。

一　新法使封建国家包养的人员又有增加

秦始皇完成统一以后，建立了中央集权的国家制度。与这一制度相适应，封建国家豢养了一大批官吏，自此后，历朝有增无减。北宋立国以后，封建国家包养人员更多。这突出表现在除了用于作战的军队外，又增加了用于杂役的军队。宋人谓：宋以前，“国家大役，皆调于民，故民以劳弊。宋有天下，悉役厢军，役作、工徒、营缮，民无与焉”①。马端临也谓：“宋朝，凡众役多以厢军给之，罕调丁男。”② 他们负担的劳役见于记载者主要有：运输物资（地方上贡财赋多由军兵运输），传递公文，修治城池、河道、桥梁、街道、公廨等。杂役兵连同用于地方治安的厢军，太祖时已达十八万余人，太宗时超过三十万，仁宗时超过

① 《太平治迹统类》卷三〇。

② 《文献通考》卷一二《职役》。

四十万，英宗时曾达五十万。这使得宋朝常备军人数大大超过中晚唐。宋为了最大限度地网罗地主阶级知识分子，广开入仕门径，科举的项目繁多，除定期的以外，还有许多临时增设的。宋朝对宗室、功臣后代及割据者后代，也采取包养委官的办法。此外，还有门荫制度、流外勋劳入官制度、入粟补官制度等。这使得官僚队伍很快膨胀起来，至仁宗、英宗时，入品官员总数已达二三万人，此外还有众多不入品而领取俸禄的小吏。这里应当指出，军兵、官吏不但本人要靠从封建国家处领取俸禄生活，而且他们还要靠其俸禄养活家口。南宋胡宏讲当时“被甲者无虑数十万家，家以五口为率，乃有数百万端坐待哺于农民者”①。以此比之北宋，仁宗之世当有兵百万以上，则以俸禄过活者不下五六百万。连同官吏及其家属，其数目更为惊人，给国家带来沉重的经济负担。

封建国家包养人员如此冗多，其后果是极不良的。仁宗时已呈现出国贫民困局面。宝元二年（1039 年），大臣贾昌朝言：“天下太平已久，而财不藏于国，又不在于民。”② 皇祐四年（1052 年），文人李觏言：“弱甚矣，忧至矣，非立大奇不足以救。”③ 至和二年（1055 年），大臣范镇言：“民宜富实而反日以困，国用宜饶而反日以蹙，此无他，兵多而民稀，田旷而赋役重也。”④ 嘉祐年中，大臣苏绅言：“国家承平，天下无事，将八十载，民食宜足而不足，国用宜丰而未丰。”⑤ 大臣蔡襄也谓：“今天下之广，四维万里，可谓大矣。农田商贾茶盐酒税银铜金铁之类，莫不榷之，可谓察矣。笼天下之利至纤至悉，宜乎国家富有，府藏充牣，不可胜计然后为得。今则每有支费辄遣使诸路取索钱帛以供公上。京师无大储积，至于天下诸路仅能自给……岁入日少而岁出益多……兵日益多，官日益冗，财物有限而支费无涯，国之所以贫

① 《五峰集》卷二《上光尧皇帝》。

② 《续资治通鉴长编》卷一二三（以下简称《长编》）。

③ 《李直讲集》卷二八《上孙安抚书》。

④ 《长编》卷一七九。

⑤ 《宋史》本传。

也。”[①] 在这一点上，王安石的看法与众人是一样的，他于上仁宗书中讲：“顾内则不能无以社稷为优，外则不能无畏于夷狄，天下之财力日以穷困，而风俗日以衰坏。四方有志之士，諰諰然常恐天下之久不安。”[②] 又曾讲当时“公家日以窘，而民日以穷而怨”[③]。上述说明，由于封建国家包养冗员过多，出现了严重的国贫民困局面。

王安石主持变法，本当解决冗官冗兵问题，减少封建国家包养的人员。但他推行新法的客观效果，反而使封建国家包养人员继续增多，其最突出的表现是，使封建国家雇募的吏人取代服职役者。原来，服职役者只是以尽封建义务的形式同国家发生联系，他们的生活并不同封建国家财政直接关联，改为募雇，等于又增加了一种靠俸禄为生的人员。苏轼在《上神宗书》中讲：“不知雇人为役，与厢军何异?”[④] 可谓一针见血，指出了问题的要害。差役变为募役，等于又增加了一种杂役兵或小官吏。其数量，据时人统计，有四五十万员，与厢军人数相当。故而可说，免役法实施的结果，等于又增加了由封建国家包养的又一大批杂役兵。

当然，目前存在一种认识，即认为差役变募役是历史必然的发展趋势，此种变化是一种历史的进步。这种认识是值得商榷的。百姓对封建国家尽义务的形式由劳役支付变为货币支付，这固然可以被认为是反映了历史的进步，不过，这当中须具备一些前提条件，如果不具备这些前提条件，那么上述转变就不一定反映历史的进步，甚至只能反映某些当权者的任意蛮干。所谓前提条件主要是：社会经济发展是否具备上述转化的条件，封建国家本身是否能适应由这种转化导致的在管理方面较高的要求。我们知道，差役变为雇役，是以百姓服役变为纳代役的实物或货币为前提条件的。百姓用以代役者只能有两种，一是货币，二是实物。百姓以货币代役，从封建国家的角度看易于管理，有利于防止官吏勒索作弊，而这却需要商品货币经济发展到相当水平。从记载看，当时商品

---

① 《蔡忠惠集》卷一八《国论要目·富国》。

② 《王临川集》卷三九《上仁宗皇帝言事书》。

③ 《王临川集》卷七八《上运使孙司谏书》。

④ 《东坡七集·奏议》卷一。

货币经济的发展尚未达到这一水平。大臣张方平反对免役法时即讲："下户细民，冬正节腊荷薪刍入城市，往来数十里，得五七十钱，买葱茹盐酸，老稚以为甘美，平日何尝识一钱。"① 哲宗初，司马光也讲："上农之家所多有者，不过庄田、谷帛、牛具、桑拓而已，无积钱数百贯者。"② 显然，就北宋所统治的大部分地区而言，商品货币经济还没有发展到可以广泛实行以货币代役所要求的程度。在商品货币经济尚未充分发达的情况下实行赋役征钱，就必然要人为地造成钱重物轻或所谓钱荒的问题，给百姓造成巨大的痛苦。邵伯温曾议论差役、雇役道："吴蜀之民以雇役为便，秦晋之民以差役为便。"③ 北宋多数地区的发展水平与秦晋相当，而吴蜀所代表者，乃为少数经济发达地区的水平。因此，就全宋经济发展水平看，以货币输纳取代劳役的条件还远未成熟。

那么，是否可以用实物输纳取代劳役呢？时人批评免役法谓："直使输钱，则丝帛粟麦必贱，若用他物准直为钱，则又退拣乞索，且为民害。"④ 虽然，实物输纳遇到的最大问题是防止官吏借机勒索，即主要是人的管理问题。北宋立国后，为防止藩镇割据，进一步加强集权，官吏任用、军队调动、财赋入出等都集中于朝廷。这样，沉重的管理负担与效率低下的封建国家管理机能之间的矛盾已经日趋尖锐，弊病到处可见，漏洞遍布四方，仅以财政管理为例，堆积在三司等待审核注销的账簿有数年不得开封者。在这种情况下，继续增加封建国家的管理负担显然是不明智的。实行免役法单从财政上讲，就造成了一二千万贯财赋的管理问题。其数量相当前此全宋财政年度总收支额的五分之一。首先有如何合理摊征的问题，在当时社会条件下，要精确计算每个家庭的财产，区别出生息资产与不生息资产，以为确定摊征免役钱的基础，那是十分困难的。免役钱的合理摊征始终是个未能很好解决的问题。再者就是防止官吏营私舞弊的问题。这也是无法做到的。当时为防止不入品官吏贪污受贿，曾广泛推行仓法，即一方面给这些官吏较厚的俸禄，另一方面对

① 《乐全集》卷二六《论率钱募役事》。
② 《司马文正公传家集》卷四九《乞罢免役钱依旧差役札子》。
③ 《邵氏闻见录》卷一一。
④ 《宋史》卷一七七《食货志·役法》。

犯贪污受贿罪者处以严刑。结果呢，“良吏实寡，赇取如故，往往陷重辟”①。其原因，就在于封建国家管理机能的低下，官吏们凭借封建政治权力贪污受贿是很容易的，而要制止、揭发、惩处这类罪行却是颇困难的。摊征中还有一个十分之二宽剩钱的问题，实际各处都是多征的，为什么会多征呢？这也是管理机能的问题。要精确计算每年雇役所需钱数是很困难的，各级官府出于一己的私利，借机多征是势所必然的，而封建国家也就无法将宽剩率真正控制在十分之二以内。类似的管理问题很多，有合理支用问题，有防止渗漏问题，等等。总之，免役法的推行进一步增加了封建国家的负担。可见，当时社会经济发展状况也不具备全面推行免役法的条件。

除了免役法增加了封建国家包养的人员外，其他新法实施也增加了封建国家的包养人员。官方增设了许多推行新法的机构，京师增置了市易等司，各路增设了提举常平司、提举保甲司，许多县增设了主簿或县丞②。官员和封建国家包养的吏员人数也增加不少，据曾巩统计，三班院在熙宁八、九、十三年中递增率为百分之三③，其他官员递增率当不下于此。这里还应提到保甲法的推行，客观上也有同增加封建国家包养人员相近的效果。保丁虽不全由封建国家包养，但却要减免赋役、供其兵器及校阅时的口粮、赏赐等。每个保丁的开支虽不大，然据统计，熙宁九年（1076 年）在籍义勇、保甲及民兵共七百一十八万余人④，如此众多的保甲民兵的开支也不是个小数目，故叶适批评：“王安石为神宗讲所以销兵之术……教诸路保甲……欲以代正兵，正兵不可代，而保甲化天下之民皆为兵，于是虚耗之形见而天下之势愈弱。”⑤ 是有道理的。

---

① 《宋史》卷一七九《食货志·会计》。

② 据王安石估计，约增主簿五百员，支俸十万贯。见《长编》卷二五〇。

③ 《长编》卷三一〇。

④ 《文献通考》卷一五三《兵》。

⑤ 《水心别集》卷一一《兵总论》。

二 新法使封建国家赢利性经营规模又有扩大

在我国，封建国家进行赢利性经营始见于春秋时期齐国管仲所推德的官盐铁，此后，封建国家的赢利性经营时兴时废、时宽时严。安史之乱后封建国家赢利性经营转盛。宋朝立国之初，君臣们对中晚唐以来官府赢利性经营之害已有所认识，太祖时弛河北盐禁，太宗时一度弛江南盐禁，都反映了这一动向。但是，与冗员增长同步，封建国家赢利性经营兴盛程度却超过前代。即如曾巩所言："自时以来，兵薄既众，他费稍稍亦磁，锢利之法始急。于是言矾课则刘熙古，深茶禁则樊若水，峻酒榷则程能，变盐令杨允恭，各骋其意，从而助之者浸广，自此山海之入、征榷之算，古禁之尚疏者皆密焉。"① 官府专卖的范围，除前代已有之酒盐茶矾外，又增加香药一项。宋太宗、真宗年间，又出现一种新的封建国家赢利性经营形式，即和予买绸绢。据说初时乃为一种便民措置，不久就有了赢利目的，至仁宗初年，已变成一种科率。其数额据时人张方平讲，有二三百万匹。自五代以来，军将有回易取利的惯例，仁宗时范围一度扩大到军队以外，也是一种官府赢利性经营方式。再者，沿边地区又有官贷钱粮一专项赢利取息的现象，但尚不普遍。封建国家赢利性经营超越前代的扩大，引起了许多大臣的惊恐不安，上疏论此者颇多。例如，太平兴国八年（983 年）田锡言："管榷货财，网利太密"，"酒曲之利，但要增盈"，"凝视年比扑，只管增加，递月较量，不管欠折。然国家军兵数广，支用处多，课利不得不如此征收，管榷不得不如此比较。究尽取财之路，莫甚于兹，疏通货殖之源，未闻适变。"② 真宗即位初，王禹偁也言："冗吏耗于上，冗兵耗于下，此所以尽取山泽之利而不能足也。夫山泽之利，与民共之。自汉以来取为国用，不可弃也，然亦不可尽，方今可谓尽矣。"③ 仁宗时包拯也讲："冗兵耗于上，宙吏耗于下……

① 《元丰类稿》卷四九《管榷》。

② 《长编》卷二四、卷四二、卷一六七。

③ 《宋朝诸臣奏议》卷一四五王禹偁《上真宗论军国大政五事》。

方今山泽之利竭矣，征赋之入尽矣。”① 显然，在王安石变法之前，封建国家的赢利性经营已经十分兴盛，甚至可说是恶性膨胀。

赢利性经营的不断扩大，乃至膨胀，其后果是严重的。封建国家通过进行包括禁榷在内的赢利性经营以及通过加重商税等手段，敛取了很多的财赋。北宋真宗祥符以后，财政岁收超过五千万贯，至英宗时更接近亿贯，以当时在册户数计算（约一千万有余），平均每户每年负担七八贯。封建国家通过这样的敛财在一定程度上改变了整个社会的分配结构。这使得当时的社会朝着“头重脚轻”的方向畸形发展，即国家机器超常发展，越来越庞大，越来越精致，吃“官饭”的人员数目巨大。为国家机器服务的意识形态也较其他文化得到更快的发展。而经济基础却越来越薄弱，不堪一击，生产力的发展速度越来越迟缓。封建国家集中了过多的财力，实行所谓利出一孔，顺昌逆之，驱使过多的知识分子转入仕途，妨碍了许多学科的正常发展。封建国家赢利性经营，连同官工业、官农业（官庄、营屯田等）、官金融业（官铸业、官便钱、官钞引、官楮币）以及官办社会救济、社会福利事业等结合在一起，形成了一个十分强大的官经济体系。这个官经济体系一方面把私人工商业者挤到狭小的角落，使其发展艰难；另一方面在其内部也扼杀合理的竞争，实行僵硬不讲求效益的管理。这样，就几乎窒息了整个社会发展的活力，积贫积弱是其突出的表现。

王安石变法，本应打破这种局面，他却反而进一步扩大封建国家赢利性经营的范围，使官经济更加膨胀。从主观上，他对前代此种敛财方式十分赞赏，曾讲：“泉府之官，先王所以摧制兼并，均济贫弱，变通天下之财而使利出一孔者，以有此也……盖经费则有常赋以待之，至于国有事，则财用取具于泉府。后世唯桑私羊、刘晏粗合此意。”“今欲理则，则当修泉府之法，以收利权。”② 他所推行的青苗法、市易法、均输法，都是他上述思想的体现，都具封建国家赢利性经营的性质，其弊病及危害也与前代基本类似。

---

① 《宋朝诸臣奏议》卷一〇一包拯《上仁宗乞减冗杂节用度》。

② 《杨龟山集》卷六引《熙宁奏对目录》。

例如青苗法，现今肯定此法者所依据的理由，一般是将其视为一种低息农业贷款，可帮助农民克服一时资金紧缺的困难，避免落入高利贷的陷阱。其实青苗法并没有如此实效。元祐年中苏辙对此有较好的陈述："至于熙宁青苗之法，凡主客户得相保任而贷，其息岁取十二。出入之际，吏缘为奸，请纳之劳，民费自倍。凡自官而及私者，率取二而得一，自私而入公者，率输十而得五。钱积于上，市帛米粟贱不可售。"① 就是说，从百姓方面看，青苗钱并不比私人高利贷好。关于出入之间百姓受损，时人吕陶就川蜀情况做过更具体的说明："有司惟务增羡，以为称职（原注：俵散多，则管勾官有食钱，提举官有升陟），虽云出息不过二分，而节目颇多，督责愈峻。盖有诡名冒请、卖榜子、散甲状、支交子折足钱、除头子钱、减克升合，量收出剩，并书手、保正、甲头识认等费耗不一。请时谷贱，纳时米贵，所出息数约三四分。及至敛纳……仓管受入又增斗面。百端侵扰，难以悉数。"② 此种事实，怎能不容人不信。百姓受害原因，无一不同前述封建国家进行赢利性经营固有弊病有关。对有关官吏实行考课奖惩，是为了调动他们的积极性，而一旦实行考课奖惩，官吏为定额所驱，督责就不能不峻。由于官民间"有上下之势，刑罚之威"③，俵散就不可能坚持自愿原则。川蜀之外，还有许多地区实行按户等抑配等办法，多见记载。索还之时，"公家期限又与私家不同，而民之畏法者至举债以输官，往往沿此遂破荡家业者固多矣"④。"仓库给纳，人情乞取，如影随形"⑤，也是势所必然。为了保证息钱的回收，宋廷推行结甲俵散等办法，贫民下户不能贷取，而富户反得贷，"官制既放钱取息，富室藏镪，坐待邻里逋欠之时，田宅妻孥随欲而得"⑥。如此，青苗法非但未抑兼并，反而助长兼并。至于百姓贷取须远途跋涉、官索贷须纳现钱，自是源于管理需要，却给百姓又增负担，此不细述。显然，

---

① 《栾成后集》卷一五《会计录序》。

② 《净德集》卷三《奏乞权罢俵散青苗一年从宽民力状》。

③ 《宋朝事实类范》卷一五引司马光语。

④ 《龟山集》卷二《语录》。

⑤ 《都官集》卷五《奉行青苗新法自劾奏状》。

⑥ 《都官集》卷五《奉行青苗新法自劾奏状》。

青苗法由制订者官民两利的初旨到实行后向残民病国结局的转变，其起决定作用的因素就是封建国家本身对于直接进行赢利性经营的不适应性。南宋朱熹分析青苗法不可行的原因有四点：“其给之也，以钱而不以谷；其处之也，以县而不以乡；其职之者，以官吏而不以乡人士君子；其行之者，以官吏而不以乡人士君子；其行之者，以聚敛亟疾之意而不以惨怛忠利之心。”① 这四条无一不是与封建国家本身进行赢利性经营直接相关联的。市易法的推行，情况更糟。这里不妨引用变法集团骨干曾布的批评：“今吕嘉问提举市易，乃差官于四方买物货，集客旅，须候官中买足方得交易。以息钱多寡为官吏殿最，故官吏牙人唯恐裒之不尽，而取息不夥。则是官中自为兼并，殊非置市易之本意也。”② 曾布因此被逐出京师，“而市易差官置物裒息酬劳如故”。曾布的批评也有未尽情理之处，既要通过市易达到富国目的，岂能不“以息钱多寡为官吏殿最”？可以设想，假若不以息钱数考课官吏，恐怕难免会造成本钱流失、白养一大批无用官吏的后果。然而一旦以此为考课标准，又很难禁止他们不借助封建特权以达多取利的目的。据载，市易司官吏甚至“入市舶司拘拦蕃商物”以致“海商不至”③；时“市易务禁锢保人在京师者无虑千余人”④。市易法很不得民心，熙宁末年，连新党大臣王韶也讲：“今市易务裒剥民利，十倍［桑］弘羊，而比来官吏失于奉行者多至黜免。今之大旱皆由吕嘉问作法害人……臣乞烹嘉问以谢天下。”⑤ 可见市易官吏凭借封建特权横行之肆与其招引民愤之烈。尽管市易法以息钱课官吏，结果对封建国家来说并未受大益，元祐初有人总结“市易之设”，“所收不补所费”。⑥ 元符年中曾布也讲：“市易用千五百万本钱，得息钱九百万，失陷者乃七百八十万，徒作一大事，一无所得。”⑦ 市易法的推行，“商贾为之

---

① 《朱子大全》卷七九《婺州金华县社仓记》。
② 《东轩笔录》卷四。
③ 《宋史》卷一八六《食货志·互市舶法》。
④ 《邵氏闻见后录》卷二四。
⑤ 《东轩笔录》卷六。
⑥ 《宋会要辑稿》食货三七之三二。
⑦ 《长编》卷五〇六。

不行，通都大邑至有寂寞之叹，非独商贾之患也，而上下均受其弊”[①]。而封建国家也未得好处。上不利国，下不利民，其根本原因，也在于封建国家对于赢利性经营的不适应。均输法实行情况全然失载，史言“均输后迄不能成”[②]，属实。

不管王安石曾有过多么美好的设想，也不管他对青苗、市易、均输等法寄予了怎样美好的希望，客观上他不过是使封建国家赢利性经营的范围继续扩大，而这种扩大从社会经济发展的角度分析，害处是很大的，是一种不合时宜的倒行逆施。

三　新法使百姓的经济负担又有加重

封建国家机器恶性膨胀、封建国家千方百计聚财敛财，必然使广大人民的经济负担加重，这对我国封建时代社会经济发展影响极坏。

我国自秦汉以来，尽管土地关系不断变化，但从经济方式讲，却基本是一家一户的小生产，无论土地占有的规模如何大，生产经营却基本是分散进行的。在这种基本生产方式之下，直接从事经营和耕作的自耕农、佃农，其经济负担能力是很有限的。马克思讲：“小生产者是保持还是丧失生产条件，则取决于无数偶然的事故，而每一次这样的事故或丧失，都意味着贫困化，使高利贷寄生虫得以乘虚而入。对小农民来说，只要死一头母牛，他就不能按原有的规模来重新开始他的再重产。”[③] 我国封建时代农民的状况正是如此，或则更糟，因为农民中佃农所占比例颇大，而马克思所讲的主要是自耕农。因此，是否加重农民经济负担，对于社会经济发展有至为重要的决定意义。

汉武帝时推行禁榷、平准、公田转假等制度，虽有聚财之效，却大大加重了人民经济负担。拥护中央集权的大儒董仲舒也讲：“田租口赋、盐铁之利，二十倍于古。”而主张“塞并兼之路，盐铁皆归于民”，“薄赋

① 《宋文鉴》卷六〇《请诏有司讲究商贾利病》。

② 《宋史》卷一八六《食货·均输》。

③ 《资本论》第三卷，第678页。

敛，省徭役，以宽民力”[①]。在盐铁会议上，来自民间的贤良、文学多次提出推行禁榷、平准等后果是不好的：“方今郡国田野有陇而不垦，城郭有宇而不实”，“国家衰耗，城郭空虚”，[②] 他们又做了对比：“文帝之时无盐换之利而民富，今有之而百姓困乏。”[③] 他们特别强调百姓负担之重：“率一人之作，中分其功，农夫悉其所得，或假贷而益之。是以百姓疾耕之作，而饥寒遂及已也。”[④] 故司马光说：“武帝作盐铁榷酤均输等法，天下困弊，盗贼群起。”[⑤] 是可信的。唐朝安史之乱后，战乱不止，惶悸之中行两税之法，张禁榷之网，百姓负担较前又有加重，自不必细论。南宋学者叶适言：“桑弘羊之于汉，直聚敛而已耳，此则管仲、商鞅之所不忍为也。盖至于唐之衰，取民之具无所不尽，则又有弘羊之所不忍为者焉。”[⑥] 大体属实。北宋立国后，除对战争中割据者临时增加而过于不合理的苛捐杂税予以废罢外，把前代赋税都基本保留下来，或有增加。神宗时刘谊讲：“宋有天下承平百年，二广之丁米不除，江南榷酒而收曲线，民不得盐而入米，比五代为加赋矣。嘉祐中许商通茶乃立租钱，茶租以税为本，比国初又加赋矣。”[⑦] 值得注意的是，北宋前期新增之赋，多与禁榷有关。而禁榷和其他官府赢利性经营的发展，给广大人民增加的负担更为沉重。欧阳修言：“昔之画财利者易为工，今之言财利者难为术。昔者之民赋税而已，故其不足则铸山煮海、榷酒与茶、征关市而算舟车，尚有可为之法以苟一时之用。自汉魏迄今，其法日增，其取益细。今取民之法尽矣。”[⑧] 陈舜俞也谓：“今夫取民之财可谓悉矣。一夫之耕，获者在田而敛者在门，匹妇之蚕，织者在机而征者在屋。天之所生，地之所生，苟可以衣且食者，皆为犯法禁，何民之不穷也。”“今者，田租

① 《汉书》卷二四《食货志》。
② 《盐铁论·轻重》。
③ 《盐铁论·非鞅》。
④ 《盐铁论·未通》。
⑤ 《司马温公集》卷七《乞去新法之病民伤国者疏》。
⑥ 《水心别集》卷六《管子》。
⑦ 《长编》卷三二四。
⑧ 《欧阳文忠公集》卷四五《通进司上书》。

口赋盐铁之利视古如何哉?”① 不但一般较为贤明的士大夫有如此的认识，就连执政大臣们也往往有类似的忧虑。最突出者为真宗时的宰相王旦，发运使赴任前向他辞行，他“无他语，但云：东南民力竭矣”。转运使来拜见，他又“告之曰：朝廷擢利至矣”②。

人民的经济负担过重，必然影响社会经济的发展。邓广铭先生曾论北宋募兵制度对农业生产的破坏作用，所论极是。③ 文中引证陈靖、欧阳修、苏辙三人言论，颇有典型性。此三人着重讲了京畿、京西的情况，这里拟再补充一些关于其他地区因赋税、榷利等过重而使农业生产遭到破坏或发展迟滞的记载。东南为北宋经济最发达的地区。仁宗初年，三司官员俞献卿言：“天下谷帛日益耗，物价日益高……今天下谷帛之直比祥符初增数倍矣，人皆谓稻苗未立而和籴，桑叶未吐而和买，自荆湖江淮间民愁无聊，转运使刻剥以增其数，岁益一岁……民力积困也。”④ 明道、庆历之间，范仲淹也多次讲到东南农业生产有衰退趋势。他曾做过统计，明道年中“江宁府有新旧逃户七千三百，宣州五千五百，太平州四千四百，缘江南东路诸色租税甚多，地薄民贫”⑤。又讲庆历年中江浙米价比五代时增长十倍，⑥ 都可说明百姓负担过重对东南地区经济发展的不良影响。川蜀为北宋另一经济最发达地区。据吕陶讲：“举天下财赋之出，蜀最多焉。正朔始归中原时，为生丰赡，物估拟今率十之一……数十年间，供亿日益繁，泉币日益轻，物估日益涌……地产有常，而赋重于昔，物值日涌，而半价之敛增，齐民无聊，窃自愤叹。”⑦ 又谓：“西南虽号沃壤，然赋敛百出于农……百亩之家，占名上籍，而歉岁或不免饥。”⑧ 范仲淹、吕陶都讲宋时不如五代，大有今不如昔之感慨，或为激愤之语，却至少可以说明北宋时期农业生产以至社会经济发展迟滞。仁

① 《都官集》卷二《厚生》。
② 《古今源流至论》续集卷三《州县财》。
③ 《中国史研究》1980年第4期。
④ 《长编》卷一〇〇。
⑤ 《景定建康志》卷四〇《田赋》注文引。
⑥ 《长编》卷一四三。
⑦ 《净德集》卷三三《送张景元诗序》。
⑧ 《净德集》卷一四《蜀州新堰记》。

宗、英宗之时，百姓的贫困化已成为十分严重的社会问题。英宗时程颐讲：“百姓穷蹙，日以加甚，而重敛繁赋消削之不息，天下户口虽众，而自足者益寡……困衣食者十居六七……丰年乐岁，饥寒见于道路，一谷不稔，便致流转。”① 李觏也讲：“今赋敛之烦，数倍常法，旱灾之作，绝异曩时，民力罢羸，众心悉怨。”② 百姓的严重贫困化，引起有识大臣的不安。宝元年中，大臣贾昌朝言：“西夏不足虑，而民困为可忧。”③ 庆历年中蔡襄讲：“汹汹生民，若在风涛之上，嗷嗷四海，偷为旦暮之安。”④ 至和年中，范镇道：“朝廷之忧不在边陲而在冗兵与穷民也。”⑤ 显然，判断在这一背景之下进行改革的是非功过，关键一点，就是看其是否能真正减轻百姓经济负担。

王安石推行新法，其本意也想减轻百姓负担，他曾讲：“理财以农事为急，农以去其疾苦、抑兼并、便趣农为急。”⑥ 可见他主观上也想减轻农民负担。然而推行新法的结果，却加重了百姓尤其是农民的经济负担。王曾瑜《王安石变法简论》⑦ 对此有具体精当的分析。在对新法的批评中，首行应提及司马光的批评，他说：“四民之中，惟农最苦，寒耕热耘，霑体涂足，戴星而作，戴星而息；蚕妇治茧、绩麻、纺纬，缕缕而积之，寸寸而成之，其勤极矣。而又水旱、霜雹、蝗蜮间为之灾，幸而收成，公私之债交争互争，谷未离场，帛未下机，已非己有。所食者糠籺而不足，所衣者绨褐而不完（按观此可知司马光对农民生活有较深入的了解）……而况聚敛之臣于租税之外巧取百端，以邀功赏。青苗则强散重敛，结陈纳新；免役则刻削穷民，收养浮食；保甲则劳于非业之作；保马则困于无益之费，可不念哉。”⑧ 揆之史实，其所言无一不属真情。不但当时所谓旧党纷纷抨击新法残害百姓，就连王安石的两位亲弟弟也

---

① 《河南集》卷五《为家君应诏上英宗皇帝书》。

② 《李觏集》卷二八《寄上富枢密书》。

③ 《大事记》卷一一。

④ 《宋朝诸臣奏议》卷一〇一《上仁宗论民不可不恤财不可不通》。

⑤ 《长编》卷一七七、二二〇。

⑥ 《长编》卷一七七、二二〇。

⑦ 载《中国社会科学》1980年第3期。

⑧ 《温国文正公集》卷四八《乞省览农民封事札子》。

如此批评他。王安礼言："乘权射利者，用力殚于沟壑，取利究于园夫。"而当神宗问王安国外论对新法及其兄的看法时，王安国竟回答："恨知人不明，聚敛太急尔。"① 南宋人对王安石变法增加了百姓负担更有近乎一致的看法。例如薛叔似讲："自熙宁以来，赋日增而民困滋甚。"② 洪迈讲："王安石颛国……苟可以取民者，无不尽，遂贻后世之害。"③ 朱熹讲："国家承五季之弊，祖宗创业之初，日不暇给，未及大为经制，考其所以取于民者，比之前代已为过厚重。以熙丰变法，颇有增加。"④ 可见王安石新法增加了百姓负担，这一点是史有定论的。

考王安石新法由官民两利的设想到加重百姓负担的结果的转变，其原因除了对代役制、封建国家赢利性经营存在不切实际的幻想外，还有两个方面不应忽视，一是急于敛财以备战，二是王安石忽视财政上节省开支的必要性。王安石与司马光进行过几次争论，王安石强调开源，司马光强调节流。司马光完全否认增加社会生产成果的可能性的思想固然不可取，但王安石轻视节流却是错误的。王安石甚至对神宗讲"陛下若能以尧舜之道治天下，虽竭天下以自奉不为过"⑤。财政开支既不认真加以节制，为了维持平衡，就不能不设法敛财，敛财难免不殃及百姓。就当时的情况讲，财政上最根本、最有效的开源，就是设法减轻百姓负担，就是节流。王安石的开源，急于敛财以供费，事实上加重了百姓负担，结果是竭泽而渔，使原已潜伏的社会危机更加深化。清人王夫之言："神宗君臣效之，以箕敛天下而召怨，以致败亡，则财之累也。"⑥ 是有道理的。

四　关于王安石变法的全面评价

对王安石变法的全面评价，是个十分复杂的问题，本文不可能完成

---

① 分见《宋史》卷三二七《王安礼传》《王安国传》。
② 《宋史》卷三九七《薛叔似传》。
③ 《容斋续笔》卷八三《一定之计》。
④ 《朱文公集》卷一二《己酉拟封事》。
⑤ 《宋史》卷四二八《道学杨时传》。
⑥ 《宋论》卷一《太祖》。

这样繁重的任务。这里只拟谈一些与此题有关的粗浅意见。

单就评论王安石是否是经济改革家这一问题而言，也不是个简单的问题，它涉及对我国封建时代历朝统治者使用的所谓“民不加赋而国用足”敛财手段的评价。宋人章如愚谓：“盐铁酒荼，皆起于汉唐兵兴之时，而皆足以裕国。”[①] 寥寥数字，披露了若干重要的历史现象之间的联系。纵观所谓“民不加赋国用足”敛财手段发展的历史，每次重大的变化无不同战争有密切联系。齐桓公要争霸中原、汉武帝要北伐匈奴、唐肃宗要平定叛乱、宋神宗要灭夏伐辽。从这个角度看问题，除宋神宗以外，大都取得了成效，用章氏之语即“皆足以裕国”，解决了当时的财政困难问题。特别值得提到的是，刘晏对唐代所谓“民不加赋国用足”的理财方法有重要的发展，例如贯彻了官商分利的原则，注意克服禁榷中明显的弊端等，在具体做法上也多有创新，其中有不少做法是有合理因素和值得后人借鉴的。司马光在《资治通鉴》中对刘晏维持统一的功绩和许多有合理因素的做法都详细做了记录并给予了较高的评价。[②] 而王安石变法，其目的是要富国强兵，灭西夏，伐辽朝，收复幽燕。王安石自己也曾讲：“今所以未举事者（按指攻夏伐辽），凡以财不足故，故臣以理财为方今先急。”[③] 如果我们仔细体察王安石对某些重大问题的态度，就会发现有不少自相矛盾之处（按：时人谓王安石“说多而屡变，无不易之论也”[④]）。例如，王安石主张废除募兵制，而同时他又讲省兵非所先，反对大幅度裁减军员，甚至也不主张裁减厢军。[⑤] 再如，王安石曾激烈地批评过禁榷过于峻密的弊病，嘲笑过统治者“阖门而与子市”的敛财方法，但他执政后却赞成解盐扩大官管官卖区域，赞成进一步严密淮浙榷法，甚至主张行峻法以绝私盐，[⑥] 又赞成榷蜀茶等。他的新法敛财也多未能跳出“阖门而与子市”的窠臼。这些矛盾的明显存在，只能从王

---

① 《群书考索》后卷五二《盐铁酒茶》。

② 《资治通鉴》卷二二五、卷二二六。

③ 《长编》卷二二〇、卷二四七。

④ 李壁：《王荆公诗笺·寓言》引杨时《志谭勋墓》。

⑤ 《长编》卷二二〇、卷二四七。

⑥ 《龙川略志》卷三《与王介甫论青苗盐法铎钱利害》。

安石筹财备战的动机加以解释。显然，王安石把战胜夏辽放在深入改革内政之前。因为从逻辑上考虑，军制的根本改变，也只有在外患基本消除的条件下进行才是安全的。外患消除、从容废除募兵制，财政上的困难也就从根本上解决了。所以，王安石的谋略是目标远大的。同汉唐有很大不同的是，神宗时对夏作战以严重受挫而告终，对辽作战计划更完全成为泡影。当然，我们不能以成败论英雄，不能因为对夏辽军事行动的受挫就全盘否定王安石的宏大谋略。在这个意义上，我们甚至可以谅解王安石行新法的急于敛财（如考虑到宋朝宰相少能久任的情况，更可为之辩解）。但是，我们也应该看到，宋神宗时的王安石同汉武帝时的桑弘羊、唐代宗时的刘晏所面临的情况有很大不同，最突出者是王安石变法前夕百姓经济负担空前沉重而国势危机又远不如唐代宗时那样严重。因而，大规模地敛财必然遭到更大的不满，造成上下离心离德。在此意义上讲，对夏作战的失利也并不是偶然的。王夫之看到了这一点，他提出，就当时情况而言，不应急于敛财，他认为执政大臣若有远见卓识，应“正告神宗曰，以今日之力，用今日之财，西北之事无不可为”。他举了历史上许多事例，说明胜敌不必聚财。又讲神宗君臣“惟不知此，而早以财匮自沮，乃夺穷民之铢累，止以供无益之狼戾……宋自神宗而事日难为矣”①。

总之，管仲、桑弘羊、刘晏、王安石等的理财手段，都是在特殊的历史环境中，为了达到特殊的目的而采取的特殊手段，即出于“当时之利权”而采取的“一切之术”。② 于此，我们不能不进而提出疑问：管仲以其出色的理财，辅佐齐桓公成其霸业；桑弘羊以其出色的理财，支持了汉武帝北御匈奴的雄略；刘晏以其出色的理由，支持了唐王朝维持统一、平定叛乱的斗争，这无疑都是应当予以肯定的。王安石为了实现他和宋神宗灭夏平辽的宏图，行新法以聚财，也是无可厚非的。然而他们用以聚财敛财的手段本身，是否也应当加以肯定，认为其应该历史长存呢？是否可以因为这些聚财敛财手段曾一度为某一远大目的服务，就认

---

① 《宋论》卷六《神宗》。

② 《盐铁论·复古》。

为他们在我国经济发展史上的作用是应当赞扬的呢？是否可以由于管仲、桑弘羊、刘晏、王安石等人在历史上有贡献，或在思想史上有光辉的建树，就认为他们推行聚财敛财新法是深刻的经济改革，而为此就把他们称为古代伟大的经济改革家呢？

宋王朝与物价管理

关于宋代物价问题，已有多篇论文，但关于宋朝官方同物价的关系，目前似未见有专文论述。宋代官方对物价问题是颇为关心的，这不仅因为物价与社会正常秩序的维持、社会的稳定密切相关，而且同时也因为官方涉足经济活动的领域和深度都大大超过了以往的朝代。宋代官方对物价的管理，除了对市场物价的管理以外，更多的是对非市场物价的管理。这一点往往为人们所忽视。

一　田赋中的物价管理

宋代官方所做的非市场物价管理，涉及田赋的占相当比重。

宋代的两税系由唐代两税法演化而来，两税法是资产为赋税负担的基础，计算农户的资产不可避免地要涉及物价。两税大抵以钱（夏）、粮（秋）两项立额，但实际征收却情况复杂。夏税多折征绢帛、麦等，秋税以粮为主，但遇歉收等情况，则折征现钱。有些地方的夏税因长期折征绢帛、麦，绢帛、麦成为定额，有时又因需要折征现钱，南宋两税折帛钱即属此类。和预买绸绢本是官私两平交易，后变为科敛，南宋又变为公开的税收。南宋和预买绸绢以匹立额，部分征本色，部分折征价钱，即和预买折帛。此外，四川商税盐课等以钱立额，却要求纳税者缴纳金银，也需折计。诸如此类，无论是以钱立额征收实物，还是以物立额征收现钱，官方都定有价格，这一价格有时与市价接近，有时则远离市价。

税折价远离市价较常见的一种情况是两税税钱折征实物时的折价。沈括记："五代方镇割据，多于旧赋之外，重取于民。国初悉皆蠲止，税额一定，其间有或重轻未均处，随事均之。福、歙州税额太重，福州则令以钱二贯五百折纳绢一匹，歙州输官之绢止重数两，太原府输赋全除，乃以减价粜籴补之。后人往往疑福、歙折绢太贵，太原折米太贱，盖不见当时均赋之意也。"① 这说明有时折税价格偏离市价，是官方为达到某种特定目的而故意如此的。

税钱折征中，也存在如下情况，即初立折价与市价接近，因时间推移，逐渐远离市价。最典型的事例是四川地区的折税价。北宋咸平三年（1000年）四川定匹绢折税钱三百文，"此咸平间实直也"。② 到北宋中期，匹绢市价已涨至一二千文，折税仍用此价，于是便有人议论。到南宋时，匹绢价更增至五千（钱引）以上，折税价仍用旧数，于是折税价与市价竟相差十几倍。

税钱折价远离市价另一种较常见的情况是所谓折变价，这种折价与前种不同，前种折价往往长期不变，而折变价却是临时确定的，前种折价要经朝廷批准，而折变价却通常是由各路转运司决定的。所谓折变，是指税收中应收此种物品，官方根据需要改征另一种物品。有时是钱改物，有时是物改钱，有时则是此物改彼物，都需折价计算。按规定："折变之法，以纳月初旬估中价准折，仍视岁之丰歉，以定物之低昂。"③ 但实际情况却与此相差甚远。地方官府因财计不充，往往规定不合理的折价，有时不该折变而折变，乘机设法增加收入。自北宋中期以后，此种情况越来越普遍，越来越严重。例如，熙宁三年（1070年），大臣吕公著上奏批评江西折变说："米价每斗约四十五"，"所有人户合纳苗米却令纳一色见钱，每斗九十以来，比市价增及一倍以上。"④

官收钱高折价，官收粮则低折价。如政和元年（1111年），户部奏称："数年以来，物价滋长，［折变价］比实直大段相远，大观二年（1108年）小麦孟州温县实直为钱一百二十，而折科止五十二，颍川汝阴

① 《梦溪笔谈》卷一一。

② 《朝野杂记》甲集卷一四《东南折帛钱》。

③ 《宋史》卷一七四《食货志·赋税》。

④ 《诸臣奏议》卷一〇四《上神宗论江西重折苗钱》。

县为钱一百一十二，折科止三十七。”[①] 南宋广西地区的税粮折价及和籴计价更具有典型性。广西地方官府财计困难，又无生财之道，只好通过税粮折价及和籴计价取之于民。绍兴二十三年（1153 年），知静江府陈璹上奏言及：“广西边面阔远，兵额颇多。祖宗以来，随苗和籴，每石价钱四百或五百文足，而漕司从来苗米支移，所纳价钱，每石却至三贯文足，比之和籴本钱，多至数倍。”[②] 官买粮每石四五百，官征钱每石却三千，二者相差五六倍。绍兴三十一年（1161 年），刚刚卸任的知化州何木也讲，化州科籴支价每石四百文足，税米折征钱每石却要二千六百文足。[③] 朝廷对转运司所做的不合理折价，有时下令加以禁止，但由于朝廷无法真正解决地方的财政困难，更多的情况是采取睁一只眼闭一只眼的默许态度。只是对那些过于出格、影响社会稳定的个案，才真正加以惩处。

二 禁榷品物价管理

宋朝实行广泛的禁榷制度，禁榷商品的收购、批发、零售都要涉及物价。官方对禁榷购销价格的管理，尽管同市场物价关系密切，但所管的对象却主要不是普通市场和普通商人，因而是一种含有较多非市场因素的物价管理。

宋朝实行中央集权，在禁榷品价格方面，也是实行中央集权的，每次变动，通常都是通过朝廷下诏书或敕令的形式。有关主管官员或地方都不能擅自决定改变其价格。例如，据载：太平兴国二年（977 年）二月十八日，三司言：“……淮南诸旧禁法卖盐处，斤为钱四十。内庐、舒、蕲、黄、和州，汉阳军，去建安军水路稍远，斤为钱五十；襄州等十四处旧颗盐通商，今并禁止，每斤钱五十足陌……升、润、常、宣、池州，平南、江阴、宁远军去建安军稍近，依江北诸［州］军例，斤为钱四十；江、洪、筠、鄂、抚、饶、袁、台（去?）建安军稍远，斤为钱五十；

---

① 《宋会要辑稿》食货七〇之二二。

② 《系年要录》卷一六五。

③ 《系年要录》卷一八九、《宋会要辑稿》食货二七之六。

歙、信、建、剑，接近两浙界，斤为钱五十，就两浙般请；虔、汀二州接近广南界，斤为钱五十……”“从之。”① 这说明三司所议定的卖盐价格，要上报朝廷（皇帝）批准。又如，宣和四年（1122 年）六月二十三日，榷货务奏：“伏见南北二盐私煎盗贩侵害课额，难以禁止。盖缘内外米斛价例比旧增添数倍。其亭户所输盐货价例低小，裹赡不足，是以抵冒重法，将盐盐私卖，滋长盗贩。古有斗米斤盐之说。熙丰以前，每硕米价不过六七百，是时盐价每斤六七十；今米价每硕二贯五至三贯，而盐价依旧六十，实所未谕。况崇宁年曾定盐价买钞折算每斤酌中者四十足，今每斤二（编者按：《宋史》‘二’作‘三’）十七文足，所亏官钞稍多。欲将见今盐价每袋作一十贯文（编者按：‘一十贯文’《宋史》作‘十三千’）入纳却将亭户所输官盐并行增价……”奉御笔：“榷货务及诸路盐事司奏，诸州盐场价小，亭户不易，乞增买盐价，却于算请价上量行增添，接济亭户，以广客贩，杜绝私卖，可依所乞。”② 此例中，盐的收购与批发，价格变动，也是由皇帝亲自决策的。又据载，南宋高宗绍兴八年（1138 年）六月四日，淮西运判李仲孺言：“契勘本路无为军昆山场入纳金银见钱算请钞引，般贩指州县货卖，每引纳钱一十二贯，贩正矾一百斤，并加饶二十斤，共一百二十斤……其矾堆积累年支发迟细，盖缘客贩本重利薄，如贩至所指地头，每斤止卖到钱二百文，豁出买引官钱一百文外，息钱不多，是致贩者稀少。即今官卖引钱每斤除元买矾本外，有净利八十余文。措置欲量减引钱，招诱发泄。”“诏见卖每斤价上量减二十文，每斤作一百文，一引一十二贯，共量减二贯文，每引作一十贯文，召人算请。”③ 此例中，禁榷品矾的价格变动，也是由朝廷下诏书的形式确定的。类似的例子不胜枚举。我们也可查见相反的事例，有记载说：“［淳化三年］十一月九日，给事中李惟清责卫尉少卿，盐铁判官、仓部郎中李琯降本曹员外郎。坐任盐铁使日，淮南榷货务卖岳州茶，斤为钱百五十。主吏言二十六万六千余斤陈恶，惟清擅减斤五

① 《宋会要辑稿》食货二三之二〇。
② 《宋会要辑稿》食货二五之一七。
③ 《宋会要辑稿》食货三四之六至七。

十钱，不以闻。［滁泗濠楚州、涟水军亦以岳茶陈恶，减价市之。］亏损官钱万四千余贯，为勾院吏卢守仁所告。诏罢惟清，使劾之，而有是命。"① 在此例中，李惟清系盐铁使，当时无统一的三司使，故李惟清就是盐铁酒茶禁榷方面的最高主管官员，但是，因为他自行决定降低一些茶的价格，没有向皇帝奏报，减少了一万余贯的收入（当时榷茶年收入达数百万贯），就受到罢官、降级等处罚。

宋朝在一个较长时间内，在边境地区实行禁榷、便钱、籴买合一的入中制度，即在边境地区购买粮草等，不支给对方现钱，而是支给一种称为钞引的文据，人们持此钞引到京师或内地，按规定比例领取禁榷商品和现钱。在这种情况下，购买粮草价、禁榷商品价都是由朝廷具体确定的，由于购买地点不同，领取地点和分销地区的不同，这些价格就出现诸多复杂变化。例如，"景德元年十月，敕定陕西州军入中钱文则例：沿边环、庆、延、渭、原州，镇戎、保安军七处，盐一斤价钱十二文足，一席率重二百二十斤，计钱二贯六百四十文；次远仪、鄜州等二处，一斤价钱十四文足，一席计钱三贯八十文；又次远邠、宁、泾州等三处，一斤价钱十六文足，一席计钱三贯五百二十文；近里秦、坊、丹、乾、陇、凤、阶、成州，凤翔等九处，一斤价钱十八文足，一席计钱三贯九百六十文；又近里同、华、耀、虢、解州，河中府，永兴，陕府等八处，一斤价钱二十六文足，一席计钱四贯四百文"②。合理地规定和根据丰歉、局势紧缓程度等调整这些价格，是官方必须承担的困难任务，其困难程度之大，是导致入南宋后这种入中制度被废弃的主要原因之一。

值得注意的是，为了确保禁榷利润的实现，官方不得不在某些情况下对市场物价作必要的干预。例如，据载："陕西颗盐……［范祥钞法］行之既久，盐价时有低昂。又于京师置都盐务，陕西转运司自遣官主之。京师食盐斤不足三十五钱，则敛而不发，以长盐价；过四十，则大发库盐，以压商利。使盐价有常，而钞法有定数。行之数十年，至今以为利

① 《宋会要辑稿》职官六四之九。事另见《宋史》卷二六七《李惟清传》，引文据此增入一句，又《宋史》且多"赐守仁钱十五万"。事又见《东都事略》卷三六《李惟清传》。

② 《宋会要辑稿》食货三六之七。

也。"① 这是官方设法控制京师地区盐价的举措。又据载："[大观四年八月己巳] 措置财用所措置相度条画到下项：……一、乞令在京铺户赴都盐院请买出盐，置铺零细出卖，每斤官收价钱四十五文足，每一百斤支与耗盐十斤。其铺户须得依官价出卖，不得擅自增长……"② 这是官方规定在京商销食盐零售价格的事例。

禁榷品定价需考虑许多方面，首先，要确保官方获得相当的禁榷利润，如夔州路榷茶，就因官方得不到禁榷利润而罢止。

其次，榷买价要使生产者能够维持再生产，否则禁榷就不能长久。

再次，在实行所谓"通商法"（包括钞引法）即由经销商分销禁榷品的时候，必须保证经销商的利益，否则官方的利益也就无法实现。

复次，必须照顾到消费者的接受程度。禁榷商品实行的是垄断价格，这种价格与商品价值往往有相当的距离，但是，这种距离也不能无限制扩大，其主要制约因素之一就是消费能力。因为禁榷商品归根结底是一种商品，它要被人购买和消费，才能实现禁榷利润。所以，无论是盐、酒、茶，还是矾、乳香等，其价格的确定必须考虑当时一般人的消费水平。

最后，还要考虑禁榷成本与违反禁榷成本对价格的制约。例如，宋仁宗景祐元年（1034 年）三月丙寅，右班殿直龙惟亮言："广州濒海煎盐户输官盐，每斤给钱六文，广、惠、端三州官鬻盐斤为钱十五文，故民间多私贩者，请减为十文。" "从之。"③ 此例中，广州是盐产地，惠州、端州离广州很近，官收购盐价与卖盐价相差过大，禁止私盐的难度又大，故适当降低官盐卖价有促进官盐销售、降低私盐利润、抑制私贩的作用。

确定官售价与收购价的差距，就要考虑差距大时会刺激较多的人违法私贩，官方有没有能力禁止，这种禁止要付出多大代价。

禁榷品定价经常变动，因而官方经常议论，原则是获取最大利益。④

---

① 沈括：《梦溪笔谈》卷一一《官政》。

② 《长编纪事本末》卷一三七《盐法》。

③ 《长编》卷一一四。

④ 《宋会要辑稿》食货二九之一〇至一四详载了茶的榷买价和批发。

三　官府购买所涉及的物价管理

宋朝边疆地区驻有大量军队，军用物资的购置要涉及物价。军用物资首先是粮草，而边境粮草的价格是官方特别关注的。官方也曾力图进行调控，以期对自己有利，但常常受挫。

宋真宗咸平六年（1003年）春正月壬寅，度支使、右谏议大夫梁鼎上奏讲："陕西绿边所折中粮草，率皆高抬价例，倍给公钱。如镇戎军米一斗计虚实钱七百十四，而茶一大斤止易米一斗五升五合五勺，颗盐十八斤十一两止易米一升。粟一斗计虚实钱四百九十七，而茶一大斤止易粟一斗五升一合七勺，颗盐十三斤二两止易粟一斗。草一围计虚实钱四百八十五，而茶一大斤止易草一围。又镇戎军在蕃界，渭州在汉界，渭州斗米高于镇戎军二十；环州在蕃界，庆州在汉界，而庆州斗米高于环州六十，粟亦高三十。以日系时，潜耗国用，傥不厘革，必恐三二年后茶盐愈贱，边食愈亏……"于是，朝廷任命梁鼎为陕西制置使，令其进行整改。①

元丰元年（1078年）九月，宋神宗得到消息说"熙、河州官场籴米斗钱百五十，在市百二十"，于是下诏令泾原路转运使叶康直"根究虚增价因依以闻"。② 宋徽宗崇宁五年（1106年）三月，大臣赵挺之上奏讲：西北"兵不解严而馈运极艰，和籴入粟，鄯州以每石价至七十贯，湟州五十馀贯。盖仓场利于客人入中乞取，而官吏利于请给斛斗中官，获利百倍，人人皆富，是以上下相蒙，而为朝廷之害"③。朝廷乃委员处理此事。

以上三则都是朝廷发现边疆地区购买粮食价格不合理进行干预和调整的实例。当然，这些干预和调整都主要针对官定价格，较少对市场价格进行直接采取措施。

---

① 《长编》卷五四。

② 《长编》卷二九二。

③ 《宋史》卷一九〇《兵志》。

北宋后期官方对西部地区物价的干预与官方购买有直接关系。宋仁宗时开始在陕西地区发行铁钱，到宋哲宗时期出现了铜铁钱比价失控及物价迅涨的情况。元符二年（1099 年）秋七月，尚书省下文，讲："勘会陕西路每岁所铸铁钱贯数不少，近岁以来铜钱太重、铁钱太轻，熙宁间铜钱壹贯文换铁钱二贯五百，自来别无定法，止是民间逐渐增添，窃虑岁久转更钱轻物重，须议指挥。令诸路经略安抚司限半月密切具利害，合如何措置可以称提铁钱稍重、物价稍轻，仍具熙宁以来至今铜铁钱相换钱数申尚书。此文字亲自收掌不得下司。"于是，泾原路章楶、鄜延路吕惠卿都向尚书省申报了有关情况。① 朝廷采取了禁止使用铜钱等措施，但都收效不佳。到宋徽宗大观、政和年间，由于增铸夹锡钱，使情况更加严重，"长安万物腾跃，众货益轻"。童贯任陕西宣抚使，竟蛮横地下令"取市价率减什四，违者重置于法"，结果造成商人罢市，经济秩序混乱的恶果。②

为了保证边疆地区的军队供给，同时避免各官司之间争购人为地抬高粮价，宋神宗元丰六年（1083 年）正月下诏规定："陕西、河东路常平仓籴价不得过转运司，河北诸司籴价不得过措置籴便司。"③ 这样规定，是由于陕西、河东的转运司及河北籴便司，是供应军队用粮的主要承担者。

宋代官方购买的大宗物品，除粮食外，主要是绢帛和白银，但购买从采取强制摊派的方法，带有变相税收性质。所以，相关的物价管理与税收的物价管理很难区分。

马匹是宋朝官方购买的大宗商品，但购买的对象一般是境外的少数民族，较为特殊。从记载中可以看出，官方经常根据变化了的情况调整马价。由于宋朝禁止铜钱外流，买马多用茶、帛、银等折价，上述调整也就包括各种抵折物的价格。此事较为复杂，限于篇幅，在这里就不展开讨论了。

---

① 《长编》卷五一二。

② 杨时：《龟山集》卷三三《钱忠定公［即］墓志铭》。另参《宋史》卷一八〇《食货志》、卷三一七《钱即传》、卷三五六《任谅传》。

③ 《长编》卷三三二。

其他方面的官方购买，涉及物价管理者，见于记载极少，情况无考。

四　俸禄及官方支出方面其他折价的管理

宋代官员、军兵享受俸禄，俸禄制度极其复杂，级别高低有差异，不同类别的官员之间有差异，不同类别、不同地区的军兵之间也有差异。俸禄的结构也很复杂，除正式俸禄外，还有名目繁多的津贴。享受俸禄者从官方领到的，除现钱外，还有相当数量的实物（从价值看，究竟是现钱部分多还是实物部分多，是一个不易搞清楚的问题）。按规定以钱立额的，实际有时支给实物，按规定支给实物的，实际有时却支给现钱。钱与物之间的折算是经常进行的。这种管理也是宋朝非市场物价管理的一个重要组成部分。

官员、军兵俸禄和津贴的折价，往往与市价相差较大。如南宋中期支给蜀兵强弓手的添支银每两仅折钱引二贯五百，而市价每两值六贯以上。[①] 又如，禄格上规定支给官员的傔人粮每石仅折三百文，[②] 而北宋中期以后，每石米的市价在一千文上下，未脱壳的谷每石也值四五百文。南宋时期粮价比北宋中期又涨至一倍以上。

军队的俸禄和津贴折价的失当，常常是军哄或兵变的导因。如宋仁宗景祐元年（1034 年）郊祀毕赏赐南京诸军，“有军士出谓众曰：诸公为赏不平，先取者价善，后取者价恶，我军之赐，半无善价”。于是引起骚乱，监南京粮料院毕从古召闹事者对之讲：“物有新故，而价有善恶。汝欲尽得新赐，谁当取其故者。以新分故，价乃平均，又何易乎?”[③] 此事虽被毕从古平抚，但从中足以看出折价与军兵利益关系的密切。又如，庆历七年（1047 年）“三司给郊赏，州库物良而估贱，三司所给物下而估高，［知渭州张］亢命均其直以便军人，转运使奏亢擅减三司所估”。[④] 这说明军人郊赏州库物、三司物折价是不同的，故引出事端。知州张亢

① 《永乐大典》卷八四一三引《范石湖大全集·论蜀兵贫乏札子》。

② 《宋会要辑稿》之职官五七之八八、礼六二之七二。

③ 毕仲衍:《西台集》卷一六《毕从古行状》。

④ 《长编》卷一六一。

仅因稍作变通，就引来劾奏，后竟因此被罢免。与此事时间接近，“三司送特支下庆州，物恶而估高，军中语藉藉”。① 这说明庆州军兵特支折支实物，也因价格不合理引起事端。

南宋时期，驻于陕西和川北的军队担负着西部边境的守卫，责任重大。这些军兵的供给是宋廷时常议论的问题，就中军兵俸禄的折价合理调整也是重要内容。时人杨万里讲：“［南宋中期］蜀之兵为屯十有八所，隶之将三，士之廪给当折物为钱者，必视其所屯之地，称其土物之直，以直之低昂为钱之多寡。故米之估则龙州得仙人关之半，绢之估则兴元得西和州三之一，银之估则大安得龙州之半而过之。乃有军在某州之屯反用他州之估者。”② 这样复杂的折算在经过一段时间后，肯定会出现与实际情况不适应的问题，调整是不可避免的。范成大任四川制置使，就发现了关外军粮折支办法因时过境迁而出现的问题，即原来规定，无家属的单身饷粮部分折支钱引，有家属三口以上则不折，当时“止为粮贵折估贱，故口众者不折，本意欲以优恤之。二十年来，粮米价贱，折估价贵，口众之人全得正色，破卖比之折钱亏少钱引一道上下”，于是他上奏请求调整。③

五　官方对市场粮价的干预

以上论述主要围绕宋代官方收支中的物价进行，官方的上述举措虽不可避免地会对市场物价产生影响，但毕竟不是官方主观意图，不是官方对市场物价的有意识调控。宋代官方有没有对市场物价采取干预措施呢？答案应是肯定的。这首先表现在对粮价的干预上。

1. 官方对粮价的干预

粮食在宋代是一种主要商品，又是一种关系着人的生死的基本生活

---

① 《长编》卷一六一。

② 《诚斋集》卷一二九《陈择之墓志铭》。

③ 《永乐大典》卷八四一三引《范石湖大全集·论蜀兵贫乏札子》。

资料，因而与其他商品相比有其特殊性。从事中国古代经济史研究的学者中，流行着一种认识，即认为宋朝官方对粮价的调控是全面的、经常性的和有效的，这种认识源于史籍中不为乏见的如下记载：

[天圣四年夏四月] 壬子，诏京西、河北、淮南诸路谷价翔贵，而富家多蓄藏以邀厚利，宜令所在平其价，以济贫民。①

[熙宁七年三月甲子] 上批："闻都下米麦踊贵，可令司农寺发寄仓常平麦，不计元籴价，比在市见卖之直量减钱出粜。"时米价斗钱百五十，已诏司农寺以常平米三十二万斛、三司米百九十万斛、平其价至斗百钱。至是，又减十钱，并至官场出粜，民甚便之。②

[咸淳元年闰五月] 乙巳，久雨，京城减直粜米三万石，自是米价高即发廪平粜以为常……丁巳，以钱三十万命临安府通变平物贾。③

类似记载还可找到不少，容易给人造成一种印象，即官方对粮价十分关注，并且经常对市场粮价进行干预和调控。但是，如果我们对有关记载作细致深入分析，就会发现：一是绝大多数都同灾情相联系，即非正常时期的经常性举措；二是平抑京师物价的记载占相当比重，京师系统治中心，情况不同于一般地区，有特殊性；三是官方的干预虽起了作用，却不能完全控制粮价，粮价仍有较大幅度的涨落；四是宋代灾年百姓流亡的事时有发生，较普遍地存在，从反面证明官方社会保障方面的能力有限，对粮价的控制能力有限。

2. 常平、义仓等制度的作用与局限

说到粮价，人们就会想到常平仓制度。此项制度产生于汉代，宋代也有此制度存在，但是，对于它在稳定粮价方面的作用却不能高估。常

① 《长编》卷一〇四。事又见《宋史》卷九《仁宗纪》。

② 《长编》卷二五一。

③ 《宋史》卷四六《度宗纪》。

平仓等，其名称易使人产生误解，即认为它可以使粮价经常保持稳定，宋代的实际情况却与此有很大出入。

北宋中期，官方对常平籴粜确实制定了较为严密的制度。据曾巩记："熙宁元年（1068 年）六月九日，中书札子节文，委逐路提刑司下州军监县，各令供析十五年以来斛斗价，分为平及贵、贱三等，开坐闻奏，仍乞付寺置簿抄录，遇州县斛斗及贱价即收籴，入贵价即出粜，及平价则粜籴俱止。"他在奏中言及他所在州："当州上项年内贵价每斗七十五文，平价七十文，贱价六十文至六十二文九十八陌。"① 司马光于元祐元年（1086 年）八月上奏中也讲道：宋廷"令州县各勒行人，将十年以来在市斛斗价例比较，立定贵贱酌中价例，然后将逐色价分为三等……每遇丰岁斛斗价贱至下等之时，即比市价相度添钱开场收籴，凶年斛斗价贵至上等之时，即比市价相度减钱开场出粜，若在市见价只在中等之内，即不籴粜，更不申取本州及上司指挥，免有稽滞失时之患"②。这些记载说明官方令各地分别确定贵、平、贱三等粮价，以此作为籴粜的依据。这对于防止官吏作弊确有益处，但同时也给地方官灵活操作造成不便，曾巩即提出："若今秋米价高于所定贱价每斗或至六十四五文以上，合依上条不该收籴，如每斗至七十文，粜籴俱止……"③ 这种硬性规定不能适应各地多变的情况。元祐元年（1086 年）王岩叟也上奏讲："臣按常平旧法，但遇年丰物贱，即与市价上添钱收籴，如年俭物贵，即度在市实直价例，特减钱出粜。此所以为常平。今既限以价贱至下等方许收籴，价贵至上等始得出粜，乃是必待丰歉十分而后行法，稍不及等，即官司拘文束手坐视而不敢籴粜。"④ 这就是说，关于三等粮价的死板规定，使得不少官员为避免自惹麻烦而宁愿不籴粜，从而使常平粮不能发挥作用。此外，还有一些原因导致常平等仓在调节粮价方面不能很好发挥作用。

首先，宋代的常平仓存贮量始终不多。常平仓制度始向全宋推行，是在宋真宗景德三年（1006 年），但到宋仁宗初年，四川地区尚未实行。

① 《永乐大典》卷七五〇七引《元丰类稿·奏论常平三等粜籴斛斗不便状》。

② 《诸臣奏议》卷一〇七司马光《上哲宗乞趁时收籴常平斛斗》。

③ 《永乐大典》卷七五〇七引《元丰类稿·奏论常平三等粜籴斛斗不便状》。

④ 《宋诸臣奏议》卷一〇七王岩叟《上哲宗乞常平不分立三等》。

这说明推行的速度是缓慢的。到宋神宗时利用常平仓、广惠仓的钱粮推行青苗法，时有常平仓、广惠仓钱粮约一千五百万贯石。以当时人均年消费粮食二石计，当时有人口五千万至八千万，则所贮钱粮约相当年消费量的六分之一以下。至于所贮钱粮每年用于籴粜的，又仅占总存贮量的极少部分。据统计，天禧五年（1021 年）“诸路总籴数十八万三千余斛，粜二十四万三千余斛”。治平三年（1066 年）“常平入五十万一千四十八石，出四十七万一千一百五十七石”。① 仅为总贮量的几十分之一。这样的籴粜数量，不但对全国粮食市场不会起大的作用，就是把这些粮食全投放到京师，其影响粮价的能力也是有限的。因为当时京师每年的粮食消费总量达数百万石，上述粮食数大约只是年消费总量的十分之一。

其次，司马光指出了官僚体制妨碍常平制度发挥作用的弊病：“官吏不能察知在市斛斗实价，只信凭行人与蓄积之家通同作弊。当收成之时，农人要钱急粜之时，故意小估价例，令官中收籴不得，尽入蓄积之家。直至过时，蓄积之家仓廪盈满，方始顿添价中粜入官，是以农夫粜谷止得贱价，官中籴谷常用贵价，厚利皆归蓄积之家。”②

常平等仓未能起到稳定粮价的作用，总量少，制度也不利，主旨在防灾防乱，从史籍上经常记载存在大量因灾流亡的人群这一情况看，防灾防乱这一目的并未能真正达到。当然，不能完全稳定粮价不等于对粮价完全没有作用，特别是灾情不甚严重，而仓储又相对丰厚的情况下，有时还是起到了稳定局部地区粮价的作用。对于粮价的上涨也有延缓或减小幅度的作用。

南宋后期，许多地方官建了平籴、平粜等名目繁多的仓，名义上是平抑粮价，实际主要还是用于防灾备荒。在社会保障方面所起的作用远远大于在调控物价方面的作用。

3. 官方没有完全控制粮价的企图，事实上也不能控制粮价

中国有句古训：“国无九年之蓄曰不足，无六年之蓄曰急，无三年之

---

① 《宋史》卷一七六《食货志·常平义仓》。

② 《国朝诸臣奏议》卷一〇七司马光《上哲宗乞趁时收籴常平斛斗》。

蓄曰国非其国。”[①] 既然自汉武帝以后都是独尊儒术，宋朝在尊崇儒术方面较前代有过之而无不及，对儒经上的这一古训照理不该不照办。但实际情况却是官方的粮食储备很有限，国无三年之蓄的情况是经常的。大约只有边境地区的军粮储备能超过二年。这是因为，宋朝的财政收支自北宋中期（或更早）以后，经常处于紧张状态，有时甚至入不敷出，要想将较大数额的粮食贮存不用，是很困难的。到南宋以后，时常有向百姓预借赋税的情况，寅吃卯粮的情况时时可见，所谓“三年之蓄”就更成为空话。国家既无足够的储备，要想完全控制粮价，就是不可能的。

六　物价申报制度及所谓官价问题

宋代物价申报制度的目的主要不是为了调控市场物价，而是为了调控非市场物价。

物价申报制度可以追溯到唐代，《唐令拾遗》卷七：“诸市每肆立标、题、行名，依令，每月、旬别三等估。”据此，唐代的物价申报制度是与市场管理联系的。宋代的市场在时间上和空间上都放松了限制，其申报制度随之也有变化。北宋真宗天禧二年（1018 年）十二月，“诏三司、开封府指挥，自今令诸行铺人户，依先降条约，于旬假日齐集，定夺改旬诸般物色见卖价，状赴府司，候入旬一日，牒送杂买务。仍别写一本，具言诸行户某年月日分时估，已于某年月日赴杂买务通下，取本务官吏于状前批凿收领月日，送提举诸司库务司置簿押上点检。府司如有违慢，许提举司勾干系人吏勘断。”[②] 此诏令专门针对京师地区而颁，从引文看，其作用之一，是给杂买务提供物价信息。至于是否有其他意图，无从推知。宋仁宗时，政论家苏洵著书，内言：“先王惧天下之吏负县官之势以侵劫齐民也，故使市之坐贾视时百物之贵贱而录之，旬辄以上。百以百闻，千以千闻，以待官吏私侯；十则损三，三则损一，以闻，以备县官之公籴。今也，吏之私侯而从县官公籴之法……此又举天下皆知之而未

---

① 《礼记·王制》。

② 《宋会要辑稿》食货五五之一七又六四之四二。

尝怪。”[①] 在他看来，物价申报主旨在于防止官吏凭借特权在购买时坑害百姓。但他又讲到“县官公籴”也以此申报价为基准，压低三分之一，则申报之价也有供官方购买参照的功用。他于文内讲的是“天下”的情况，即不限于京师，大约此前已有全国性的物价申报制度。

宋神宗熙宁六年（1073年）八月，推行免行法，设详定行户利害所，并设市司，“估市物之低昂，凡内外官司，欲占物价，则取办焉”[②]。于是，市司便成为正式的物价管理机构。熙宁七年（1074年）三月辛酉，详定行户利害所奏中言及：“官司置买公用及供家之物，承例行下时估，虽无添减，亦须逐旬供申。”[③] 可知此时仍实行每旬供申时价的制度。元丰三年（1080年）十二月，琼管体量安抚使朱初平奏，省司每岁下海南四州买香，“而四州在海外，官吏并不据时估、实直。沉香每两只支钱一百三十文，既不可买，即以等科配”。[④] 此言海外四州不讲时估、实直，则可反证内地州军是执行时估、实直的。又据载，宋徽宗政和元年（1111年）正月“二十二日，户部言：‘提举京畿京西路盐香事程奇奏：州县官吏于民间买物所定实直低小，乞州县每月所定实直及逐旬增减状各以一本州送就近监司，县送本州，常切点检觉察。监司巡历州县，将逐处实直体究，或高下异同有害民力并许根治。仍乞诏有司立定刑名，看详添修：诸物每月一估，每物具上、中、下等实直、时估，结罪申价。有增减，旬具刺状送在任官书知。州县镇寨实直仍申本州审察，条事件申闻。’诏依”。[⑤] 这次规定主要是针对地方的，要求州县每月申报各种商品的价格，还要分上、中、下三等。上引两次言及“实直”“时估”，但仅从引文尚无法知晓二者是否有差异。

南宋宁宗时期颁行的《庆元条法事类》卷七《监司巡历》载有官方的如下规定：

---

① 《嘉祐集》卷五《衡论·申法》。

② 《长编》卷二四六、《宋史》卷一八六《食货志·市易》。

③ 《长编》卷二五一。

④ 《长编》卷三一〇。

⑤ 《宋会要辑稿》食货三八之九。

关市令：诸物价每月一估，每物具上中下等实直、时估，结算（“算”字疑为“罪”之讹）申价。有增减者，旬具剌状。外县镇寨实直仍申本州审察（原注：监司若委点官巡按所至准此）。

此规定与上引政和元年（1111 年）规定颇为相似，有可能是在后者基础上修订的。这说明此规定长时间被沿行。

关于“实直”“时估”的含义，廖刚的如下奏疏文字或可使我们的认识深化：“州县有时估、实直，所从来远矣。省司买物用时估，见任官用实直，物增减则有旬申、月申，令市司主之。法非不详密也。近年指挥罢去实直，见任官听于私下买物，意欲宽卹市行，抑贪吏耳。然吏或奸贪，何所忌惮，况官无实直明文，尤得以贱价取于百姓，诚难检察……愿复旧法，庶有关防。但见任官应买物合为之限制，仍委市长更谨察物价，常令实直稍增，于市行无所不便者。”①

据此，“时估”与“实直”是不同的，前者用于国家购物，后者用于官员购物。但其他差异仍难窥知。从引文推断，大约实直比时估更接近市价。联系到前引苏洵讲按规定官粜价低，官吏私人买物价高，或许就同一地点而言，实直是高于时估的。又廖刚讲，时估、实直的存在“所从来远矣”，或许苏洵讲的就是时估与实直，限于记载，无法确定。

官方确立时估、实直，一方面意在限制官员勒索，一方面意在限制地方官府过度盘剥百姓。但实际上并没有达到目的。自北宋后期到南宋前期，地方官府和官员利用时估、实直坑害百姓的事时见记载。② 淳熙元年（1174 年），宋廷下令撤销州、县、市令司，令“官司及在任官收买物色并依民间市价支钱，不得科抑减克”。③

南宋后期又出现了“官价”害民问题。庆元元年（1195 年）八月十七日诏：“有司检坐见行条法，给榜下州军县镇，今后现任官收买饮食服用之物，并随市直各用见钱，不得于价外更立官价，违许人

① 《高峰文集》卷五《漳州到任条具民间利病五事奏状》。

② 《宋会要辑稿》刑法二之五九、《宋会要辑稿》崇儒二之一八、《宋会要辑稿》食货六四之六六。

③ 《皇宋中兴两朝圣政》卷五三。

户越诉……”[①] 但到了嘉定八年（1215 年），左正言兼侍读倪千里上奏又讲：“版曹岁买绵绢于诸郡，不以时估定价，率以官价抑民……”[②] 嘉定十六年（1223 年），也有官员上奏讲：“有忽于细微而害实滋甚者，州县官以官价市物是也。”“今仕于州县者”，“自一命以上，不问官之崇卑，率曰例有市买，不问物之贵贱，率曰例有官价。至于公帑宅库收买一切土宜之物，例用官价”。“人情怨嗟”。[③] 宋理宗端平初年，真德秀任知福州，“罢市令司曰：物同则价同，宁有公私之异!”[④] 他任知潭州时，也曾讲：“物同则价同，岂有公私之异。今州县有所谓市令司者，又有所谓行户者，每官司敷买，视市直率减十之二三，或不即还，甚至白著，民户何以堪此。”[⑤] 他讲的“公”价，似即官价。嘉熙三年（1239 年），有官员上奏又言：“今官司以官价买物，行铺以时值计之，什不得二三。”“甚而蔬菜鱼肉日用所需琐琐之物、贩夫贩妇所资锥刀以营斗升者，亦皆以官价强取之。”[⑥] 这说明官方规定的官价，不但没有起到约束官吏的作用，反而成为危害百姓的弊政。

七　官府行为对市场物价的影响

宋代官府行为对市场物价的影响，显然可以分为主观调控与客观影响两方面。

中国自先秦就产生了所谓轻重理论，依照这一理论，官方必须控制所有人的生存命脉，使人们的生死、贫富、荣辱等都掌握在国家手中，实行利出一孔。一切以对国家的贡献、对皇室的贡献大小为基准。但是，事实上是不可能全面实施这一理论的。尽管自秦以来，封建国家是强有力的，但要控制社会经济到如此地步，却是心有余而力不足的。随着历

---

① 《宋会要辑稿》刑法二之一二六。
② 《宋会要辑稿》刑法二之一四〇。
③ 《宋会要辑稿》职官七九之四〇。
④ 《宋史》卷四三七《儒林传》。
⑤ 《西山政训》。
⑥ 《宋史》卷一八六《食货志·市易》。

史的演进，人们发现：中央集权的程度越高，国家控制整个社会经济的困难就越大，到了宋代，国家和统治者疲于奔命地勉强维持着国家机器的运转，头重脚轻步履蹒跚，在某种意义上往往只能被动应付局面，很少有调控经济的主动性了。宋朝的财政不仅是“吃饭财政”，而且在相当程度上是“寅吃卯粮”的财政。在这种背景下，对物价的主动调控必然很少，而且有很大局限性。

我们看到，宋代官方对物价的调控，大抵主要是立足于使社会稳定、不出大的乱子。因此，官方调控物价一般多表现为在灾年平抑粮价，其他行为则仅为个别的和较小范围内的。所以，官方调节物价通常都无刺激生产之动机与结果。

但是，同时应当看到，由于宋朝实行募兵制，军队的后勤供给完全由国家承担。宋朝的国家机器复杂而庞大，自身的消费也是惊人的巨大。因此，封建国家的某些行为特别是购买行为给市场造成的冲击是不容低估的，这种购买往往集中、急迫、数量大，有时处置失当甚至对社会经济造成灾难性的不利影响。这方面宋史文献中多有反映，如“［太宗时］调福建输鹤翎为箭羽。鹤非常有物，有司督责急，一羽至直数百钱，民甚苦之”①。“河东财赋窘迫，官所科买，岁为民患，虽至贱之物，至官取之，则其价翔踊，多至数十倍。先生［任泽州晋城令］常度所需，使富家预储，定其价而出之。富室不失倍息，而乡民所费比常岁十不过二三”②。至于北宋时期因西部作战和驻军给当地物价造成的恶劣影响，更是严重的和持久的。

所以，就宋代而言，官方主动调控远不如其某些举措对物价的客观影响大。

---

① 《宋史》卷三〇四《王济传》。
② 《二程集》卷一一《明道先生（程颢）行状》。

关于宋代亭户的几个问题

宋代食盐生产者主要有解盐的畦户、井盐的井户和海盐的亭户，本文拟专就亭户的几个问题做些探讨。

一　从盐本支价看亭户的收入水平

宋代称官府支偿亭户所纳产盐的价钱为盐本，盐本问题在宋代盐业史上始终是个引人注目的问题。《通考·征榷》载："盐之入官，淮南、福建、两浙之温台明斤为钱四，杭秀为钱六，广南为钱五（省陌）。"这大约是天圣年间调高了以后的榷买价，前此略少。此后至北宋末，盐本支价大体稳定。据载，北宋末年因物价上涨曾对盐本价略作调整，但幅度很小。北宋末年两浙路盐场"盐之入官一斤不过四五钱"，福建盐场"盐亭户纳盐每斤支四文五分"①，与上述天圣年中盐本支价相差不大。到了南宋，盐本支价变动较大。淮东盐绍兴二年（1132 年）调到额内每斤 16 文足，额外 19 文（似为足陌），广南盐隆兴二年（1164 年）调到每斤 18 文足②。行用楮币又有变动，不详。

---

① 北宋天圣元年（1023 年）以前淮东亭户纳盐 3 石支价 500 文省，每斤 3 文省余，此年始改为每斤支价 4 文省。

② 分别参见《宋会要辑稿》食货二五之三五、二六之九、二五之三一、二八之三一、二七之一四以及《建炎以来系年要录》（以下简称《要录》）卷一二三、《岭外代答》卷五《广西盐》等。

亭户主要靠煎盐为生，故可从盐本支价大致推计其收入。在宋代，官方为亭户确定有年产盐定额，它与亭户生产能力接近，故可粗略地视为亭户（亭丁）的年盐生产额。据载，北宋时海陵监亭户每丁岁额平盐105石，折5250斤；利丰监每丁岁额平盐90石，折4500斤。南宋绍兴年中，台州杜渎场亭户每户（不止一丁）岁额142石[①]。从以上仅存的三个岁额数看，以海陵监亭户岁额最高，我们即以此额作为宋代亭户平均年产盐额。以此推计，北宋天圣调价以后淮南、福建和浙江之一部的亭户（亭户的大多数）一年所得盐本支价为21贯省。广南、浙江杭秀州盐本支价虽高，但亭户生产能力却低于淮南，故可将上述淮南等处亭户年得盐本支价21贯省视为一般亭户（丁）平均年得盐本支价额。如果暂不考虑亭户在劳动资料方面的投入，也不考虑亭户在领取盐本支价过程中的各种克扣，而把上述亭丁年得盐本支价额假定为其年收入额，那么，这一收入水平在当时社会中究竟是高还是低呢？以下，即将它同别类型人的收入做些比较。

据精通财政的北宋人张方平讲，北宋一名普通禁军士兵的俸禄为：月料钱500文，月粮2.5石，春冬衣绸绢6匹、绵12两，随衣钱3贯省[②]。据此，禁军士兵每年可得料钱6贯省；粮30石，以当时中等偏下的粮价每石500文省计，折15贯省；绸绢6匹，以中等偏下价格每匹1贯省计，折6贯省；绵12两，以中等偏下价格每两50文省计，折0.6贯省；连同随衣钱几项合计30.6贯省。禁军士兵除上述正式俸禄外，还有各种名目的津贴收入如郊赐、时服、银鞋、特支等，数量也颇可观。另外，禁军士兵与亭丁不同，亭丁收入中须用一部分缴纳赋税，而禁军士兵无纳税义务。显然，北宋时期亭丁收入水平远远赶不上禁军士兵。北宋厢军主要用于维持治安和服杂役，其士兵待遇不如禁军。厢军在北宋中期又分为教阅厢军和不教阅厢军，后者待遇又低于前者。据《宋史·兵志》，宋神宗熙宁四年（1071年）规定，不教阅厢军士兵（不含四川

---

① 亭户产盐额据《太平寰宇记》卷一三〇《淮南路》及《嘉定赤城志》卷七《场务》计出。另《洪文敏公集》卷六《绍兴府钱清盐场厅壁记》（此文又收入楼钥《攻媿集》卷五八，不详撰文者究竟是谁）载亭户“每月出盐一席”，无法考知每席斤数，故不取。

② 《乐全集》卷二三《论国计出纳事》。

铁钱区）俸禄为：每岁粮24石，绢4匹，布、绸各0.5匹，随衣钱2贯省，绵12两，其中约半数士兵每岁支给酱菜钱1.2贯省。依前折算法（其中布、绸、绵共折1.5贯省），每一不教阅厢军士兵岁得俸禄19.5—20.7贯省。不教阅厢军士兵也享受某些津贴，如效赐、雪寒钱、食钱、特支等。另外，厢军士兵也无赋税负担。可知亭丁的岁收入水平与不教阅厢军士兵接近而略有逊色。

以下再看亭户与其他劳动者的收入比较。有关宋代劳动者收入的全面、完整的记载较少，比较只能局限于可查见的情况以内。北宋中期，蔡襄致书友人，内言福建南部人多地狭，“钱散不聚，丁男日仍不过四五十文”①。依其所言，此种佣工一岁可得14—18贯省，若所言为足陌，则折18—23贯省。又依宋代习惯，主家须供给佣工饭食，不从工钱中扣除，每一佣工一岁饭食需3—4贯省。故佣工实际一岁所得为17—22贯省（若所言为足陌则为21—27贯省）。可知亭丁收入或与此种佣工收入接近，或低于此种佣工。苏轼元祐年中任知杭州，上奏讲灾年“每日米三升、钱五十五文足，雇一强壮人夫”开挖湖泥②。假定此种开湖工一年工作300日，依前法折算，年收入每人26贯省。可知亭丁收入也明显低于此种开湖劳工。

我们也可将亭户与农户做一比较。北宋正常年景农田亩产量为2—3石成粮，每个劳动者耕田面积为30亩（产量低处耕种面积往往大），年收获量为成粮60—90石，依前折价，折钱30—45贯省。若是耕种他人土地的佃户，收获物半数缴租，则岁可得15—22.5贯省。可知亭丁的收入情况与佃户接近或稍优，却明显地不如自耕农。这里又未考虑农户的副业收入。

上述比较说明，在北宋，如果亭丁恰好完成了官方定额，并且获得了全部法定盐本支价，没有劳动资料支出，其收入水平与当时普通士兵和普通劳动者相比，也只是中等偏下的。当然，如果亭户能够生产出比

---

① 《蔡忠惠公文集》卷二七《上庞端公书》。

② 《东坡奏议》卷七《申三省起请开湖六条状》。又《鸡助编》卷下载北宋时建州官茶场“采茶工匠几千人，日支钱钱十足”。每人采茶300日，得钱27贯省。

定额多的盐，其状况会好些。但记载表明，亭户超产的情况固然存在，亭户完不成定额的情况也并不少见，可知亭户通过超产来增加收入是颇为艰难的。在上述比较中，我们未考虑劳动资料方面的支出，从记载看，亭户此项支出还是有一定数量的，有时亭户甚至要购买一部分煎盐用的燃料。如果扣除此项支出，亭户实际收入又将减少。至于极少亭户通过剥削穷苦盐丁和其他劳动者获得较多收入，则又当别论。

南宋时期情况有所不同。由于盐本调价幅度略大于物价上涨幅度，如果仅仅根据盐本支价来推算亭户收入水平，那就会得出亭户收入水平相对提高的结论。按照计算北宋亭户收入的办法，仍以年产105石为亭户平均年产盐额，则一盐丁年得盐本109贯省（依淮东绍兴二年即1132年额内盐每斤16文足计）。南宋御前军（相当北宋禁军）士兵月料钱3贯省、月粮1.5石，春冬衣大体与北宋禁军相同，依当时中等价格（粮每石2.5贯省、绢绸每匹4贯省、绵每两200文省）计，每年每人约得110贯省。考虑到御前军士卒仍享有各种津贴及无赋税负担等情况，则知南宋时期亭户收入仍不如御前军士兵，不过二者间的差距比北宋时亭户与禁军士兵间的差距已是大大缩小了。南宋厢军俸禄也低于御前军。南宋中期，台州抚州壮城指挥厢军士卒月粮1.2—1.5石，春冬绢4匹、绸0.5匹、绵12两、随衣钱1.9贯省，依前折岁可得58—67贯省。温州壮城指挥厢军士卒月粮1.2石，岁钱2.977贯省，衣赐钱20.838贯省，依前折每岁约可得60贯省①。从亭户与军兵收入的比较已能看出，南宋时期如果亭户能得到全部盐本支价，那么他们的收入状况比北宋时有明显改善，与社会上其他类型人相比，其地位也有所提高。然而从下文可知，南宋时期亭户盐本被克扣的严重程度大大超过北宋时期，因而以上仅凭盐本支价计出的亭户收入以及由此得出的亭户收入状况改善的结论都与实际情况有很大的出入。

① 南宋士兵俸禄数系根据王曾瑜《宋朝兵制初探》（中华书局1983年版）“南宋军俸”一节。关于宋代物价变动请参见拙文《北南宋物价比较研究》（刊河北教育出版社《宋史研究论文集》1989年版）。

二 盐本的拖欠、克扣及其后果

依前所述，亭户若能完成国家规定的生产定额，即能维持劳动阶层中下等的生活水平，在南宋，还可能达到劳动阶层中等偏上的生活水平。亭户若能超产，情况还会更好。然而这些都是以亭户能获得全部盐本支价为基本前提的。事实上，在两宋始终存在盐本支价被拖欠、克扣的现象，而且存在从轻微到严重的发展趋势。

北宋拖欠亭户盐本事似最早见于宋仁宗明道年中参知政事王随奏疏，内言："亭户输盐，应得本钱或无以给，故亭户贫困。"宋廷乃"敕转运使经画本钱以偿亭户"①。可知王随所言属实。又据载，宋神宗熙宁初年，两浙路盐场也存在"不以时偿事（亭户）直，灶户益困"② 的情况。宋哲宗绍圣年中，发运司奏："淮南亭户例贫瘠，官赋本钱岁六十四万缗皆倚办诸路，以故不时至，民无所得钱，必举倍称之息，或鬻凭由，不能得直之半，是以多盗卖而负官课。"③ 此后至北宋末，拖欠盐本事也时见记载。南宋时期拖欠盐本现象更为普遍。绍兴十五年（1145 年），秀州一州盐场积欠亭户盐本已达 19.7 万余缗④。绍兴三十年（1160 年），户部官员邵大受言：淮浙地区盐场"拖欠亭户本钱浩瀚"⑤。淳熙十年（1183 年），淮东路盐场"共有未支还亭户盐本钱一百一十万贯"⑥。宋孝宗、光宗、宁宗屡次颁令禁止拖欠盐本，但实未能禁绝。宁宗、理宗之间，汪纲接任知高邮军时，淮东积欠亭户盐本仍有 28 万贯⑦。理宗开庆年以前，浙西盐官"尽夺亭户盐本钱充献羡之数"，致拖欠亭户盐本达 50 余万贯⑧。

---

① 《续资治通鉴长编》（以下简称《长编》）卷一二三。

② 《长编》卷二三〇、二四七，《宋史》卷一八二《食货志·盐法》。

③ 《宋会要辑稿》食货二四之三一。

④ 《要录》卷一六〇。

⑤ 《宋会要辑稿》食货二七之二。

⑥ 《宋会要辑稿》食货二八之二〇。

⑦ 《宋史》卷四〇八《汪纲传》。

⑧ 《宋史》卷四二四《孙子秀传》，另《絜斋集》卷九《四明盐仓壁记》也载有此类事。

克扣盐本的手法常见者有三，即直接克扣支价，增收不支价产盐，索贿。

北宋时期直接克扣盐本事未见记载，大约较少，南宋时期则相当普遍。高宗绍兴三年（1133 年），上奏者已言及“盐场支给价钱不尽”事。绍兴二十六年（1156 年），有官员上书专论盐本问题，内言：“比年以来，淮浙路盐皆不全支本钱，且违法多克头子钱等。”“比年以来”“皆”等措辞都说明克扣盐本的普遍性。绍兴三十一年（1161 年），又有人论及福建路盐本被“盐官公吏兑那侵欺，亭户实不曾得”事。孝宗乾道七年（1171 年），有官员论二广盐法之弊，谓：“西路盐本，旧每箩（百斤）一贯八百文足，官吏侵克名色不一，盐丁所得止四百文，犹不时给。”被克扣部分竟超过四分之三。同人又言，广西盐新法规定，盐本每箩一贯八百文足中，官府一律扣留八百文足，其余支给亭户。亭户所得虽较前加倍，但被“合法”克扣部分仍有十分之四强①。淳熙十年（1183 年），盐商吴传上书，内言淮东亭户“支请价钱每箩（百斤）一贯八百三十文，除克诸般縻费外，净得钱一贯四百文”②，其被克扣部分接近总数四分之一。但吴传或许有意缩小问题严重程度，或了解情况不全面，或为短期内情况。迟于他的论者所讲情况要比他讲的严重。例如宁宗嘉定七年（1214 年）有官员奏官言：“比年所在盐亭户困穷……［提举司］不肯给还原价，纵或支偿，十未一二，几于白纳而后已。”③ 后时人戴埴也讲：“予尝询之亭丁，谓仓台给降本钱以一万缗计之，使司退三千缗为敖底盐钱，二千缗为官吏费，止有五千缗到场，移借侵用之余，散与亭者无几……所谓本钱莫偿澄卤买薪之费。”④ 又据黄震讲，南宋晚期两浙路盐场亭户支取盐本时要扣除“萝宛钱、二麦钱、二税钱、草荡钱、柴租钱、逢千退一钱”等，以致有时竟有亭户“陪钱纳盐”的事⑤。

---

① 以上引文分见《宋会要辑稿》食货二六之一〇、三三，二七之七、二九。

② 《宋会要辑稿》食货二八之二〇。

③ 《宋会要辑稿》食货二八之五七。

④ 《鼠璞·盐法》。

⑤ 《黄氏日抄》卷七一《赴两浙盐事司禀议状》《申陈提举到任求利便状》。

克扣盐本从性质上讲有三种情况：一是依法或按规定扣除，例如扣头子钱、水脚钱等；二是虽不合法但用于公事的，例如据叶适记，明州（庆元府）岱山盐场经常收到上司索要钱财的公文，财无所从出，只好相沿成例，“使甲头持状名借于官，谓之请本煎盐，实克亭户钱以应诸费”①；三是官吏违法克扣以饱私囊，如淳熙年中淮东盐场克扣盐本有所谓“花带”，乃是“以待盐官秩满裹粮之费”② 者，显然是用以肥私。

北宋时期直接克扣盐本的情况较少见于记载，但无偿地多收亭户盐的情况却明显存在。宋初即有规定，每正盐一石纳耗盐一斗，此规定后被写入宋真宗时的“大中祥符敕文”中。耗盐不支盐本，亭户应得盐本在此以纳耗形式被合法地克扣了。有合法的纳耗，也有非法的多取。宋仁宗天圣元年（1023 年）下诏禁止淮南泰楚州盐场“大秤作弊”，即说明有非法多取现象存在。诗人柳永写《煮海歌》，内言“秤人官中得微直，一缗往往十缗偿”③，似也是批评非法现象。北宋后期杨时讲“入盐加耗理所不免”④，说明当时纳盐加耗已成定规。南宋时期财政对盐课的依赖增加，因而，一方面多方刺激商人令其多贩钞盐，另一方面设法奖励盐场官吏发卖课盐。于是就出现了增加盐袋重量的情况，尤其在制度上允许商人指定盐场买盐后，此种情况愈加严重。隆兴元年（1163 年）有上封事者谓：自许商人指场请盐，商人“拣诸场盐袋斤两高者方行投请，逐场之盐惮于停留，各欲发泄，至有添二十斤或三十斤在袋。遂至诸场暗失官盐，无从而补，唯于亭户处重秤浮盐”⑤。乾道八年（1172 年）户部侍郎叶衡也讲：“契勘在法盐以三百斤为袋，今淮浙路支盐仓与买纳场相为表里，务欲招诱客人，或受客人计嘱，往往多搭斤数，有增数十斤者。”⑥ 盐商吴传也言及此事，但他将原因归结为新法煎盐效

---

① 《水心文集》卷一五《邵叔的墓志铭》。
② 《皇宋中兴两朝圣政》卷六三。
③ 《大德昌国州志》卷六《艺文》。
④ 《龟山集》卷一《上渊圣皇帝书》。
⑤ 《宋会要辑稿》食货二七之一〇至一三。
⑥ 《宋会要辑稿》食货二七之四一。

率猛增，显然不够全面。增加盐袋斤重问题在光宗、宁宗之际达到顶点，当时一袋有增重百斤者，宋廷不得不严令禁止。盐袋所增斤重，全部取之于亭户，亭户缴纳的无偿产盐因而增加。宋宁宗嘉定年以后盐袋增重问题似有缓解，但额外无偿多取亭户产盐的情况却依然如故。戴埴讲南宋后期亭户纳盐“每斤必双秤”，黄震讲亭户“二斤方了一斤纳数”①，都表明南宋后期无偿地多取亭户产盐的问题已达到十分严重的程度。

盐场官吏向亭户索要贿赂从现有记载看主要见于南宋时期。南宋初，官员上奏言诸州盐仓“出纳之际上下邀阻，待贿而行”②。韩元吉记南宋前期浙西温州亭户“迓新例裒白金以为费”。又记淮东海陵盐场如官吏离任时“盐户率钱为赆”③。叶适记南宋中期淮东盐场官“故例厚”，官员高某“削去法不应得者”④。所谓故例，即指贿赂。黄震记南宋后期浙西盐场，“监官各自散［亭户盐］钱，久而侵渔人已，遂从监司委官散钱，又复添取常例，当面点名照散，转背仍凑杂支”⑤。他还记盐船到岸，每批“先纳诸色局次钱共一百五十贯”⑥，所谓诸色局次钱即贿赂之钱，此钱虽取之梢工，终须亭户负担。

除盐场、盐仓官吏的克扣外，还有与官府勾结的保甲长、揽户、豪民的盘剥。孝宗隆兴元年（1163 年）上封事者即言及有“物业高强”户将赋役转嫁于贫下户的现象⑦。淳熙十年（1183 年），有官员奏论“总辖甲头权制亭灶，兜请本钱，咨行刻剥”事⑧。此前后又有洪迈撰文言“邑

---

① 分别见《鼠璞·盐法》及《黄氏日抄》卷七一《赴两浙盐事司禀议状》。

② 《宋会要辑稿》食货二五之三二。

③ 《南涧甲乙稿》卷二二《宋适墓志铭》、卷二一《苏岘墓志铭》。

④ 《水心文集》卷一六《高庆远墓志铭》。

⑤ 《黄氏日抄》卷七一《赴两浙盐事司禀议状》，又同卷《申陈提举到任求利便状》。

⑥ 《黄氏日抄》卷七一《申宽免绸欠零细及孤霜贫乏户外再申乞作区处状》《权华亭盐乞散还贴钱袋状》。

⑦ 《宋会要辑稿》食货二七之一〇至一三。

⑧ 《建炎以来朝野杂记》甲集卷一四《淮浙盐》，《宋会要辑稿》食货二八之二六，《皇宋中兴两朝圣政》卷六三。

胥”渔猎亭户事[①]，朱熹讲“揽子”侵占亭户盐本事[②]。又前述叶适所言盐官指使甲头假借亭户名义移用盐本的过程中，甲头也从中渔利。南宋后期黄震于公文中也专有揭露“上户掩取盐本之弊”的文字[③]。

盐本被拖欠、克扣，不但导致了亭户的贫困化，而且造成私盐的泛滥。对此，北宋后期理学家杨时看得很清楚，他说盐本价低，又被减扣，“计其工力之费不偿其二三，又所至匮乏，钱不时得，此亭户所以多窜亡也。饥寒所迫，非私鬻之无以自存，故盗贩十百为群，被甲荷戈名裹送者不下数十人”[④]。南宋绍兴年中担任两浙路提举的徐康在官署题记中写道：“四人（民）之中农为最劳……今所谓亭户则过于此”，“使输货于官者价直以时，毋或高下，则盗贩息，盗贩息则抵罪少、犴狱简。”[⑤] 绍兴三十年（1160 年）有官员上言也谓：“［亭户］守候交秤倍费时日，洎得钱不了日用，故不得已私货以度朝夕，缘此犯者众。”[⑥] 时人楼钥甚至把这种认识写入诗歌，他写道：“亭民亦良民，熟谓俱无赖?”“输盐不得钱，何以禁私卖!”[⑦] 此后随着亭户盐本问题的不断严重化，有关议论也频见记载。如嘉定七年（1214 年）有官员上言：“比年所在盐亭户困穷，无力烧煮，折而入私贩以至散而为盗贼……推原其故，自提举司不支还盐本钱始。”[⑧] 戴埴、黄震也都有类似的议论[⑨]。以上所引，近乎众口一词，都讲明了拖欠、克扣亭户盐本是造成私盐泛滥的主要根源的道理。同时也指出了此问题不解决，就会构成对封建统治秩序的严重威胁。

---

① 《洪文敏公文集》卷六（或楼钥《攻媿集》卷五八）《绍兴府钱清盐场壁记》。

② 《朱文公文集》卷二四《答陈漕论盐法书》。

③ 《黄氏日抄》卷八〇《浙东提举到任榜》。

④ 《龟山集》卷一《上渊圣皇帝书》。

⑤ 《吴郡志》卷七《官宇·提举平茶盐司》。

⑥ 《宋会要辑稿》食货二七之一。

⑦ 《攻媿集》卷三《送元卫弟赴长亭盐场》。

⑧ 《宋会要辑稿》食货二八之五七。

⑨ 《黄氏日抄》卷七七《申乞免场官责罚状》、卷七一《申扬提举新到任求利便状》，《鼠璞·盐法》。

三 宋朝对亭户的“优恤”与强制性管理

宋朝政府经常为私盐泛滥的问题所困扰。私盐泛滥的直接后果就是官方榷盐收入的大量流失。宋朝财政对榷盐收入是相当依仗的。特别是在南宋，因版图缩小造成田赋收入减少，更增加了财政对盐课的依仗程序。私盐泛滥的间接后果是所谓“盐寇”的增加，“盐寇”问题直接威胁着封建统治秩序。这些都促使宋王朝统治者重视解决私盐泛滥问题。私盐流行的过程总是要从食盐生产者那里发端的，因而加强盐民管理是禁绝私盐的基础环节。宋朝在对亭户的管理方面也贯彻了在其他方面同样施行的“恩”“威”并施的方针，即一方面对亭户施行所谓优恤，另一方面对亭户实施超经济强制。宋朝统治者企图以此达到禁绝私贩，从而增加榷利及维护封建统治长治久安的目的。

宋廷对亭户的“优恤”首先表现在赋役制度上对亭户的某些优待。它包括：一是亭户二税一律征盐，其计价办法通常是按超盐产的较高价格折算的①。二是亭户可以减免科敷和色役。南宋绍兴二年（1132 年），两浙西路提举茶盐公事梁汝嘉上奏，“乞将盐亭户除合纳常赋外不得与坊郭、乡村人户一例科敷、诸般色役等差使”。户部以“无亭户不得与坊郭、乡村人户一例科配、诸般色役等专法”为理由加以反对，最后宋廷只规定了对煎盐数多的亭户减科、减役的条法：“上等最高煎盐每户年终煎盐申官及一万硕，比坊郭、乡村户十分为率量减三分科配、色役、其上等次高并中下等户若每年比旧额敷趁及一倍以上，亦与量减三分科配、色役，如不及立定分数，更不减免。”然而孝宗隆兴元年（1163 年）有人上封事却讲：“亭户趁办官课，不欲以赋役妨之，故科敷、徭役悉行蠲免，止有二税。”又次年有诏言称：“福建路州军应煎盐亭户科敷、色役仰照江湖淮浙京西路已得指挥一体施行，即不得受情将兼并豪右之家及

---

① 《宋会要辑稿》食货二三之三一至三三、二六之一、二七之一〇至一三，《皇宋中兴两朝圣政》卷九，《睽车志》卷六。

不系煎盐户一例作亭户名色蠲免。”[①] 可知到隆兴年时东南沿海煎盐亭户已普遍地受到减免科敷、色役的优待。如果前述关于绍兴二年（1132 年）否决减免亭户科敷、色役提议事的记载没有错误，那么，绍兴二年（1132 年）以后（隆兴年以前）的某一时刻，宋廷又有了减免亭户科敷、色役的新规定。又史载，孝宗时大臣汪大猷上奏论：“亭户未尝煮盐，居近场监，贷钱射利，隐寄田产，害及编氓，宜取二等以上充役。”[②] 也可证当时亭户享受免色役优待。宁宗庆元四年（1198 年），有官员提出：“盐亭户和买亦从蠲免，民之有产业者不析为诡户则隐寄于盐亭户之家，此阖郡之人所共知也。”他建议：“盐亭户之免科敷，当制为限田之法，加入纳官盐若干免纳若干亩，若逾此数，则当悉随田亩科敷行。”宋廷乃下令：亭户旧有田亩仍旧免科敷，新增置产业与编户均敷。[③]

其次，宋廷对亭户的“优恤”又表现在其设法限制拖欠、克扣亭户盐本的举措上。在实行官搬官卖法时，宋廷令有关官置及时调集盐本；在实行钞盐法时，宋廷一方面制定了肯留盐本于盐场、盐仓的制度，另一方面又颁令禁止盐场、盐仓官吏移用、侵占盐本。南宋嘉定七年（1214 年），宋廷又专门规定，新旧盐官办理交接手续，“于交割帐状内添入一项，即无坐欠亭户盐本钱结罪保明。如检得见有未支之数，仰具申朝省重作施行”[④]。这项规定多少抑制了拖欠亭户盐本现象的发展。当然这里应当指出，由于宋代特别是南宋财政上困难重重，吏治混乱，宋廷颁的不少法令都未能切实实行。

又次，宋廷对亭户的“优恤”又表现在向亭户发放生产贷款方面。宋真宗天禧四年（1020 年）诏书中言及，前此“通、泰、楚等州煎盐亭户因灾乏食”，曾有令许其“预请钱粮”，[⑤] 等于向亭户发放了救济性生产贷款。宋仁宗天圣元年（1023 年）敕文言及，自宋初以来即有规定：“诸处盐场亭户实无牛具者，许令［盐场代为］买置，召三人已上作保，

① 以上引文分见《宋会要辑稿》食货二六之五、二七之一〇至一三、二七之一六。
② 《宋史》卷四〇〇《汪大猷传》。
③ 《宋会要辑稿》食货七〇之九〇至九一。
④ 《宋会要辑稿》食货二八之五七。
⑤ 《长编》卷九五。

赴都盐仓监官处印验，收入薄帐，给与［亭户］为主，依例克纳盐货，不得耕犁私田，借贷与人。”① 实际上这就是向亭户贷款用于购买生产用牛。又据南宋高宗绍兴十三年（1143 年）官员奏，浙西盐场有“亭户七色借贷更出迭入”，所谓七色借贷，即“亭户依法遇阙食或阙耕牛柴本动使之类，听将盐本钱借支应副”，且“有立定以盐折纳条限”。孝宗乾道七年（1171 年）又有专门诏令：“今后应亭户少阙钱物并许径赴提举司人状借贷，以别状纳贷息钱应副，却将额外煎到盐依价折还元价钱。”② 此诏之规定与前有别：一是为防止盐本因借贷被占用，改以他项钱出贷；二是用价格较高的额外盐偿还贷款。又据乾道元年（1165 年）浙西提举姚宪讲“祖宗旧法，支盐本钱分上下两次，先以上次五分发下催煎场呼名之散，贫民下户均沾本柄”，此法“行之久远”③。此种先期支给盐本（半数）的做法也有与发放生产贷款相同的效果。

再次，对亭户的“优恤”又表现在蠲免积欠方面。亭户因天灾人祸而完不成官方定额的情况常常出现，按规定，完不成定额者要受责罚（具体办法已难考详），并且无法享受卖超额盐较高价格的优待。因而亭户一旦背上积欠盐课的包袱，其生产积极性便受到很大挫折。为此，宋廷时时下令蠲免亭户积欠课盐。如真宗大中祥符五年（1012 年），“除通、泰、楚州盐亭户积欠丁额盐十四万石”④。此后大体每隔若干年即颁布一次类似的蠲免积欠盐的敕令。

最后，对亭户的“优恤”还表现在宋廷颁布了一些约束有关官吏的法令或制度性规定，并惩处了一些欺压亭户的官吏。例如，颁布了对拖欠、克扣盐本者的惩处条例，颁布了禁止私人向亭户放债、抑配卖酒的规定，作出了“巡检不许至亭户场内”，“监司州县并巡尉下公人兵级非缘公、虽然公而无所执印头引，并不得擅入亭场”等规定⑤。这些规定无

---

① 《宋会要辑稿》食货二三之三一。按《宋史》卷四二六《循吏·张纶传》记淮东在北宋真宗、仁宗间“官助其（亭户）器用”。

② 《宋会要辑稿》食货二六之三一、二七之三六。

③ 《宋会要辑稿》食货二七之一八。

④ 《长编》卷七七。

⑤ 《宋会要辑稿》食货二六之二五、三五。

疑在一定程度上抑制了有关官吏对亭户的侵害。有关官吏因欺压亭户或失职积欠盐本等而遭罢免及其他惩处的事不时见于记载。

对亭户实行超经济强制，首先表现在严刑禁止亭户私造卖盐上。宋初规定，“私炼盐者三斤死”。此律过苛，至太宗初年，改为私炼百斤以上杖脊黥面送阙下。较前虽宽了许多，但仍是严刑。此后虽宽严时有变动，但严禁亭户私造私卖的基本精神始终未变。宋神宗时，两浙地区推行卢秉盐法，规定：“凡私煎盐盗贩及私署煎器罪不至配者，虽杖罪皆同妻子迁五百里，擅还者编隶。”① 其严酷程度较前增倍。宋徽宗政和年中规定，亭户卖私盐，“依海行私盐法加二等断罪”②。显然，对亭户卖私盐者的惩处要严于一般贩私盐者。

对亭户实行超经济强制，又表现在对亭户生产实行监督上。宋初各盐场差衙前役人充专知官，监视亭户煎煮。真宗后期改派使臣率军兵监煎，多有扰乱亭户事，仁宗初年乃复差衙前役人。但役前役人毕竟是由百姓暂弃，不甚可靠，后来宋廷又委派专官。仁宗时期，发运使吴遵路奏准在淮东楚州各盐场设官监视亭户生产，“俾火伏可见，私者可禁”③。神宗时期，石牧之知温州，盐课亏损，“于是为设方略”，“每亭灶启闭，牢盆出纳，须监官与扑吏亲临，铢两不入私门”④。此种监官对生产过程的监视已是相当严密了。两浙路行卢秉盐法时，“盐场皆定盐灶灰盘数以绝私煎之弊。自三灶至十灶为一甲，而煎盐地什伍其民以相讥察”。这里已不只是委官监视，而且实行了保甲连坐法了。南宋时期，明确规定了盐场催煎官在监视亭户生产方面的责任。绍兴元年（1131 年）规定，凡有私卖盐事发，催监官与巡检官一同受处分，催监官比巡检官减二等定罪。绍兴十八年（1148 年），改为私卖盐事发“催监官与巡尉一例责罚”⑤。后一规定强调了催监官在防止私卖方面的责任。隆兴元年（1163 年）有上封事者述及盐场旧来“谨火伏”之成法：“盘分三等，各有次

① 《长编》卷二三〇。
② 《宋会要辑稿》食货二六之一七。
③ 《武溪集》卷一六《楚州盐城南场公署壁记》。
④ 《苏魏公集》卷五五《石牧之墓志铭》。
⑤ 《宋会要辑稿》食货二六之三、三二。

序。”“如一伏时煎盐若干，超火伏火皆有定时。每遇起火，催监场申卤沥，才候住火，即时拘收停沥在场伺候干白。”“所煎之盐每盘有数，以五百斤为额”，盐场即依此数收纳。可知监官监视亭户煎煮盐已总结出一整套办法。此人又建议：“盐场煎盐，确实逐灶伏盘数，置立簿历，凡起火住火，灶甲头申报火伏日时，抄上簿历，催监官躬亲监守煎炼，尽数拘买入官。”其建议获准实施。乾道二年（1166 年），宋廷重申要催煎官“钤束起住火伏”之制，又重令亭户实行保甲连坐法①。此后又屡次申明稽查亭灶火伏之制。

对亭户的超经济强制，还表现在限制亭户的人身自由方面。南宋乾道二年（1166 年）有官员上奏言及：“淮新亭户旧法，父祖曾充亭户之人，子孙改业日久，亦合依旧盐场充应。”所言“旧法”，不详何时所立，依据此法亭户全无改业自由。此人奏中又言及当时有犯罪亭户改从他业的情况，宋廷乃补充规定：“盐亭户犯罪情理轻不该编配之人依法断讫自今押归本场。”② 亭户此种改业途径又被堵死了。宋廷甚至还规定，亭户不得投军入伍，“亭户投充军者杖八十”③。宋廷不但禁止亭户改业，还有禁止亭户“不许别营产业”、不得买扑坊场以及不许自行迁徙到其他盐场等规定。宋廷对亭户实行强制性管理，目的是榷利，而结果却造成亭户所受封建人身束缚加强，社会地位比一般劳动者还要低下。

宋朝对亭户恩威并施的管理，在当时食盐禁榷方面确实产生了一些效果，但却远远不能解决私盐泛滥等问题。这一方面是由于当时的食盐禁权是建立在阶级压迫（既有对亭户的压迫，又有对广大农民的压迫）基础上的，另一方面也是由于封建国家对于榷盐收入寄予的期望远远超出了其实际可能。结果往往是，封建国家越是千方百计企图让盐课增加，亭户与商人的状况越是不佳；亭户、商人的状况越不佳，就越是迫使他们联合起来私贩；私贩盛行的结果则又使盐课收入减少。如此往复，形成恶性循环。

---

① 《宋会要辑稿》食货二七之一〇至一三、二七之二三。

② 《宋会要辑稿》食货二七之二二。

③ 《宋会要辑稿》食货二六之一三。

南宋后期盐政考论

近年关于宋代盐政的研究成果颇丰，其中当首推已故郭正忠先生的《宋代盐业经济史》（人民出版社1990年版）、《宋盐管窥》（山西经济出版社1990年版）及他主编的《中国盐业史》（古代卷）（人民出版社1997年版）宋代部分等，国内大陆及港台、国外日本等学者也有数量相当的著作和专题学术论文。但是，通观已有研究成果，对南宋后期（理宗、度宗在位时期）盐政的研究显得相对薄弱，迄未见专题论文。我等拟尝试在这方面做些努力。研究此时期盐政首先遇到的困难是史料的缺乏，《宋会要辑稿》《文献通考》都不载此时期史事，《宋史》虽有记载但很不完备，我们力图广泛搜集有关资料，勾勒出此时期盐政的轮廓，并就已有史料做些分析。

一　盐政在南宋后期的特殊地位

南宋后期，战争频繁，税收减少，军费开支加大，财政紧张，榷盐收入作为一种数额巨大的现金收入，对官方有着非同寻常的重要性。我们时常可以看到当时君臣强调盐课重要的议论。如《宋文全文》卷三三载："［淳祐五年三月］甲辰，右曹郎中吴子良进对，言盐楮事。上（理宗）曰：'盐楮是今日急务。'"徐元杰记他面见宋理宗，强调榷盐"是岁计之大者，不可不理会，籴本实在其中。向来盐一袋易米二十石，若责任有人，则籴事不烦朝廷区处，此宜疾速讲究"宋理宗连声称是（徐元杰《梅野集》卷一《四月十二日进讲》)。这说明籴买军粮要仰仗榷盐收入，而军粮供给实关南宋存亡。淳祐四年(1244年)九月丙午，太学生黄恺伯等上书批评史嵩之，也讲到“国之利源，盐筴为重”(《宋文全文》卷三三)。大臣徐鹿卿上书则讲：“臣前篇所陈，为治之纲领也。其事之最急者：一曰和籴，二曰盐运，三曰楮币。目虽有三，而所以权衡之者一而已……然而粮也、楮也皆视盐以为重轻者。一二年之籴本粗足者，以盐也；一二年之造楮粗省者，以盐也。”(《清正存稿》卷一《上殿奏事第二劄》)显然，当时最被朝廷看重的财经方面三件大事中，和籴、楮币都要靠榷盐收入支撑。由于榷盐收入中，淮盐收入所占比重最大，因而又有“淮盐之利甲天下，东南大计仰焉”(《后村先生大全集》卷六六《叙复奉直大夫郑羽陞直宝章阁淮东提举》)，“天下大计仰东南，而东南大计仰淮盐”(《后村先生大全集》卷六五《外制·淮东提举章峒盐赏转一官》)等说法。

二　端平初年之买浮盐

宋理宗即位不久，就遇到盐课亏减的问题。据《宋史》卷一八二《食货志》记：

> 宝庆二年，监察御史赵至道言：“夫产盐固藉于盐户，鬻盐实赖于盐商。故盐户所当存恤，盐商所当优润。庆元之初岁，为钱九百九十万八千有奇，宝庆元年，止七百四十九万九千有奇，乃知盐课之亏，实盐商之无所赢利。为今之计，莫若宽商旅、减征税，庶几庆元盐课之盛，复见于今日矣。”从之。

当时由于是权相史弥远当政，在盐政方面似未有大的举动，只是沿用老办法，采取新旧搭带坑害盐商的手段以增加收入。时人王迈于端平初年上奏言及：“盐钞行二八、三七之令，海濒无巨商矣。”(《臞轩集》卷一)所谓二八、三七都是强迫盐商买新钞以搭用旧钞的比例。

除了实行新旧搭带之外，向商人加征各种附加费似也是当时官方增收的手段。据《宝庆四明志》卷三《盐课》记，当时明州向商人征收的附加费计有：贴纳钱每袋六贯三百六十文二分，盐本钱四贯八百文，雇船水脚钱四百一十文，袋本钱二百三十八文，袋本剩钱六十二文，三分钱二百五十文，别纳袋息钱四百四十文，封头物料钱一文三分，封头钱九分，杂收钱二十文，此外还有头子钱等。大约淮浙各产盐地都与此类似。

但史弥远死后，宋理宗亲政，很想有所作为，曾着手在不少方面改革弊政，在盐政方面的举措大约也是在这一政治背景下施行的。而此时在盐政上的举措见于记载的，就是收买浮盐。《宋史》卷一八二《食货志》载：

> 端平二年，都省言："淮浙岁额盐九十七万四千馀袋，近二三年积亏一百馀万袋，民食贵盐，公私俱病。有旨，三路提举茶盐司各置主管文字一员，专以兴复盐额、收买散盐为务，岁终尚书省课其殿最。"

这里讲的"散盐"，应是"浮盐"。同书又载，宝祐五年（1257），殿中侍御史朱熠讲："盐之为利博矣。以蜀广浙数路言之，皆不及淮盐额之半。盖以斥卤弥望，可以供煎烹，芦苇阜繁，可以备燔燎。故环海之湄，有亭户，有锅户，有正盐，有浮盐。正盐出于亭户，归之公上者也。浮盐出于锅户，鬻之商贩者也。正盐居其四，浮盐居其一。端平之初，朝廷不欲使浮盐之利散而归之于下，于是分置十局以收买浮盐，以岁额计之，二千七百九十三万斤……为今之计，莫若遵端平之旧式，收锅户之浮盐，所给盐本，当过于正盐之价，则人皆与官为市。郤以此盐售于上江，所得盐息径输朝廷，一则可以绝戎阃争利之风，二则可以续锅户烹煎之利。"他的话清楚地说明，端平初年宋廷曾设十局收浮盐，岁额达到二千七百九十三万斤，合九万袋，约相当年产量的七八分之一。其造成的额外收入应是相当可观的。

又《宋文全文》卷三三载：

> ［嘉熙二年］四月庚寅，都省言："国计军需，多仰盐课。乾道

以来岁额六十五万有奇。自钞法变而请买稀少，亭户失业。乞饬江淮诸司诸屯毋得私买浮盐。今提举司复亭场，委官属依直收买，则利归公上。或犹以赡军为辞，令核实以闻。”从之。

此言禁止诸司诸屯买浮盐，让朝廷委官依实直收买，说明收买浮盐的事仍受到重视。在时人杜范、徐鹿卿的文集中，各收有他们议论浮盐的文字，现摘引如下：

某近者窃见朝廷盐法更令，一介书生，未悉其利害之实，但知苛征不可不尽革，而浮盐非所以为名，又未敢遽有缴驳，谋之濒海士友之解事者，皆以更令之初，不可不审……至于浮盐局，大丞相所言者，官司之利害，某所忧者，则亭民及百姓之利害。某居于海乡，目所亲覩，亭民卖私盐、游手贩私盐、百姓食私盐，盖有年矣。一旦置局而欲尽榷之，以为官司之利，利未必尽归官司，而借拘榷之名张巡捕之势、旁午村落而人不胜其扰矣。前之助军钱，若终归于蠲除，少迟固未害，而浮盐局一事，恐宜更入钧虑。（《清献集》卷一五《回丞相劄子》）

某投闲穷谷，外事无所预知。其得于耳目所接，有可以上助听闻者，非因附递，无由登彻。今之大计，惟楮与盐米而已。盐价之穷，不知者专咎朝廷，其实固不尽然。然朝廷何暇与百姓分说。两月以来，江西旧楮收拾几尽，价增至百九十矣，新亦与之俱增，此浮盐之功。而大丞相救内弊第一事也。某前所议浮盐，以为价愈高则私贩愈争，必使官价小平而后私贩自止。比见违禁者鱼贯于路，深有望朝廷思所以为弭争之道，私牍公文言之详矣。尝蒙下赐钧翰，以为边事息则罢之，有以得丞相之心矣。不谂今岁边储籴本如何。若二事已定，则自大丞相行之，自大丞相弛之，使天下晓然知卖盐所以收楮，则正大明白，孰不惬然心服，皆将谓经纶老手。《清正存稿》卷五《上庙堂论楮盐书》

二人都对朝廷收买浮盐持保留态度。杜范认为收浮盐会影响到盐民、贩子、食盐百姓各方面的利益，又不易控制官吏乘机勒索，故容易激化矛盾。徐鹿卿则似认为收浮盐可行于一时，解决一时的问题，但不能长久实行。可知反对收浮盐的议论渐长。《宋史》卷一八二《食货志》又载：

淳祐元年，臣僚奏："南渡立国，专仰盐钞。绍兴、淳熙率享其利。嘉定以来，二三十年之间，钞法或行或罢，而浮盐之说牢不可破，其害有不可胜言者。望付有司集议，孰为可行，孰为可罢，天地之藏与官民共之，岂不甚盛。"从之。

这说明收买浮盐已出现弊病，招致有人提出尖锐的批评意见。估计宋廷会作出相应调整，惜未见明确记载。

三　关于史嵩之变盐法

淳祐初年，民间出现了两首内容很接近的讽刺宰相的诗，都是针对盐政，而有关记载把这两首诗加到不同的人头上，请看下引：

［淳祐元年二月］壬子，乔行简薨，辍视朝。行简在相位，专以商贩为急务，温、台盐商数百群。有士子为诗曰："知君果是调羹手，傅说当年无许多。"（《宋文全文》卷三三）

理宗朝，史嵩之当国，往往以深刻得罪公论。鹾之商运，自昔而然，嵩之悉从官鬻。价直低昂听贩官自定，其各州县别有提领，考其殿最，以办多为优。于是他盐尽绝。官擅其饶。每一千钱重有卖至三千足钱者。深山穷谷，数百里之钱无不辐辏。收到见钱，就充籴本，顺流而下，拨赴边州。庙堂会计籴运到边每一军斛止计本钱十七界会一道。时江西十七界百十五钱，可不谓之深刻乎！有无名子以诗嘲之曰："万舸千艘满运河，人人尽道相公鹾。相公虽是调羹手，傅说何曾用许多。"（《东南纪闻》卷一）

上引记载中涉及的诗的末尾二句遣词用典非常相像，而前一则是针对乔行简，后一则却是针对史嵩之，这使人不由得怀疑二者之中有一则记载是错误的。但笔者经过考察，认为较大的可能是二则记载都没有错，造成这一情况的原因是乔行简、史嵩之曾在同一时期任宰相，这一时期即嘉熙末年和淳祐元年（1241 年）初。当然，客观地说，应对此时期盐政负主要责任的是史嵩之，因为此时乔行简已年迈体衰多病，无心管太多的事了。且乔行简死后史嵩之继续做宰相，直到淳祐四年（1244 年）丁忧离任。根据上引《东南纪闻》，史嵩之的盐政最主要的是改钞盐制为官卖盐制。这一点从淳祐五年（1245 年）右曹郎中吴子良进对时向宋理宗讲的话得到证明，吴子良讲："旧相行官贩，商贾坐废。近日罢官贩，还客贩，然尚恐贴纳太多，商贾未便，愿与大臣熟议之。"（《宋文全文》卷三四）他所讲的旧相，显然是刚刚被迫丁忧离任的史嵩之。此事另从淳祐四年（1244 年）史嵩之谋求起复时三学生批评他的话可得到佐证：

> "……嵩之本无足国裕民之能，徒有私自丰殖之计。且国之利源，盐筴为重。今钞法屡更，利之归于国者十无一二，而聚之于私帑者已无遗算。国家之土壤日削，而嵩之之田宅益广，国家之帑藏日虚，而嵩之之囊橐日厚……"（《宋文全文》卷三三淳祐四年九月丙午载太学生黄恺伯、金九万、孙翼凤等百四十四人上书语，另参见《宋季三朝政要》卷二）

学生们虽未明言他变钞盐为官卖，但却指出他再次变钞法。应当指出，上述引文中讲的史嵩之行官卖，大约也不是严格意义上的官卖法，就南宋当时的情况看，全面实行官搬官卖存在严重困难，如运输工具等，大约史嵩之只是通过增加官卖比重来增加收入，解决眼前的困难。

史嵩之解职后，由官卖为重点恢复为钞盐为重点。《宋史》卷一八二《食货志》又载：

> ［淳祐］五年，申严私贩、苛征之禁。

禁私贩、苛征都是为钞盐畅行开路。但宋廷恢复钞盐尚未取得成效，又有人提出要求重新推行淳祐初年征收籴本盐的做法。《宋文全文》卷三四载："［淳祐五年（1245年）三月］癸丑，殿中侍御史郑寀乞括淳祐初所创籴本盐，可以资籴，又省造楮。从之。"所谓籴本盐，应是史嵩之盐法的一部分，似是增加官府自己卖盐的比重。

四　提领江淮茶盐所

大约嘉熙末创设制置茶盐使也是史嵩之的主意，作为他改盐法的一部分。《景定建康志》卷二六《官守志》载：

嘉熙四年八月，创制置茶盐使，以户部尚书岳珂为之。御笔赐珂曰："朕以边事未息，国计告匮，思为变通之策，遂稽先朝故寔，畀卿以制置茶盐使，意欲绝私贩以收利权，通浮盐以丰邦课，去苛征以惠商贾。卿其竭心体国，毋弛法，毋狥情。使用足于上而扰不及民，以副委任责成之意，则予汝嘉。"此司存之所由始也。淳祐元年五月，珂被召，省制置茶盐使，置提领。以江东麾节兼。（按：《宋史全文》卷三三记："［嘉熙四年七月］戊寅，以岳珂权户部尚书、淮南江浙荆湖制置茶盐使。"与此小异。）

其初，客贩正盐、浮盐每一袋收钱二十贯六百文，真州卖盐不理资次者每袋收钱一十贯三百文，皆名曰助军钱。客贩茶每一长引收钱十二贯三百六十文，每一短引收钱一十贯三百文，皆名曰审验钱。内有分隶曰吏禄钱。凡所收钱并用三分十八界会、七分十七界会。又置秤盘局于采石，盐以三百二十斤为一袋，草茶以百二十斤为一长引，百斤为一短引，末茶百二十斤为一长引，九十斤为一短引，剩数拘没坐罪。此则岳尚书制置之时也。

显然，设置制置茶盐使主要是要向盐茶商加征助军等钱。此使后改称提领盐，置司于长江沿岸的太平或建康，又在沿江池州、池口、镇江、丹阳、常州、无锡、江阴、宜兴、溧阳等处设分司，这样做的目的是要在茶盐运销的必经通道上设卡征新增的税，这种做法自然不得人心，于是岳珂就成为此事的替罪羊。《宋史》卷四〇五《袁甫传》载：“兼给事中，岳珂以知兵财召，甫奏珂总饷二十年焚林竭泽，珂竟从外补。迁吏部侍郎兼国子祭酒。”又《后村先生大全集》卷一四四《待制徐侍郎［鹿卿］神道碑》载：“诸阃久擅盐筴之利，或诸于当涂置司，制置鹾茗，朝廷擢议者版书（当指岳珂）领其事，商旅不行，止监失陷。诏公检核，尽得其实以闻。天久不雨，公决滞狱应时而雨。茶盐所多文致富民罪，或以赈恤为名，没入其赀，有一家八十口收稻仅二千石，拘籍之馀，日食不给者。公谓此与杀人而食者无異，悉还所籍。其创行权者酤尤为民患，若公谓从橐出使，虽非庶官可问，而守臣贪暴，监司岂容已。方疏其不法，会守罢去。淳祐元年诏以公兼知太平州，暂领茶盐司制职事。宰相遗公书曰：拘摧检核，洞见底蕴，不胜钦叹。岳肃之始自诡，后言皆不售，徒坏三务场钞法，亏三监司领额，半年仅得三四百万，得羊失牛不（下阙）。”《宋史》卷四二四《徐鹿卿传》则谓：“岳珂守当涂，制置茶盐，自诡兴利，横敛百出，商旅不行，国计反屈于初。命鹿卿核之，吏争窜匿，鹿卿宽其期限，躬自钩考，尽得其实。珂辟置贪刻吏，开告讦以罔民，没其财。民李士贤有稻二千石，囚之半岁，鹿卿悉纵，舍而劝以其余分，皆感泣奉命。珂罢，以鹿卿兼领太平，仍暂提举茶盐事，弛苛征。”《宋文全文》卷三三又记：“［淳祐元年十二月］丁丑，左司谏方来奏：‘岳珂比以罢斥，乃卜第吴门，蔑弃君命，乞勿予祠，令归江州。’监察御史谢公旦又奏：‘珂创增盐额，国课益亏，况作俑言利，乞重镌削。’诏更镌一秩。”（《宋文全文》卷三三）岳珂被指为暴敛罢黜，受到严厉处治，茶盐制置使司改名为提领茶盐司，但向过往盐商征收助军等钱的做法却没有变，只是由官阶较低的徐鹿卿接替了岳珂的职事。

《景定建康志》又记载了此后提领茶盐所的一些情况：

淳祐元年五月……置提领。以江东麾节兼。徐公鹿卿、孟公点、邓公泳、何公元寿、丘公岳、陈公垲、舒公滋，皆以太平守臣、江东转运兼，吴公渊以太平守臣兼。淳祐、宝祐凡再至。马公光祖淳祐间以江东转运、淮西总领兼，宝祐中复以沿江制置使兼。其后倪公垕、印公应雷皆以转运总领兼。陈公绮则以转运副使兼。由珂而

> 后，凡以太平守臣兼领者则置司本州，不为太平守臣者置司皆在建康。淳祐四年四月，给奉使印，始正提领江淮茶盐所之名。此司存之所由定也……
>
> 其后因之又添置邓步、梅渚二局，拘浙盐助军钱。则孟运判之时也。罢采石秤盘，加收盐袋助军钱，省邓步、梅渚二局。则何运副之时也。印给出山由子，雁汉添局拘榷，则吴尚书之时也。淳祐中兼领财用分司，遂拨镇江榷货务并归本所，又创采石分司，复秤盘局，又创池口局及常州丹阳上下局，拘徽、严、处等州草茶之过淮者，皆使纳钱。又创宜兴、溧阳二局，拘浙盐搭买香引。又创江州分司，凡上江茶每一长引收钱二百贯，以三十贯入分司，百七十贯入本所。每一短引收钱百七十贯，以二十贯归分司，百五十贯归本所。皆名曰贴纳钱。江东草茶审验钱如旧，仍不问长短引，每引并收贴纳钱一百贯。于是茶盐所岁入倍于常时，财用所之入亦与本所等。此则舒运判之时也。

据上引，提领茶盐所虽经常有变化，但相关盐法的改变却不大（特别是不如茶法变化大）。尽管如此，提领茶盐所在南宋后期的茶盐禁榷中所起的作用仍是不可低估的。

《宋史全文》卷三四又载：

> ［淳祐七年九月］丁巳，诏改尚书省提领盐事所为提领茶盐所。

此则记载所言尚书省提领盐事所、提领茶盐所与设于太平、建康的上述提领茶盐所的关系，如果讲的是同一机构，则提领茶盐所一度曾改名提领盐事所，如果不是讲同一机构，则似宋廷于都城又设一提领所。查宋潜说友《咸淳临安志》卷八《行在所录》载：“省所茶盐所……在三省大门内，以都司提领。”此尚书省都司提领的茶盐所，似即设于行都的提领茶盐所。

又《后村先生大全集》卷六五《陈绮前任江东运副兼提领茶盐增羡转中奉大夫》：

榷法非古也，然军国大计系焉。朕未能捐山海之利以予民也，然常以宣政之改钞法为戒。以庆历之不再榷为法。若夫润泽之则存乎其人。尔以计臣，提纲煮摘，朞年之间，未尝析于秋毫，乃有余于□计殿之法，僚属不遗，况任典领之责者乎。一秩旌劳，以劝来者。可。

而据《景定建康志》卷二六《官守志》总领所题名，陈绮于淳祐八年四月至十年八月任淮东总领，任江东运副当早于此。陈绮兼任提领茶盐，因增羡而得到奖赏和提升，说明此时期提领所的情况还是较好的。

五　关于诸阃、势家私贩

宋代官方榷盐收入的取得，仰仗于政治强力，仰仗于垄断性经营，而防止私贩就成为重要的环节。要根绝私贩是很难实现的，其原因就在于官私盐价相差太大，因而整个宋代始终为私盐问题困扰。南宋后期的私盐问题更加突出，同以往相比有所不同的是，出现了所谓诸阃、势家私贩的情况。诸阃即各地驻军统帅，包括各宣抚使、制置使、经略使、安抚使及都统等。这些人参与私贩，反映了军队供给不足及军政混乱。势家私贩则反映了政治的黑暗与统治秩序的混乱。时人徐鹿卿讲：

今大利之入，惟盐筴耳。挟商贾之术以笼利，既以伤仁害义而不忍行，操公正之权以通利又以无人责任而不能行，利源其遂窒乎。淮浙盐额一岁合九十万袋，而今才及六十万袋。使以六十万袋之收而尽泄之，夫岂无补。夷考近年支发之数，率不过数十万袋而止。然则虽能办及祖额，亦未有支发之盐也，其故何哉？……正盐、私盐势不两立。今有军中之贩私，有大家之贩私，有达官之贩私，纵停罢籴盐，而私盐之舳舻相衔者莫之禁，商贩岂能胜之哉？以淮东推之，两浙可见矣。以籴本盐推之，正盐可知矣。非独威权下移，利权亦且下移，人主所得专者，惟进退黜陟之权尔。臣谓宜严责江东提领所，考核浮正，正盐毋得留滞，浮盐悉行拘没，庶稍有限制。利权、威权，事有相关，臣之所虑，岂在锥刀之末哉。愿陛下深思之，亟图之，心之忧矣，不遑假寐，臣不胜惓惓……一则境土日缩，食盐者少；二则淮浙之人，家有私盐；三则场务苛征，客旅困滞。而其为害之尤大者，莫甚于诸司军人之私贩。臣引见之初，尝请申严江东茶盐所检柅私盐之法，朝廷亦既从之矣。军将护私，弯弓而斃拘船之卒，非细事也，而藏匿覆护，迄不得问，谁复知有法哉。继有以其事併委之制臣。然诸阃事体相关，虽欲奉行朝廷之令，有不可得，则是禁私之令终为文具而已，盐何自而通哉。（《清正存稿》卷一《奏已见劄子》）

在徐鹿卿继岳珂任提领茶盐后，他亲身体验了诸阃、势家私贩的嚣张气焰，他上奏中曾讲：

陛下命臣兼提领江东茶盐，给降黄牓，严戢私盐。臣奉诏惟谨，有赵彦满者载盐六巨艘，越采石，径过津。吏方欲谁何，彦满即以竹枪戳伤军人几死。臣督官吏追逐，明日扑到彦满，持制司沿途并免收税之文以劫臣。臣书判云：制司号令不大于朝廷。彦满明月之舟，何用乎六艘，遂行按劾镌降，罢其改官指挥。臣职为提领……（《清正存稿》卷一《九月朔有旨令伺候内引壬子入国门是日内引奏劄》）

引文生动地描述了赵彦满仰仗制帅公文，公然贩私，且无理地对待提领所人员的行径，使我们对此事有了更切近的认识。时人杜范也在奏札中言及诸阃驻贩事：

臣窃谓茶盐为今日之大利，乃擅于诸阃。当此财用匮竭，所宜收之。朝廷专置一使以领之，诚急务也。第未知诸阃专制已久，肯一旦轻弃以归朝廷乎。藉使知君臣之义不敢固吝阻遏，又未知诸军假制阃之势图私贩之利者，肯一旦敛手以逊商贾乎。不然，彼将以淮东者归之朝廷，而自专东海之利，则二者之盐其将孰办。他日以东海之名而擅淮东之实，朝廷之亏利自若也。万一上下睽疑，彼此交竞，势有沮格。(《清献集》卷一〇《八月己见劄子》)

诸阃私贩，略有别于势家私贩，势家私贩纯粹是营私，收入全归私人。而诸阃私贩，往往以朝廷供给不足为借口，以改善军兵待遇为幌子。尽管宋廷曾明文规定，军队回易、营运不得贩盐，但在朝廷许诺下拨的钱粮常常不能按时按量到营的情况下，对诸阃贩私的事也就时时采取容纵态度，使其久禁不绝。

时人徐元杰在面见宋理宗时，同理宗讨论了私贩问题：

上又曰：今日盐课如何？又奏云：今日以赵隆孙任其责，渐有通变之绪。但私贩多是权门势家，为之官盐所以积滞，此亦有说，前日赵以夫内引所奏已详及之云云。此若利归国家，其助不少。(徐元杰《梅野集》卷一《四月十二日进讲》)

上引记载表明，诸阃、势家私贩，实为影响南宋后期禁榷收入的一大问题。

六　关于淳祐末年、宝祐初年盐课收入骤增及南宋晚期盐政衰坏

据记载，南宋淳祐末、宝祐初茶盐禁榷收入有转好情况：

宝祐元年，都省言：行在榷货务都茶场上本务场淳祐十二年收趁到茶盐等钱一十一千八百一十五万六千八百三十三贯有奇，比今新额四千万贯增一倍以上，合视淳祐九年十年十一年例倍偿之，以励其后。有旨依所上推赏。四年五月，以行在务场比新额增九千一百七十三万五千九百一十二贯有奇，本务场并三省、户部、大府寺交引库凡通管三务场职事之人视例推赏。后以为常。(《宋史》卷一

八二《食货志》)

引文讲，淳祐十二年、宝祐四年行在榷货务茶盐等钱收入，都比过去有大幅度增加，但却未说明增加的原因。我们在其他文献中，也找不到此时期禁榷收入增加的其他迹象及增加原因的记载。唯知此时期宋理宗任用谢方叔、吴潜、董槐等力求整顿吏治，或许禁榷收入增加与此有关。

不过好景不长，此后情况转坏，重又出现盐课亏欠：

[宝祐四年]十有二月，殿中侍御史朱熠言："盐近者课额顿亏，日甚一日。姑以真州分司言之，见亏二千余万，皆由台阃及诸军帅兴贩规利之由。"于是复申严私贩之禁。五年，朱熠复言："盐之为利博矣……十数年来，钞法屡更，公私俱困，真、扬、通、泰四州六十五万袋之正盐视昔犹不及额，尚何暇为浮盐计邪。是以贪墨无耻之士大夫，知朝廷住买浮盐，垄断而笼其利……"(《宋史》卷一八二《食货志》)

朱熠讲"十数年来""公私俱困"，应包括淳祐末年、宝祐初年，实与前引史文矛盾。而他讲宝祐四五年间，榷盐收入减少应是实际情况。

此后关于盐的禁榷情况见于记载者殊少，大约是随着军事情况恶化，人们将注意力转向军事。我们从下引三则记载中或许可以窥见南宋末年盐政之一斑：

[景定五年]七月甲戌，刑部、大理寺言："朝奉大夫、监行在榷货务都茶场分司真州周福孙于盐钞茶引正官钱外，创增事例钱四十二万七千有奇入己，係监主诈欺，从自盗法赃罪抵死。"诏特贷命，追毁勒停，免真决，不刺面，流二千里，追赃。(《宋文全文》卷三六)

照对某近者选辟场官多不肯就，因考其所以然，乃知诸场所趁者见额，朝省所课者祖额，额不及祖，罚有科條，祖额无可足之期，盐场无不罚之官。或数年不得批书，或屡郊方可叙复。人多爱身，故不就辟。某谓此作法之弊，求益反损，而祖额所以愈亏也。失今不救，弊且愈极。敢僭陈之……夫所谓见额者，近年来官司敷派亭户抑纳之盐数也，盖自贪官成习，风俗大变，柴薪工食之价十倍畴昔，折阅低减，名曰买盐之会，百陌不曾入手，编民或祖孙屡世不识官司，亭户无一日不受官司杖责，天下有生之类未有苦于亭户者也。故逃亡已过大半，存者饥困为盗，苦楚而得日就亏少。朝省虽岁岁坐下祖额，何尝一岁能强其稍就仿佛也哉。（《黄氏日抄》卷七七《申乞免场官责罚状》）

似道令人贩盐百艘至临安卖之，太学生有诗云：昨夜江头长碧波，满船都载相公鹾。虽然要作调羹用，未必调羹用许多。（明田汝成《西湖游览志余》卷五《佞幸盘荒》）

前一则讲管理的混乱，小小监官竟敢如此贪污。第二则是黄震任提举茶盐的亲身体会，同时反映了管理失当、收入亏少两方面的情况。最后一则针对贾似道，似是将原先讽刺史嵩之的诗移到了贾似道身上，不知贾似道在榷盐方面是否也有新举措。总之，南宋灭亡前，盐政应是特别混乱的。

推行朱熹社仓法给人的启示

关于南宋社仓，前人研究已多，涉及社仓的著作不下十几种，以社仓为题的论文不下几十篇。对于社仓在救灾、社会保障中的作用，南宋社仓的分布、朱熹社仓的管理制度及其所反映的荒政思想，南宋社仓与士大夫群体等问题的研究，尤有深度。就中梁庚尧先生、张全明先生、张文先生等所作的贡献尤令人瞩目。[①] 但是，对于南宋推行朱熹社仓中遇到的问题，学术界似乎关注不够。笔者近期反复阅读相关史料，在这方面似有心得，现拟与同好共享。

一　社仓、朱熹社仓与朱熹对青苗法的批评

关于社仓的创始，历来有多种说法。其中主要是三种，一是说社仓是隋代创立的，二是说社仓是南宋绍兴年间魏掞之创建的，三是说社仓是乾道四年（1168 年）朱熹创建的。之所以会出现不同说法，主要是因为人们对社仓的定义不同。

确实，"社仓"一语首见于隋代，因其建于村社而得名，功能是赈灾。有关记载较简略，未能说明隋代社仓是否出贷收息。我们如果将社

---

① 梁庚尧《南宋的农村经济》（台北联经出版事业公司 1984 年版，第 282—290 页）有《南宋社仓分布及资本来源表》，北京新星出版社 2006 年 8 月再版第 237—243 页表十八同名表。表中所列社仓，广布于福建、两浙、江东、湖南、湖北、淮南、广南各地，可以说几乎遍布南宋各区（北京版第 243 页）。"至南宋晚期，社仓遍布全国"。引刘宰"今社仓落落布天下"。

仓定义为建在乡村、以赈灾为目的的粮仓，那么这种社仓就始于隋。唐、北宋又有人把义仓也称为社仓，因为这些义仓是建于村社的，这就是唐、北宋社仓也时时见于记载的原因。绍兴年间布衣魏掞之创建了一种社仓，它是民办的，与官府无直接关系，以出贷粮食的方式赈灾，而出贷是无息的。魏掞之是朱熹的好友、同学，朱熹讲社仓时往往也讲到魏掞之。如果我们把社仓定义为建于村社、以出贷粮食为主要赈灾方式的粮仓，则魏掞之就是创始人。关于朱熹社仓的特点，前人已多有分析，我把这些分析归纳为三点：一是官方履行监督职能但不直接干预管理，以防止官方移用，防止抑配；二是出贷粮食且收息（宋代赈灾主要有三种方式：常平籴粜、赈贷、无偿赈济）；三是限定借贷者范围，借贷者结保，确保归还。如果以这三点作标准，则这种特殊意义上的社仓，就是朱熹于乾道四年（1168 年）创建的。在本文中，我们称之为朱熹社仓。

朱熹分创建社仓后，包括其好友张栻在内的人曾批评朱熹这样做是重新推行青苗法。朱熹本人曾作如下说明："青苗者，其立法之本意固未为不善也，但其给之也以金而不以谷，其处之也以县而不以乡，其职之也以官吏而不以乡人士君子，其行之也以聚敛亟疾之意而不以惨怛忠利之心。"①换言之，二法差别主要有四：一是社仓贷给农民的是粮而不是钱；二是社仓地点是在乡村而不是在城镇；三是社仓管理者不是官吏而是乡人士君子；四是办社仓的宗旨是救济穷困而不是给国家创收。应该说，朱熹在推行社仓法时，确实看到了青苗法弊病的要害。贷给农民钱或粮，表面看没有什么区别，实际却不然。贷给农民钱是在春季粮价最高时，农民还贷款时却是秋收粮价最低时，这样，规定贷息是十分之二，实际上远远超过此数。一些糊涂农民也容易将到手的钱移作他用，而不能发挥其应有作用。贷钱地点在城镇，离农民居住地远达数十里，农民为借款要跑一天路，增加了贷款成本。官吏管理难免仗势欺人，② 敲诈勒索，收受贿赂，防不胜防。官吏管理还有一个弊病，就是宋朝地方财政困窘，各种名目的储备粮（例如常平粮）常常被移作他用。至于王安石变法的目的是增收，这是众所周知

① 《晦庵集》卷七九《婺州金华县社仓记》。

② 用司马光的话说，就是"上下之势，刑罚之威"，见《宋会要辑稿》食货四之一八等。

的。朱熹看到了青苗法的病根，他有针对性地做了新规定，亲自动手，拟定了数千言的详细的社仓实施细则。朱熹又上奏宋孝宗，宋孝宗专门下诏推广朱熹社仓。那么，朱熹社仓是否真正得到顺利推行、推广呢?

二 朱熹社仓在宋代并没有真正得到推广

由于人们过分相信了一些南宋人的说法，同时由于概念的混乱（人们往往误认为南宋的社仓都是朱熹社仓），便误认为朱熹社仓在南宋得到广泛推广。例如，梁庚尧先生在他的《南宋社仓分布及资本来源》表后写道："表中所列社仓，广布于福建、两浙、江东、湖南、湖北、淮南、广南各地，可以说几乎遍布南宋各区。"（北京版第243页）又说："至南宋晚期，社仓遍布全国。"又征引南宋刘宰的话："今社仓落落布天下，皆本于文公。"（北京版第244页）这很容易给人造成一种印象、一种误解：朱熹社仓在南宋得到普遍推广。其实这是不符合实际的。①

1. 朱熹社仓在庆元党禁以前推行成效不大

在朱熹生前，尽管朱熹本人积极宣传并身体力行地亲自兴办，而且宋孝宗亲自下诏，要求各地兴办，但是，实际上响应者寥寥无几。朱熹在绍熙年间自己也讲到了这一情况，他在去世前不久不无凄凉地说：

> ［朱熹兴办社仓后］蒙恩召对，辄以上闻，诏施行之，而诸道莫有应者，独闽帅赵公汝愚、使者宋公若水为能广其法于数县，然亦不能远也……庆元元年（1195年）三月庚午既望，具位朱熹记。②
>
> 淳熙辛丑（1181年），熹以使事入奏，因得条上其说，而孝宗皇帝……颁其法于四方，且诏民有慕从者听，而官府毋或与焉……而

① 梁庚尧《南宋的农村经济》，台北联经出版事业公司1984年版，第282—290页有《南宋社仓分布及资本来源表》，北京新星出版社2006年8月再版第237—243页表十八同名表。此表在《南宋的社仓》最初发表时已存在。另参见张文《宋朝社仓分布情况表》以现在行政区划：江西20.5，浙江13.5，福建12，四川7，湖南6，安徽3.5，江苏2.5，湖北2，广西1，不详1。《社仓出资情况分析表》民间25例，官方35例，不详官民8例。

② 《晦庵集》卷八〇《常州宜兴县社仓记》。

吏惰不恭，不能奉承以布于下。是以至今几二十年，而江浙近郡田野之民犹有不与知者，其能慕而从者，仅可以一二数也……庆元丙辰（二年，1196年）正月己酉，朱熹记。①

可知从宋孝宗下诏以后，十五年过去了，响应者很少，兴办的社仓数量很有限。随后即发生了庆元党禁，朱熹及积极支持朱熹兴办社仓的赵汝愚等都被列入伪党黑名单，社仓的推广自然更提不上日程了。此事又被搁了十几年。真德秀于嘉定末年知潭州任上奏拟增建社仓，也曾感叹当时社仓并未普遍建立。②

2. 南宋后期社仓虽然增加但仍未普及

嘉定年以后，朱熹及理学的地位发生根本性改变，逐渐由被压制、打击的对象变为占统治地位的学术，朱熹社仓推广也随之出现转机。同时，由于蒙元的压迫，军事形势趋紧，社会矛盾激化，社会保障问题受到重视，也给社仓的推广提供了条件。于是宋理宗在位时期，社仓在数量上明显增加。尽管如此，此时期社仓仍远没有达到普及的程度。

笔者曾查阅了能找到的宋元地方志，如《咸淳临安志》《景定建康志》《宝庆四明志》《淳熙三山志》《嘉定镇江志》《咸淳毗陵志》《嘉泰吴兴志》《景定严州续志》《至正嘉禾志》《大德南海志》等，发现这些地方志都不载宋代社仓事。只有《嘉泰会稽志》有社仓一目，其载：

［孝宗下诏推广朱熹社仓后］诸路既不能皆如诏，而府外之六县亦止报府，言一面措置，竟不以已立社仓为言。惟会稽、山阴二县至今为小民之利。③

可知在朱熹任提举常平的浙东绍兴府，也只有附郭会稽、山阴二县建了社仓，而六个外县都没有建。笔者又查阅了南宋全国性地方志《舆地纪

---

① 《晦庵集》卷八〇《建昌军南城县吴氏社仓记》。

② 真德秀：《西山文集》卷一〇《奏置十二县社仓状》。

③ 施宿等：《会稽志》卷一三《社仓》。

胜》，结果只找到一则关于广西横州社仓的记载。[①] 梁庚尧先生《南宋社仓分布及资本来源表》收集资料基本完备，也只涉及南宋三十三个州郡，其中行都临安府地区全无一例。又南宋后期人林希逸讲："余闽人也，恨文公之法不及于吾郡。"[②] 可知当时福州全无社仓。在南宋人的文集中，找到的关于社仓的记载也很稀少。记载的稀少说明了当时社仓并不普遍。

3. 南宋后期社仓中有相当多社仓不是朱熹社仓

还应指出，从南宋文献关于社仓的有限记载中，我们看到，有些虽名为社仓，实际却不是朱熹提倡的那种社仓，其中包括朱熹为之撰写记文者，也并不都是朱熹社仓，其中就有类似常平仓的籴粜仓，即不是灾年放贷的那种仓。如朱熹为之作记的邵武军光泽县社仓，"夏则损价而粜以平市估，冬则增价而籴以备来岁"，即籴粜仓。[③] 南宋理宗时刘宰讲："姑以文公所行与所闻于他郡者论之……或粜而不贷，或贷而不粜。吾邑贷于乡，粜于市，其事亦各异。"[④] 如庆元府昌国县的社仓系"淳祐十二年，县令费诩建"，虽称"祖朱文公遗意"，但却只是"遇青黄不接艰食之时，则平价以粜，岁以为常"。[⑤] 理学家袁燮记洪都府社仓，也是"时乎价贵，亟下其估与民为市，贱复籴之如环斯循"。"官无远运之劳，民有近籴之便"。"不惟减价而粜，而直以籴价粜之纯，于为民无利心焉"。[⑥] 理学家魏了翁记泸州社仓也是"以时粜籴"，"粜以元直，将以制物低昂"。[⑦] 他所撰《端平元年劳农文》内言："乃循社仓之法，官桩本钱，秋籴春粜以平物价。"[⑧] 所言社仓也是籴粜仓。时人度正记巴州社仓，"登熟则以价籴之"，"期月谷价暴贵，细民不易，则收二分之息而籴之，

---

① 《舆地纪胜》卷一一三《横州·景物上》，巴蜀书社1998年版，第3706页。绍定元年，太守张垓置。

② 林希逸：《竹溪鬳斋十一藁》续集卷一三《跋浙西提举司社仓规》。

③ 《晦庵集》卷八〇《邵武军光泽县社仓记》。

④ 刘宰：《漫塘集》卷二二《南康胡氏社仓记》。

⑤ （元）冯福京等：《昌国州图志》卷二《叙州》。

⑥ 袁燮：《絜斋集》卷一〇《洪都府社仓记》。

⑦ 魏了翁：《鹤山集》卷四五《泸州社仓养济院义冢记》。

⑧ 《重校鹤山先生大全文集》卷一〇〇《劝农文》。

以济贫弱，以平市价”，“岁以为常”。“于先生（朱熹）条目虽若稍异，然其所以惠利穷困之意大抵同也。”① 可知这种粜粜仓在南宋社仓中占有不小的比例。

这种粜粜仓虽往往也自称仿效朱熹社仓法建立，但与得粮者是现钱交易关系，大大减少了出贷后收不回的风险，而穷人无钱即不得救济，大大缩小了受众面，与朱熹社仓的区别是显而易见的。

另有些社仓很可能也不是朱熹社仓，如魏了翁记：

> ［许奕］尝欲行古社仓法，捐钱五百万，命弟契买善田试之一乡，自为规约，贫者月有廪，岁晚有衣褐财粟，而药疾槥死举生随求而应者又不与也，于遂、于潼复推行之。②

此事发生在嘉定年间，言“古社仓法”，不言“朱子法”，当非偶然。又下言“买田”等情节，均为朱熹社仓规约所无，故很可能所建社仓也非朱熹社仓。见于记载的南宋社仓有相当一部分是情况不明的，恐怕其中有一部分都不是依照朱熹构想建的社仓。又朱熹再传弟子黄震整顿广德军社仓，他自己讲：“穷年余之力，经理更革，以其收息实由六百亩承代人户认息，且使常年不贷，惟荒年则贷之而不复收息。凡费皆取办于六百亩官田之租。”③ 经他一整顿，广德军的社仓与标准的朱熹社仓也有两方面的差异：一是全不收息；二是常年不贷唯荒年贷，只救灾不救困。严格说，也已不是朱熹社仓了。

至于下文所言数量可观的打着“朱熹社仓”的旗号，却干着坑害百姓勾当者，就更是冒牌货了。

所以，南宋时期真正的朱熹社仓数量是很少的。

---

① （明）周复俊：《全蜀艺文志》卷三四宋度正《巴州社仓记》。

② 魏了翁：《鹤山集》卷六九《显谟阁直学士提举西京嵩山崇福宫许公奕神道碑》。

③ 黄震：《黄氏日抄》卷八七《抚州金溪县李氏社仓记》，参《宋史》卷四三八《儒林传·黄震》。

三 南宋后期社仓出现严重问题

真德秀在嘉定末年，就言及社仓“岁久法坏，每为之太息”，“近岁士大夫以其蠹弊多端，往往归尤于法，欲举而废之”。[①] 马端临于真德秀增建潭州社仓后记：“然事久而弊。或主者倚公以行私，或官司移用而无可给，或拘纳息米而未尝除免，甚者拘催无异正赋，良法美意胥此焉失。”[②] 迟于真德秀，时人林希逸说：

> 古人为惠于民，未有不自均田始者。田不可得而均，民无以自济，于是有贵贱敛散之法。然耿司农请于汉，官为敛散也，故曰常平。长孙度支请于隋，民自敛散也，故曰义仓。后人失其意，皆归之公家。于是考亭先生本其初以复之，此社仓所由作也。其虑甚远而惠甚溥矣。曾未百年，此法亦敝，非蠹于官吏，则蠹于豪家。民之无仰自若也。[③]

他说得较为抽象，只是说社仓法遭到官吏、豪家的破坏。时人俞文豹讲得较具体，他讲当时社仓“本息之米官悉移用，荒年未尝给散，而每年照元借名籍拘纳息米如故”。“年年白纳，永无除放之期。学职并缘苛取，乘势作威，拘催鞭挞无异正赋。”“若惠出官司，经由吏手，则利未及民，先肆其扰。”[④] 据此，一是当时将社仓粮全部移作他用，不用于出贷济贫；二是年年强暴催征，如同新增赋税。另一时人刘宰也说：“姑以文公所行与所闻于他郡者论之……未久辄弊，有因其弊而废者。”他概括地说，当时社仓的情况是：“狡者欺之，顽者负之，强者夺之，吏之无识者侵渔之。”[⑤]

---

① 真德秀：《西山文集》卷一〇《奏置十二县社仓状》。
② 马端临：《文献通考》卷二一《市籴考二·常平义仓租税社仓》。
③ 《竹溪鬳斋十一藁》续集卷一三《跋浙西提举司社仓规》。
④ 俞文豹：《吹剑录外集》。
⑤ 刘宰：《漫塘集》卷二二《南康胡氏社仓记》。

黄震号称朱熹再传弟子，他详细分析了广德军社仓的弊病。他指出："所使主仓之上户，即前日倍称取息之旧人。""阳借贷敛济人之权，阴肆为富不仁之术。"他又说"以巨室之不仁，迫小民之不愿，又压以官司之势，而塞其赴愬之门"，即讲主管者假借官方势力欺压百姓。"其贷而给谷也，十仅得七八，而敛也反倍之。"有时竟造成"社仓一年富于一年，乡民一年穷于一年"。官员强迫百姓必须借贷，"小民畏贷谷，甚于畏科敷，而贫者竟贷之而流亡。上户避仓职甚于避差役，而黠者反攘之以侵蠹"。"乡民群诉"，"以为社仓不除，皆当逃避他郡"。[①] 他又说："余前岁负丞广德，见社仓元息二分，而仓官至取倍称之息。州县展转侵渔，而社仓或无甑石之储。其法以十户为甲，一户逃亡九户赔补，逃者愈众，赔者愈苦。久则防其逃也，或坐仓展息而竟不贷本，或临秋贷钱而白取其息。民不堪命，或至自经。佥谓此文公法也，无敢议变。"[②] 社仓完全成为当地一害。他又讲："及来抚州，社仓幸皆乡曲之自置，有如文公初立之本法。然亦间有名虽文公而人不文公，其初虽文公而其后不文公，倚美名以侔厚利者亦已不少。"[③] 抚州的情况也不容乐观。于是，他认为当时的社仓普遍存在问题："今行之以官者果或倚之以虐民，文公记社仓已预防其流弊；今行之以私者，果或借之以丰己。"[④]

王柏也是朱熹再传弟子，他说："昔文公朱先生创社仓之法，犹可以补王政之缺。一时则效者多，而皆不能得全其始终者，盖不知守其两言。其奏请固曰：以乡之有行义者主之，官司不得与。后人忽此语，而二病交相攻。及至于坏，哗然诋訾，无敢扶持。"[⑤] 又说："社仓、广惠有名无实、有害无利。"[⑥] 他也分析了当时社仓的弊端，指出朱熹社仓法被改变："昔之法也，先给以米，贷以米，敛亦以米。今也不然，敛以钱，科以籴，若能薄增厥直，亦何患民之不乐输哉。价既不平，谷不时至，势必

---

① 黄震：《黄氏日抄》卷七四《申朋五·第六任添差通判广德军·更革社仓事宜申省状》。

② 黄震：《黄氏日抄》卷八七《抚州金溪县李氏社仓记》。

③ 同上。

④ 黄震：《黄氏日抄》卷九一《跋新丰饶省元仮义贷仓》。

⑤ 《鲁斋集》卷一三《题跋·跋里积约》。

⑥ 《鲁斋集》卷一五《续杂集·皇极总图四》。

至于敷扰以抑勒，人情之所不堪，小民未受其利，中产先被其害。”有时虽用乡人主管，但“甘心任责者，率是豪霸之人，实时移易私用，空其封鐍，及至捡核，不过旋赂官吏”。粜粮时“例行敷抑，或增会价，或添斛面，或责以上色之米，或有数十里担夯之费，犹云可也，有产者惴惴然恐后日之不给钱而白敷米，如和买罗绢之类”。①

显然，南宋后期，社仓普遍出现了严重问题。相当一部分社仓之名虽存，社仓之实全无，官方仍然打着朱熹的旗号，实际全不按朱熹的设想从事，甚至沦为害民之具。

四　社仓与官方的关系

朱熹社仓在推行过程中为什么会出现如此多、如此严重的问题？我认为应当从朱熹社仓法本身找原因。朱熹社仓法的主要特点之一，是社仓不由地方官直接管理，这当中可能寄托了朱熹想避免社仓粮被官府移作他用的企图，可能寄托了想让社仓摆脱成为贪官污吏盘剥百姓工具命运的用意。这些能成为现实吗？

1. 社仓粮被移用情况发生

如前所述，朱熹批评青苗法“其处之也以县而不以乡，其职之也以官吏而不以乡人士君子”，因而，朱熹社仓的重要特点就是设在乡间，由乡人士君子管理，而不让州县官吏管理。对于朱熹的良苦用心，后人也颇有体察、颇为重视，如王柏讲：“其（朱熹）奏请固曰：以乡之有行义者主之，官司不得与。后人忽此语，而二病交相攻，及至于坏。”② 又说：“恭睹淳熙八年，朱先生申请社仓指挥若曰：其敛散之事与本乡耆老公共措置，州县并不须干预抑勒。至哉言乎此。行法者所当共守也。今也不然，领以县官，主以案吏……”③ 黄震也讲：“朱文公社仓法主于减息以

① 《鲁斋集》卷七《社仓利害书》。

② 《鲁斋集》卷一三《题跋·跋里积约》。

③ 《鲁斋集》卷七《社仓利害书》。

济民，王荆公青苗法亦主于减息以济民，而利害相反者，青苗行之以官司，社仓主之以乡曲耳。故我孝宗皇帝颁文公法于天下，令民间愿从者听，官司不得与。广德社仓创于官，故其弊不一。”① 社仓设于乡、由乡人士君子管理，是否就可以摆脱官府的控制，可以避免社仓粮被移作他用，可以避免国家强力的滥用（抑贷强征），可以避免贪官污吏的营私舞弊、敲诈勒索呢？

第一，必须指出，在宋代，兴办社仓、推广社仓这种事没有官方的支持是不能想象的。朱熹本人在创办崇安社仓时，他的身份是赋闲官员，但本粮是由官方提供的，他是受知县诸葛廷瑞的委托，得到知府徐嚞的支持。② 最后，是由宋孝宗下诏推广。

第二，朱熹也清楚办社仓离不开各级官府，关于社仓与官府、地方官的关系，朱熹做了如下设计：首先，官府不直接派员管理社仓。其次，官府要积极支持兴办社仓，必要时提供本谷或本钱。再次，官府履行监督职能，特别是每年要派员监贷、监纳。最后，惩处严重违规者，包括查处贪污、营私舞弊、故意欠账不还等。

实际推行过程中情况是怎样呢？我们看到，多数社仓都是由地方官（提举、知县最多）主持兴办的，由乡绅自发地挑头兴办的相对较少（梁庚尧《南宋社仓分布及资本来源表》中倡办人为地方官的三十一项，倡办人为赋闲官员和乡绅的二十六项，其余为身份不明者。而地方官往往同时兴办多所，如真德秀在潭州各县共兴办百所，而地方乡绅一般只兴办一所）。那些地方官一手操办的社仓，往往都是官出本粮，地方官是否能依照朱熹设想，不直接干预社仓管理，就很难讲了。因为资金、粮食既是地方官筹来的，主管社仓的人必定是他指定的，这样，他们就不大可能不直接干预管理（例如黄震批评的康知军）。

朱熹曾对人讲起不让地方官直接管理社仓，引起一些地方官的反感和不合作，他说：“因民户计较沮挠社仓仓官，而知县不恤，曰：此事从来是官吏，见这些米不归于官吏，所以皆欲沮坏其事。今若不存官仓，

---

① 黄震：《黄氏日抄》卷八七《抚州金溪县李氏社仓记》。

② 《晦庵集》卷七七《建宁府崇安县五夫社仓记》。

数年之间，立便败坏，虽二十来年之功俱为无益。”① 朱熹或许讲得过于严重，大约想沮坏社仓的，主要是那些平时经常鱼肉百姓的官吏，不一定所有的官吏都这样坏，但多数地方官对兴建无利可图的社仓热情不高，却应是事实。另外，地方财政既很困窘，对社仓粮心存觊觎似是难以避免的。《宋史》在记载朱熹、真德秀倡导社仓并产生了积极效果之后，即谓“然事久而弊，或移用而无可给，或拘催无异正赋，良法美意，胥此焉失”。② 南宋后期俞文豹也讲：朱熹倡建社仓，“久之，本息之米官悉移用”。③ 可知朱熹原先担心社仓米被移用，结果这种事还是发生了。

2. 禁移用诏令引出的严重后果

由于出现了地方官非法移用社仓粮的情况，同时又由于南宋后期统治者深感缓和社会矛盾的重要，为防止已有社仓因移用而垮废，颁行了考核地方官社仓业绩的规定，在残存的《淳祐吏部条法》中，保存有这方面的敕令：

> 《尚书左选考功通用申明》：绍定三年（1230 年）七月五日，尚书省札子：安吉州长兴县申，本县创立社仓，专为歉岁济民之备。虑将来官吏巧作名色，妄有借兑移易，乞札下吏部，自今为始，应本县知县遇考，及满替，批书印纸，先次取会社仓，有无支移借兑移易社仓钱米壹项。札付吏部，从所申事理施行。
>
> 《尚书侍郎左选考功通用申明》：淳祐六年（1246 年）八月九日，尚书省札子：权发遣广德军康植申，创置社仓，立定规约，申欲令两县知县，以兼检察社仓系衔。若当代日，取新官抱足状，方许批书离任。一、每县选差佐官，为措置社仓官，俟任满，契勘社仓委无亏欠，批书离任。户部申，检准绍定三年正月三日，新知婺州王梦龙奏，建立社仓，措置赈贷平籴。乞自今后应管下金华、东

① 《朱子语类》卷一一二《论官》。

② 《宋史》卷一七八《食货志·振恤》，参见马端临《文献通考》卷二一《市籴考二·常平义仓租税社仓》。

③ 俞文豹：《吹剑录外集》。

阳、义乌、永康、兰溪、浦江、武义七邑知县、县丞，赴部注拟，令于本衔各带提举义役社仓事务，考理课其劳书之印纸。及至满罢，令知通考核，委无疏虞，保明具申本路提举司行下，方许放行批书。本部勘当，证常平法比附义仓施行。八月九日，奉圣旨：下吏部，自后广德军两县令佐满替，照婺州七邑体例，考核社仓，如无遗阙，方许批书离任。右札付吏部。

此处所引应不是有关敕令的全部，但已能说明，宋廷为防止社仓因仓粮被移用而垮掉，将“提举社仓”加入地方官的官衔，规定知县等离任办交接时，要考核“社仓有无支移借兑移易”，必须在“无遗阙”时，方可离任。由此类硬性规定引出了新问题，那就是知县为保证顺利升迁，就要设法创造社仓业绩，至少要使本县社仓充实。而要有社仓业绩，要使社仓充实，就必须保证社仓粮足量出贷，贷出的粮连本带息按时还纳，如果还纳或存留的不是粮而是钱，还必须转变成粮。于是，就出现了强迫出贷、强制还贷还息、硬性低价派籴等情况。时人刘宰说：“某乡间社仓稍稍整齐，闻朝路中时有议者，今见在米本不能数千石，而论者已谓其多，深恐小遇水旱，必有科扰之患。”① 所谓“科扰”，无疑就是指强迫出贷、强制还贷还息、低价硬性籴买等。时人王柏细致地讲了社仓强制籴粮事，他说：“所可大虑者……当其再籴而偿之价不逮时，例行敷抑，或增会价，或添斛面，或责以上色之米，或有数十里担夯之费，犹云可也，有产者惴惴然恐后日之不给钱而白敷米，如和买罗绢之类，此亦不得不虑及此……今若重敷，民不堪命，故当一番敷籴之时，吏持其柄以为乞取之资，其害尤不小，是岂治世之良法哉。”② 时人黄震讲广德军情况，显与前引《淳祐吏部条法》中的敕令直接相关，他说：广德军规定，社仓“必使尽数均贷，且令计息未足县官不许批书。于是奉行者不待其愿贷，类追迫而使之贷矣。是窘于力之不迨”。他又说：“以巨室之不仁，迫小民之不愿，又压以官司之势，而塞其赴愬之门，此初意虽

① 刘宰：《漫塘集》卷六《通胡伯量泳》。

② 王柏：《鲁斋集》卷七《社仓利害书》。

本于文公之社仓，而流弊几类于荆公之青苗，势有必然，事无足怪。”① 又讲：“余前岁负丞广德，见社仓元息二分，而仓官至取倍称之息。州县展转侵渔，而社仓或无甔石之储。其法以十户为甲，一户逃亡九户赔补，逃者愈众，赔者愈苦。久则防其逃也，或坐仓展息而竟不贷本，或临秋贷钱而白取其息。民不堪命，或至自经。佥谓此文公法也，无敢议变。”② 他还讲了强制追征的情况：“旌孝一都［贷首］沈子亨等称，逃亡五十三户，积欠穀五千八百四十斤，尽抑令代纳。”“葛下三都潘四五等称祖父充贷首，子孙不得脱免，甚至孤寡亦不得免焉。”“永岳十八都倪五四等称逃亡并要甲内填还，乡民枉被逼勒。”“桐汭一都曾千七等称逃户贷谷，谷不出仓，只就仓展息，息上又生息，展转抑陪。”③ 总之，朝廷对地方官做了社仓考核的硬性规定，就导致县官对百姓的一系列硬性措施，最终导致强制借贷、强制征收、强制粜粮等情况发生。

于是，宋廷又有禁止科配之令：

> ［癸卯淳祐三年八月］壬申，诏申严郡国社仓科配之禁。④

可惜此诏原文遗失，我们无法得知“科配”具体指什么，但应是强制借贷、强制征收、强制粜粮。然而黄震等人所言情况大部分是在淳祐三年（1243 年）以后的，可知朝廷此令并没有得到认真执行。

以上情况说明，在当时历史背景下，兴办社仓、推广社仓、维持社仓运转都是离不开官府的，官方的政治强力不可避免地会渗透到社仓管理中来，政治强力不但会体现在官吏身上，也必定会体现在社仓管理者（包括主持者和参与管理的贷粮人和受纳粮人等）身上。那种认为官府不直接管理社仓，就可以避免社仓粮被移用、社仓管理者就不敢仗势欺人、向百姓乱施淫威的想法，其实是不现实的。

---

① 黄震：《黄氏日抄》卷七四《申明五·第六任添差通判广德军·更革社仓事宜申省状》。

② 黄震：《黄氏日抄》卷八七《抚州金溪县李氏社仓记》。

③ 黄震：《黄氏日抄》卷七四《申明五·第六任添差通判广德军·更革社仓事宜申省状》。

④《宋史全文》卷三三《宋理宗三》，参见《宋季三朝政要》卷二《理宗》。

3. 官吏与管理人员的盘剥

与各种强制相伴，官吏和管理人员的盘剥也随之发生。前引文已言及“州县展转侵渔”，“社仓元息二分，而仓官至取倍称之息”等。俞文豹又讲：“荒年未尝给散，而每年照元借名籍拘纳息米如故……余兄文龙为会稽尉，见府学职事移文，委催社仓米。究其所以，则皆是息米，年年白纳，永无除放之期。学职并缘苛取，乘势作威，拘催鞭挞无异正赋。”① 即讲学职并缘苛取。黄震则讲：“官司督促仓职，但欲取足本息，而不知仓职之并缘扰民。仓职阴剥小民，但期倍称取息，而不恤小民之痛苦无告。”有“仓职有折钱入己及谷不入仓”之事，也有“仓职苛取地盘谷”之事，还有“出入各秤，高下异守，其贷而给谷也，十仅得七八，而敛也反倍之，故有诉所出不足以了陪纳，又复取之私债者”。他又归纳说：“社仓之不免于弊者，正因取息，而仓职得以并缘耳。”② 可知，设想社仓不由地方官直接管理，就可以使百姓免受盘剥、敲诈勒索等，是不现实的。

五　关于社仓主持管理者

前文述及，朱熹批评青苗法“其职之也以官吏而不以乡人士君子”，据此，朱熹社仓的一个主要特点，就是要“职之以乡人士君子”，即以“乡人士君子”为社仓的主持者、管理者。然而，或许是由于朱熹在亲自兴办社仓过程中，自己就是社仓主持者，朱熹在他参与拟定的社仓条例中，关于主持者的文字并不多。他只是讲，社仓要让“本都土居或寄居官员、士人有行义者”，“与本都上富等人户（一作‘本乡出等人户’）主执敛散”。③ 他又讲“仓中事务并委乡官掌管”，“乡官从本军给帖及木朱记”。（清江县）他还言及社仓由社首、保甲正长参加管理。土居或寄

① 俞文豹：《吹剑录外集》。

② 黄震：《黄氏日抄》卷七四《申明五·第六任添差通判广德军·更革社仓事宜申省状》。

③ 《晦庵集》卷一四《延和奏札》，《晦庵集》卷九九《公移·社仓事目》。

居官员、士人有行义者与乡官、社首等是什么关系，朱熹未作说明。可知，朱熹对社仓主持者问题想得还不是特别清楚。

然而，在社仓推行过程中，出问题最多的就是社仓的主持者。

陆九渊是赞同朱熹社仓的，他讲到家乡地方官赵某倡行时遇到的问题：

> 向来社仓赵丈欲行之，移文郡县，揭示衢要，累月无应之者。赵丈往往以询所善，或告之以此事全在得人，苟非其人，不如勿为之愈。建宁社仓始于朱元晦、魏元履，今诚得如陆梭山为之，乃可久耳。①

赵某下公文招募社仓主持者，“累月”无人响应，结果是他的哥哥陆九韶（梭山）成了本乡社仓的主持者。之所以少有响应者，主要是社仓主持者难做，人们知难而退。

朱熹本人曾讲：“麻沙常平社仓曾被一新登第人诡名借去一百余石，次年适值大赦，遂计会仓司人吏直行蠲放，缘此乡俗视效，全无忌惮，视此官米便同己物，岁久月深，其弊愈甚。”② 此处冒借粮不还者虽不是社仓的主持者，但冒借粮不还事之所以会出现，无疑与社仓主持者直接相关，或则主持者畏惧这位“新登第人”，或者是主持者与借贷者通同作弊。朱熹晚年曾感叹“有治人无治法”，③ 朱熹嫡传弟子黄干也讲了类似情况，他说：“数年以来，主其事者多非其人，故有乡里大家诡立名字，贷而不输，有至数十百石者。然细民之贷者则毫发不敢有负。去冬少歉，使赵公行部，豪猾诡名之徒所逋甚多，恐无以偿，遂鼓率陈词乞权免催。赵公遂从其请，而细民善良者亦观望而不输矣。所在社仓索然一空。”④

---

① 《象山集》卷八《书·与陈教授》。

② 《晦庵集》卷二八《答赵帅论举子仓事·佃户人户欠米未有约束》。

③ 《晦庵集》卷八〇《常州宜兴县社仓记》（庆元元年三月）。另王柏《鲁斋集》卷七《社仓利害书》：“朱先生异日自悔其法之未尽善。逮其晚年，又自忧其无守法之人。”应与此有关。

④ 黄干：《勉斋集》卷一八《建宁社仓利病》。

主持者不能坚持原则，社仓就会垮掉。朱熹、黄干都没有直接讲主持者作弊，下引一则记载却是专讲主持者（此称之为仓官）作弊的：

> ［嘉定］七年三月九日，臣僚言："福建地狭人稠，岁一不登，民便艰食……比年以来，社仓之米不贷于贫民下户，而土人仓官乃得专之，以为谋利丰殖之具，所贷者非其亲戚，即其家佃火与附近形势、豪民之家。冬则不尽输，其可得而敛者又为仓官私有……乞下提举司每岁择一清强官，核实见在米数，其欠折则监仓官填还，责之保司，同共管掌。岁委令、丞收支，修复旧法，桩管储蓄，敛贷以时。"从之。①

引文将主持者营私舞弊的情况描述得颇具体。值得注意的是，朝廷针对此种情况采取的措施，又等于将社仓直接置于地方官的掌控之中，偏离了朱熹对社仓的构想。

朱熹再传弟子真德秀也讲到主持者问题，他说：

> 某考之诸处社仓败坏之由，盖缘其始多是劝谕士民出本，因令管干，往往视为己物，官司亦一切付之，不加考察，且无更替之期，安得不滋弊幸。某今来所置诸县社仓百余所，一切从官司出本，选择佐官分任出纳，乡士之主执者不得独专其权，兼令二年一替。②

他认为主要问题出在一些地方的社仓是私人出的本粮，又委托这些人做主持者，社仓就成了这些人的私产，为所欲为。于是他在潭州推广社仓，就一律由官府出资，同时对主持者实行任期制。这样一来，无疑同样是增加了地方官府控制社仓的能力，贪官污吏借此谋私恐怕是难以避免的。

朱熹的三传弟子王柏很生动地描述了好人不愿做社仓主持者而坏人却争着做社仓主持者的缘由，他说：

---

① 《宋会要辑稿》食货六二之五〇。

② 真德秀：《西山文集》卷一〇《对越甲稿·申尚书省乞拨和籴米及回籴马谷状》。

其未发之时，主者谨视封钥，不敢以新易陈，或差官检视盘量，既有酒食征需之供，又有人从偷窃之耗，主之者凛凛度日，有破家荡产之惧。此所以乡之善士不愿委请，而多方脱免，词讼反至纷纷。其甘心任责者，率是豪霸之人，实时移易私用，空其封鐍，及至捡核，不过旋赂官吏。当连年旱伤，米价顿踊，虑其赈给，见底反巧为说辞以蔽当路，宁科抑而不敢尽发也。①

王柏还讲了朱熹曾热情表彰过的婺州金华潘氏社仓的情况，说："予每诵朱子《金华社仓记》而有感焉。彼以婺之甲户止输谷五百石，以贷十保之民，其惠固以甚狭。不数十年，其富自若，而此仓已废者何哉？诗书之泽不流于子孙，而仁义之心已亡乌识。"② 潘氏兄弟一死，后代对社仓不再感兴趣，社仓随之废弃。黄震批评知广德军康某委任失当，说："其所使主仓之上户，即前日倍称取息之旧人，为善不出于本心，临财宁免于故态。于是阳借贷敛济人之权，阴肆为富不仁之术矣。"③ 据他所言，康知军委任的社仓主持者，大抵就是以前放高利贷的人，结果打着社仓的旗号，做着放高利贷的勾当。照理一军有许多乡，即有多处社仓，这样多的社仓不应都是如此，黄震或许有些夸大。但广德军社仓有一部分是由以前放高利贷的人掌控，这是可以肯定的，这些人使社仓变了质，也是可以肯定的。

黄震在抚州又遇到了一例利用社仓谋私的典型：

照对本州今岁米贵，民多饿死，极救无具言之痛心，所借者惟劝粜耳。而劝粜亦有难行者，寄居前榖城县尉饶立积米累巨万，而性吝啬，其余中户尚从劝粜，惟此第一出等户，独不从劝粜，凡其回报，皆是相欺。某自揣人微，固难以必巨室之听，最是饶县尉遍抚州诸邑乡落积租皆有社仓，丰年乐岁多取贷息，及今荒年算计，

① 王柏：《鲁斋集》卷七《社仓利害书》。
② 王柏：《鲁斋集》卷一三《题跋·跋里积约》。
③ 黄震：《黄氏日抄》卷七四《申明五·第六任添差通判广德军·更革社仓事宜申省状》。

目今米贵，将来得息，而或价倾，恐反失利，遂一粒不贷，惟深其扃镝以待客贩，以此民怨入骨，哀诉满庭。某谓社仓正为荒年设也。今乃丰年民不愿贷，反抑贷以取其息。荒年民正仰贷，忍负赖以视其死……分项差官四出监贷，而所差同官以及州县吏卒乃蹙頞相吊，谓饶宅威制一州。今若行此，祸且立至，或叩头乞免，至于垂泣。某窃念此事某实自为之，万一果累同官，于心何忍。所合先次申闻，乞赐照应，或将来饶县尉果有词诉，及或买人游说中伤，某愿身坐其罪，无以及同官，不胜愿幸。①

这位饶县尉建的社仓竟然遍布抚州各县，他用仓粮丰年放高利贷，灾年囤积居奇拒不出贷。作为知州的黄震想派官吏查处，所派之人竟"叩头乞免，至于垂泣"，连黄震本人也感到受到威胁。黄震又言，他派人下各县乡强制性监督饶氏社仓贷粮，饶县尉此种情况下，仍然顽抗，至少先后两次以金钱收买监贷官，并设法转移仓粮。② 这当然应属最极端的事例，但由此可知，利用社仓谋取私利的社仓主持者在当时也不会太少。

通过朱熹社仓的推广，通过以上分析实例，参照朱熹的原始构想，我们可以对朱熹社仓主持者的必备条件作如下归纳：一是他们必须是没有正式差遣的乡绅或赋闲官员；二是要能争取到地方官支持；三是能抵制地方官不正当干预；四是要能对付本地豪强包括赋闲官员破坏行为；五是有管理社仓的精力和能力（出贷和追偿，变通利率，查处违规者，管理名册，防霉坏防偷盗，维护粮仓）；六是有一定的经济条件（至少自身衣食不愁）；七是不想通过社仓谋取物质利益且热心于社仓事业。合乎这七项条件者，实在是为数不多。

朱熹本人倡办并主持社仓，是因为他是位理学家，有替天行道的信念，他又有官职，可以通过"奉祠"获得俸禄而衣食无忧。但是，如果社仓推广，全国应有成千上万的社仓，应有成千上万的主持者，他们不

---

① 黄震：《黄氏日抄》卷七五《申明六·第八任知抚州（咸淳七年四月十三日到任）·乞照应本州已监勒饶县尉贷社仓申省状》。

② 《黄氏日抄》卷七五《乞省罢宜黄县监酒申省状》（咸淳七年六月初二日）。

可能都是理学家，也不可能都有官阶。那么，我们就应考虑到这些主持者的精神报酬和物质报酬问题，这个问题恰恰又是朱熹构想中所忽略的问题。试想当时能有多少一不为名二不为利，又有能力的人来承担起社仓的重任?

还有一个成千上万的主持者由谁来选、谁来定的问题。如前所述，由地方官来选、来定，就可能出现地方官过度干预社仓的情况，就可能出现地方官与豪强勾结作弊的情况，如何来防范和解决？由百姓来选，似乎中国古代又少有先例。由贤者自荐，又存在一个地方官、本乡人能否认可的问题。

社仓主持者是社仓的核心、关键，而朱熹对社仓的构想中，这又恰恰是考虑不周不细的，在推行过程中社仓出问题就是势所必然的。

六　小结

王柏曾对如何办好社仓发表了如下议论：

> 逮其（朱熹）晚年，又自忧其无守法之人，故曰：有治人无治法。此虽老生常谈，然其实不可易之至论也。盖无人以守之，则法为徒法，而不能以自行。况于所谓社仓者，苟非常得聪明仁爱之令、忠信明察之士，相与并心一力，以谨其出入，而杜其奸欺，则其法之难守不待已日而见之矣。此又予之所身试者。①

他在这里提出，办好社仓需要三方面的必要条件（他说这是源于他的亲见亲历）：一是“常得聪明仁爱之令”；二是有“忠信明察之士”做社仓主持者；三是“相与并心一力，以谨其出入，而杜其奸欺”。他讲的正是我们上文所讨论涉及的：办好社仓要有官方的真诚扶助，要有德才兼备的主持者，要有二者之间有效的合作。满足这样的要求，实在太难。所以，尽管有少数基本满足上述要求的朱熹社仓的成功范例，这些成功社

① 王柏：《鲁斋集》卷七《社仓利害书》。

仓的兴办确实给百姓造了福，但是，在宋代的历史背景下，社仓不可能摆脱官府的过度干预，不可能摆脱与政治强力相伴的贪污受贿、敲诈勒索、滥用暴力等。社仓也不可能给自己找到那么多合格的主持者。朱熹社仓不可能普遍推广，一旦强行普遍推广，不可能不出变利民为害民的大问题。

注：胡寄窗《中国经济思想史》、邓云特《中国救荒史》（1984 年上海书店影印本）、王德毅《宋代灾荒的救济政策》（商务印书馆 1970 年版）、叶世昌《中国经济思想简史》（上海人民出版社 1983 年版）、张文《宋朝民间慈善活动研究》（西南师范大学出版社 2005 年版）等。还有数量众多的学术论文，最具代表性者例如梁庚尧《南宋的社仓》（《史学评论》1982 年第 4 期，《宋史研究集》第二十二辑，“国立编译馆”中华丛书编审委员会 1992 年），张全明《试论朱熹的社仓制》（《华中师范大学研究生学报》1987 年第 1 期），《社仓制与青苗法比较刍议》（《史学月刊》1994 年第 1 期），许秀文《浅议南宋社仓制度》（《河北学刊》2007 年第 4 期），贾玉英、赵文东《略论朱熹的荒政思想与实践》（《河南大学学报》2001 年第 5 期），田浩《所谓朱子的社仓与当代道学社群和政府里的士大夫的关系》（《黄山学院学报》2004 年第 4 期），张品端《朱熹社仓法的基本内容及社会保障作用》（《中国社会科学院研究生院学报》2009 年第 3 期），吴定安《朱子社仓之法及其影响》（《江西社会科学》2000 年第 12 期），柴勇《论朱熹对社仓制度的探索与实践》（《燕山大学学报》2007 年增刊）等。在上引著作论文中，绝大多数都对朱熹社仓持赞扬态度，只有胡寄窗先生认为：“只不过是给农村豪猾增加一种侵渔贪污的机会，对贫困农民并无多大实际利益。”（《中国经济思想史》上海人民出版社 1981 年版第 211 页），又似乎有受到“文革”影响的因素。

宋代国家机器空前膨胀下艰难的财政平衡

宋代国家机器的空前膨胀，给维持财政收支平衡带来了空前的困难，面对这一局面，官方采取了一系列措施，由此形成了宋代财政有别于别代财政的显著特点。了解这些，对于正确认识古代中国，具有深刻意义。

一　中唐以后国家机器膨胀造成的财政需求

讨论宋代财政问题，不能不上溯中唐以来社会、国家、经济、财政发生的重大改变。陈寅恪先生说："唐代之史可分前后两期，前期结束南北朝相承之旧局面，后期开启赵宋以降之新局面，关于政治社会经济者如此，关于文化学术者亦莫不如此。"① 唐代由租庸调到两税法的转变，是中国财政史、经济史上的一个大变化。由此引出国家管理等一系列重大变化：由于没有了"庸"，百姓不服兵役，于是兵役制被募兵制取代，由此中国的常备军人数剧增。当时人谁也没有预见到，常备军的剧增导致封建国家财政收支失衡，军费开支像一个永远填不满的无底洞，不但使得封建国家原先所做的两税之外一无所取的诺言无法兑现，而且此后一再做出不体面地失信于民的举措。两税法制定之初，是设想把国家财政需求的绝大部分，都分摊到地亩上（因为人是可以流动的，可以逃避赋税，而土地无法流动，难以逃避赋税）。实施的结果，发现按地亩分摊

① 陈寅恪：《金明馆丛稿初编》，上海古籍出版社1982年版，第296页《论韩愈》。

赋税，是有一个客观极限的，超过了这个极限，就会破坏农业生产。而在这个极限之内，无论如何也是不能满足国家需求的。于是，人们把目光转向商税和禁榷。禁榷是汉代就有的，但汉宣帝以后走向衰落，唐前期也不兴盛。中唐以后，封建国家开始设法增加禁榷收入。于是有刘晏改盐法。有唐代宗广德二年（764 年）十二月，设酤酒户，禁私酿。唐德宗建中三年（782 年），榷酒，官酿；贞元年间榷曲。唐文宗大中年间创行榷茶。五代时期大抵继承唐朝制度，只是管理上更加混乱，苛捐杂税（特别是局部性、地方性苛捐杂税）增多。中唐以来的变化，导致了国家财政收入结构的显著变化：一是农业税以外的税收入增加；二是财政收入中货币所占比重增加。

宋朝财政收支大抵是对唐、五代财政的继承和发展。变化是中唐以后开始的，宋朝只是继续这些改变。但由中唐到五代，处于变化之中，宋代则是这些变化接近完成的时期，各方面制度处于相对稳定的状态，因而具典型性，一些变化的结果更容易看清楚，国家财政也是如此。因此，了解宋代财政收支及如何运转，不但有助于了解宋代社会、宋代历史，而且对研究宋以后的中国历史也有重要的意义。

宋朝财政面临的最大问题是供养军队的问题，此问题也是对由中晚唐五代以来军制变化所造成的。宋沿中唐以后之募兵制，又有变化：宋朝赋予军队职能增加，宋朝军队除承担对外防御、对内镇压叛乱的职能外，还要承担维持治安（包括消防）的警察职能，承担部分物资运输任务（运输奢侈品香料、运输铸钱原料、运输茶叶、运输军需物资等）和信息传递（递送公文、传达命令）职能，承担部分造酒、采炼、兴修水利、制造军器及土木工程建造等任务。宋代军兵维护禁榷的职能也比前代大为加强。① 其结果，就是军队人数增加。宋朝见于记载的军兵人数最高额为“皇祐之初兵已一百四十万矣”。② 拥有一百多万兵员的常备军，

---

① 见宋王明清《挥麈余话》卷一，载王铚《枢廷备检》引翰林学士孙洙语：“给漕挽者兵也，服工役者兵也，缮河防者兵也，供寝庙者兵也，养国马者兵也，疲老而坐食者兵也。”

② 另《宋史》卷一八七《兵志》载庆历年间军兵总人数为一百二十五万九千人，其中禁军八十二万六千人，厢军四十三万三千人。

在当时世界上是独一无二的。[①]

由于军队增加，为保障军队供给，就要增设一系列相关设施。禁榷的兴盛显然是与供军联系紧密的。而围绕禁榷，要增加一大批相关人员。各地都要设负责盐、酒、茶、矾、香等禁榷事务的官员，如盐场监官、茶场监官、合同场监官等，增加管钱管物的仓库和会计官员，其中较多的属监当官，因而宋代监当官成为数量众多的一个下级官员群体。还要增设查禁私盐、私茶、私酒等的巡检官。这成为宋代官员数量增加的一个重要原因。

由于宋代的军队是国家供养的，因而军事装备完全由国家提供。首先是战马的配备。宋代主要靠向境外购买，每年约买万匹。宋代也曾下气力设马监企图自己养殖，为此投资巨大，但成效不佳。其次是军器的配备，宋代曾设三司胄案、军器监等专门管理机构主持此事。又于中央设御前军器所、弓弩所、斩马刀局等作坊，于地方设都作院和作院。在这些作坊中工作的工匠、工人总数不下数万人。

宋代常备军虽多，战斗力却很差，为了弥补这一缺欠，同时也作为恢复兵民合一的一种尝试，宋代又着力发展民兵。民兵的数量众多，总数可能不下百万，其中相当一部分也与国家财政联系，或者需要减免税役，或者需要支给津贴。如西北弓箭手，通常国家要为他们置办田产、农具、种子甚至耕牛、居室，还要资助其购买马匹。尽管时人讲，国家用于一名民兵的支费只有正规军的几分之一，但由于其人数多，合起来也不是小数目。

宋代官与吏区分得很清楚。宋代吏人中很大一个数量也是由国家给俸禄的，这些人主要分布在中央和州郡两级。王安石变法以前，这种人的数量较少，大约有数万人。王安石推行免役法，一下子使这种人增加了几十万（因为县级吏人也要雇募）。

宋代有别于唐代的一个重要方面，就是官学的发展。宋代中央除国

---

① 见于记载的唐朝军队人数最高额是“大中中九十九万七百一十五人”。见宋吕夏卿《唐书直笔》卷四。按这一统计数字未必准确，因为众所周知，中晚唐藩镇未必向朝廷申报军兵实数。

子监、太学的师生人数多于唐代外，还曾开设法学、武学、道学、算学、画学，为宗室专门开设了宗学。在各州及大的县都开设官学。南宋大多数书院也是官方办的（中国古代的官学不同于西欧学校，它们不但不收取学费，而且学生可享受一定数量的津贴）。此外，还专门为皇帝、皇储设了讲学机构。这些既增加了官员数量，也增加了教育开支。

为了维持庞大的国家机器运转，更为了增收节支，官方官营铸币场（钱监）、纸币发行机构（交子务、会子务）及官营汇兑机构（便钱务）、钞引发行机构（榷货务）、造纸场、印制纸币的作坊、印制钞引的作坊、官营当铺（抵当库）、官营煤铺（石炭场）、纺织场、茶场、瓷窑、砖窑、官房地产管理机构（楼店务）、造船场（每年仅漕船就要造上千艘）等，不少官营作坊中服役者都有数百（如大的钱监有上千人，中等的有四五百人）。这些机构中的工匠一般也靠领取俸禄过活。

此外，还有效力于官方的御用僧人、道士、官妓官乐人、官画家画匠、官牙人、抄书匠、印刷工匠等。

总之，大约经常性直接、间接吃国家饭的人不下千万。这些人希冀改善自身待遇的努力，又推动着国家财政需求的不断膨胀，进而导致国家财政收支的紧张状况不断加剧。

二　宋代财政收入对中晚唐五代已有项目的继承和发展

1. 宋代两税的新变化

中唐发生的一大变化，就是租庸调变成了两税。[①] 但两税法很快就出了问题：初颁两税法时处战乱，物价很高，时以钱立额，后来时局转向平和，物价下落，两税钱额折为实物数量过多，农民无法承受。唐廷被迫根据各地实际物价情况，改立折征实物数额。较为常见的是以绢匹数立夏税额，以米谷斛斗立秋税额。这样，就出现了农村两税常见的税钱额、税绢额、税苗（斛斗）额并存的情况，宋初大抵即沿袭了此种情况。唐廷在初颁两税法时虽许诺“租庸杂徭悉省”（《旧唐书》卷一一八《杨

① 司马光：《资治通鉴》卷二二六。

炎传》)，“比来新旧征科色目一切罢之，二税外輙率一钱者以枉法论”。但这一许诺很快就被抛弃，因为自从低折实物后，官方很快就出现了入不敷出的情况，税外杂征、无偿征用民力的事也就在所难免了。至宋初，就已存在税正钱、税绢、秋苗外的多种杂税。其中一部分被称为“沿纳”，意即沿袭前代已有的杂税敛。还有些由割据造成的局部性税收，如身丁钱米、曲钱、进际税等。

宋代承袭中晚唐五代，在两税征收上未作大的变动，宋初只是对五代十国时期过于苛刻的两税附加杂税做了必要的调整，宋朝统治集团曾设想取缔身丁税，采取了几次行动，但直到南宋末年，似仍有少量残存。此事充分说明了在宋代变动税制之难。

尽管宋代两税及其附加税基本是沿袭前代，但绝不是说宋代田赋收入较前代没有大的变化。宋代田赋收入较前代明显增加，其主要来源于两方面：一是支移折变；二是秋苗附加（斛面、加耗等）。

支移折变前代也有，但远不如宋代经常化。支移，即强迫百姓将税物运于较远的指定地点；折变，即要求百姓按照官方需要改变税物品类。在宋代，路级转运司有权制定支移折变方案，因而，支移折变的实施不是全国统一的。由税物支移衍生出“水脚钱”，即不愿亲自支移者可缴钱代役。宋代的折变有一折、二折、三折的情况，即将一种税物折征另一种物品或现钱，随又再折算为第三种物品征收。折变是官定比价，所定比价通常是不利于百姓的，官方通过反复折算达到实际增加收入的目的。

如果说支移折变是北宋时期田赋增加的突出形式，则南宋时期田赋增加更突出地表现在秋苗粮的多征上，这种多征名目繁多，较多见的是斛面，另外还有加耗、呈样等。这一情况的存在，源于北宋时期的财权不断上移和上缴中央的财赋比重不断加大。就中盐、茶的钞引化起的作用尤其不能小视。南宋著名思想家陆九渊曾就家乡抚州的情况做过如下分析：

民户秋苗斛输斛、斗输斗，此定法也，常理也。抚之输苗，往年惟吏胥之家与官户有势者斛输斛、斗输斗。若众民户则率一斛而输二斛，或又不啻，民甚苦之。或诉之使家，使家以问州家，则州家之辞曰：二税之初有留州，有送使，有上供，州家使家有以供用，故不必多取于民。今二税悉为上供，州家有军粮，有州用，有官吏廪稍，不取于民，则何所取之。漕司每岁有所谓明会米，州家每于民户苗米数内每石取五斗供之，故不得而斛输斛、斗输斗也。使家无以处此，遂亦纵而弗问。由是取之无艺，如暗合、斛面等名目不可胜穷。[①]

其实抚州的情况大抵也是整个南宋的一个缩影。南宋孝宗淳熙四年（1177年）春正月丙寅，时任户部侍郎的韩彦古言："今国家大政如两税之入，民间合输一石不止两石，纳一疋不止两疋，自正数之外大率增倍。"宋孝宗御笔批示："韩彦古所陈周知民隐……"[②] 淳熙年间大抵是南宋的最佳时期，韩彦古又身居财政次长之位，他的话且得到宋孝宗的首肯，应是很可信的。此后不久，宋廷处理了一位"违法"多征的地方官——知处州李士龙（连同他的一位下属），原因是收税"元数止一万四千有奇，斛面出剩二万三千余"。[③] 此事可为前引韩彦古语作注脚。当时文学家杨万里也讲："民之输粟于官者谓之苗，旧以一斛输一斛也，今则以二斛输一斛矣。"[④] 此后直到南宋末，宋廷不厌其烦地一次又一次地下诏敕禁止多取斛面等，但秋苗多征却越来越严重。南宋后期人俞文豹说："州县苛取之门非一。姑述纳米之弊，斗斛系文思院给下，乃于铁叶下增加板木，复以铁叶盖之，甚者辄自创置，所增尤不恕，其弊一也。斛面所带已六七升，又有加耗，又有呈样、修仓名色，又有头脚钱、支俵等费，而耗米则又用斗量，斗面赢余又倍斛面，故率三石方纳得一石。"[⑤] 另一时人徐经孙则讲："递年人户送纳苗税，所在官司利其盈余，未免多增斛面，其间有加八至于一石而纳二石者，重为民戸之困。朝廷虽有高

---

① 《象山集》卷八《书·与张春卿》。

② 《皇宋中兴两朝圣政》卷五五、《宋史全文》卷二六上，（宋）章如愚：《群书考索》后集卷五三《赋税门·田赋类》。

③ 《宋史全文》卷二七上宋孝宗七辛丑淳熙八年六月是月。

④ 杨万里：《诚斋集》卷六九《轮对札子》。

⑤ （宋）俞文豹：《吹剑录外集》。

增斛面之禁，行之不严，视为文具。”[①] 可知，南宋时期，秋苗加倍多征现象很是普遍。有人说，这种多征是“非制度化”的。确实，这种多征没有全国性统一规定，但是，有些地区的斛面数是经过朝廷明文批准的，有些地区则是朝廷默许的，故不能将这种多征一概视为地方胡来。

2. 宋代禁榷收入的变化

宋代禁榷收入有别于前代的主要之点，是与供给边疆驻军、供给中央政府及京畿驻军结合得更紧密，与汇兑、边籴结合得更紧密，官商分利原则实行得更加自觉，从而在相当程度上实现了钞引化。

宋代解盐收入大抵与中晚唐五代最好年份持平，[②] 收入增加来源主要是海盐（末盐）和井盐。海盐的生产，宋代京东河北盐（东北盐）、浙盐、闽盐、广盐发展明显，但缺乏可资对比的数据。四川井盐在宋代得到突出发展，也给官方财政带来增收。唐代官方海盐岁收见于记载的是900万贯。[③] 而北宋海盐禁榷收入在一千万贯以上（北宋时期海盐收入分为两部分，即钞盐收入和官卖盐收入。官卖盐收入又分为归属中央的部分及归属地方的部分。文献记载中的统计数字，有时是“盐课收入”，有时是“盐息”，有时是“榷盐收入”，现有统计数中可能均不包括地方收入数，故难以确切计算每年的海盐禁榷总收入）。南宋时期增至二千万贯以上。

唐前期似无榷酒。唐代宗时（或认为唐德宗时）始榷。欧阳修记：“凡天下榷酒为钱百五十六万余缗，而酿费居三之一，贫户逃酤不在焉。”[④] 吕夏卿谓：“酒钱，大中中一百三十七万九千九十一缗二百八十六文。”[⑤] 我怀疑这只是中央政府所得，不包括地方，特别是藩镇割据地区。

---

① 徐经孙：《矩山存稿》卷一《又言苗税斛面事》。

② 《金石萃编》卷一〇三《盐池灵庆公碑》“二百千万”，《元和郡县图志》卷一二《河中府解县》一百六十万贯。

③ （唐）杜佑：《通典》卷一〇《盐铁》，（宋）吕夏卿：《唐书直笔》卷四，（宋）司马光：《资治通鉴》卷二二六唐纪建中元年七月条。

④ 《新唐书》卷五四《食货志》。

⑤ 吕夏卿：《唐书直笔》卷四。

宋代榷酒收入包括官卖酒收入，官卖曲收入、专项税（所谓万户酒等）收入和部分坊场收入。据记载，北宋前期，榷酒收入数百万贯，已然大大超过唐代。但到了宋真宗在位末年，岁入已超过一千万贯。此后收入虽上下浮动，但岁入从未少于千万贯。不过，这些统计都是很粗略的、不全面的。因为宋代许多官署（包括军队）都造酒出卖，其实际收入数是不可能计算清楚的。此外，造酒的成本和利润记载中也多不做交代。上述统计都不包括坊场收入中与榷酒联系的部分。宋代的坊场收入有数百万贯。它包括部分商税收入和部分榷酒收入。所谓坊场，就是乡村的小商业集市和小酒坊，官方将它们的商税征收和榷酒经营承包给个人，由承包者向官方缴纳的钱称坊场钱。这种钱前代未见记载，似为宋代首创。

宋代榷茶是中晚唐五代榷茶的延续。茶叶不宜长期储存，官方经营榷茶比经营榷盐、榷酒困难更多，因而，北宋一段时间里曾实行以专项税（茶租加茶税）为主的通商法。北宋中期四川的榷茶，有力地支持了西部战争。这是前所未有的。而北宋后期推行的茶引制，使官方完全摆脱了茶叶储存、运输等困扰，使得禁榷成本大大降低，进而使榷茶的实际收入增加了。

宋代禁榷商品比唐五代多了明矾、香药二类，其收入钱数并不多，但却突出地说明了宋代禁榷制度的兴盛。

中晚唐五代，市场的形式发生了革命性变化，城市出现了商业街，乡村出现了大量集市，这些变化都为宋代承继。宋代商税收入数额上比中晚唐五代有所增加。北宋时期一般年份岁入在一千万贯上下（其中三分之一是铁钱），最高年收入曾达二千万贯，也有岁入仅数百万贯的时候。这还不包括坊场收入中属于商税的部分。宋代商人也要服役，即当行，王安石变法，曾改当行为征收代役税“免行钱”，但南宋时又复旧。免行钱岁收仅数十万贯，不为时人重视。

宋代市舶收入和互市收入是宋朝同海外各国、境外各国（含国内各少数民族政权）进行贸易所得税收和官方贸易收入。有关统计数字很不完备，特别是市舶收入，因为市舶品中贵重者系皇室消费，官方有意掩盖事实，所以，统计数字大抵不可信。大约实际收入数要大于现有统计数字，估计也比中晚唐五代要多。

三　宋代财政收入中最有特色的一些项目

同中晚唐五代财政相比，宋代有几方面的收入是最有特色的。这包括：一是由役派生出的新税收：职役与免役、免丁免夫（含僧道）（保甲）；二是官民间不平等交易造成的实际上的增收：科敛，和预买折帛，和籴；三是各种官金融工商业收入（发行纸币、青苗钱、市易法抵当库、房地产，卖药、卖书、卖石炭、堆垛场、历日、度量衡器、榷铁、榷醋）；四是卖官鬻牒收入。

中唐初行两税法，宣布了庸的废除。所谓“庸”，包括两部分，即劳役和兵役。到了宋初，由于实行募兵制，兵役基本上被免除。劳役也比初唐明显减少，特别是为官府服役从事土木建筑工程的事减少。但宋代百姓仍有劳役，主要是治理黄河和战时运输军用物资的夫役。宋初还从前代承继了职役，其起始迄未见有一致的认识，但似并不始于宋代。所谓职役，是指百姓为州县政权提供胥吏（含乡村里正等）、勤杂人员、壮丁等。具体的役名不下几十种，包括州县衙门里的文书、厨房主管、仓库主管、物资押运员、维持地方治安的人员等。由于国家财政困难，地方官府向服役者转嫁财政亏空，职役成为百姓的一大祸患。王安石变法，将职役转为代役税，即所谓免役、助役钱。这是宋代一项主要由农民负担的数量相当大的新货币税。熙宁九年（1076年），岁收免役钱一千四十一万贯石匹两；元丰七年（1084年），岁收一千八百万（单位失载，应也是贯石匹两，原文讲“役钱较熙宁所入多三分之一”）。[①] 就是说，免役钱的岁收数与榷盐、榷酒、商税略相当，成为财政收入中的大项。尤应说明的是，宋朝推行免役法后不久，又推行保甲法，官方规定保长等有协助官方催税、维护治安等义务，而这些事原本是应该官方用免役钱雇人承当的，于是，官方由此节省了一笔相当的开支。

---

① 《宋会要辑稿》食货六五之一七至一九、《长编》卷三五〇元丰七年、《宋史》卷一七七《食货志·免役》。

北宋后期，河役、运输军用物资役也向代役税转化，称为免夫钱，北宋灭亡前夕，征收的幽州免夫钱据记载竟然有六千万贯。

唐代有一种官民间不平等交易，即所谓宫市，声名狼藉，很不得人心。但规模并不大，因为只是解决皇宫的需求。宋代利用不平等交易增加实际收入，规模要比唐代大得几乎不可同日而语。宋代通常称这种不平等交易为科敛、科配、科率、科买（有时前三项也包括无代价地杂征敛）。

宋代最大规模的两种官民不平等交易是和预买绢及科籴粮草，它们大抵却是由官民间的平等交易发展演变而来。和预买绸绢（实际也包括丝绵、布）最初是一种官民两利的交易：官方于青黄不接之季，预先贷给百姓钱，帮助百姓解决春耕时节生产资料问题，到收获季节让百姓以家庭副业的产品绢、绸、布、丝绵等偿还。但随着物价的上涨，官定钱、绢比价越来越远离市场价，官方资金困难，改用盐等杂物代替现钱，或者拖延发放时间，百姓不愿接受，就强行摊派。到宋仁宗时期，和预买绸绢已成为一种官民间不平等交易。二次任三司使的张方平讲：

> 天下和买䌷绢，本以利民。初行于河北，但资本路军衣。遂通其法以及京东、淮南、江浙。景祐中，诸路所买不及二百万疋，庆历中乃至三百万疋。自尔时及今及二十年，但闻比较督责，不闻有所宽减也。如此浚取，天下岂复有遗利。[①]

据记载，宋神宗时期又增加了和预买的数量，故可以估计，北宋后期每年的和预买绸绢布总量，应超过五百万端匹。到了南宋，国家完全不向百姓支钱，却照旧额向百姓征收绸、绢、布，稍后又将和预买绸绢布中的一部分折征现钱。于是，衍生出两项新税：和预买绢、折帛钱。

北宋的科籴首见于河东。最初也是官民两利：河东地处宋、辽、夏交界处，驻军多，税粮不足以供给军队，于是官方向百姓平价买粮，粮款提前支付。百姓等于提前得到生产贷款，官方得到有保障的平价军粮。

---

① （宋）张方平：《乐全集》卷二四《论事·论国计事》。

但不久也发生了类似和预买绢的变化：官方不支给现钱而折支杂物，粮市场价上涨而官价不提，籴买也就变成了强制性摊派。到宋神宗时，河东科籴已出现官方不支偿价钱的情况，此后，河东科籴就演变为一项地方性税收。北宋时期，河北、陕西是京师以外驻军最多的地区，军粮供给始终是大问题。北宋前期，河北、陕西的军粮主要靠便籴解决，坑害百姓的事尚少。随着财政收支状况的恶化，便籴不能完全满足军粮供给，于是就较多地出现了强制摊派现象。例如，北宋中后期的表籴、括籴、劝籴、均籴等名目，都带有强制性，籴价往往不合理。

南宋科籴更加普遍和经常，数额也越来越大，籴价往往不全支现钱，而是配支钞引、度牒、官告等，这又是北宋所少见的。到南宋后期，纸币贬值和科籴，成为最为百姓痛恨的两大弊政。南宋时期，每年科籴粮米通常都有数百万石。

除了和预买绸绢布、科籴，宋代还有科买军器物料、科买地方官署办公用品等，科买军器物数量逐年变化很大，大抵军情紧急时多，时局平和时就少。

官民间的不平等交易，对于官方来讲，归结起来就是少花钱、多办事。这种情况前代偶尔也有，但远不如宋代规模大且经常化、制度化。

宋代官营金融业空前发达。中国古代官营金融业发端很早。官铸币起始最迟应早于周代。《周礼》已有官营借贷。汉代可能已出现官方发行的有价证券。唐代已出现官营飞钱（便换）。而宋代，不但集前代之大成，而且在这方面有突飞猛进发展。宋代不但有官营便钱（汇兑），而且官方发行了多种有价证券。官方有意识地让盐钞兼有汇兑功能，从而解决了低成本资金调配的大问题（须知铜钱的运输成本是很高的）。宋朝发行了多种纸币（中国由此成为世界上最早发行纸币的国家）。宋朝的纸币是直接由国家发行的，因而也就直接同财政联系。宋朝君臣很早就认识到发行纸币兼有便利资金转移和增加收入两方面的好处。到南宋后期，多发行纸币已成为财政上寅吃卯粮的手段。

宋代官营金融业还包括官营借贷。宋代继承了前代的赈济性借贷，但这种借贷的对象以贫下户居多，故回收困难，所以几乎没有赢利，有时还需贴补。宋神宗时推行新法，青苗借贷和市易借贷却是赢利的。从国家投入的资金量和制度讲，此二项每年的赢利合计应有一百万至二百万贯。但官营借贷，历来难以解决呆假账问题，所以，实际收入可能比账面上要少。为保障官方资金不流失，官方推行市易借贷中重点推行了抵当借贷，这等于兴办了官营典当业。南宋初期废除了市易法，却保留了官营抵当库。再加上军费供给困难，导致不少军队自行开设抵当库等。这使得南宋官营典当得到了引人注目的发展，官营抵当库等遍布全国。

宋代官营工商业中，除军器生产、御前用品生产外，有许多是赢利的。较突出的是宋神宗时推行市易法，官方经营的商业项目就以盈利为目的。宋代京师和各地分设楼店务，经营房地产，楼店务下辖建筑工匠、军兵，房租、地租收入可观。其他官署也有房地产收入。但此项收入不实行集中管理，故无全国统计数。宋代官方印书出卖，有监本、漕本、公使库本等，历日（即今天的日历）也是官方印卖。官方还经营卖药、卖石炭、卖度量衡器、卖铁器、卖醋（往往与造酒综合经营）等。

总之，宋朝封建国家成了资本家，大赚老百姓的钱。

卖官前代已有，但有时不是国家卖而是私人卖，有时虽是国家卖但是应付急需，宋代卖官与前代不同，一是由国家卖，二是经常化、制度化。卖度牒一般认为始见于唐代，但仅是短时间内偶尔出现的情况。宋代卖度牒则也是经常化、制度化了。

北宋太宗时已在灾年规定富户可以根据上缴赈济粮的数量获得官阶，这实际上是变相卖官。可视为是对前代的继承。随着空名官告的广泛应用，北宋中期开始出现给空名官告明码标价出卖的情况，这是前代未曾有的。这使空名官告成为一种特殊的有价证券。这种情况在北宋、南宋之交的战乱年代得到广泛应用。南宋中期，官方一度想停卖官告，但未能坚持，以后就成为长期存在的现象。不但卖官，而且卖晋级，卖妇女名号（凤冠霞帔）。卖官所得不仅用于赈灾，还用于军费，用于纸币回笼等其他方面。宋代卖官定价较高（有的多达数万贯），但只卖中下级官。直到南宋末年，回买公田还部分使用官告。宋代卖度牒始于宋神宗时。中间虽有几段时间停卖，但一旦恢复出卖，所卖数量往往剧增。平均算下来，大约每年卖一万道。其定价最初一百三十贯，此后随物价上涨而提高，最后曾达一千贯。度牒于是也成为一种特殊的有价证券，也给官方带来资金转移便利且低成本的好处。

宋朝官方想方设法地搞赢利性经营，宋代卖官鬻牒的经常化、制度化，突出地说明宋朝财政收支状况的紧张程度是前所未有的，官方不得不使用非常规手段来解决这一危机。类似的手段还有非法调用常平仓、义仓、社仓钱粮、预借赋税等，都是以牺牲国家信用为代价的。

四　宋代财政支出同前代相比显著变化

宋代财政支出同前代相比，特别是同唐前期相比，其最显著的变化是军费开支所占比重的增大。宋朝军费开支方面也是延续中晚唐五代以来的变化，因而二者间差异相对较小。但宋代军费开支比中晚唐五代又有增长，主要是军队人数又有增加，这与宋朝与辽夏金元的对峙格局、宋朝统治者军队布局的中外制衡原则及军队职能增加有一定关系。笔者曾将宋人关于军费在财政中的比重的议论汇为一表，[①] 从此表可以看出，宋朝军费开支在全部财政支出中要占十分之六七以上（因为皇室费用的保密，无论是宋人还是今人，都无法精确计出军费开支在全国财政总支出中的比重，而只能作一粗略估算）。

北宋建都开封，无险可守，不得不增加北部驻军。宋仁宗以后，西部成为时常有战事地区，宋朝不得不加派军队。宋朝又讲究中外制衡，于是形成宋朝军队特殊的布置：边疆一半，京师一半。北部边疆及京师均远离主要税收来源地。税收得到的物品与军队需要的物品在品类上也不尽一致。粮食、布帛长途运输经济上都不合算。人们往往忽略大量财赋变换、贮存、调配、转移所造成的费用。南宋时期，北部成为军事防范重点，而北部边疆线东西绵延数千里，作战部队较为分散，这给供军提出了新的难题。尤其是川陕前线驻军的供给，困难尤多。

宋朝沿袭唐五代制度，将皇室费用与国家费用分开，分别设立左藏库和内藏库。但宋朝又赋予内藏库新的职能，即兼储所谓国家非常费用

---

① 《两宋财政史》书末附表25《两宋人关于军费及养兵支费在财政支出中所占比例的议论简表》，中华书局1995年版，第771页。

的职能。所谓非常费用，主要是指战争费用及赈灾费用。这加大了皇帝直接控制的财权。同时，又更有效地增加了人们了解皇室费用的困难，方便了皇室消费。宋朝统治者要求对皇室费用情况严格保密，同时，又给皇帝以外的皇室成员如亲王、嫔妃、内命妇等规定了俸禄标准。宋朝对宗室近亲始终采取不加委任、包养的政策，也为这些宗室近亲制定了优厚的俸禄标准。北宋神宗以后，宋廷规定宗室疏属可以外居，可以做官，但仍为其发放津贴，以保障其基本生活条件。这种皇室、宗室享受定额俸禄的制度，是前所未见的，有助于财政开支的稳定和计划性。

宋神宗推行新法以后，除内藏财赋以外，所谓“国家经费”又分成了两部分：旧有收入和新增青苗免役等收入（含封桩禁军阙额等实际上是从旧收入中分割出的部分财赋）。元丰改官制，户部随之有左右曹之分。京师除原有的左藏库、内藏库外，又增设了元丰等库（南宋时没有了元丰库，增设了左藏封桩库）。地方上除军资库外，又增设了常平库。新的免役等收入按规定主要用于雇募役人，似也兼用于军费及赈灾。

宋朝在一般官员俸禄开支上，实行了多种有利于在职人员特别是担当重要责任者的制度（如差遣添支、职钱等），同时，也照顾了赋闲者的基本利益，推行了宫观官、添差官、分司官等制度。这样，既保证了国家机器的正常运转，也避免了不必要的矛盾激化。这些制度中有不少是前代没有的。

由于农民的赋役负担过于沉重，所以，社会矛盾很容易激化，这一点，宋代统治者和士大夫都有认识（有学者把这说成是宋人的“忧患意识”，其实是不确切的，因为这种说法含有否定社会危机客观存在的意思）。所以，宋朝以缓和社会矛盾而采取的减收增支措施明显多于前代。宋朝对检灾比前代更加重视，不但明确规定了田地遇灾减免赋役的标准，还对检灾官员及时检灾提出严格要求。宋代在赋税征与免之间又增加了“倚阁”一个层次，即规定在有些情况下，赋税可延期缴纳。这等于给官方最终决定是否还征收这笔税增加了一个缓冲期，既减少了激化矛盾的概率，又减少了错误蠲免的概率。每年因灾减免、倚阁的赋税都有几百万贯石。

宋代的赈济分为无偿赈济、赈贷、赈粜三种形式。用于赈济的粮食除常平义仓所储外，还有相当数量的是动用国家储备，包括内藏库钱帛、上供粮、供军储备粮等。由于国家大，每年用于灾区赈济和贫困赈济的钱、粮都不是小数目（但记载中可靠而精确的专项统计数字较少）。

综上所述，宋朝财政收支的特点是以一个情况为背景的，那就是国家机器空前膨胀，而国家机器的空前膨胀，最突出的表现又是前所未有的、全世界独一无二的、人数达百万以上的常备雇佣军的存在，是总人数达几十万人的官员和胥吏的存在，是总人数上千万的靠吃国家而生活的人群的存在。它必然造成社会二次分配财富的数量和比重都要加大。换言之，每年的社会生产总值势必要加大交给国家部分的比重。这又进而导致官经济前所未有的发展，给后来的中国社会发展造成深远影响。

宋代转运使补论

内容提要：宋代的转运使地位重要，以往的研究，较多地注意到它与唐五代宋初的转运使、随军转运使及巡院等的联系，对它是宋初藩镇替代者这一点重视不够，而这却是正确认识宋代转运使的关键。宋代统治者为了防止转运使成为像唐代藩镇一样的割据势力，采取了许多防范措施，除了先后将地方军权、刑事权等分割给别的官司外，更重要的是不赋予转运使直接任免、升黜、奖惩本路官员的权力。转运使的权力受到过多限制，财政过于集权，造成诸多弊端。在管理出现混乱、中央财政需要得到确实保证、朝廷对财赋不断产生特殊需求的情况下，宋廷被迫将财权向转运司适当下放，从而产生了相对独立的路级财政管理层次。但是，宋代中央集权的体制并没有根本改变，路级财政的独立性是有限的，转运使不可能完全成为地方利益的代表者。
关键词：转运使；藩镇防范；路级财政

关于宋代转运使及转运司，前人颇有论述①，笔者以前也曾做过探讨，但近觉有些问题仍有进一步讨论的必要，故不揣浅陋，撰此小文，以求有裨于此课题研究的深入。

---

① 包伟民：《宋代地方财政史研究》第一章“转运司的地位与作用”，上海古籍出版社2001年版，第12—45页；许怀林：《北宋转运使制度略论》，《宋史研究论文集》，河南人民出版社1984年版；郑世刚：《北宋的转运使》，《宋史研究论文集》，河南人民出版社1984年版；王丽：《北宋转运使的设置问题探讨》，《河南大学学报》2001年第6期。

一　转运使是藩镇的替代者

以往的研究，大多注意到宋代转运使与唐五代宋初转运使、随军转运使的联系，甚至有学者注意到宋代转运使与前代巡院的联系，但对宋代转运使是唐五代宋初藩镇的替代者这一点注意不够，而笔者以为，这恰是正确认识宋代转运使的第一个关键问题。这里应当说明，宋初的藩镇与唐五代割据一方、与朝廷抗衡的藩镇有本质不同，本文所讲的藩镇，除特加说明者外，都是指宋初这种非割据性藩镇。

宋初，统治者首先想解决的问题，就是如何避免出现前代藩镇割据、尾大不掉的局面。宋太祖为了巩固自己的统治，即位不久，就“杯酒释兵权”，罢免了一些重要禁军将领统辖京师军队的职务，将他们外调，而这些人外调后就成为藩镇。此外，外地原有的藩镇官也有相当数量。这些藩镇既握有兵权，又有地方行政权，宋统治者担心他们可能发展成为割据者。所以，赵普就向宋太祖提出要解决“方镇太重”的问题，并提出了“稍夺其权，制其钱谷，收其精兵”[①] 的方针。随后，宋廷就施行了一系列针对藩镇的重大举措。

关于宋初削弱藩镇，人们常常征引宋人李攸的如下论述：

> 唐自开元、天宝以后，藩镇屯重兵，皆自赡，租赋所入，名曰送使留州，其上供者鲜矣。五代疆境偪蹙，藩镇益强，率令部曲主场院厚敛，其属三司者，补大吏以临之，输额之外，颇以入己……太祖历试艰难，周知其弊，及受命，务恢远略，革弊以渐……乾德三年，诏诸州度支经费外，凡金帛悉送阙下，无得占留。时藩镇有阙，稍命文臣权知，所在场务或以京朝官监临。凡一路之财，置转运使掌之；一州之财，置通判掌之，为节度、防御、团练、留后、

① 《续资治通鉴长编》（以下简称《长编》）卷二，建隆二年秋七月条。

观察、刺史者，皆不予签书金谷之事。于是外权削而利归公上矣。[1]

李攸这段话绝大部分是讲夺藩镇财权的，而削夺藩镇大约确是从削夺财权入手的。南宋叶适说“太祖之制诸镇，以执其财用之权为最急”[2]，也是强调削夺藩镇财权的重要。转运使原本就是理财官，统治者又有意识地使之固着于各路，成为州郡的上司，在削夺藩镇财权的过程中是起了重要作用的。

李攸此段文字突出讲削夺藩镇财权，未言及削夺藩镇的一个特别重要的举措，即取消藩镇对驻地以外州郡的统辖权，而这是削夺藩镇又一重大步骤。章如愚记：“乾德中，平湖南，令潭州诸郡直属京师。至太宗，藩镇无复支郡。”[3] 此后，宋朝统治者又夺去了藩镇的统辖治所州的权力。具体做法是不让藩镇官赴本任，原有藩镇官出阙令文臣知州或武臣知州顶替。这样，藩镇就完全丧失了管辖州郡的行政权力。藩镇官就逐渐演变成了名称大致相同（如同称节度使、观察使、团练使等）而实际权力差异很大的节镇官。

在中晚唐五代，藩镇（主要是节度使和观察使）是朝廷与州郡之间的中介。宋初削藩的结果，藩镇变成了节镇，实际等于取消了这个中介。然而，中国古代自从州郡的数量增加到上百以后（宋朝有三百多个州郡），朝廷与州郡之间就不能没有中介。于是，路级转运使就取代藩镇充当了这个角色。正如北宋人郑戬所讲：“国家所置诸路转运使副，即汉刺史、唐观察使之职。”[4] 亦如范仲淹所言：“今转运按察使（按宋仁宗时转运使一度兼按察使），古之岳牧、方伯、刺史、观察采访使之职也。”[5] 宋真宗所颁诏书中亦讲：“分天下为郡县，总郡县为一道，而又总诸道于朝廷，委郡县于守令，总守令于监司，而又察监司于近臣，此我朝内外

---

① 《宋朝事实》卷九《职官》。参《长编》卷六乾德三年三月条。按这段文字是否为李攸原撰，不无疑问，但此段文字似最早出现于此书，故暂归于他。

② 《水心别集》卷一一《财总论》。

③ 《群书考索》后集卷四《官制》。参《长编》卷一八。

④ 《宋会要辑稿》食货四九之一三。

⑤ 《宋朝诸臣奏议》卷六七《上仁宗论转运得人许自择知州》。

之纪纲也。”[①] 显然，转运使取代了原先藩镇作为朝廷与州郡中介的位置。

讲路级转运使司是藩镇的替代者，并不是说，转运使接收了原先藩镇所有的全部权力。从情理上讲，宋朝统治者也不可能把从藩镇处费尽心机夺取的权力全数交给转运使，从而造出一个新的割据隐患。那么，转运使从削夺藩镇的过程中究竟得到了哪些权力呢？如前所述首先是一路的财权（转运使得到的财权并不是完整的，详下文），然后是一路官员的监察权，此外，就北宋前期而言，还有刑事方面的权力。不少宋人撰述都言及藩镇的刑事权，如洪迈讲，唐藩镇于一道“兵甲、财赋、民俗之事无所不领，谓之都府，权势不胜其重，能生杀人……”[②] 吕中讲，晚唐五代“民之所以苦于刑苛法峻者，方镇之专杀也”[③]。赵彦卫讲，晚唐五代藩镇“生杀亦自己出”[④]。章如愚则讲，削夺藩镇权力后，“虽节度、防御、团练、观察、刺史皆不予佥书金谷刑狱之事矣”[⑤]。他们都讲到藩镇原有刑事权，宋初削夺其权后各路刑事权归属了转运使，这从提刑司后从转运司中分立可以得到佐证（当然，也有保留，宋初规定凡处死刑要申奏朝廷）。

二　对转运使割据的防范

宋朝统治者在削夺藩镇权力的同时，就注意了防止转运使成为新的割据势力的问题。从历史上看，汉刺史、唐观察使起初对地方也只有监察权，没有行政权力，但后来都演变为可以割据一方的势力。转运使也被赋予监察地方的权力，如何防止转运使成为割据者，是统治者必然要考虑的。吕祖谦在记述宋代转运使的演变时曾讲，在取消了藩镇的支郡以后，“边防、盗贼、刑讼、金谷、按廉之任，皆委于转运使”，“于是转

---

① 《宋会要辑稿》职官四二之五八。
② 《容斋三笔》卷七《唐观察使》。
③ 《宋大事记讲义》卷一《制度论》引录。
④ 《云麓漫钞》卷四。
⑤ 《群书考索》后集卷四《官制》。

运使于一路之事无所不总矣”[1]。他讲的似过于夸大，与实际颇有差异。

应当看到，在削夺藩镇时，有些藩镇所有的权力朝廷并没有交给转运使，首行是军权。尽管有时朝廷将某些军权授于某些转运使，或特许某些转运使参军事，但都属临时性举措，不具普遍性。吕祖谦关于边防、盗贼举了两个例子。其一是宋真宗大中祥符二年（1009年）五月，洪寨主李文著与蛮战斗死，转运使将随从将校八人处死。但是，却没有说明此事是否制度上有规定，没有说明是否是奉诏所为，没有说明行刑前是否申奏得到特许。其二是梓州路转运使请求将置司地迁移以便应付蛮夷事。此例并没有直接讲转运使曾自率军队镇抚蛮夷。二例均非军事要害地区，即不是西、北地区。又二例均为宋真宗时事，从下引可知，宋真宗时已多方面限制转运使权力，赋予其军事权力的可能性很小。所以，这两个例子都缺乏说服力。实际上，地方的军权大约主要交给了“权知”藩镇的文官和经略安抚使及大州知州，在驻军各路普遍设立经略、安抚使之后，路的军权自然也就由这二使掌握。转运使的军权通常是很小的。

宋初从藩镇处收回了地方官员任免权。章如愚记：“建隆元年，诸郡判官皆令吏部注拟，所以革将吏自补之弊也。三年，置簿、尉，所以惩亲吏为诸县镇将之弊也。”[2] 李焘记，乾德年间，“使府不许召署，幕职悉由铨授矣”[3]。陈亮谓，唐五代藩镇“官爵惟其所命”，宋初削夺之后，“自管库微职，必命于朝廷”[4]。但是，地方官员的任免权并没有交给转运使。说到官员任免权，必须指出，弱化上下级官员的隶属关系，是宋朝的一项基本国策。不仅在转运使与幕职州县官之间，在其他大大小小的官员之间，上下级隶属关系都被弱化了。近代官员一般都实行分级管理制，如部管、省管、地管等，而宋朝自入品官开始，所有官员的任免原则上都由朝廷决定。转运使与本路的知州、通判、幕职官、知县、县丞、簿尉等也是如此。转运使对他们通常没有任免权，就是说，本路知州以下官员中某一位无论怎样不称职，转运使也无权不申报朝廷而直接加以

---

① 《通考》卷六一《职官考》引录。

② 《群书考索》后集卷四《官制》。

③ 《长编》卷五乾德二年三月乙酉。

④ 《陈亮集》卷一《上孝宗皇帝第一书》。

撤换。转运使不但没有官员的任免权，在相当长的时间里甚至也基本没有辟举官员的权力。没有官员任免权、辟举权，自然也就不能升降这些官员的职务。宋代路级转运使的属官，有管勾公事、主管文字、主管帐司等，都是熙宁三年（1070 年）以后创置的。转运使属下的文臣准备差遣、武臣准备差使，熙宁三年（1070 年）以前似也从未见诸记载。《职源·运使》谓“熙宁初，诏诸路漕司始置属官”[①]，据此，熙宁初以前转运司是无僚属官的。所以，转运司从宋太宗时路级转运使制度初建，到宋神宗在位初年，基本没有僚属，也就是说，没有一个像样的办事机构。转运使所凭以驱使下属州县官者，主要是弹劾权和荐举权，对此前人多有论述，此不重复。尽管转运使的弹劾和荐举被采信比率很高，但是，一般地讲，转运使对本路州县官员，不但没有直接任免权，而且由于不能随意支出财物，所以连直接奖惩权也没有。从下文可知，转运使后来虽有了某些辟举权，但辟举权也多是临时性的并被限制在很小的范围内。福建、广南、四川等八路宋神宗以后实施定差法，转运使虽可代吏部任用官员，但必须照章办事，其机动能力也是很有限的。[②]

讲到限制转运使的权力，过去人们都注意到在路级分建多个监司的事，此事确实对防止转运司权力的膨胀起了重要作用，但对上述初设各路转运使时在划定其权力范围时已寓防范动机的情况重视不够。除了上述防范措施之外，宋朝还颁布了一些针对转运使的敕令。如：

［雍熙四年］八月乙未，令诸路转运使及州郡长吏自今并不得擅举人充部内官，其有阙员，即时具奏。[③]

［景德］四年闰五月，赐诸路转运使副诏曰：“……宜令诸路转运使副自今体量察访到景朝官、使臣、幕职州县官等廉勤干事，只仰连坐保举堪充何官，或乞迁陟，当下逐处，候得替磨勘引见，不

① 转引自龚延明《宋代官制辞典》第 485 页“账干”条，中华书局 1997 年版。

② 参见苗书梅《宋代官员选任制度研究》第二章“官员除授制度”第五节“定差法”，河南大学出版社 1996 年版。

③ 《宋太宗实录》卷四一、《长编》卷二八。

得乞超转官资、指定差遣去处及于辖下勾当。”①

这两项规定等明确了转运使非经特许没有辟举和奏荐本路知州、通判、知县及幕职官的权力，甚至不能请求给部下超转官资。

淳化元年（990年）十月诏：“……自令诸路转运使更不得以寿节辄来赴阙，仍不得入献文章。其民间利害及含废置厘革等事，止令实封附递以闻。必须面奏者，即先具事宜入急递闻奏，候朝旨方得赴阙。”②

此条剥夺了转运使随时进京面奏的权力。

> ［景德二年八月］癸未，令诸路转运使不得以京朝官、使臣随行指使。③
>
> 明道二年十二月四日，中书门下言：……诏令逐路转运使副今后并一年之内遍巡辖下州军。将带本司公人兵士不得过二十人，司属不得过二人……诸州军每年终具转运使副曾到与不到闻奏。④

此两项规定明确转运使必须经常在所属各州巡察，巡察时只许带二十个公人士兵、两名官员。转运使处于经常游动状态，其护卫、办事人员又如此少，要发展私人势力是很困难的。

> ［景德三年六月丙子］禁诸路转运使副、诸州长吏与部内官属结亲，违者重置其罪。⑤
>
> 枢密直学士王曙言：“自今转运使副、提点刑狱、朝臣使臣举官，望不许预先移牒报知，免立私恩，庶臻公道。”诏令别行条约。⑥
>
> ［景祐元年五月庚午］诏诸路提点刑狱司廨舍与转运使副同在一

---

① 《宋会要辑稿》食货四九之一一。

② 《宋会要辑稿》食货四九之七。

③ 《长编》卷六一。

④ 《宋会要辑稿》食货四九之一三。

⑤ 《长编》卷六三。

⑥ 《长编》卷九二。

州才，并徙他州。①

这几项规定从几方面对转运使的行为做了限定，断绝了转运使发展私人势力的种种渠道。我们将此时的转运使同唐后期五代的藩镇作一比照，其权势大约用“不可同日而语”一语是十分恰当的。

三　路级财政的形成及所谓地方化问题

关于路级财政的形成，笔者较为赞同这样的认识，即宋初转运使尚未正式成为财政上的一个管理层。路级财政是以后逐渐形成的。路级财政与现代地方财政在观念上是有差异的。笔者于此想就路级财政形成及所谓地方化问题做些讨论。首先，笔者认为，路级财政的形成是与过度集权的财政管理难以维持相联系的。其次，路级财政形成与上供、经费定额化有关。再次，路级财政的形成是与朝廷财赋上的特殊需求相联系的。路级财政形成的标志是它的相对独立性。最后，路级财政只是中央集权体制下的一个管理层次，因而不会真正实现地方化。

关于北宋前期朝廷财政管理的混乱，宋人颇有记述，以下略引数则：

魏羽在咸平，则言淳化以来收支数目攒簇不就，名为主计，而不知钱出纳。王随在景德，则言咸平以来，未见钱物着落。诸州受御指挥，多不供申，或有申报，多是卤莽，以致勘会勾销了绝不得。范雍在天圣，则又言自太平兴国以来，未尝除破，更有桩管倍万不少。天圣至嘉祐年间，理财之令数下，徒有根括驱磨之文，设而不用……②

淳化初……先是，三司簿领堆积，吏缘为奸，虽尝更立新制，未为适中。③

---

① 《长编》卷一一四。按：《长编》卷一七一载皇祐三年重申此制。

② 《通考》卷二三《国用》引止斋陈氏语。

③ 《宋史》卷二六七《魏羽传》。

［至道二年闰七月，太宗］因言："事得其要，则简而易理。今三司但欲增置关防以塞奸幸，不知纲目既众，簿书愈多奸幸弥作。"……［陈］恕准诏上奏曰："伏以封域浸广，财谷繁多，三司之中，簿牒填委。朝廷设法，督责尤严，官员吏人，救过不暇。"①

［咸平四年五月庚寅］上封者言："三司官吏积习依违，天下文牒有经五七年不为裁决者，案牍凝滞，吏民抑塞……"②

天禧二年六月，三司言：定夺三部合减省诸州帐目奏状一年计八万八千九百一十九道……诏曰：计帐之繁、动盈几案，公家之□（耗?），无益关防。③

造成财政如此混乱的原因，绝不是某个人或某些人的罪孽，而是制度上存在问题，是财政上的过度集权造成的恶果。因此，财权向路级转运司的适当下放，是势在必行的。这是路级财政形成的背景之一。

关于地方上供财赋的立额，陈傅良有较详细的考述，他讲："国初上供随岁所入，初无定制，而其大者在粮、帛、银、钱。诸路米纲……景德四年诏，淮南、江浙、荆湖南北路以至道二年至景德二年终十年酌中之数定为年额，上供六百万石。米纲立额，始于此。银纲自大中祥符元年诏……以大中祥符元年以前最多者为额，则银纲立额始于此。钱纲自天禧四年四月，三司奏请立定钱额，自后每年依此额数起发，则钱纲立额始于此。绢绵纲虽不可考，以咸平三年三司初降之数，则亦有年额矣。"④ 可知上供数额的订立大约都是在宋真宗朝。上供数额与地方经费留用数额是相联系的，后者的确定应与前者同时进行。各路上供及州郡留用财赋数的确定，是路级财政确立的前提条件，因为转运使只有在基本保证这二者之后，才有可能聚集起自己能调动的财赋，形成一个有相对独立性的财政管理层次。

北宋前期朝廷对财赋不断产生特殊需求。宋真宗时大搞封建迷信，

---

① 《长编》卷四。

② 《长编》卷四八。

③ 《宋会要辑稿》食货一一之一一。

④ 《通考》卷二三《国用考》引止斋陈氏语。

胁迫各地“敬献”“羡余”。但此时期各地尚有余财，未见时人有较多议论。宋仁宗时宋夏战争，强制向各地征调财赋，朝廷上下颇有批评。其中值得注意的是富弼的如下议论：

> ［宝元二年九月］是月，太子中允、直集贤院富弼上疏曰：“……伏见今年四月降中中书札子称，臣僚上封：财赋所出，各有攸司……乞戒谕诸路转运司，如用阙，须管自擘画支赡，若的是圆融不出，即许于领道钱谷有剩处支那，不得更似日前，乞自京般请钱银之类，遍行下者……洎太祖、太宗尽取川蜀、河东、江南、两浙、荆南、湖南、广南、闽、粤之地，何啻万里，不许逐方私积宝货，当时尽归京师。且后来赋税无不经度，逐州只留实约军（经?）费其余尽数上供……今诸路转运司以逐州实约之费无多羡余，其间年岁有凶歉，则必蠲除；朝廷有要索，则必应副。多方搜括，才可张罗。若又分外督之，不知出于何所。朝廷既行诫谕，运司不敢冒违，无以为计，惟民是取。民若可出，岂复行仁……而执事者尚曰：财赋者，由外以充内，自下而奉上，尔之不足，不系于我，尔自营求。是何乖方之深也。”①

富弼所言，反映出朝廷强制征调造成的混乱。当时，有人（就向朝廷主计者建议）主张令各路转运使自行解决。如果按这种主张实行，则相应地就要给转运使一定的权力。引文言及，由于朝廷强制征调，各路转运使已是“多方搜刮”，这对路级财政的形成显有促进作用。至于富弼主张出内库财以解决各路财政匮乏问题，显然不具长远可能。时人沈辽谓：“自庆历始迫诸道上供，入倍常岁，诸道始为弊，吏不能校，一岁所负至二十五六万。”② 也讲到强制征调事。地方为弥补积欠，自又要多方设法筹财，也推动各路自行理财。

又熙宁初，王安石上书主张变法，亦言及：

---

① 《长编》卷一二四。

② 《云巢集》卷九《张司勋墓志铭》。

至遇军国郊祀之大费，则遣使划刷，殆无余藏。诸司财用事，往往为伏匿，不敢实言，以备缓急；又忧年计之不足，则多为支移、折变以取之，民纳租税数至或倍其本数。①

他讲的“诸司”，显然主要指各路转运司。各路转运使此时已有独立意识，已有自己的小算盘，手中大约也已掌有一定数量的机动财赋。至熙宁八年（1075 年），朝廷下了措辞强硬的诏令：

诸路转运司失计置钱物，及本路自可移用不阙而过为约度，妄有申请支拨，并妄诉免，指占上供钱物者，并委三司奏劾。②

诏令强调各路转运使尽量自己解决本路财政平衡问题，一旦申请朝廷调拨被发现有失当处（须知当与不当是很难划清界限的），就要受到严厉制裁。这就迫使转运使自行平衡本路财计，对路级财政的形成或发展无疑起了直接的促进作用。此前后，大约路级财政已基本形成。这从当时许多记载中反映的朝廷与路在财计上明确区分彼此的情况可得到证实。如同年八月规定，各路转运司应付军器监材物，定额外部分“听于上供钱帛折除，非上供路即朝廷降钱给还”③。元丰六年（1083 年）二月，“京西转运司言：岁计上供外横支共四十九万缗，才蒙给还十二万，乞尽给还”④，口气颇有向朝廷讨账的味道。元祐四年（1089 年）九月，范祖禹上奏言及：“自来诸路告乏，朝廷详酌应副，其余则责办于外计。”⑤ 这就是说，此时期事实上朝廷对地方的财政亏缺，已不全额调补，而是调补一部分，其余交由各路自行解决。这从反面证实路级财政已经形成。所以，路级财政的基本形成，大约是在宋神宗朝前后。

自宋神宗以后，虽路级财政已基本形成，但由于转运使自身的特殊

① 《临川集》卷七〇《乞制置三司条例》。
② 《长编》卷二五九熙宁八年春正月乙卯。
③ 《长编》卷二六七。
④ 《长编》卷三三三。
⑤ 范祖禹：《范太史集》卷一五《论封桩札子》，《长编》卷四三三。

情况，他不可能完全成为本路的利益代表，路级财政的独立性是非常有限的。这是因为，宋朝是一个高度中央集权的政体，尽管随时间的推移集权制有这样那样的改良，但集权的本质始终没有改变。转运使的财权虽有所改变，但其基本权限范围也没有改变（如本路官员的任免奖惩权等）。除此之外，转运使的任期制和考核制，都促使他必须把完成上级所交给的各项任务作为首要考虑的问题，与此相比，调剂地方财计的事毕竟是次要问题。这样，就决定了转运使不可能成为所谓州县财政利益的代表。

宋粮料院考

宋代的粮料院，是专门负责按规定审核确定官员、军兵俸禄数额的机构，中央、地方都有，前后因时间不同而有变化。由于粮料院官员的级别不高，记载分散且残缺，关于宋代粮料院的研究前人较少涉及，目前学术界在此方面存在一些模糊认识，似有必要加以澄清。故不揣浅陋，撰此小文，以就正于同好。

一　由粮料使到粮料院

关于宋代粮料院的缘起，应当追溯到唐代的粮料使。李锦绣指出，粮料使最早出现于唐肃宗至德年间。① 粮料使最初是临时性的，以供应军需为职责。文献载："诸道行营出其境者，粮料皆仰给度支，谓之食出界粮。又于诸军各以台省官一人司其供亿，谓之粮使。"② 又胡三省谓："粮料使，主给行营军食，我宋朝随军转运使即其任。"③ 这些说法大约是接近实际的。粮料使的出现与府兵制瓦解、募兵制大行及时局动荡相联系。与宋代的粮料院官相比，唐代的粮料使有如下特点。一是因所担负的供军任务轻重有别，因而官阶上下差异较大，最初往往由卿监以上高官出任此职，如唐肃

---

① 《唐代财政史》下卷第一分册第一编第五章第二节"有关支出的使职"一、"粮料使与供军使"，北京大学出版社 2001 年版。

② 《册府元龟》卷四八四《邦计部·经费》，《新唐书》卷五二《食货志》所记略同。

③ 《资治通鉴》卷二二三胡注。

宗时苏震以文部侍郎任此职，代宗时第五琦以度支郎中任此职等。有时粮料使权力很大，唐宪宗时，征讨郓州，王遂任粮料使，“及郓贼诛，遂进羡余一百万，上以为能”。[①] 粮料使能将军费节余作为“羡余”上缴，说明其具有支配财赋的全权。这同宋代粮料院官的情况相差很远。当然，唐代也有由级别较低的官员如监察御史担任粮料使的情况。二是有宦官担任粮料使的情况，如唐僖宗时内常侍张存礼任都粮料使。三是唐代一人兼任数使的情况很普遍，任粮料使者常常同时还兼任别使。四是唐代未见有粮料使掌管军队以外人员俸禄的情况。但正如李锦绣指出，后来出现了供军使与粮料使的分工：供军使侧重调度，粮料使侧重支出。这一分工的出现使粮料使朝专门主管军队官兵和在京官员俸禄的方向大进一步。

关于五代十国时期的粮料使，新旧《五代史》、《五代会要》等未有专题记述。从散见的记载分析，同唐代相比，此时期的粮料使似有一显著变化，即出现了数量较多的前冠州名的粮料使，如杨邠曾历孟华郓三州粮料使，[②] 张延朗任郓州粮料使，[③] 张美后周时任澶州粮料使，[④] 等等。这些冠以州名的粮料使究竟是朝廷派驻此州的粮料使，还是隶属于某一藩镇的粮料使，则难以确考。

另据宋人记，“国初承旧制，以三司大将为都粮料使”。[⑤] 既是“宋初承旧制”，则说明五代十国时期已有“三司大将为都粮料使”的情况。然而新旧《五代史》、《册府元龟》《五代会要》等均未查见相关记载。如此说属实，则五代十国时期又出现了直接隶属三司的都粮料使，这或与三司使的出现有直接关系。

宋初，仍有“粮料使”之官名。李焘载：“［开宝五年冬十月］己酉，诏诸州场院官、粮料使、镇将，并以三周年为任。”[⑥] 此似讲隶属于藩镇或州郡的粮料使。据载：“开宝六年二月，以前密州安丘县令陆光范

---

① 《旧唐书》卷一六二《王遂传》。

② 《旧五代史》卷一〇七、《新五代史》卷三〇《杨邠传》。

③ 《新五代史》卷二六《张延朗传》。

④ 《宋史》卷二五九《张美传》。

⑤ 《群书考索》后集卷一二《官制》、《宋会要辑稿》职官五之六五。

⑥ 《续资治通鉴长编》（以下简作《长编》）卷一三。

为著作佐郎，充在京都粮料使；太仆寺丞赵巨川充西京粮料使。从新制也。国初承旧制，以三司大将为都粮料使，至是改用京官。”① 此为直隶三司的粮料使。又张咏记：“［宋初，上官正之父］遂从三司省召，为主藏吏。居积岁，以清谨闻，选宁州粮料使。又转鄜州粮料使，备军期也。乾德初，前军克蜀，又选为洋州粮料使。”② 此人由三司吏出为州粮料使，似为三司派驻外州的粮料使。

粮料院一称似始见于宋太宗在位时期。又据载：“太宗太平兴国五年正月，分粮料诸司、马军、步军为三院，命著作佐郎刘锡、太府寺丞燕盛、国子监丞赵晃分主之。”③ 粮料院出现后，粮料院的长官依宋人习惯称“知”“勾当（后改干当）”“干办”“监”，粮料使一名似就较少出现了。当然，粮料院一名的出现，也同粮料官、粮料机构的固化密切联系，其职责范围、品阶等此后都趋于稳定了。

二 宋代隶属三司、太府寺、总领所的粮料院的设置

宋代的粮料院与唐、五代的粮料使司相比，其显著的特点之一，是它的常规化和常设性。北宋元丰改官制以前，中央机构中有隶属三司的诸司、诸军粮料院，元丰改官制后，诸司、诸军粮料院改隶太府寺。南宋时期，出现了朝廷派驻外地、专门负责军队供给的总领所，相应地也就出现了隶属总领所的粮料院。又南宋绍兴初年，一度出现都督府粮料院，④ 但存在时间很短，当是战时临时性机构。

1. 隶属三司的诸司、诸军粮料院

如前所述，北宋太宗时期出现了粮料院，它是隶属于三司的。此后虽有分合的变化，但长期存在。关于隶属三司的粮料院，史载：

---

① 《宋会要辑稿》职官五之六五。事另见《长编》卷一四同年春正月辛丑。

② 《乖崖集》卷八《大宋赠左监门卫将军上官公神道碑铭》。

③ 《宋会要辑稿》职官五之六五。

④ 《建炎以来系年要录》（以下简作《系年要录》）卷九五。

勾当诸司、马步军粮料院官各一人，以京朝官充，掌文武官、诸司诸军给受奉料，批书券历，诸仓库案验而廪赋之。勾当马步军专勾司官一人……批历以送粮料院。以上并属三司使，元丰官制行，罢三司使并归户部。①

关于隶属三司的粮料院的几次分合，史籍载：

太平兴国五年正月，分粮料诸司、马军、步军为三院，命著作佐郎刘锡、太府寺丞燕盛、国子监丞赵晃分主之。八年，以马、步军合为一院。雍熙四年四月，命供奉官陈处诲勾当诸司粮料、供奉官曾祚勾当马步军粮料。自后复分马、步军为两院，或以诸司使副分主之。端拱二年，复以京朝官主之。②

分合次数虽不少，但都是马、步军粮料院间进行，分则为三院，合则为二院。

2. 隶属太府寺的诸司、诸军粮料院

元丰改官制，最大的变化之一，是三司被取消，恢复三省六部诸寺监，在这次改革中，在京粮料院受的影响并不很大，主要是由隶属于三司改为隶属于太府寺，由于太府寺在业务上从属于户部，所以，粮料院同户部之间，也有间接的从属关系。又史载：

粮料院，掌以法式颁廪禄，凡文武百官、诸司、诸军奉料以券准给。③

① 《宋史》卷一六二《职官志·三司》。

② 《宋会要辑稿》职官五之六五，潘自牧《记纂渊海》卷二九《职官》，《群书考索》后集卷一二《官制》、《古今合璧事类备要》后集卷四九《四辖》，《文献通考》卷六〇《职官考》、《古今事文类聚》新集卷一二等均有引录，引文据以校补。另高承《事物纪原》卷七所载略同。

③ 《宋史》卷一六五《职官志·太府寺》，《群书考索》后集卷一二《官制》引《四朝志》、《文献通考》卷六〇《职官考》略同。

当然，稍后，三粮料院又一次合并为二院。

神宗元丰末，并马军、步军为诸军，与诸司为三（二）院。[1]

南宋沿北宋元丰改制后制度，都城的粮料院的设置似无大变化。各书也有记载，如：

中兴以来，行在有诸军、诸司粮料院（注：并《宋朝会要》）。[2]

记载中有绍兴二年（1132 年）宋廷关于诸司粮料院吏人的如下规定：

[绍兴二年九月] 十日，诏诸司粮料院主押官一名，前行四人，后行一人，十（“十”与“人”疑倒）贴司四人。诸军粮料院主押官一名，前行四人，后行十人，贴司三人为额。[3]

此引文使我们了解到当时诸司粮料院所属吏人的配置情况。可惜，此外我们既查不到其他时期本院的吏人数目，也查不到关于诸军粮料院、总领所粮料院的类似记载，故无法作进一步的探讨。我们只能从上引记载中推测各粮料院的大致情况。

3. 南宋隶属总领所的粮料院

总领所是南宋前期创建的，因而，隶属于总领所的粮料院北宋时期没有，仅存在于南宋时期，史载：

淮东、西 [总领所] 有分差粮料院……湖广有给纳场、分差粮

---

① 《事物纪原》卷七。《群书考索》后集卷一二《官制》引《中兴百官题名》、《古今事文类聚》新集卷一二、《文献通考》卷六〇《职官考》略同。

② 《群书考索》后集卷一二《官制》。《文献通考》卷六〇《职官考》等略同。

③ 《宋会要辑稿》职官二七之五八。

料院……四川有分差粮料院……①

但此种记载易使人误解为每总领所各有一粮料院，且未说明各粮料院所在地，另一种稍详的记载：

> 镇江、建康有分差诸军粮料院，鄂州有分差户部粮料院，四川总所有分差户部鱼关粮料院、分差利州户部粮料院。（注：并《中兴孝宗会要》）②

可知四川总领所属下有二粮料院。隶属于总领所的粮料院共五个，分别设于镇江、建康、鄂州、鱼关、利州。南宋后期是否有变化，则不得而知。

三　隶属三司、太府寺、总领所的粮料院的职能

前文对粮料院的职能实际已有涉及，如讲“掌文武官、诸司诸军给受奉料，批书券历，诸仓库案验而廪赋之”；又讲“掌以法式颁廪禄，凡文武百官、诸司、诸军奉料以券准给”等。③ 但较不具体，以下就现有记载做些补充和细化。

1. 关于北宋元丰改制以前粮料院的活动

关于北宋元丰改制以前，隶属于三司的粮料院如何履行其职责，记载较为有限，但从中我们仍能窥其大概。

李焘记：“［太平兴国七年夏四月］著作佐郎刘锡知粮料院，擅以米数千斛借秦王廷美。丁亥，上召锡诘之，锡顿首称死罪。上怒，命左右

① 《宋史》卷一六七《职官志·总领》，《宋会要辑稿》职官四一之四四所载略同。

② 《群书考索》后集卷一二《官制》。潘自牧《记纂渊海》卷二九《职官》，《文献通考》卷六〇《职官考》所引略同。

③ 按宋人赵彦卫《云麓漫抄》卷一〇谓“本朝有粮料院，乃是量度每月合支粮食之处”，似过于片面，不足为据。

持梃者挝锡数十，委顿而止。”[①] 当时，有人举报秦王赵廷美谋逆，故受到如此惨重的惩处。刘锡作为粮料院长官能擅自将这样多的粮食借给赵廷美，说明当时粮料院官的权力较大。后来的粮料院官似就没有这样大的权力了。

又据载：

> ［大中祥符六年四月］诏粮料院置诸道幕职州县官借支料钱文簿，请讫勾凿。初，度支判官祖士衡上言：“铨注官讫，吏部格式司移牒三司借支俸钱。三司下粮料院施行，至有候请不及而赴官者，未尝申举，或致欺幸。因请置簿以统之，经百日而不请者，就新任给之（注：《宋会要辑稿》四月十三日，今附月末，或可削去）。”[②]

幕职州县官被任命以后，由吏部发文给三司，三司再下文给粮料院，由粮料院具体办理给他们借支料钱。外任下级官员借支料钱是如此，在京官员的俸禄支放大约也是要经过类似的程序。

粮料院虽主管官员、军兵的俸禄等，但自己却没有仓库，即并不直接将钱或物支给请领者，它只是具体确定有关人员俸禄的数额，开具文书，请领者执此文书实际是到指定仓库支取。下引记载涉及请领钱物者执粮料院文书到左藏库支领这一过程中的情况：

> ［大中祥符］六年十二月，诏：“三粮料院文旁须实封送左藏库，监官当面通下，仍于送旁历右语内分明言说文旁多少，并是元批印押，其旁别无虚伪，如已后点检验认稍有虚伪，便只勘粮料干系官吏情罪，勒令陪填所支钱数。如左藏库公然将外来不是粮料院封文旁支遣，只勘左藏库干系人情罪，陪填。又应合系勘支文旁发赴左藏库之时，其诸军内诸色人并诸司坊监场院库务诸色人等令开坐名目去处，合请人数、官物都数实封关报左藏库，候到，依正勾支给

① 《长编》卷二三。

② 《长编》卷八〇，《宋会要辑稿》职官五七之二八。

例对旁勾凿支给。所有自来执历勘请官物人等去处，亦令粮料院具逐人职位姓名、所请官物数目开坐随旁关报左藏库，所是马步诸军自来遇南郊并非泛特支，并令粮料院依旧例勘支。"①

乾兴元年（1022年）九月，三司言："右侍禁、同监左藏库李守信状：先准大中祥符六年（1013年）十二月三十日敕，应粮料院批勘文旁赴库通下，仰置簿抄上，候请人将到文历，监官当面将正勾省帖对勘姓名、人数，亲于帖内勾下姓名支付。其旁亦勒所司将勾正省帖连人当月或次月账内除破。日近多不禀依，显有造伪。乞今后支下逐旋令文旁及请人文历将赴中门监官当面对历毁抹，出中门至大门监门使臣依例对历用朱笔勾出，仍逐库轮差专副前行。"②

上引大中祥符六年（1013年）十二月诏书，明确区分粮料院与左藏库官员的责任范围。上引二则记载较细致地讲了请领钱物者经粮料院申请文旁到左藏库所须办的各种手续。

宋代左藏库只存贮钱、绢，粮食存贮于粮仓，下引记载反映了军人持粮料院批文请领粮食的情况：

［天圣七年冬十月］甲午，诏在京诸军班诸所支月粮，令提点仓场官、三粮料院，依排定诸仓年月界分，以军资高下给之，违者许人告，公人迁一资，百姓给赏钱三十千。先是，上封者言：诸粮料院所勘旁，多远近不均，有军营在西而给东仓，或在东而给西仓，固欲以邀求军人。事下三司。三司言：凡支军粮，皆自粮料院先进样，然后三司定仓厫界分，而以年月次之。今城东十二仓贮江淮所漕米最多，城南惟有米一仓，城西三仓，兼贮茶，城北四仓，贮畿内赋税及马料，所贮既不同，难据军营运近就支。自今诸粮料院如敢用此有所邀求，请重致于法。故降是诏（按沈括《笔谈》云：太祖朝常戒禁兵衣之长不得过膝，买鱼肉及酒入营门者皆有罪。又置

① 《宋会要辑稿》职官五之六五。

② 同上。

更戍之法，欲其习山川劳苦远妻孥怀土之恋，兼外戍之日多，人人少子而衣食易足。又京师卫兵请粮者，营在城东者即令赴西仓，在城西者即令赴东仓，仍不许佣僦车脚，皆须自负。尝亲登右掖门观之，盖使之习力，制其骄惰。故士卒衣食无外慕，安辛苦而易使。今上封事者指陈粮料院勘旁之弊，不知乃太祖法也。更当详考表而出之）。①

引文言，有人指控粮料院故意刁难请领粮食的军人，让他们到远处领粮食，借机以敲诈勒索。三司为粮料院申辩说，领粮的仓库是三司指定的，到远处领粮则是由军营、粮仓的分布决定的，与粮料院关系不大。但从三司的建议及诏书内容看，粮料院在确定具体人员到哪一粮仓领粮这一点上，还是有一定权力的。当然，注文引沈括《梦溪笔谈》，认为让军人到远处领粮，是宋太祖立下的规矩，则又另当别论。关于军食请领，《宋史》等有如下记述：

其支军食，粮料院先进样，三司定仓敖界分，而以年月次之。国初诸仓分给诸营，营在国城西给粮于城东，南北亦然，相距有四十里者。②

上引《宋史》等文字同上引《长编》文字颇为相像，令人怀疑前者文字是由后者改写而成。

粮料院既负责审定官员等的俸禄，对冒领俸禄等情况自应有权纠举，但记载中此类事较少，下引记载似属此类，但涉及的却是一位大人物：

［元丰三年冬十月］丙寅，御史台言："资政殿学士吕惠卿丁忧，奉旨，本俸外月特给钱五十千。惠卿月支请添支钱十五千，即非本俸。诸司粮料院吏举首，而三司不行，乞令究治。"诏付大理寺，言

① 《长编》卷一〇八。

② 《宋史》卷一九四《兵志》、《文献通考》卷一五二《兵考》。

已下扬州取惠卿俸历。诏："惠卿前执政，治之伤体。其误请俸钱宜除之，余官司依已得指挥。"既而惠卿奏称，添支系奉诏，举发不当，令御史台劾官吏以闻。于是御史满中行言："禄令所载，本俸、添支立文各异，若以添支为俸，恐自今引用不行，乞改正。"上曰："惠卿乃朝旨给俸，诚优于见任者。惠卿受而不辞，固为贪冒，义责之可也，于法无可改正。"①

此为见于记载的为数不多的粮料院官吏揭发官员（而且是执政大臣）违法多请俸禄的事例。由于当时政争激烈，令人怀疑其中是否夹杂了政争因素。

粮料院与专勾（审计）司在宋代几乎是相伴存在，有粮料院的地方，一般也就有专勾（审计）司，二者的分工如前所引，通常是粮料院定数，专勾司复审。但也有例外的时候，如李焘记：

［元丰二年六月丙午］权发遣三司使李承之等言："文武官诸司人请受及外县诸军衣赐赏给，先经专勾司直批勘于粮料院。今欲并令先赴粮料院批勘，次送专勾司勾磨。"从之。②

据引文，在此前，官员请受、军人衣赐赏给，是先经专勾司批勘，后由粮料院支给，而此后则改为先由粮料院批勘，后由专勾司勾磨。这就使人产生疑问：此前专勾司批勘者为何物？其内容是否包括具体请领者该领到的钱物数目？从情理上讲，专勾司批勘者应为三司批发的文件，上面应载有请领者该领到的钱物数目。由此我们似可作这样的推论：此次改变的含义可能是，以前具体官员、军人该领到的钱物数目是由三司确定的，此时朝廷将此项权力下放给粮料院，所以，相应地，批文核审的顺序也就发生了改变。无论此前具体官员军人俸禄的数目是否由三司确定，从记载看，此后其数目实际却是由粮料院依规定确定的，这一点可

① 《长编》卷三〇九。
② 《长编》卷二九八。

从下引史料得到证明。但粮料院先批、专勾司后勾的顺序可能后来曾有变化，因南宋法规载："诸勘请官物勘给送审计院审讫，封旁付给处粮料院。"①

粮料院既掌管官员、军人俸禄等的支发，就成为数量颇为可观的财赋支出的关键。南宋时有官员讲："切惟国家之赋禄，以粮、审院为关键，粮、审院之勘给，以法令为承式，故幅纸之书，一经过勘，主藏之吏奉行惟谨，所凭者此而已……"② 北宋元丰改制前，情况应也是如此。故粮料院的职责具有相当的重要性，而它用以开具文件的印章，就不能不受到重视。宋仁宗景祐四年（1037 年），"篆文官王文盛言于少府监曰：'在京粮料院印多伪效之以摹券历者。谓宜铸三面印，圆其制，而面阔二寸五分。于外围周匝篆纪年及粮料院名凡十二字，以围篆十二辰凡十二字，中央篆正字，上连印钮，令可转旋。以机穴定之。用时月分对年，中互建十二月，自寅至丑终始循环。每改元即更铸之云。若此，使奸人无复措其巧矣。'少府监以奏。诏三司详定，请如文盛言"③。王文盛的建议在财会史上是一个了不起的创新，这种带旋钮的印在较长的历史时期发挥了相当的作用。不过，在宋代此种印章究竟是否应用？在多大范围得到了应用？却是不无疑问的。南宋人撰粮料院题名，只是讲诸司、诸军粮料院"各有铜方、圆二印"，④ 并没有讲到其印章的特殊性。

2. 元丰改制后及南宋时期粮料院的活动

元丰改官制，三司被撤销，尚书省户部成了理财的主要首脑机构，京师范围内的理财，则由太府寺具体负责，粮料院隶属太府寺，实际要接受户部、太府寺的双重管辖。

南宋前期赵野记："在京关支请给等事，须经粮料院、审计司勘过，及关会太府寺，方可支给。"⑤ 他的记述易使人产生错误认识，即官员等

---

① 《庆元条法事类》卷三七《勘敕》。

② 《宋会要辑稿》职官二七之五八绍兴五年八月十八日条。

③ 《长编》卷一一九。

④ 《咸淳临安志》卷八淳熙十五年九月题名。

⑤ 《朝野类要》卷五。

请给是先经粮料院，后报太府寺的，从下引记载可知，情况往往相反。另据载：

［元祐四年］五月二十五日，户部言："勘给请给，粮料院、审计司只得拖历批勘，余并听太府寺指挥。仍令本寺指定依某年月条式、合支名目、则例、月分、姓名、贯百、石斗、钱米数行下所属粮、审院勘验批放。如系无法式，或虽有法式而事理疑惑，不能决者，即申度支取决，不得泛言依条施行，逐处亦不得承受。已上违者徒二年，仍不以赦降原减。"从之。①

据引文，粮料院等只是具体执行机构，方针大政、大的原则，都是户部、太府寺定的。但引文也易引起误会，即认为具体人的具体数也全是由太府寺定的，粮料院只是照办，这也是与实际不相符的。请看下引程颐的例子：

先生（程颐）在讲筵，尝典钱使，诸公因问，必是俸给大段不足，后乃知到任不曾请俸。诸公遂牒户部，问不支俸钱。户部索前任历子。先生云某起自草莱，无前任历子。遂令户部自为出券历。户部只欲与折支，诸公又理会馆阁尚请见钱，岂有经筵官只请折支。又检例已无崇政殿说书多时，户部遂定已前未请者，只与折支，自后为始支见钱。先生后自涪陵归，复官，半年不曾请俸，粮料院吏人忽来索请券状子，先生云，自来不曾写状子。受事人不去。只令子弟录与受官月日。旧例初入京官时用下状，出给料钱历。其意谓朝廷起我，便当廪人继粟、庖人继肉也。②

关于此事，宋人记述又有差异：

---

① 《宋会要辑稿》食货五一之三六，参《长编》卷四四八。

② 朱熹编：《二程遗书》卷一九《杨遵道录》。

若今粮料院，使士大夫各持券书往请，所以养士大夫廉耻多矣。伊川先生初赴召居阙下日用窘迫假贷于朝臣，当时诸公谓其俸给不足，索粮料院文书视之，则自赴召以来未尝往请，正以持状而请非先王养贤之意也。①

据前一段文字，在元祐年间，程颐作崇政殿说书时的俸禄规格是由户部定的，由户部出给券历，大约粮料院只是照户部的决定办事。然而当程颐自贬所返回后，却是粮料院派人索取程颐的申状，程颐依照儒经，认为官员不该自己主动求俸禄，故不予配合。据后一则文字，诸公想了解程颐领俸禄情况，则是“索粮料院文书视之”，说明粮料院有关于程颐领俸禄情况的记录。程颐未领俸禄，是因为他不肯缴申请状。二则记载虽不同，却都讲官员要领到俸禄，必须自己先到粮料院办手续。又据载：

［绍兴三十二年三月甲寅］给事中金安节、权中书舍人刘珙言：“臣等初谓国家赋禄高下，具载格法，有司何为不与放行，致烦圣听。今将户部案牍契勘，据粮料院状称，张说昨提举佑神观，请给依例支给，即与张说事体一同，难以免借减。臣等复自检照给与禄格，诸遥郡承宣使除统兵战守官外，并行借减，其指挥着在禄格，行之已久，今［韩］诚既任宫观差遣自合借减。况与张说事体一同，诚难独免。若或放行，恐后来者转相攀援，有渎天听。望令照应借减指挥施行，庶几人悉知分，一遵明制。”从之。②

此例中，粮料院提出，韩诚既与张说情况相同，都任宫观官，则俸禄应当借减。本人不同意借减，故产生争议。显然，在决定韩诚俸禄是否借减一事上，粮料院起了关键作用。

［绍兴三十二年］十月八日，户部状，明州申，添差通判赵伯圭母张

① （宋）王与之：《周礼订义》卷五，另参宋叶时《礼经会元》卷三上《制禄》。
② 《系年要录》卷一九八。

氏特与依禄式支破诸般请给。乞从太府寺给历，开坐合得诸般请给则例，行下本州帮勘。本部下诸司粮料院照得即无似此合破请给条格外，其内东门司条格有国夫人请给则例，欲依上件条格则例给历支破。从之。①

此例中，张氏请给原拟由太府寺给历，“开坐合得诸般请给则例”，而粮料院称，“无似此合破请给条格”，说明有关条格平时由粮料院掌握。

[乾道三年] 十月十二日，户部状：准批下添差两浙西路兵马都监临安府驻札赵开状，为前任殿前司右军统领，准宣添差前件差遣，所有料钱衣赐自有太府寺历帮勘，今来粮料院称，系外任，依指挥并借减一半，乞下所属免借减，契勘本官系职任差遣，其身分请受自合借减支破。②

此例中，赵开料钱衣赐“自有太府寺历帮勘”，但粮料院却认为其料钱衣赐应借减一半，本人不同意，户部坚持照粮料院意见执行。

又南宋周必大记：“淳熙己亥（一作‘六年’），明堂大礼，崔大雅已迁著作，权直如故。粮料院止随其官帮支赐二十疋两。大雅以状申秘书省，省申朝廷，赵丞相雄将上取旨，遂用月俸例，支学士三之二。”③此事中崔大雅俸禄具体数额是由粮料院定的，后经皇帝亲自过问，予以特殊对待，才加以改变。此例同时也说明，不但官员等人的正式俸禄数额由粮料院定，而且官员郊祀、明堂等大礼赏赐数也由粮料院定。又如朱熹曾“准尚书省牒差充”江东提刑，后上疏辞免，并未赴任，在建宁府境内居住，“蒙粮料院依职司人例帮勘”俸禄。于是，朱熹上书请求改正。④ 他此前享受职司人俸禄待遇，也是由粮料院定的。这些事例都表明粮料院并非只是消极地执行太府寺的指令，而是拥有依据规定确定具体

---

① 《宋会要辑稿》职官五七之八〇。

② 《宋会要辑稿》职官五七之八五。

③ 《文忠集》卷一七六《玉堂杂记》卷下。

④ 《晦庵集》卷二二《申建宁府改正帮勘俸给状》。

人员的俸禄数额的权力，至少南宋时期是如此。

另据载：

> 嘉定六年九月二十三日，户部侍郎兼同详定敕令官李珏言：“度支一司，专一审度支供钱物，凡是诸色支遣并须经由度支，庶几事绪归一易于稽考，今来各路百官司并诸军帮支借给，或遇升改增添食钱之类，其粮料院只凭诸处诸人帮到券历便与批勘更不经由度支，是至事绪散漫，难以稽考。乞今后应是诸百官司并诸军但干请给，并须经由度支审度行下，方得照条帮勘，如未曾经由度支，即不许粮料院擅行帮勘。”从之。①

此次朝廷决定限制粮料院的审批权，恰恰说明此前粮料院有不经度支擅自审批官兵请给的情况。

另外，粮料院保有关于官员、军兵俸禄规定的较齐备的文件，这是与其自身职能相联系的。本来，这些文件首先应保存于粮料院的上级机构——三司、户部、太府寺，但从记载看，实际上却较多地保存于粮料院。李心传记：“［绍兴五年八月戊午］诏粮料院，将见行条法及前后续降申请指挥编集成册，次第经由太府寺、户部看定，用印给付。如有抵牾疑惑，申明朝廷可否行下。”② 可知，此时下令编成的文件汇编最终是交给了粮料院。又据载：

> ［乾道］六年十二月十八日，臣僚言：行在粮、审院所掌颁降到条格指挥经今岁久并皆散漫别无印造条册检照，乞行下敕令所，将合用禄令及前后申明指挥编类成册，付粮、审院，仍以一本付度支以凭参照，及日后百司关报到请给指挥，并仰置册用印，实时抄录，从本部不测点检。从之。③

---

① 《宋会要辑稿》食货五一之四九。

② 《系年要录》卷九二。

③ 《宋会要辑稿》职官二七之五九。

此时期再次编辑整理的档汇编同时交付了三个部门，即粮料院、审计司和度支。从上引记载也可看出，遇到疑问，人们较多地是到粮料院来查找有关文件。

应当说明，讲粮料院负责官员、军兵的俸禄发放，这里讲的“俸禄”是个较宽泛的概念，实包括正式俸禄以外的许多津贴，如前文涉及的郊祀赏赐。另南宋人程卓的上书表明粮料院也掌管马军马匹的饲料等。程卓曾在诸军粮料院任职，他后来上书“论马政之弊”，内言：“臣昨备数诸军粮料院，会计一岁所收之数，仅足以备补。是岁毙损之半，则一岁所失可谓多矣。臣又尝以前此数年考之，大抵岁收常少，所损常多。数年之后马必甚阙。岂非军政之大害乎。夫以民养兵、以兵养马，官给刍粟而马之充腹常不足，甚至有以马养人之讥。臣欲乞责内外主帅尽牧养之方稽其损耗，防其减克而严其责罚。”“上深然之。”① 由于粮料院官不但掌管官兵禄饷，而且掌管马匹的饲料，所以，对军队的马匹数量才能有如此清楚的了解。又南宋杨万里记，王回“迁粮料院，凡百官之奉总焉。在京百司官为赋钱僦民为傔，谓之顾募，乃有借兵人于外郡，而以钱他用者。公请革其弊。知濠州”②。杨万里讲的傔人衣粮，实际也是官员的变相津贴，记载表明，此项开支也由粮料院具体掌管。

南宋楼钥记：“汪大猷，字仲嘉……［绍兴］三十二年……改干办行在粮料院。文书盈几，日不给视，公间摘一二，无不切中，老吏惊叹，谓未有也。”③ 据此，粮料院事务也是颇繁忙的，只是笔者仅查到这一则记载，无法断定是否具有普遍性。

粮料院既是具体掌管官员、军兵俸禄的机构，其工作是否认真实关系国家财产是否会无端流失，在文献中存有关于粮料院官失误等所受处罚的规定：

诸不应销破请给并欠负合克纳而粮料院漏上簿或失克者，吏人

---

① 《新安文献志》卷七五《大宋故正议大夫守同知枢密院事致仕……程公卓行状》。

② 《诚斋集》卷一二五《提刑徽猷检正王公［回］墓志铭》。

③ 《攻媿集》卷八八《敷文阁学士宣奉大夫致仕赠特进汪公［大猷］行状》。

各杖一百，即虽上簿、克纳而不销注……各减二等。以上职级杖六十。其受赃不应编管及会赦者，并勒停……

诸请给粮料院审失点检致误支钱物者，各杖八十，累及五百贯，杖一百，命官降半年名例（“例”一作“次”），吏人勒停。一千贯以上，命官降一年名次，吏人永不收叙（原注：不许诸处收系）。[①]

应当说明，这些规定也适用于下文所言及的州郡粮料院。照理有惩罚相应地就会有奖赏，然而关于粮料院官员有功如何奖赏，有关记载却似遗失了，故无法窥其详情。

四　关于州府粮料院

关于中央机构中的粮料院（含隶属于总领所的粮料院），《宋史·职官志》《文献通考·职官考》等书中都有记载，而关于地方州府的粮料院，一般宋代史籍中却无专门记载，以致不少学者误认为宋代没有地方州府粮料院，这是与史实不符的。

宋代州府粮料院的缘起，大约也可追溯到唐代。李锦绣指出，唐代使府也置有粮料官。但因有关记载缺乏，无法考知其具体职能及履行职责的情况。[②] 如前所述，五代十国时期冠以州郡名的粮料使时见记载。宋初，沿五代十国之旧，这种冠以州郡名的粮料使，也颇见记载。京师粮料院出现以后，“粮料使”这一名称也趋于消失。但是，州郡粮料院却在史籍中时时可见。笔者利用电子软件对文渊阁四库全书中宋、元两代文献进行检索，搜索到的宋代州郡粮料院情况如下：

1. 平江府粮料院 10 次，另苏州粮料院 2 次，按：苏州政和三年（1113 年）改平江府。

---

① 《庆元条法事类》卷三〇《理欠》，又见同书卷三二《理欠》、卷三七《勘敕》，文字以后二处校正。

② 《唐代财政史》第六章第一节“藩镇财政组织及财务官吏”（三）“节度、观察使下理财官员”。

2. 扬州 8 次
3. 西京 8 次
4. 泗州 8 次
5. 潭州 6 次
6. 楚州 6 次
7. 江陵府 6 次
8. 江宁府 5 次（均在总领所创建以前）
9. 陈州 5 次
10. 南京 3 次
11. 杭州 3 次
12. 成都府 2 次
13. 吉州 2 次同源①
14. 北京 1 次②
15. 庆州 1 次③
16. 真州 1 次④
17. 蔡州 1 次⑤

另临安府粮料院 8 次

荆闽粮料院 1 次⑥

此外，据载，熙宁二年（1069 年）将成都府路职田租拘收统一分配，享有此项待遇的官员中有本路成都府的“干当粮料院”。⑦ 又据载北宋治平四年（1067 年）有真州粮料院。⑧ 宋人张方平述：“吕文靖镇大名府，

---

① 吴澄：《吴文正集》卷七三，《元文类》卷五二。
② 范祖禹：《范太史集》卷四五。
③ 《范文正公奏议》卷下《奏举姚嗣宗充学官》。
④ 《东轩笔录》卷五。
⑤ 《宋史》卷三一九《刘奉世传》。
⑥ 《宋史》卷四五四《陈夆传》。
⑦ 《宋会要辑稿》职官五八之一一、《宋史》卷一七二《职官志》。
⑧ 《宋会要辑稿》职官六五之二八。

又辟公勾当粮料院（宝元年前）。”[①] 据此，大名府有粮料院。又据载：皇祐中，“邕州司户参军孔宗旦……以粮料院印”作移文，号召防范侬智高，后被智高杀死，[②] 则邕州应也有粮料院。又据载，嘉定十六年（1223年）九月敕，言及“监潭州粮料院改注文臣承务郎以上或历任关升选人”。[③] 绍定四年（1231 年）十二月尚书省札子，称尚书左选通差阙内，有平江府粮料院、潭州粮料院、江陵府粮料院、建康府粮料院（建康府粮料院本应是属于总领所的，而此处它与平江府等粮料院并列，使人困惑）。又笔者于近年出版的《宋人佚简》中见到有关绍兴年间的舒州粮料院的资料。这样，见于记载的州郡（含府）粮料院不下二十几处。

更值得注意的是，几种类书均有“州粮料院”的小标题，引录了《神宗实录》的如下文字：“赵清献公抃，字阅道，监潭州粮料院，出纳不限时日，槩量平，人便之。”[④] 可见至少宋末元初时人们已经注意到宋代存在州粮料院这一事实。这一点我们还可从如下记载中再次得到证实：

［建中靖国元年］十月四日，都省批送下权知开封府司录参军公事王斿状：“切见天下勘给官吏军兵请受及勘支官物，并须先由粮料院批勘，封送勾院点检、勾勘讫，仓库方得依数支。今天下州府粮料院批勘，而判勾即皆专委通判。盖通判是本州按察官，使之判勾则其势可以点检粮料院违条妄支官物及诸般差错作弊等事。唯县则倒置不同。今府界等县勘给务反令知县领之，签勾反令监当官领之……欲乞特降指挥，应县有勘给务处俾监当官兼之，而签勾即专委本县长吏……”从之。[⑤]

---

① 《乐全集》卷四〇《宋故朝散大夫守尚书吏部侍郎致仕……钱公［象先］墓志铭》。

② 魏泰：《东轩笔录》卷一二。

③ 《永乐大典》卷一四六二二引《吏部条法》。

④ （宋）谢维新：《古今合璧事类备要》后集卷八一《监当门》，（元）祝渊：《古今事文类聚》遗集卷一四，佚名：《翰苑新书》前集卷六〇。

⑤ 《宋会要辑稿》职官五七之五〇。

引文中明言“天下州府粮料院”。可知宋代存在州郡粮料院是没有疑问的。这从下文的分析中可以进一步得到验证。

毕仲衍记：“［景祐元年，郊祀赏军，南京应天府］有军士出谓众曰：‘诸公为赏不平，先取者价善，后取者价恶。我军之赐，半无善价。’监南京粮料院毕从古召闹事者谓曰：‘物有新故，而价有善恶。汝欲尽得新赐，谁当取其故者。以新分旧，价乃平均，又何易乎！’”① 此事发生在宋仁宗在位前期，南京（应天府）粮料院不可能是隶属于总领所（当时尚未创立）的，故显然是北宋时期的州府粮料院。引文反映出，此粮料院具体负责本地驻军俸禄发放，故作为监院的毕从古才有机会表现自己的才干。

又《宋会要辑稿》载：

> ［宣和七年正月］十九日，诏：诸路转运司钱物应支用者，旁帖并经所在州粮、勾院勘勾，右入《政和给赐令》。二月七日又诏：诸不经粮、勾院勘勾者，徒一年。②

南宋条法有类似规定，谓：“诸转运司钱物本司应支用者，旁帖并经所在州县粮审院勘审。”“诸转运司应支用钱物不经粮、审院勘审者，杖八十。”③“勾院”“勘勾”因避宋高宗讳分别改作“审院”“勘审”。违者刑罚也略有改变。但转运司支用钱物时，要经所在州粮料院勘审，这一规定却是前后一致的。如“所在州”没有粮料院，则上述规定岂不要落空？

又南宋条法载：

> 诸粮料院无官专监者，录事、司户参军同知，仍分掌给纳（原注：遇阙官委司法参军）。④

---

① 《西台集》卷一六《毕从古行状》。
② 《宋会要辑稿》食货四九之三三。
③ 《庆元条法事类》卷三七《给纳》。
④ 《庆元条法事类》卷四《职掌》。

引文中所言粮料院，并未明言系京城的抑或隶属于总领所的或是州郡的，但所言“录事”“司户”“司法”都是州郡职务，故所言不可能是讲京城的粮料院。如果是讲隶属于总领所的粮料院，则照理应在行文中加入“所在州”一类用语。所以，所言粮料院应是指一般州郡粮料院。又同书载：

> 诸勘请官物勘给送审计院审讫，封旁付给处粮料院，每月具已勘旁及物数开（“开”为“关”之形近误）磨勘司对帐，申转运司。①

此粮料院既要每月将勘旁等数申转运司，则所言也应是一般州郡粮料院。同书又引绍兴二年（1132年）三月二十二日敕：“……应州县除见任及久来寄居外，如过往官员初到州府申乞请给，并委职官一员先行检察讫，然后过粮料院放行请受。”② 过往官员到州长府申乞请给后，不可能到京城或总领所所在地粮料院再办手续，应也是由所在州府的粮料院“放行请受”。再同书载：“诸军差出小券，粮、审院立号注籍拘管（原注：缴到券毁抹讫勾销）……候回及到所诣处官司，限壹日随所赍公文拘收，送磨勘司及审计院驱磨讫，保明申州，付粮料院收入大历，抹券架阁。”③军人出差后返回，“保明申州”后，有关文书所交付的“粮料院”也只能是本州岛的粮料院。

这些记载都反映了州郡粮料院的存在，及在日常社会生活中发挥着与隶属三司、太府寺、总领所的粮料院类似的作用。

五　关于粮料院官的品阶、地位

关于北宋前期隶属于三司的粮料院勾当官，史书中仅讲系由“京朝

---

① 《庆元条法事类》卷三七《勘敕》。

② 同上。

③ 《庆元条法事类》卷一七《架阁》。

官”担任，未涉及其资序。从记载中所见而言，较高的有本阶为郎中出任此职的，[①] 郎中为从六品，有可能表明此时期粮料院官的地位比元丰改官制后略高，这大约同此时期的粮料院直隶地位较高的三司，而元丰改官制后粮料院则改隶属于地位相对较低的太府寺。

关于北宋元丰改官制以后粮料院官的品阶地位，史书中似无记载，或与南宋时期较为接近。李心传对包括粮料院官在内有六院官的情况有如下记述：

> 六院官：检、鼓、粮料、审计、官告、进奏也，例以京官知县有政绩者为之，亦有自郡守除者，则继即除郎，如鹿伯可是也。故恩数略视职事官，而不入杂压……乾道后……六院弥重，号为察官之储矣。淳熙初……以六院官班寺监丞之上……绍熙二年夏，六院官始复入杂压，在九寺簿之下。[②]

依照规定，寺监主簿与太学博士均为从八品（监察御史为从七品），则粮料院干办官也应相当从八品。[③]

关于隶属于总领所的粮料院官，据载：

> 乾道三年闰七月二十二日，中书、门下省言：“分差镇江建康府诸军粮料院、鄂州户部粮料院、四川总领所分差户部鱼关粮料院，已上尚书方（左?）选并注通判、知县资序人。四川总领所分差利州户部粮料院，侍郎左选，注职官，次从政修职郎，次迪功郎，并归吏部。”诏今后并令堂除。依行在粮料院格法差人。[④]

---

① 见《长编》卷二八〇。

② 《朝野杂记》甲集卷一〇《六院官》。《续编两朝纲目备要》卷二绍熙二年夏所载略同。而同书乙集卷一三《六院官入杂压》亦记绍熙二年以后，六院官入杂压，“其班在五寺主簿之下，太学博士之上”。

③ 《庆元条法事类》卷四《官品杂压》。

④ 《宋会要辑稿》职官二七之六〇。

据此，乾道三年（1167年）以前，隶属于各总领所的粮料院官的品阶地位，并不如一般人想象的那样比行在粮料院官低，而且事实上（除四川利州一处外）还可能略高些，因为如前所引，行在粮料院官是选政绩较好的知县，并没有用通判资序人。此记载讲此后隶属于总领所的粮料院官依行在粮料院格法差人，然此后似曾有变化，因为同书又载：

> 淳熙四年十一月十六日，诏："自今分差粮料院，许过（通?）差荐举知县。已除指挥令吏部注通判，理作堂除之人。"吏部尚书韩元吉言："监分差镇江府诸军司（'司'字疑衍）粮料院、监分差建康府诸军粮料院、监鄂州户部粮料院、总领四川财赋军马钱粮所干办行在分差户部利州粮料院……分差户部鱼关粮料院窠阙，旧系堂除，昨淳熙二年二月八日发下吏部，本部申明差注通判资序人以上，仍不破选，亦不通差。缘通判资序以上人自有合入通判等差遣，多不愿就。契勘行在六院官止注实历知县一任人，今分差粮料院却注通判资序以上人，更不破选，轻重不均。欲将分差粮料院阙依破格通判格法出阙，满半年无本等人愿就，许破格注第二任知县资序人，仍不作选阙，或乞依旧堂除。"故有是诏。①

这说明淳熙四年（1177年）以前，隶属于总领所的四处粮料院监官人选，曾一度专用通判资序人，在淳熙二年（1175年）前且全由堂除，此后此四处粮料院官与行在粮料院官重又基本采取同一标准，改为先用曾任知县且政绩较佳者。

如前所述，州郡粮料院监官在宋代被归入监当官一类，其地位是较低的。但就中也有一类人较为特殊，即有些受排挤或有过失被贬黜的官员也被任命为监当官，其中有些就被任为粮料院监官，他们的本官阶有时并不低，有时又因政治环境的改变而迅速被提升。例如，庆历五年（1045年），堂后官大理寺丞（从六品）朱济因违例出迎枢密副使富弼，

① 《宋会要辑稿》职官二七之六〇。

被责出任监泗州粮料院。[1] 治平年间，太常博士（从七品）孙邵武，因故被贬监真州粮料院。[2] 元丰元年（1078 年），检正中书刑房公事、直史馆刘奉世，因受宰相吴充连累，被贬监陈州粮料院。[3] 元符元年（1098 年），因"王安国非毁兄安石"，而其子王斿元祐年间要求为其昭雪，故贬王斿监江宁府粮料院。[4] 这种因被贬而任粮料院监官者的品阶通常是较高的。

附录：

此文完稿后，友人发给我"永静军粮料院铜印"彩照，印文为："永静军粮料院之记"。此铜印是宋代州郡普遍设粮料院的特证。且可说明，不但府州设粮料院，而且规模小于府、州的军也设粮料院。它为宋代粮料院研究提供了新资料。

---

① 《长编》卷一五四。

② 《宋会要辑稿》职官六五之二八。

③ 《长编》卷二九〇、《宋会要辑稿》职官六六之三。

④ 《长编》卷五〇二。

宋朝如何抑制官员贪赃的几个问题

在我国古代，特别是唐、宋以后，如何抑制和防止官员贪赃，是一个受到重视的问题。同明、清等朝代相比，宋代官员贪赃的严重程度从整体上看反而是相对偏低的。这一历史表象说明，宋朝在抑制官员贪赃方面，取得了某些成功。本文拟围绕宋朝如何抑制官员贪赃做些讨论。

一　对犯重赃罪者惩处办法的前后变化

谈到宋朝抑制官员贪赃，人们往往对宋初的峻法酷刑津津乐道。其实，用峻法酷刑惩治赃官，只是宋初较短时期内的举措，而在更多或者讲在宋代绝大部分时间里，对犯赃罪官员是不判死刑的。清代史学家赵翼在《廿二史札记》中专立“宋初严惩赃吏”一节，此节虽以“宋初严惩”为题，却也记述了由“严惩”到“三免”以及此间曲折反复的历史演化过程。他说：（宋太宗末年）“已有执法曲纵者。至真宗时，弃市之法不复见，惟杖流海岛。如员外郎盛梁受赃流崖州，著作郎高清以赃仗脊配沙门岛，盖比国初已弛纵矣。《仁宗本纪》则并杖流之例亦不复见。《苏颂传》……自是宋代命官犯赃抵死者例不加刑，当时论者谓颂一言而除黥刺，以为仁人之言其利溥，益可见姑息成风，反以庇奸养贪为善政。”①

① 《廿二史札记》卷二四《宋初严惩赃吏》。以下引赵翼语均出此。

所谓犯严重赃罪，这里特指犯死罪。按照宋朝法律，官员犯枉法赃折绢十五匹以上、自盗赃折绢三十匹（后改为三十五匹）以上，处死刑。赵翼讲宋太宗末年犯严重赃罪已有被免死的，李焘录大中祥符八年（1015 年）宰相王旦也说“太宗谨重刑罚，行三宥之恩，此等多蒙减死”①。赵翼讲宋真宗时期“弃市之法不复见，惟杖流海岛”，似不确切。《宋史·真宗纪》载，咸平五年（1002 年）国子博士、知荣州褚德臻“坐盗取官银弃市”②，又大中祥符元年（1008 年）“晋城令王琰其、章县主簿苗文思皆坐枉法受赇抵死”③。可知宋真宗时期犯赃罪官员仍有少量被判弃市、处死的，并非只是“杖流”。另赵翼没有提及犯赃者被黥刺，事实上他所言及的盛梁（咸平六年，1003 年）、高清（大中祥符九年，1016 年），他未言及的范航（大中祥符九年，1016 年），都被黥刺。赵翼讲《仁宗本纪》（简称《本纪》）无杖、流之例，是对的，但这易使人误解为宋仁宗时期官员犯赃已无杖、流之刑，则不妥。天圣元年（1023 年），“都官员外郎、知涟水军邓余庆，阁门祗候、三阳寨主荆信，殿直、监兴平县酒税何承勋，监进贤镇酒税易著明，并自盗官物，各贷死杖脊，配广南牢城。”④ 天圣九年（1031 年），都官郎中、前知嘉州张约免死杖脊黥面配连州牢城。⑤ 庆历四年（1044 年），“知秀州、祠部郎中、集贤校理钱仙芝特贷命，决脊杖十七，配沙门岛”⑥。又《宋史·苏颂传》载苏颂讲到李希辅因犯赃罪被杖脊、黥面，不详此事是否发生在宋仁宗后期。当然，宋仁宗时期犯赃罪应判死罪而免死、免黥、免杖的事例颇多。

自宋神宗时起，官员犯严重赃罪，不但可以免死刑，还可以免杖脊和黥刺，这与宋初的动辄弃市、杖死形成鲜明对照。南宋俞文豹《吹剑录》载：“绍圣后始立三免法，不死不黥杖。”如所述不误，则绍圣年间

① 《续资治通鉴长编》（以下简称《长编》）卷八五。

② 《长编》卷五二载此事作“杖死”。

③ 《长编》卷六八、一〇一、一四四、一七三、八六、一二三、一四五、一一四、一一七、一〇四、一二四、一二五、一一一、一四七、三三五。

④ 同上。

⑤ 《宋会要辑稿》刑法六之一三。

⑥ 《宋会要辑稿》刑法六之一六、《长编》卷一四七。

"绍述熙宁圣政"，又将熙宁二年（1069 年）所立先例以法律条文形式形诸文字。后绍圣三年（1096 年），刑部侍郎邢恕批评朝廷对犯重赃罪者处置过轻。"诏令后应枉法自盗、罪至死、赃数多者，并取旨。"[①] 虽有此诏，但未见有违背"三免法"的实例，大约直到北宋末年，"三免法"都在发挥作用。

南宋初期，战乱之中，吏治混乱，官员犯赃罪的大为增加。关于宋高宗对治赃的态度，赵翼只讲："南渡后，高宗虽有诏，按察官岁上所发摘赃吏姓名以为殿最，然《本纪》未见治罪之人。"他的论述仅局限于《本纪》，很不全面。其实宋高宗在治赃方面作出了两项重大决策：一是"犯枉法、自盗赃抵死者，籍其资"[②]；二是中止实行"三免法"，"申严真决赃吏法"。[③] 所谓"真决"，即杖脊、黥面。建炎四年（1130 年）冬，从政郎、权知湖口县孙威"从赃抵死"判"刺面配连州"。绍兴元年（1131 年），有人建议恢复犯赃严重者判死刑的制度，宋高宗讲："岂忍置缙绅于死地，如前诏杖遣足矣。"绍兴四年（1134 年），右承奉郎、前贵池丞黄大本"坐赃抵死"，"贷死杖脊刺配南雄州牢城收管"。绍兴六年（1136 年），监新都县商税、右承议郎程序因"盗用库金"，"杖脊刺配新州牢城"。监阶州仓草场苗亘"以赃获罪黥之"[④]。当时大臣吕本中反对对士人施黥刺，其理由可归纳为：一是刑法要优待士人；二是前代成法不便轻易更改；三是施刑后难以追悔，且易被坏人利用。他的意见最终被采纳。绍兴七年（1137 年）八月，"中书言：命官犯赃抵死，祖宗之时间有杖脊刺面，系一时酌情断遣。近来刑部引为常例，甚非进行钦恤之意。诏自今似此案状，令刑部引为常例，甚非朝廷钦恤之意。诏自今似此案状，令刑部更不坐例，止申朝廷酌情断遣。"[⑤] 绍兴七年（1137 年）诏令本身并未废止杖、黥，但据载"自是赃吏不复黥配矣"。到了绍

---

① 《宋史》卷二〇一《刑法志》。

② 《建炎以来系年要录》（以下简称《要录》）卷一三、《建炎以来朝野杂记》甲集卷六《建炎至嘉泰申严赃吏之禁》。

③ 《宋史》卷二〇一《刑法志》。

④ 《要录》卷三九、五〇、八〇、一〇〇、一〇六。

⑤ 《要录》卷一〇六、一一三。

兴二十六年（1156年），犯赃官员有所增加，宋高宗又重申“天圣、绍兴真决赃吏指挥”，且声称“自今有犯，断在必行，决无容贷”[①]。但却未见有实施杖、黥的事例。

关于宋孝宗重新施用杖、黥刑，赵翼列举子李允升、石敦义两个案例。见于他书记载着受杖、黥刑的官员尚有吕安行（乾道二年，1166年）、张广仁（乾道五年，1169年）、孙尚（乾道六年，1170年）、皇甫谨（同前）、管准（乾道八年，1172年）、孙文亮（同前）、陈德明（淳熙十三年，1186年）等。[②] 被杖、黥者如此多，说明宋孝宗统治时期对犯赃罪者的惩治是较为严厉的。宋孝宗在即位后不久的隆兴二年（1164年），就下诏申明：“今后命官犯自盗、枉法赃罪抵死，除籍没家财外，取旨，遵依祖宗旧制决配，仍检坐天圣故事。”[③] 淳熙十年（1183年），由于官员犯赃“日甚岁剧”，又重申隆兴二年（1164年）规定。[④] 然而从记载看，官员犯赃受杖、黥刑的，乾道年间的颇多，淳熙年间的很少，似乎宋孝宗治赃也有前紧后松的情况。

赵翼未言及宋光宗以后的情况。从宋光宗即位到南宋灭亡，官方对官员贪赃问题一直相当重视，一再发文申命，且表示要实施杖、刺。[⑤] 然而被实际杖、黥的事例却不多见，笔者仅查见嘉定三四年间知昆山县徐挺之、县丞范大雅，濠州推官郑宰、钟离县尉王御，犯赃刺面发配的记载，[⑥] 使人有“雷声大、雨点小”的感觉。不过，南宋时期犯重赃籍资抄家的规定却是始终贯彻的。

二 对犯赃罪官员的“软惩治”

两宋在部分时间，取消了对严重犯赃者的死刑，在其中一段时间里

---

① 《要录》卷一七四。

② 《宋会要辑稿》刑法六、《皇宋中兴两朝圣政》卷六三、《宋史全文》卷二四。

③ 同上。

④ 《宋会要辑稿》职官七九之四、《宋史全文》卷二七。

⑤ 《宋会要辑稿》职官七九之五、二一，《宋史全文》卷三三。

⑥ 《宋史全文》卷三〇。

则又取消了对严重犯赃者的杖脊、黥刺，这些威慑力很强“硬”的惩治办法被废弃，那么，宋朝官方靠什么来阻止官员走上贪赃之路呢？简言之，就是靠一个较为完备的制度系统，其中最重要的部分就是取代“强硬”的惩治刑罚的“软”的惩治办法。

宋朝将官员犯罪分为赃罪、私罪、公罪三大类，后又增加民事罪一类，对赃罪的处罚比其他各类都重。所谓“重”，主要不是表现在刑罚本身，而是表现在一系列的制度下犯罪者所受待遇上，即官员一旦犯了赃罪，终生都要受不利影响，甚至终身受到歧视、不齿于同类。

1. 差遣安排上对曾犯赃罪者的不利规定

宋朝官员有主要标志品阶的本官或寄禄官、主要标志实际职掌的差遣官，差遣官比本官或寄禄官更受重视。官员一旦犯赃罪（包括较轻的赃罪），在安排差遣上就会受到种种限制。

对犯赃罪官员安排差遣影响最大的，是宋仁宗天圣七年（1029 年）诏书的规定：“命官犯正入己赃者，自今毋使亲民。”① 所谓“亲民”，通常人们认为是主政地方的行政长官，如知州、知县等，其实这种认识与宋代实际有相当距离。宋宁宗嘉定九年（1216 年）官方文书中言及，除知州、知县等地方行政长官外，各州通判、签判，各路提刑司干办公事，各路转运司主管文字、干办公事，节度掌书记、观察支使、节察判官推官，军监判官，知录司理，县丞、主簿等，都是亲民差遣。此时又规定，将安抚司、总领所、茶马司属官，分差诸军粮料院，监行在榷货务，各州教授、司户、司法等，也视为亲民差遣。② 按照这一记载，几乎绝大部分重要职务都是或都被视为亲民差遣。这样，官员一旦犯入己赃罪，被划入“不与亲民差遣范围”，则他就丧失了担任绝大部分重要职务的机会。不但如此，由于宋代大部分时间官多阙少的问题，如此多的差遣官阙都不能安排，就使得曾犯入己赃罪官员得到差遣（职务）的机会更加少、被闲置的机会更加多。对犯入己赃罪官员不安排亲民差遣的规定，

① 《长编》卷一〇八、《宋史》卷七《仁宗纪》。

② 《永乐大典》卷一四六二〇《吏部条法》。

自天圣年以后，虽曾作细节的补充修改，但基本原则在南宋灭亡以前一直得到贯彻。南宋时期还反复强调监司、知通、守令一律不许任用曾犯赃罪人,[①] 令文中没有标明“入己”，应是包括或部分包括犯非入己赃罪的官员。

犯赃罪即与钱财有关，曾犯赃罪者便不适合安排与财计关系密切的差遣。如宋真宗天禧三年（1019 年）规定，仓草场监门官不得任用曾犯赃罪者。天禧五年（1021 年）规定，茶场、榷务监官必须选任历任无赃罪人。宋仁宗至和二年（1055 年）规定“京朝官曾犯赃私罪”者，“毋得差监在京仓场库务”[②]，等等。

担任馆职，是文官的荣耀，也是升迁的捷径。仁宗庆历三年（1043 年），郑州观察判官夏有章因曾犯赃罪被取消了参加考试馆职的资格。参加修史，是文官显示才华的机会，宋神宗熙宁八年（1075 年），光禄寺丞李德刍因曾犯入己赃罪，被从原定参加修撰《国朝会要》者名单中剔除。武臣閤门职事被认为是“武臣的馆职”，元丰五年（1082 年）规定，犯赃罪人一律不再安排閤门职事。[③] 宋朝官员差遣分为堂除差遣和部除差遣，堂除的都是重要差遣。宋朝标榜崇儒尚文，各种教职被认为是清尚差遣。南宋建炎二年（1128 年）明确规定，曾犯赃罪者不许堂除差遣及担任师儒（即各种教职）差遣。这一规定沿用到南宋后期。[④] 另外，还有不少差遣也有不许曾犯赃罪官员充任的规定。在现存南宋后期的《吏部条法》中，不少官阙下都注有“注无赃罪人”字样，其中包括各地巡检兵官和转运司准备差使等不太重要的武职。这说明，官员一旦犯了赃罪，那么他以后就很难担任重要差遣，甚至不太重要的差遣也不许他担任。

2. 磨勘晋级上对曾犯赃罪者的不利规定

宋代官员的磨勘（考核）与晋升品阶是直接关联的。据范仲淹讲，

---

① 《要录》卷一三、一〇七、一〇九，《宋史全文》卷三一等。

② 《长编》卷九四、九五、一八一。

③ 《长编》卷一四一、二六一、三二九。

④ 《要录》卷一三、《宋史全文》卷三一、《永乐大典》卷一四六二〇至一四六二九。

北宋仁宗庆历年以前，“京朝官三周年磨勘”，“赃罪者五周年”。[①] 庆历三年（1043 年）规定，官员任期内有赃罪者，磨勘时须“先以情重轻及勤绩与举者数奏听旨”[②]。皇祐四年（1052 年）又规定：“文武官磨勘……赃罪杖以下增二年，徒以上三年。”[③] 这同以前规定比较，有了对罪轻重的区别对待。南宋后期实施的《吏部条法》中规定：官员犯赃罪徒以下者分五等展磨勘年。犯赃罪徒稍轻及轻者，展四年（细文又载：犯赃罪徒重者展五年，犯赃罪徒稍重者展四年二季）；犯赃罪杖重者，展三年零三季；犯赃罪杖稍重者，展三年零二季；犯赃罪稍轻及轻者，展三年零一季；犯赃罪笞者，展三年磨勘。[④] 犯赃罪流以上规定中未言及，显然是需要奏裁或完全没有磨勘资格。此规定对犯赃罪者的处罚（即增展磨勘年）不但比北宋仁宗时期又有加重，而且细致了。惟不知《吏部条法》中的有关规定，创行于何时。《吏部条法》还规定，选人“受供馈及和市有剩利计赃各不满匹磨勘者”，必须推迟磨勘改官时间，增加举主人数，才予以改官。改官还要降等，即“改次等合入官，不越宣教郎”[⑤]。本来资序高、有出身的选人磨勘改官可直接进入朝官行列，但如犯轻赃罪，依照上述规定，就不再能改朝官（即不越宣教郎）而只能改京官了。所以，无论是京朝官还是选人，只要犯了赃罪，哪怕是轻微的赃罪，就会在磨勘晋级时受到十分不利的影响。

3. 其他对曾犯赃罪者的不利规定

除安排差遣晋升方面有不利曾犯赃罪官员的规定外，在其他方面也存在许多对曾犯赃罪官员的不利规定，突出地表现在科举、致仕、门荫等制度上。

宋代下级官员的晋升，参加科举考试是一条捷径。历次科举考试被

---

① 《范文正公奏议》卷上《奏重定臣僚转官及差遣体例》。

② 《长编》卷六八、一〇一、一四四、一七三、八六、一二三、一四五、一一四、一一七、一〇四、一二四、一二五、一一一、一四七、三三五。

③ 同上。

④ 《永乐大典》卷一四六二九、一四六二八。

⑤ 同上。

录取者中，有官人占相当比重。宋仁宗天圣四年（1026 年）规定“命官锁厅应举”，“其历任有赃私罪”者“不许应举”。[①] 景祐元年（1034 年）又补充规定，曾犯赃罪官员不准参加制举。[②] 官员犯赃罪后，科举这条升迁捷径便被阻绝了。

宋代官员致仕，一般享受两种优待：一是晋升品阶；二是对够品级者施“荫子恩”（即录用子弟做官）。宋仁宗宝元二年（1039 年），“诏朝官尝犯赃而乞致仕者，自今止与转官，更不推恩子孙”[③]，即取消了曾犯赃者原应得到的“荫子恩”。庆历三年（1043 年）“诏武臣乞致仕而尝坐赃者，降一等除官”[④]，即剥夺了武臣曾犯赃罪者因致仕而晋级的权利。宋神宗熙宁三年（1070 年）修订官员致仕法，又规定：文臣致仕者“历任有入己，不得乞亲戚恩泽，仍不迁官”。[⑤] 这一规定剥夺了文臣曾犯赃罪者因致仕而晋级的权利。元丰七年（1084 年）诏书规定：“承务郎（文臣京官最低阶）及使臣以上致仕……历任无……赃罪，（俸钱衣赐）给半；因过犯若老病体理致仕者，不给。”[⑥] 这项规定表明曾犯赃罪官员致仕后在俸禄待遇上也要受到歧视。上述规定南宋时期仍在沿用。

官员犯赃罪后在许多场合都要受到困辱。在官名上的表现尤具刺激性，宋仁宗景祐元年（1034 年）诏书规定：“尚书省官尝历知州而无赃私罪者，今后并除左曹。”[⑦] 这样，尚书省官从官称上便可知官员是否曾犯赃私罪。宋哲宗元祐年间，为了区别流品，又规定在官员寄禄官衔内加上“左”“右”字，有出身加“左”，无出身加“右”，犯赃罪者“左”“右”皆无。这样，从寄禄官名上一眼便可知各官员是否犯过赃罪。

① 《长编》卷六八、一〇一、一四四、一七三、八六、一二三、一四五、一一四、一一七、一〇四、一二四、一二五、一一一、一四七、三三五。

② 《宋会要辑稿》选举一〇之二一。

③ 《长编》卷六八、一〇一、一四四、一七三、八六、一二三、一四五、一一四、一一七、一〇四、一二四、一二五、一一一、一四七、三三五。

④ 同上。

⑤ 《宋史》卷一七〇《职官志》。

⑥ 《宋会要辑稿》职官五七之三九，另参见《长编》卷五二。

⑦ 《长编》卷六八、一〇一、一四四、一七三、八六、一二三、一四五、一一四、一一七、一〇四、一二四、一二五、一一一、一四七、三三五。

此项规定大约过于刺激，实施不久便被废弃。南宋初又重新启用，并扩大到选人，宋孝宗淳熙元年（1174 年）又废弃。另外，宋朝官员每逢磨勘考课等场合，都要递呈“家状”，按规定，犯赃罪者凡遇书写“家状”，都要详写犯罪过程。宋仁宗景祐二年（1035 年）规定，“选人历任尝有过者毋得更名”①。宋神宗熙宁元年（1068 年）规定：“六品以上（官员）犯赃滥……重者，不得因本品改章服。”② 类似这些规定，使得官员一旦犯有赃罪，以后时时受到困辱。

从以上叙述可知，宋代官员之所以轻易不敢犯赃罪，是因为官员一旦犯了赃罪，哪怕是不太重的赃罪，那么他就几乎是永远地失去了受到重用、升官提级的机会，等待他的将是坎坷窘困的前程。宋真宗时，宰相王旦曾说：“今品官犯赃，情理乖当，但千钱已上皆配隶衙前，遇赦得逐便，得参军、文学，终身不齿善良。其有犯法轻赃，遇大庆不过得一判司，每赴选调，必首载其赃滥，为辱极矣。”③ 这种惩治犯罪者“软”办法，成为抑制官员贪赃行为泛滥的有力手段。

三　荐举、监察制度中防范贪赃的内容

宋朝抑制官员贪赃现象发展，不仅着眼惩治犯赃罪官员以警诫其他官员，而且努力造成一种使贪赃现象受到抑制的外部环境，这突出地表现为荐举、监察制度中防范贪赃的内容及其实施。

宋代官员的选任和升黜，荐举制度起着非常重要的作用。选人进入京朝官行列，京朝官获得重要差遣、晋升品阶，往往都需要有一定数量的官员推荐，宋朝官方紧紧抓住荐举这一环节，推行被荐举人犯赃罪荐举人连坐的制度，从而使数量众多的有荐举权利和义务的官员都来协助官方举廉斥贪。

被举官员犯赃罪、举主连坐的制度发端于宋初。宋太祖建隆三年

---

① 《长编》卷六八、一〇一、一四四、一七三、八六、一二三、一四五、一一四、一一七、一〇四、一二四、一二五、一一一、一四七、三三五。

② 《宋史》卷一五三《舆服志》。

③ 《续资治通鉴长编》（以下简称《长编》）卷八五。

(962 年) 下诏命令翰林学士、文班常参官举荐幕职令录，规定所举“贪浊不公”，举主“量轻重连坐”。[①] 宋太宗雍熙二年（985 年）下诏命令翰林学士、两省、御史台、尚书省官保举京官、选人升改朝官，规定“如犯赃贿”，“亦当连坐”。[②] 宋真宗即位以后，逐渐把被荐举人犯赃、举主连坐的规定制度化、普遍化，推行于各种荐举场合。在大中祥符二年（1009 年）以前，诏敕中仅笼统地规定被荐举人犯赃、举主“连坐”，如何“连坐”未见有具体规定，大中祥符二年（1009 年）诏书规定，被荐举人犯入己赃，举主“同其罪”[③]。大中祥符四年（1011 年）对上述规定又做了补充修订，增加了“所保举犯私罪、入已赃罪至死者，举主减死一等断遣”的规定。显然，此规定对荐举者来说是处罚偏重的，从记载中看，几乎找不到实施的事例。宋仁宗庆历元年（1041 年）前不久，官员张浩“坐赃流海上”，举主赵概被处“落职监当”。宋神宗元丰二年（1079 年），官员元大成因犯赃罪被除名，举主苏涓、马瑊仅各夺一官。元丰三年（1080 年）官员于石因赃被除名、编管，举主张景宪仅打官司一官、移小郡，举主张利一则追一官、冲替。[④] 上引三例举主都没有与被荐举者治同等的罪。南宋绍兴七年（1137 年），“尚书省言：‘自来立法太重，不能必行。’乃诏自今犯赃私罪者举主递降二等”[⑤]。绍兴二十六年（1156 年），宋高宗对大臣们讲：“在法，所举人犯赃，举主当与同罪，然自来不曾举行。”[⑥] 这二则记载表明，尽管被举人犯入己赃罪举主与之同罪（即同等治罪）的规定长期存在，但一直未能认真实行。绍兴七年（1137 年）将此规定改为举主减二等治罪，较前趋于合理。但后来对某些特殊的荐举，仍规定举主与被举人同罪。如绍兴二十六年（1156 年）诏令四川制置、总领、茶马、监司、帅臣各举堪任知州者，“犯赃及不职与

---

① 《宋会要辑稿》选举二七之一、三、一〇。
② 同上。
③ 同上。
④ 《长编》卷一三四、二九八、三〇四、三〇八。
⑤ 《要录》卷一一一、一七四、一七五、二八。
⑥ 同上。

同罪”[①]。《庆元条法事类·荐举》又载，“诸举清要官（原注：谓举充御史、阁门祗候之类）及举充县令若从事郎以上并改官而用所举已充其任者，若犯入己赃，举主与同坐，至死者减壹等”。可知南宋中期举主与被举人同罪的范围比南宋前期似有所扩大。还有一种情况，即被举人犯赃，举主既不同罪，也不简单地减等，而是直接判举主降官二等。这项规定似是宋孝宗淳熙十一年（1184年）正式颁定，此年“初命举改官人犯赃者，举主降二官”[②]。在此之前，乾道二年（1166年）汪澈、乾道六年（1170年）刘凯都因所举者犯赃罪而被降官二等，不知是否此项规定在正式颁定前已有试行。此项规定正式颁定后，当年有程大昌、程叔达、单夔、赵师夔各因所举人犯赃罪而“贬秩等”，次年又有盖经、姚述尧因同样原因而受同样处分，[③] 说明此规定在一定时期内得到贯彻。

要制止官员贪赃现象的蔓延，就必须及时揭发检举已存在的贪赃罪行，这就要仰仗监察制度和监察系统。宋朝把揭发检举官员贪赃罪行的任务主要交给中央的台谏和地方的路级监司、知州、通判。御史台和谏院负责全国范围内的监察事务，这一点宋朝与前代大体一样。与前代有所不同的是，宋代特别重视监司、知州、通判在检举地方官员贪赃问题上的作用，并且实行了连坐制度。

宋仁宗初年规定：“官吏犯赃至流，而按察官不举者，并劾之。”[④] 稍后宝元二年（1039年）对上述规定做了补充限定：监司到任百日、知州通判到任逾月，属下官员犯赃至流，“始坐失按举之罪”[⑤]。同年还补充限定：“自今转运使副、提点刑狱，若部内知州、通判、知县、兵马部署、都监、监押、幕职官一员，余官二员；知州军、通判，若部内官一员”，犯赃至流而失于按察，才追究治罪。[⑥] 南宋建炎三年（1129年）规定：

---

① 《要录》卷一一一、一七四、一七五、二八。

② 《宋史》卷三五《孝宗纪》。

③ 《宋史全文》卷二五、二七，《皇宋中兴两朝圣政》卷六二。

④ 《长编》卷六八、一〇一、一四四、一七三、八六、一二三、一四五、一一四、一一七、一〇四、一二四、一二五、一一一、一四七、三三五。

⑤ 同上。

⑥ 同上。

"诸路按察官自通判至监司，发摘过赃吏姓名置籍申尚书省，以为殿殿最。"① 检举贪赃官员从而成为监司、知通的考课内容。《庆元条法事类·考课》中有监司"考课式"，其内明列"按察并失按察所部官犯赃流以上罪"一条。宋理宗景定二年（1261年），又规定："监司率半岁具劾去赃吏之数来上，视多寡为殿最、行赏罚。守臣助监司所不及，以一岁为殿最、定赏罚。本路、州无所劾，而台谏论列，则监司守臣皆以殿定罚。"②

从记载上看，地方官员犯流以上赃罪，他隶属的监司、知通被治罪的事不为乏见。如宋仁宗天圣七年（1029年）知光州石普犯赃罪，所隶转运使被治罪。③ 明道元年（1032年）知信州梁领犯赃罪，"本路转运使萧显失察举，降知饶州"④。庆历四年（1044年）知秀州钱仙芝赃罪案发，前后两任两浙转运使都被降任知州。⑤ 宋神宗元丰六年（1083年）知秀州吴安世犯赃罪，"两浙路监司苏獬、胡宗师、朱明之各罚铜二十斤"⑥，等等。

四　宋朝抑贪设施的背景与评价

如前所述，宋朝在大部分时间里废除了犯赃罪者的死刑，也很少施用杖、黥刑，这并非是对抑贪的放松，相反，宋朝对于如何抑贪是相当重视、颇作努力的，形成了一整套防贪抑贪的设施。对犯赃罪者本人虽不杀不杖不黥，但却从其他方面予以制裁或防范，在一定意义上讲，犯罪者所受的痛苦，比被杀、被杖、被黥也未见得轻松多少。所以，前引清朝人赵翼所谓一旦实行"三不"，就是"姑息"，就是"庇奸养贪"，显然是失之偏颇的。

---

① 《要录》卷一一一、一七四、一七五、二八。

② 《咸淳临安志》卷四《殿最监司郡守劾贪碑》、《宋史》卷四五《理宗纪》。

③ 《宋会要辑稿》职官六四之三〇。

④ 《长编》卷六八、一〇一、一四四、一七三、八六、一二三、一四五、一一四、一一七、一〇四、一二四、一二五、一一一、一四七、三三五。

⑤ 同上。

⑥ 同上。

不过，我们还应看到，宋朝的防贪抑贪设施，宋朝敢于对犯赃罪者实行“三不”政策，都是有其特定的背景条件的。宋朝防贪抑贪设施、“三不”政策的背景条件中，最重要的是宋朝的尚文崇儒与官员俸禄制度。关于宋朝的尚文崇儒的政策与社会时尚，前人多有论述，无须重复。惟须指出的是，由于官方的引导和社会风气的形成，使得宋代文人士大夫阶层的地位提高，从而造成文人士大夫们的一种自重心理，一种唯恐被从文人士大夫队伍中剔除的心理。前引宋人苏颂所谓“其人无可矜，所重者污辱衣冠耳”，正是这样一种背景下的产物。由于犯赃罪者受到上述种种惩罚，他们便被置于不齿于士大夫行列的境地，这种结局是一般文人士大夫都视为畏途的。

宋朝官员俸禄水平在我国古代各朝代中是较高的，特别是同明、清两朝相比，尤为明显。不过，讲宋朝官员俸禄丰厚，实际主要是讲担负差遣（在职）特别是担负重要差遣的官员俸禄丰厚，而不担负差遣和部分担负不重要差遣的官员俸禄收入是很微薄的，甚至有时难以维持生计，这一俸禄制度一方面对担任差遣特别是重要差遣的官员有养廉作用，另一方面又使因犯赃罪而得不到差遣或得不到重要差遣的官员困窘异常，对于防止官员贪赃也起了一定作用。南宋时期，由于货币贬值、物价上涨和官方财政困竭，官员实际俸禄收入减少，俸禄制度的养廉治贪的功能便大为减弱，这是南宋中后期官员贪赃现象逐渐泛滥的重要原因之一。

宋朝防贪抑贪的设施（包括宋初的严刑峻法）是当时历史条件下的产物，仅就基本上达到了遏制贪赃现象泛滥的目的这一点而言，大抵是成功的。当然，宋朝防贪抑贪的设施也存在不少弊病、问题，除了受时代局限而难以避免者外，例如赃与非赃的界定、某些过重的立法等都存在弊端。当范仲淹等推行庆历新政时，反对派就借故把苏舜钦判为犯了自盗赃罪[①]，许多新政集团成员都受到连累。宋神宗时，知郑州王端对吏人管束过严引起怨恨，吏人便告发他将官署内一棵死树拿回家劈了木柴，定为自盗赃，险些被除名。苏颂曾讲，同是取了

---

① 《长编》卷一五三、三二六等。

官署内竹木等，有的被判为入己赃罪，罢官停废，有的却判为公罪，几乎未受处罚。[①] 南宋前期的奸相秦桧、南宋后期的奸相贾似道，都曾将政敌定为赃罪罪犯。这些例证都说明宋代在赃与非赃的判定上存在问题。而赃与非赃判定上的问题，连同某些过重的惩处办法，往往被人利用为排斥异己、将异己置于死地的手段。这一点是很值得后世引以为鉴戒的。

① 《苏颂集》卷一七《论胡俛罪名》。

宋代保州宗室考

宋代保州宗室是宋代宗室中较特殊的一个分支，考察研究保州宗室不但对研究赵宋皇室家世有参考价值，而且对研究宋代宗室制度以及相关学术问题都有促进作用。但有关记载十分缺乏，给这一研究造成较大困难。以下拟就已掌握的资料对保州宗室问题作初步探讨。

首先应当明确，保州宗室问题是由赵匡胤的祖父赵敬即所谓“翼祖”引出的，因为保州宗室的构成就是赵敬的后代中除赵匡胤之父赵弘殷及其后裔以外的部分。

赵匡胤的高祖、曾祖，地位低微，除宋朝官修史书所载外，在其他史籍上几乎找不到其行迹，而官修史书所大抵不可凭信，故要搞清其籍贯是很困难的。《宋会要辑稿》帝系一之一载，赵匡胤的高祖赵朓（僖祖）的陵（钦陵）、曾祖赵珽（顺祖）的陵（康陵）、祖父赵敬的陵（定陵，后改靖陵）都在幽州。但宋朝修《宋会要辑稿》发端较迟，约始于宋仁宗初年，所以，有关记载较大可能是本于《宋太祖实录》。李攸《宋朝事实》卷一《祖宗世次》注文谓“国初加上四祖陵名，钦陵、康陵、定陵并幽州，惟安陵旧在京城东南隅”。[1] 又引宋真宗景德元年（1004 年）十月手诏称：“康陵、定陵已经迎奉，将议修崇。国家事祖宗之尊，以园陵为大。始自开国之际，首行议礼之文，寻建陵名，尚虚神寝。而有司恳拜章表，面述听闻，有此二陵，尚居清

---

① 《宋会要辑稿》礼三七之二所载细文略同。

苑。朕以事关宗庙，理合审详，周询辅弼之臣，旁采中外之议，而宰相上表亦曰素所闻知，舆人之谈皆云尽有摭据……朕每从余暇，常阅群书，因览《宋太祖实录》明载二陵所在，又皆不指保州，疑虑之间，夙夜增念……”① 此诏书说明，当时有两种说法：一是讲顺祖、翼祖的陵在保州，一是讲在幽州，而后者的主要依据就是《宋太祖实录》。然而，值得注意的是，此时讲在保州者，指示了具体地点；而讲在幽州者，却未指明具体地点，甚至连县邑名也未提供，所以，幽州说很可能完全是得自传闻。此后，无论官私，关于此说再没有提供任何进一步的情况。说翼祖陵在幽州，再也找不到其他证据，说翼祖陵在保州，却可找到不少旁证。最大的旁证，就是保州宗室的存在。②

关于保州宗室，李焘记：

保州民赵加超者，国之疏属，居保塞县丰归乡东安村，乃宣祖旧里也。上遣内殿崇班麦守恩召加超至阙。六月丙午朔，授左屯卫将军致仕，特给全俸见缗。昆弟子侄并加宠秩，赐其妻女器币有差。③

北宋中期人赵令畤则记：

咸平三年六月，诏保州保塞县丰归乡东安村，乃宣祖之旧里，而百姓赵加起，实派天潢，久安地著，虽为疏属，实重宗盟，宜佩赤绂，以光白社。可拜左屯卫将军，仍赐加起等妻女首饰、衣服、银

① 按《宋会要辑稿》礼三七之二至三所载景德元年七月二十一日诏书与此略同，疑“十月”为“七月”之残误，因为当年十月战事紧急，或无暇论及此事。《宋会要辑稿》载宋真宗览《宋太宗实录》，与《宋朝事实》《长编》异，疑误。另参李焘《长编》卷五六景德元年七月癸卯、《宋史》卷一二二《礼志·山陵》。

② 杨倩描先生提出，宋太祖的祖籍可能是在幽州，因在宋境之外，官方为掩盖羞耻，故改称在保州。此说颇具合理性。但要凿实此说，尚须有证据支持，特别是具体指明在幽州何处。另外，考虑到迁陵一事发生时间是在“澶渊之盟”以前，当时朝野对收复幽州尚存幻想，是否就已有遮羞的想法，令人持疑。

③ 《长编》卷四七咸平三年夏四月五月甲辰。

器有差。时遣内侍自保州召加起，至，遂有是命。[①]

二处所记咸平三年（1000年）应召到京的保州宗室姓名有“超”“起”之异，当为形近致误。其他大致相同，有些细节则可互为补充。据赵令畤记，此诏书中直讲“保州保塞县丰归乡东安村，乃宣祖之旧里”，而赵加起是皇族成员。这说明宋真宗即位初年，当时认为保州是其祖父故里。后来大约是看到《宋太祖实录》，才对此种认识产生了动摇。但保州既有翼祖之后存在，则至少说明翼祖、宣祖曾在保州较长时间生活。这使人联想到杨倩描先生征引的金朝末年著名文人元好问为赵氏后裔写的那篇文字，即《龙山赵氏新茔之碑》，[②] 其中言及“吾赵氏世居保塞”，“五代末，有讳匡颖者，官至静江军节度使兼桂州管内观察使。弟匡衡及八世孙襄迭仕于宋，皆至通显。金朝兵破大梁，吾宗例为兵所驱，尽室北行，至龙山遂占籍焉”。也正如杨倩描先生推断，据此，赵匡胤很可能有两位叔伯兄弟：赵匡颖、赵匡衡。如确实如此，则赵加起（或赵加超）应是他们的后代。赵匡衡的八世孙，应又是赵加起（超）的后代。不过，元好问讲赵匡颖、赵匡衡入宋以后官做得那样高，大抵是不符合事实的。须知这是赵氏后代回忆二百年前的事，究竟有几分可信度是很难判断的。其中讲保州宗室被金人所驱，尽室北行，虽然存在一定可能，但恐怕也是难以完全相信的。

关于翼祖赵敬居住保州，现有入赘一说，其根据主要是苏舜钦的如下文字：

> 公讳文质，字士彬，世占数于保州保塞县。曾祖延不仕。祖昌后唐为平州刺史、幽蓟垦田使者。保塞皇家之故乡也。翼祖皇帝之在民间，昌阴知其非常，归以息女，今庙号简穆皇后。父审奇，太祖创业之始倚以机事，辟署汜水关令。未几卒……章圣帝尝询及保

① 赵令畤：《侯鲭录》卷三。按赵令畤字德麟，燕王德昭玄孙，也是宗室成员。元祐中签书颍州公事，坐与苏轼交通，罚金入党籍。今存苏轼《再荐赵德麟状》、苏轼与赵令畤唱和诗多首及二人间往来信件多篇。

② （金）元好问：《遗山集》卷三〇。

塞之旧，因以简穆事上闻。又用宣祖、太祖赐书函为献，有诏编任属籍。①

在苏舜钦之后，北宋后期李复又重复了其中的许多内容，写道：

刘氏……世家保州保塞县。［刘谌］曾祖昌，后唐平州刺史、幽蓟垦土使者。祖审言，汜水关令……考文质东上阁门使、连州刺史，赠左金吾卫上将军。府君讳谌字公量……保塞皇家之故乡，翼祖皇帝时在民间，平州知其非常，归以息女，今庙号简穆皇后。太祖创业之始，倚汜水以机事，而连州亦屡立功于边陲……铭曰：汉封中山，肇启土宇，庆流平州，夙亲翼祖。公出其后，为时所称……②

细看上引文字，并未言及入赘，大约人们认为刘昌地位高而富有，就做出了入赘的推论，然而人们或许忽略了，这同“保塞皇家之故乡”之说是有矛盾的。仅就苏氏原文而言，并没有讲赵敬是外乡人，只是讲当时赵敬状况不佳，同居保塞的有权有钱的刘昌却破例将女儿嫁给了他。至于讲赵敬是否在刘仁恭手下做过什么营、蓟、涿三州刺史，这是根本找不到可靠证据的，刘仁恭父子的政权一共只存在了十几年，所辖地区并不大，这种说法是很令人持疑的。这使人联想到不少宋人（如欧阳修、苏轼等）修家谱时对自家祖上情况的追记，这些追记颇有攀高倾向，已受到时人的讥讽。赵宋皇室对前代的追述大抵也是不能认真对待的。

宋真宗前期的迁坟事以不了了之告结，但保州有皇家前辈坟茔的事此后却仍频见记载。最突出的是宋仁宗嘉祐年间，当时有河北前沿官员

① 苏舜钦：《苏学士集》卷一四《内园使连州刺史知代州刘公墓志》。按《长编》卷一〇六天圣六年六月乙巳载：“内园使、连州刺史、知代州刘文质卒，诏厚赙其家录其三子……文质以简穆亲又父死事故，前后赐与异诸将。真宗尝问保塞之旧，文质上宣祖、太祖赐书五函，上亦五以书赐之。”说明宋真宗曾向刘文质咨询过有关保州的事。又《宋史》卷三二四《刘文质传》载“刘文质字士彬，保州保塞人，简穆皇后从孙也”，所言“从孙”是依照当时习惯凡女子嫁到皇家提升一辈，故此侄变为孙。

② 李复：《潏水集》卷八《礼宾使刘府君墓志铭》。

想用开塘蓄水的办法防御辽军，此项工程影响到保州皇家前辈坟茔，请看下引：

[嘉祐] 四年，以本官拜天章阁待制、知谏院、同提举万寿观 [言] 国朝祖陵在保州，自杨怀敏广塘水稍稍侵，近议赐钱改卜，公言迁久安之神，以其地与水，非尊祖之道。①

公（韩琦）在定武日，见塘水之弊，屡陈于朝，终为屯田司所沮，不得行。至此（嘉祐三年至六年间），乃奏曰："……兼保州是宣祖皇帝乡里，彼处有宣祖皇帝先远坟茔，及民间所谓天子巷者，为塘水淹浸……"②

[嘉祐六年八月] 乙丑，左侍禁、雄霸等路走马承受林伸言：国朝上世陵寝在保州，保塞县东犹有天子巷、御城庄存焉。其地与边吴淀相接，无数十里颇为塘水所坏，乞下本处常完筑之。从之（原注：《韩琦家传》云琦论塘水之害，亦以保塞陵寝为言。诏遣盐铁判官杨佐、管勾屯田张茂则与保州赵滋同擘划，而《实录》不书，今附见，当考）。③

上引三则记载都涉及此事，据上引，塘水侵及保州皇家前辈坟茔，于是有人提出迁坟，遭到反对。引文又言及"天子巷""御城庄"，这些名称显然是宋朝建国后才有的，只是我们无法确切推断其产生于宋真宗景德元年（1004 年）以前还是以后，如果是以前，则是翼祖、宣祖长期在此生活的证明。保州皇家前辈坟茔的存在，则无疑是翼祖、宣祖曾长期生活于此的证明，只可惜，这些记载都没有明确所谓"国朝祖陵""宣祖皇帝先远坟茔""国朝上世陵寝"是哪些人的坟茔。南宋初期人周煇也记："国家上世陵寝皆在保州保塞县东三十里，有天子巷、御庄，亦号柳林庄，尚有宗室在焉。"④ 他特别讲到了保州宗室。

---

① 刘挚：《忠肃集》卷一一《唐质肃 [介] 神道碑》。
② 佚名：《韩魏公家传》卷五（正谊堂本），李之亮等点校本，巴蜀书社 2000 年版。
③ 《长编》卷一九四嘉祐六年八月乙丑。
④ 周煇：《清波别志》卷二。

北宋中期，宋廷下令于河南府永安县（今河南巩县）皇陵附近建永昌禅院、永定昭孝禅院二所寺院作为功德坟寺。[①] 官方既承认保州葬有先人，于是也在此建立了坟园，且仿效皇陵，在坟园附近建功德坟寺资果院，请看下引：

［熙宁四年春正月壬子］保州奏，内殿崇班赵永图言：上皇坟园比奉敕建资果禅院，乞拨田十顷以赡僧徒。从之。[②]

［熙宁八年二月］庚寅，内殿崇班赵永图言：奉诏许以翼祖保州旧居地建资果院，守护祖坟。岁度僧一人。乞遇同天节于内东门进功德疏别度一人。从之，仍免进功德疏。[③]

［元丰三年九月］壬戌，诏定州东安村宣祖皇帝祖坟四至，各益地五顷，守园人十户（新纪书此，旧纪不书）。[④]

官方建坟园、坟寺，又赏赐坟寺田地及度僧额，这些做法都是比照皇陵规格（数额稍有降减）的。这说明官方已完全承认坟内所葬有自家先人（照理也会有非宣祖后代的入宋后故去的保州宗室葬于此），同时也就确认了保州宗室是本家血亲。

宋徽宗时改革宗室制度，建立了西京、南京两外宗正司，同时也创建了位于京师以外的敦宗院。敦宗院创建于崇宁元年（1102 年），时宰臣蔡京等上言：宗室“疎属外局，仅遍都下，出入无禁，交游不节，往往冒犯法禁。伏请非袒免亲以下两世欲分于西京、南京近辅或沿流便近居止。各随州郡大小创制屋宇，仍先自西京为始，每处置敦宗院，差文臣一员，武臣一员管干，参酌在京院法禁，而不愿者听从便”[⑤]。此后不久，

---

① 参《长编》卷五九景德二年夏四月壬寅，《宋史》卷一二三《礼志·凶礼》，《长编》卷三五一元丰八年二月丙戌，《宋会要辑稿》礼二九之二三、四二、五〇、五五等。

② 《长编》卷二一九熙宁四年春正月壬子。

③ 《长编》卷二六〇熙宁八年二月庚寅。按《长编》卷二八四熙宁十年八月辛丑载：“保州保塞县增置县丞一员（《时政记》）。”当与加强对保州坟园、坟寺、宗室等的管理有关。

④ 《长编》卷三〇八元丰三年九月壬戌。

⑤ 《宋会要辑稿》帝系五之一五、一六。参《宋史》卷一九《徽宗纪》。

大观二年（1108 年）八月，“诏：保州皇族子孙于属虽远，然未有仁而遗其亲者。比闻皇族之孙未官者余三十人，或贫乏不能自存，已令置敦宗院，其六房内各择最长年二十已上者与三班奉职二人，一房及六人已上加一人，并与添差监当。”① 这标志着宋朝为保州宗室设置了专门的管理机构。引文表明，保州宗室时有六房，官方给每房最年长的二人授了官。由于保州宗室与皇帝的血缘关系比宋太祖、太宗、赵廷美同辈后裔要疏远，上述做法已属破格优待。

宋朝自开国后多次修订宗室族谱，但一般都是修宋太祖、太宗、赵廷美“三祖”后代的族谱，未见有顾及保州宗室的情况。但宋徽宗政和七年（1117 年），情况似有改变。据载，政和七年（1117 年）三月“三十日，判大宗正事仲爰等言：欲令宗正寺将保州宗子依在京三祖下宗子例编为图录，别为一帙，岁具见存、字行、人数关报本司”。“从之”。② 则至迟此时起，官方将保州宗室纳入了修皇族宗谱的范围。

靖康之变后，随着徽、钦二帝被金人掠到北方，许多宗室也被掠到北方。建炎元年（1127 年）三月“金人来取宗室”，“前后凡得三千余人”。③ 但所掠大抵多是居住京城的近亲宗室，而西、南二京及保州的宗室情况稍好。据载：绍兴九年（1139 年）十二月“十一日，臣僚言：恭以翼祖皇帝世子孙实在本州敦宗院。自河朔失守，得过江南者仅十数人。陛下悯其失所，乃诏宗司收系属籍，今有官者止四人……两京宗室自中兴之后于旧法之外已尝推恩，而保州宗子颠沛远来，亦宜稍加厚于昔时。乞令合赴部之人可权依两京宗室体例注授。诏保州宗子令吏部先次注授”④。李心传也记：“［绍兴九年十有二月］丁巳，诏保州宗室令吏部先次注官。时翼祖子孙渡江者十数人，有官者四人而已。宗正丞郑鬲乞权

① 马端临：《文献通考》卷二五九《帝系考·皇族》。按陈均《九朝编年纲目备要》卷二七记：“大观二年秋八月，置保州敦宗院，以处翼祖后宗室也。”《宋史》卷二〇《徽宗纪》则记：“大观二年，秋八月乙亥，置保州敦宗院。”

② 《宋会要辑稿》帝系五之二七。

③ 《建炎以来系年要录》卷三建炎元年三月庚子。

④ 《宋会要辑稿》帝系六之一三。

依两京宗室例注官，故有是命。”① 据此，保州宗室有十几人追随宋廷南渡，为表嘉奖，宋高宗又破格为其中无官者授官。

北宋前期，宋太祖、太宗、赵廷美的后代逐渐形成了赐名授官的制度，保州宗室因是疏属，大约不能享受同等待遇的。又据载：“宗室撰名并用两字，内一字相联以别源派异昭穆。熙宁二年（1069 年）十一月甲戌，诏非袒免以下并罢赐名授官，而天支训名，皆无定制。元祐七年（1092 年）九月甲午，宗寺建言，于是联名之制始定。”② 从记载看，所谓“三祖”下的宗室每辈各以一字相联，只要看名字中的这个字，就可以知道他在皇族中的辈分。保州宗室是否也曾有名字中以字排辈的制度，未见记载，但马端临记：“保州宗室者，翼祖皇帝后也。建炎初，隔绝。绍兴九年（1139 年）渡江者数十人，有官四人而已；上念之，诏注官如两京例，今广字、继字、夫字是也。”③ 则保州宗室也有以字相联的制度，只是不详始于何时。李心传又记：“［绍兴二十有六年十有二月］壬子，刑部员外郎邵大受言：保州宗子实翼祖皇帝之后。曩者每遇大礼及诞节，各与推恩。自建炎至今三十年寝而不行。今闻保州宗子有官及白身人其数甚少，乞令尊长两三人省记合行事件，结罪以闻。从之。”④ 据此，北宋时即已有“每遇大礼及诞节”给保州宗室推恩的制度（所谓推恩似指加官晋爵），现在又拟重新加以实施，可惜不知是否落实。又史载：“孝宗登极，凡宗子不以服属远近、人数多寡，其曾获文解两次者，并直赴廷试，略通文墨者量试推恩。习经人本经义二道，习赋人诗赋各一首，试论人论一首，仍限二十五岁以上，合格第一名承节郎，余并承信郎。曾经下省人免量试推恩。四川则附试于安抚制置司。于是入仕者骤踰千人。”⑤ 这千名得官的宗室中，应也包括少量保州宗室。但南渡的保州宗

① 《建炎以来系年要录》卷一三三绍兴九年十有二月丁巳。

② 《玉海》卷五一《元丰宗室世表》。

③ 《文献通考》卷二五九《帝系考·皇族》。按熊克《中兴小纪》卷一九、李心传《系年要录》卷九二等均载绍兴五年八月处理宗室、衢州江山令赵继之贪赃事，赵继之名字中既带“继”字，疑为保州宗室。

④ 《建炎以来系年要录》卷一七五绍兴二十有六年十有二月壬子。

⑤ 《宋史》卷一五七《选举志》。

室毕竟很少，此后似再无记载。

总之，保州宗室的存在，是宋翼祖、宣祖曾在较长时间里在保州生活的最有力的证明。除都城外，只有保州有赵氏宗室存在，这至少表明，在赵匡胤、赵光义做皇帝以前，保州是其先人的最主要的活动地点。

补记：

据有关书目提供的信息，目前尚有数种赵宋皇族族谱存世，即北京国家图书馆藏《宗藩庆系录》（撰者不详，总卷数不详，内府抄本，存二十二卷），上海图书馆藏《仙源类谱》（史浩等纂修，总卷数不详，宋内府抄本，今存四十卷），山东图书馆藏《仙源类谱》（一百四十卷，清抄本）等。很遗憾，我们只有机会接触到国家图书馆所藏的《宗藩庆系录》，从中未发现有关保州宗室的记载。我们希望将来有机会能见到其他几种，并能找到有关保州宗室的更多记载。

北宋灭亡与宦官

——驳北宋无“阉祸”论

一 北宋末年军事上的失败与宦官

1. 作为西线统帅的童贯

童贯（1054—1126 年）早年曾随宦官大帅李宪到过西部边疆。在崇宁元年（1102 年）时，他只是入内供奉官。由于他在杭州结识了蔡京，并帮助蔡京做了宰相，作为回报，次年蔡京推荐他任内客省使、陕西走马承受，作为洮西经略使王厚的监军到了边疆。当年七月，以收复湟州，童贯进皇城使、果州刺史。十月，进皇城使、成州团练使。十二月，他的头衔由“熙河兰会路勾当公事”改为“熙河兰会路同措置边事”，即开始由传达命令者、监军向军队统帅转化。崇宁三年（1104 年）四月，论复湟鄯功，童贯又晋级为景福殿使、襄州观察使。五月，又晋级为延福宫使，进定武留后。崇宁四年（1105 年）春正月，童贯被任命为熙河兰湟秦凤路经略安抚制置使，成为西部最高军事统帅，地位已居王厚之上。[①] 五月，宋军在西宁城下战败，王厚受到降级处分，童贯作为一方统帅却未受影响。大观二年（1108 年）正月，童贯被委任为武康军节度使、提举龙德宫、熙河兰湟秦凤路宣抚使。童贯不但成了统兵大帅，而且打

---

① 《皇宋十朝纲要》卷一六《徽宗》。

破以前宦官不能做节度使的惯例，被授予节度使（须知这是许多武将终生为之努力而都未能得到的崇高荣誉）。从崇宁末年到政和元年（1111年）童贯出使辽朝以前，一直是西部地区的最高军政长官、最高军事统帅。在此后，他又被任命为枢密院长官，即全国的军事首脑，但仍兼任西部地区的最高军政长官、最高军事统帅。

评价童贯在西线宋夏、宋蕃战争中的功过，是一件很复杂的学术课题。它牵扯到宋朝该不该发动对夏、对蕃战争，牵扯到从崇宁到宣和二十多年间的战争过程及童贯个人的表现，牵扯到对这一时间段朝廷政治的总体评价等。这里不拟多言。只拟对童贯主持西部军事的结果略作分析。毋庸赘言，经过二十多年的战争，宋朝在实现自己的战略目标方面确有进展，其突出表现为收复了湟、鄯、廓等州疆土（即所谓平定青唐）。但是同时我们必须看到，西线战争使宋朝付出了沉重代价，新开拓的疆土更使宋朝财政增加了沉重负担，这对于北宋的最终灭亡都有直接影响。

《宋史》卷四八六《外国传·西夏》和《九朝编年备要》卷二七、二八记载了此阶段宋夏战争的几次重大挫折。崇宁四年（1105年），宋军在西宁城下战败，大将高永年被杀，宋军损失惨痛，以致宋徽宗亲自下令治十八名帅臣的罪（包括王厚）。政和五年（1115年）秋，宋军在臧底河城战败，“死者十四五，秦凤第三将全军万人皆没”。宣和元年（1119年），宋军在朔方城下大败，大将刘法被杀，“死者十万”。这后两次大败，都对朝廷隐瞒了实情，最后一次，甚至“以捷闻”。宋夏连年交战，西夏国力确实受到削弱，不得不派使者给宋朝皇帝祝寿，但当宋朝皇帝赐给使者誓诏时，使者却拒不接受，宋朝官方设法“强之使持还”，“及边，遂弃之而去”，边境官员拾得上缴，童贯“始大沮”。这说明宋朝并没有能使西夏屈服。

关于西部战争给宋朝财政造成的沉重负担，宋徽宗即位之初，有旧党倾向的任伯雨等人就都讲过。但因其有党派色彩，故而所言情况人们或有疑问。然而政和八年（1118年），作为新党执政大臣、时任知枢密院事的邓洵武也有如下说法：

[邓洵武奏] 自西方用兵，禁旅减耗……今非独兵势如此，而又

> 财用匮乏，民力凋弊，人皆知之，无敢言者。臣令取诸路廉访使者所奏，去年兵食实数作榜通册，愿陛下置之御坐，时赐御览，则天下虚实可知。①

而史言："诸路所筑城寨皆不毛，夏所不争之地，而关辅为之萧条。"宋朝的财政为此背上了沉重的包袱。值得提出的是，童贯主持西部军政，当时宋军主力聚集西部，童贯在这方面的胡作非为，还给后来的军事造成了深刻的隐患，给此后的战争败北埋下了伏笔。

尤其值得注意的是，政和八年（1118 年），布衣安尧臣上书宋徽宗，对童贯作为西线统帅的功过做了如下评说：

> 广安军草泽安尧臣上书，乞寝燕云等事。书曰……请以误国之大者童贯而论之。臣谨按贯起自卑微，本无知谋，陛下付以兵柄，俾掌典机密。自出师陕右已弥岁禩，专以欺君罔上为心，虚立城砦，妄奏边捷以为己功，汲引群小，易置将吏，以植私党，交通馈遗，鬻卖官爵，超躐除授，紊乱典常。有自选调不由荐举而改京秩者，有自行伍不用资格而得防团者，有放逐田里不应甄叙而擢登清禁者，有托儒为奸懵不知书而任以兰省者。或陵德鲜礼不通世务，徒以家累亿金，望尘下拜，公行贿赂，而致身青云者，比比皆是。或养骄恃势，不知古今，徒以门高阀阅摇尾乞怜，侥幸请托，而立登要津者，纷纷接踵。一时鲜廉寡耻之人争相慕悦，侵渔百姓，奉其所欲，惟恐居后。兵戍战士冒石伤弓，生有金帛之赐，死有褒赠之荣。自法权归贯，纷更殆尽，战伤之卒秋毫无所得，死者又诬以逃亡之罪，赏罚不明，兵气委靡。凯还未歌，书品已崇，庖人厩卒扫门执鞭之隶，冒功奏赏，有驯致节钺者，名器一何轻哉。山西劲卒，贯尽选为亲兵，实自卫也。方战伐之际，它兵躬行阵之劳，班师之后，亲兵冒无功之赏。意果安在。此天下所共憾，而陛下恬然不顾也。贯

① （宋）徐梦莘：《三朝北盟会编》卷一《政宣上帙》政和八年四月二十七日己卯引《邓洵武家传》。

为将帅，每得帑金帛以济军需，悉充私藏。乃立军期之法，取偿于州县。依势作威，倚法肆贪，暴征横敛，民不堪命。将士为之解体。贯方且意气洋洋，自为得计，凶焰勃然。台谏之臣间有刚毅不回之士，爱君爱国一言议及，则中以危法，遂使天下不敢言，而致归怨陛下矣。①

安尧臣是新党骨干安惇的族子，此次上书也得到宋徽宗的肯定，与有旧党倾向者不同，所言应比较可信。

2. 童贯是联金灭辽决策的提议者、决策参与者和主要实施者

联金灭辽是宋徽宗的重大战略决策，历史已经证明，这一决策是在对形势做了错误估计的基础上所做的错误决策，而童贯是联金灭辽决策的提议者、决策参与者和主要实施者。南宋史家李心传述：

先是，宦者武康军节度童贯持命使辽（政和元年九月辛巳），为辽主禧所辱，贯怒，会燕人马植得罪于其国，间道邀贯，说以取燕之策，贯纳之。政和四年秋，女真起兵（四年八月）。五年夏，植自雄州来奔，更姓名曰李良嗣。《钦宗实录·童贯附传》云……贯纳之，约以来归。至则藏之家，奏赐名为赵良嗣……七年春，尚书司封员外郎陶悦使辽而归。二月癸未，具言敌未可图。会知枢密院事邓洵武亦不以为然，事得暂止……于是童贯已有出师意，乃命河北军与陕西、河东更戍，又遣西兵宿将会京师……黼大惧，遗贯书曰："若北行，愿尽死力。"贯大喜……始，贯、攸之出师也，其参谋官中书舍人宇文虚中论此事乃安危存亡之所系，愿罢将帅还朝，毋开边隙。黼不听……②

① （宋）徐梦莘：《三朝北盟会编》卷二《政宣上帙》政和八年五月二十七日戊申条，（宋）陈均：《九朝编年备要》卷二八。

② 《建炎以来系年要录》卷一建炎元年春正月辛卯朔条，另参宋徐梦莘《三朝北盟会编》卷一《政宣上帙》，《长编纪事本末》卷一四二《金盟》等。

可知，童贯使辽，引来了马植，并将其引荐给徽宗。由于邓洵武（其实还有郑居中）等的反对，事情曾被搁置。当知枢密院事邓洵武反对征辽时，童贯曾去劝说邓想使其改变态度。

知枢密院事邓洵武上书乞守信罢兵，保境息民。《邓洵武家传》曰：时上意感动，欲兴师。蔡京谋起燕兵。洵武屡折之。而蔡京密启于上，不令洵武预议。洵武乃约童贯到枢密院，具以利害晓之。贯反说洵武曰："枢密在上前且承当，取商量也。商量得十来年里不要相拗，官家上方有意相公如此说话，恐为他人所夺。"语已而笑。洵武知京、贯之意，遂为问目，力陈宗社大计，请以上意令京条对……①

据上引，童贯在伐辽问题上，并不只是宋徽宗想法的执行者，而且是积极推动者。这使人联想到安尧臣上书中的如下说法：

广安军草泽安尧臣上书，乞寝燕云等事。书曰：政和八年五月二十七日，草泽臣安尧臣谨昧死裁书百拜献于皇帝陛下……比年以来，言事之臣朝奏夕贬，天下之人结舌杜口以言为讳。乃者宦寺专命，交结权臣，共唱北伐之议，不思所以蠹国而害民。上自宰执，下至台谏，曾无一人肯为陛下言者，咸以前车为戒。陛下复何赖焉。臣谓燕云之役兴，则边隙遂开，宦寺之权重，则皇纲不振，此臣所以日夜为陛下寒心者也。②

时又有安尧臣者，亦尝上书论燕云之事，其言曰：宦寺专命，介为大谋，燕云之役兴，则边衅遂开；宦寺之权重，则皇纲不振……今童贯深结蔡京，同纳赵良嗣以为谋主，故建平燕之议……③

① （宋）徐梦莘：《三朝北盟会编》卷一《政宣上帙》政和八年四月二十七日己卯条。
② （宋）徐梦莘：《三朝北盟会编》卷二《政宣上帙》政和八年五月二十七日戊申条。
③ 《宋史》卷三五一《郑居中传附安尧臣》。

安尧臣认为，燕云之役的第一主谋不是宋徽宗，而是宦官童贯。安尧臣的看法或许有为宋徽宗开脱的意思，但童贯是决策的参与者这一点，却是无可否认的。

3. 童贯、谭稹与宋辽、宋金战争

政和元年（1111 年）九月，童贯被委派以副使的身份出使契丹。这次出使更使童贯实现了“华丽转身”，逐渐成为全宋军事最高首脑同时兼宋朝军队主力的统帅。之所以如此，是因为他是宋徽宗收复燕云战略的首席实施者。

政和二年（1112 年），他被授予太尉官衔。政和五年（1115 年）二月，诏令童贯兼领六路边事及承奉御前处分，专门为他设置承奉御前处分边防司。政和六年（1116）正月五日，童贯被任命为陕西河东路宣抚使。这一官职的设置也是前所未有的。宋朝为了防止军权过于集中，在陕西设多个宣抚使（例如范仲淹在陕西时设四个），也从未有将陕西、河东合设一宣抚使的事。这使童贯成为整个西部地区的军事统帅。政和六年（1116 年）九月，童贯“以进筑功”，加授“开府仪同三司”，即成为“使相”。随后，诏童贯签书枢密院河西、北面房事。不久，又诏枢密院应差除武臣并调发兵事，悉令童贯预之。有须面议者，许赴院面议，当同进呈者，许同进呈。政和七年（1117 年）三月，诏童贯带行同签书枢密院事。不久，改权领枢密院事。十二月，童贯为领枢密院事，落权字。这样，童贯正式进入执政大臣行列。重和元年［政和八年］（1118 年）八月，“以进筑夏国靖夏、制戎、制羌三城”，童贯特授太保，兼陕西、河东、河北路宣抚使。在宋朝历史上，从来没有人被赋予如此大的军事权力。宣和元年（1119 年）七月，童贯进授太傅。宣和三年（1121 年），被委任为平定方腊的统帅。八月，童贯因方腊被平定特授太师。此时的童贯可谓“位极人臣”，因为整个宋代，被授太师的也只有屈指可数的几个人。随后，童贯又成为征讨辽朝的军队统帅。

宣和四年（1122 年）四月，童贯以河北河东燕山府路宣抚使的名义率宋军主力伐辽。童贯既一直主张联金灭辽，现在既被委任，本当毫不犹豫地主持伐辽。而此时的辽朝已是四分五裂，气数将尽。宋朝调集了

陕西、河东、河北的几十万主力，照理应如摧枯拉朽，辽军败亡指日可待。然而实际并非如此。童贯在大敌当前之下，显得怯懦犹豫、缩手缩脚。五月二十六日，宋军初战败于兰沟甸。六月三日，宋军后撤，驻守白沟。童“贯迫令退师，［种］师道力陈兵可进不可退，敌壁相衔，退必遭袭。贯再三趋之，不得已，军却，大风雪及之。敌以败盟责我，追我军至古城南而还”，大将种师道始终反对伐辽。童贯不能说服种师道一同伐辽，就劾种师道“助贼”，以庸将刘延庆代之，又“督刘延庆入新城，刘光世入易州，郭药师精骑由间道袭燕。已而败绩。诸将杀杨可世以降，延庆气夺，不能军，退师，敌益张，追奔至涿州，舒左右翼包之，我师复大败。自熙宁以来，累世所积军实，埽地尽矣”①。据说童贯此前曾声称宋军意在救民于水火，下令不许妄杀一人一兵，束缚了宋军手脚。宋军后撤至雄州。童贯对伐辽竟完全失去了信心，与副使蔡攸“相持而哭”，不再想出兵了。②此时辽朝进一步分崩离析，辽大将郭药师降宋，宋徽宗的态度又一次转变，命令童贯率兵再次对辽发动进攻。童贯却仍畏惧不前，错失战机，毫无建树，使燕山府被金军攻下。宋朝只好用很高的代价从辽朝赎买此座空城。童贯在伐辽过程中的表现，暴露出他无能、无远见、无毅力的本质，说明他完全不能胜任国家最高军事首脑的角色。

宣和五年（1123年）秋七月，童贯一度失宠，被勒令致仕。接替他的是另一大宦官谭稹。谭稹接任后无所作为，宋金关系日趋紧张，局势进一步恶化。宣和六年（1124年）八月，童贯重新被起用，落致仕，领枢密院事兼陕西河北河东燕山府路宣抚使。这次，童贯被赋予的使命实际是防范和抵御金军的南下。童贯的表现同样令人失望。面对金军的步步进逼，作为手握重权的童贯不但没有有效地采取防范措施，相反，却在危机来临之时，匆忙地从前线逃回京城。于是，知太原府张孝纯讥讽他道：“金人渝盟，王当令天下兵悉力枝梧。今委之而去，是弃河东与敌

---

① （宋）王称：《东都事略》卷一二一《宦者传》。《宋史》卷三五七《刘延庆传》亦谓宋军于芦沟败绩，“自熙、丰以来，所储军实殆尽”。另参《宋会要辑稿》兵八之一四，蕃夷二之三四。

② （宋）陈均：《九朝编年备要》卷二九《徽宗皇帝》，《皇宋十朝纲要》卷一八。

也。河东入敌手，奈河北乎？”童贯厚颜地训斥张：“贯受命宣抚，非守土也。君必欲留贯，置帅何为？”孝纯拊掌叹曰：“平生童太师作几许威望，及临事乃蓄缩畏慑奉头鼠窜，何面目复见天子乎！”① 童贯此间又一重大失误是他对“常胜军”主将郭药师的误判。郭药师是辽朝叛将，投宋后得到宋徽宗的赏识，常胜军扩充至二三十万，驻守燕山府。但郭药师不令其军队改汉装，朝廷“召入朝，辞不至”，引起怀疑。这时，宋徽宗令童贯亲往察看，童贯被郭药师蒙骗，“归为帝言，药师必能抗虏”。有人建议分郭药师兵权，童贯采取的措施是增招辽朝溃兵建立“义胜军”。当金军南下，郭药师迎降，义胜军也为金军作内应，金军灭宋由此拉开序幕。②

宋军在宋辽、宋金战争中暴露出的战斗力低下的严重问题，是与童贯主持军事以来的二十多年时间里，军政的不断败坏有直接的关系的。时人胡舜陟批评说：“国家自童贯握兵以来，选将必先其家奴，其它皆以贿进，货赂公行，其门如市。至谭稹主兵，悉效贯所为，二十年间将由此选，能得天下之奇材乎。”③ 南宋人所撰《中兴姓氏奸邪录》也记：“贯已贵而骄，不护将士，赏罚不明，纪律尤乱。仆役皆为显官，胥吏李宗振、门客范讷皆节度使，尤不用人材。”④ 南宋人真德秀也讲：“自童贯、高俅迭主兵柄，教阅训练之事尽废，上下阶级之法不行，溃败者不诛而招以金帛，死敌者不恤而诬以逃亡，是赏罚无章而军政大坏。”⑤

4. 梁方平军事方面的罪行

记载梁方平早期行迹的文献，几乎全部丧失，只在记述张俊事迹的文字中言及他与梁在西部战争中有过接触，则梁可能曾参加征伐夏、蕃。⑥ 宣和六年（1124 年）底，梁方平任京东河北制置使，率兵平河北、

---

① 《宋史》卷四六八《宦者三·童贯》。
② 《宋史》卷四七二《奸臣传·郭药师》，《长编纪事本末》卷一四四《金兵》。
③ 《宋名臣言行录》别集上卷五宋李幼武纂集《胡舜陟》。
④ （宋）徐梦莘：《三朝北盟会编》卷五〇《靖康中帙》。
⑤ 见宋刘时举《续宋编年资治通鉴》卷一四江东计度转运副使真德秀附奏论边事。
⑥ （宋）徐梦莘：《三朝北盟会编》卷二一九《炎兴下帙》引《林泉野记》。

京东“盗”。次年，身任威武军节度使的他，被赋予极其重要的使命——率御前兵精锐守濬州（即黄河渡口）。据载，大臣何灌曾反对朝廷的决策说：“金人倾国远至，其锋不可当。今方平扫精锐以北，万有一不枝梧，何以善吾后，盍留以卫根本。”① 这说明朝廷交给梁方平的军队不是普通的御前军，而是御前军的主力，梁方平被赋予的使命也非寻常使命，而是关系国家生死存亡的重大使命。梁方平辜负了对他的信任，靖康元年（1126 年）正月兵败，导致金军渡过黄河。二月，梁方平被处死。②

梁方平的兵败，主要是宋、金双方的实力决定的，不应全归罪梁方平，但据记载梁方平于中也有过失：

> 初，王（韩世忠）方从梁方平防浚州。金人大军已压浚境，方平漫不顾，以为他盗。王谓曰：“今之来者金兵耳。愿公速整行阵为防河计。河一失守，宗社阽危，公可忽乎！”王忠愤由中，词气激烈。方平怒，俾王以三千骑当敌，名曰硬探，实欲致王死地。王遇敌辄战，以实归报。方平犹以为红巾贼，不设备。及敌进屯子桥，则方平脱身遁矣。王师既去，主帅数万之众皆溃，敌骑大至。③

如所述属实，则梁方平先轻敌，后临阵逃跑，被处死实为罪有应得。

宋钦宗即位后，本应接受教训，不再以宦官掌军，但宋钦宗没能这样做，大抵沿袭其父的做法。靖康二年（1127 年）正月六日，侍御史胡舜陟奏：“……今日集百官宣府刘延庆转官，明日集百官宣府刘延庆转官，延庆昔有丘山之罪，今无尺寸之功，不知何以得此恩数。但延庆善结内侍，人人喜为称誉，故旬日之间两宣府制赏及罔功，人心不服，将士孰不解体。刘光国恃有内援，凶悖尤甚，殴将作监丞江征。臣与台属论列，其言不行。刘昌国闾闬鬻卦之人耳，遽命以官，即通朝籍，参谋守御，与士大夫同列，内侍所荐也。乘城者或迁秩，或锡带，皆内侍所

① 《宋史》卷三五七《何灌传》。

② 《宋史》卷二三《钦宗本纪》，《皇宋十朝纲要》卷一九《钦宗》。

③ （宋）杜大珪编《名臣碑传琬琰之集》上卷一三赵雄《韩忠武王世忠中兴佐命定国元勋之碑》，（宋）徐梦莘：《三朝北盟会编》卷二一七引录。

好者。或责官，或罢职，皆内侍所恶者。城上今日行某事，明日罢之。明日又行某事，皆出于内侍建明。其事无益，有同儿戏，人莫不笑之。孙传以枢臣总领守御，每为掣肘，不得约束他人，为所凌轹，固可知矣。台属有告臣者曰：城上见一中贵姓罗者，厉声谓士卒曰：见他官员不得唱喏，亦不得起身，凶焰赫然，摧压士类，岂不沮忠臣义士之气乎。又有一中贵人，据敌楼设卧具甚华丽，岂与士卒同甘苦者乎。臣于治城子时见都人喧闹欲殴此辈，遂尝内奏，乞不差内侍上城，面奉从臣所奏。已而城上内侍旁午，皆因其所请而使之往，臣所谓言或听信者皆此也。"①

总之，纵观北宋后期宋朝在军事上的失利及一步步走向灭亡的历史，可以看到，宦官从中起的作用是严重的，换言之，北宋灭亡与宦官掌兵有直接关系。这一点，南宋初的人看得很清楚，绍兴二年（1132 年），上奏者就指出："自崇宁以来，宦官握兵，驯致祸变，天下之人言之切齿。"②

二　宋徽宗时期激化社会矛盾的几项弊政与宦官

1. 花石纲与延福五位等

花石纲的发端也与童贯有关。史载，蔡京在杭州时，一次途经苏州，想在一处寺院内建一楼阁。当地人向他推荐朱冲作为工程主持者。蔡京被召回京，携带朱冲及其儿子朱勔同行，"以其父子姓名属童贯窜置军籍中，皆得官。徽宗颇垂意花石，京讽勔语其父密取浙中珍异以进"。"贯见之喜，始广供备以媚上，舟舻相继，号曰花石纲。"③ 所以，宋钦宗下诏声讨童贯十大罪状中就有"首荐朱勔起花石"一条。④

与花石纲关系密切的提举御前人船所，也是由宦官邓文诰主持的。

---

① 《靖康要录》卷一一。

② （宋）李心传：《建炎以来系年要录》卷五一。

③ 《宋史》卷四七〇《佞幸传》，《东都事略》卷一〇六《朱勔传》。另参（宋）赵彦卫《云麓漫抄》卷七。

④ （宋）徐梦莘：《三朝北盟会编》卷五〇《靖康中帙》。

据载：

> ［丁酉政和七年秋七月］置提举御前人船所。时东南监司、郡守、二广市舶率有应奉，又有不待旨但送物至都，计会宦者以献，大率灵壁、太湖、慈溪、武康诸石，二浙奇竹异花海错，福建荔枝橄榄龙眼，南海椰实，登莱文石，湖湘文竹，四川佳果木，皆越海渡江，毁桥梁，穿城郭而至。植之皆生。而异味珍苞则以健步捷走，虽甚远数日即达，色香未变也。至是，蔡京……乃请作提举淮浙人船所，命内侍邓文诰领之。京以襄备东封船二千艘，及广济兵士四营，又增制作牵驾人，乞诏人船所比直达纲法。自后所用即从御前降下，使许应奉如数贡入……由是稍戢，不两岁益甚于旧……诸路大扰，以至于乱。①

有记载说，宋徽宗时期的大宦官杨戬曾对一些小宦官讲："汝辈不可令天子罢修造，我所得恩泽及财物皆缘修造。"② 他的话有一定道理，因为修造事一般确实会给宦官带来好处。宋徽宗时期的一大弊政，是土木工程太多，花费太大。而此间朝廷的重要土木工程一般都是由宦官主持的。有记载说：

> ［崇宁二年］三月戊戌，入内押班郝随复以修内司进用，于是始缮修大内及诸司屋宇，并创修景灵宫元符等十一殿，及殿中监兴作之事纷然而起。③

宋徽宗时期最劳民伤财，最有激化社会矛盾效果的是修建延福五位及艮岳，这些工程也是由宦官操办的。宋徐梦莘《三朝北盟会编》卷五二《靖康中帙》记：

---

① （宋）陈均：《九朝编年备要》卷二八。

② （明）杨士奇等：《历代名臣奏议》卷二九三《近习》。

③ 《皇宋十朝纲要》卷一六。

[靖康元年八月二十三日丙辰] 政和初，童贯承蔡京意旨，大启苑囿，以娱乐导上为游幸之事。贯率杨戬、贾详、蓝从熙、何欣共五大阉，徙大内之外诸库，迁二僧寺，徙二军营，而改筑延福宫。五阉各有分地，自为制度，务尚华侈，不相沿袭，楼殿相望，筑山引水，草木怪石，岩壑幽胜。又跨旧城取濠外地作景龙江、芙蓉城、蓬壶阁、撷芳园、曲江池，各有复道以通宫禁。又为鹿砦、鹤庄、文禽、孔翠诸栅，多聚远方珍怪，蹄尾动数千实之。又効江浙为白屋村，居野店酒肆青帘。其间景龙门……

南宋洪迈《容斋三笔》卷一三《政和宫室》也记：

自汉以来，宫室土木之盛，如汉武之甘泉建章，陈后主之临春结绮，隋炀帝之洛阳江都，唐明皇之华清连昌，已载史策。国朝祥符中，奸臣导谀为玉清昭应、会灵、祥源诸宫，议者固以崇侈劳费为戒。然未有若政和蔡京所为也。京既固位窃国政，招大珰童贯、杨戬、贾详、蓝从熙、何欣五人分任其事。于是，始作延福宫，有穆清、成平、会宁、睿谟、凝和、昆玉、群玉七殿，东边有蕙馥、报琼、蟠桃、春锦、迭琼、芬芳、丽玉、寒香、拂云、偃盖、翠葆、铅英、云锦、兰薰、摘金十五阁，西边有繁英、雪香、披芳、铅华、琼华、文绮、绛萼、秾华、绿绮、瑶碧、清音、秋香、丛玉、扶玉、绛云亦十五阁，又迭石为山，建明春阁，其高十一丈，宴春阁广十二丈，凿圆池为海，横四百尺，纵二百六十七尺，鹤庄、鹿砦、孔翠诸栅蹄尾以数千计。五人者，各自为制度，不相沿袭，争以华靡相夸胜，故名延福五位。其后复营万岁山艮岳山，周十余里，最高一峰九十尺，亭堂楼馆不可殚记。①

① 另参《长编纪事本末》卷一三一《蔡京事迹》，宋陈均《九朝编年备要》卷二八等。关于延福五位的五宦官，各书均载是童贯、杨戬、贾祥、蓝从熙、何欣，唯宋李心传《旧闻证误》卷三称另有李穀，不详所据。

这些记载都说明延福五位工程的浩大。另宋赵彦卫《云麓漫抄》卷三记：

> 政和五年，命工部侍郎孟揆鸠工，内官梁师成董役，筑土山于景龙门之侧，以象余杭之凤凰山。最高一峰九十尺，山周十余里，分东西二岭。按南山石其大者高四十尺，赐名神运昭功，封盘固侯。始名凤凰山，后神降，有艮岳排空霄之语，以在都城之艮方，改曰艮岳。南山成，易名曰寿岳，都人且曰万岁山。

可知艮岳的主要操办者是大宦官梁师成，工程同样浩大。

2. 西城所

花石纲、延福五位、艮岳等都是花钱的项目，钱花多了，就需要敛财，西城所就是因敛财而设的。史载：

> 是时内外之费浸以不给，中官杨戬主后苑作，有言汝州地可为稻田者，因用其言置务掌之，号稻田务。复行于府畿，易名公田。南暨襄唐，西及渑池，北蹦大河，民田有溢于初券步亩者，辄使输公田钱。政和末，又置营缮所，亦为公田。久之，后苑营缮所公田皆并于西城所，尽山东、河朔天荒逃田与河堤退滩租税举入焉，皆内侍主其事，所括为田三万四千三百余顷，民输公田钱外正税不复能输。①
>
> 杨戬……立明堂，铸鼎鼐，起大晟府、龙德宫，皆为提举……有胥吏杜公才者，献策于戬，立法索民田契，自甲之乙，乙之丙，展转究寻，至无可证，则度地所出，增立赋租。始于汝州，浸淫于京东西、淮西北，括废堤弃堰荒山退滩及大河淤流之处，皆勒民主佃，额一定后，虽冲荡回复不可减，号为西城所。筑山泺，古巨野泽绵亘数百里，济郓数州赖其蒲鱼之利，立租算船纳直，犯者盗执

① 《宋史》卷一七四《食货志》。

之。一邑率于常赋外增租钱至十余万缗。水旱蠲税，此不得免。擢公才为观察使。宣和三年，戬死，赠太师、吴国公。而李彦继其职。彦天资狠愎，密与王黼表里，置局汝州，临事愈剧，凡民间美田使他人投牒告陈，皆指为天荒，虽执印券皆不省。鲁山阖县尽括为公田。焚民故券，使田主输租佃本业，诉者辄加威刑，致死者千万。公田既无二税，转运使亦不为奏除，悉均诸别州。京西提举官及京东州县吏刘寄、任辉彦、李士渔、王浒、毛孝立、王随、江惇、吕坯、钱棫、宋宪皆助彦为虐，如奴事主，民不胜忿痛。前执政冠带操笏迎谒马首献媚花，朝夕造请，宾客径趋，谒舍不敢对之上马，而彦处之自如。发物供奉，大抵类朱勔，凡竹数竿用一大车，牛驴数十头，其数无极，皆责办于民。经时阅月，无休息期，农不得之田，牛不得耕垦，殚财靡刍，力竭饿死，或自缢辕轭间。如龙鳞薜荔一本辇致之费踰百万。喜赏怒刑祸福转手因之，得美官者甚众。颍昌兵马钤辖范寥不为取竹，诬刊苏轼诗文于石，为十恶，朝廷察其据摭，亦令勒停。①

西城所的倒行逆施，直接导致了社会矛盾的激化，大抵北宋末年东南地区的农民起义多与花石纲有关，而北方地区的农民起义多与西城所有关。也正是因为民愤大，官阶低于节度使的李彦，被列为“六贼”之一，而官阶高于他的谭稹等反未被列入。

3. 其他

宋徽宗时期，造成激化社会矛盾的又一件事是治理黄河工程的处置失当，史载：

重和元年……是秋雨，广武埽危急，诏内侍王仍相度措置……

---

① 《宋史》卷四六八《宦者三・杨戬》。另参《宋史》卷二〇〇《刑法志》、卷四四五《文苑七》之《叶梦得传》《葛胜仲传》，宋王称《东都事略》卷一〇六《朱勔传附李彦》，陈均《九朝编年备要》卷二八、卷三〇，宋王明清《挥麈后录》卷二等。

靖康元年二月乙卯，御史中丞许翰言：保和殿大学士孟昌龄、延康殿学士孟扬、龙图阁直学士孟揆，父子相继领职二十年，过恶山积，妄设堤防之功，多张稍桩之数，穷竭民力，聚敛金帛，交结权要，内侍王仍为之奥主，超付名位，不知纪极。①

孟氏父子因此事造成民愤，分别受到惩处，而支持他们的后台，就是大宦官王仍。

刑狱不公也是导致宋徽宗时期社会矛盾激化的一个重要方面，这当中，宦官也起了不好的作用，请看下引记载：

[靖康元年十一月八日] 侍御史胡舜陟奏：刑部侍郎宋伯友天资驽劣，市井之流，才能素乏寸长，但工谐附近习。为大理卿，而内侍邓文诰为大理承受，倾身事文诰如奴，刑狱出入惟所颐指，而文诰用之为爪牙以快私忿，刑多枉滥，人甚冤之。未几，遂得待制，已而侍郎，皆文诰之力也。②

梁平、李彀之徒皆持权自若，气焰复炽……臣谨按梁平尝为大理寺、开封府承受，结为阴狱，杀无罪之人不可数计，罪盈恶贯，人所切齿。陛下之所知。今复处之御药院，果何意邪。③

右臣今月初六日，据朝散郎薛昌宋赴台投状，叙述宣和六年中，监左藏库，为步军司例物事断违御笔，追毁出身以来文字，除名勒停，是为非辜，乞敷奏改正者……盖缘是时内侍梁平先总领左藏库，朝廷恶其擅权不法，罢平总领。平无所发怒，因以偿怨。虽大理寺两次定作杖罪，并令退换，又令梁平核实，遂皆坐违御笔之罪。朝廷灼见非辜，当年五月二十五日奉圣旨令大理寺根究，仍令步军司具析。④

① 《宋史》卷九三《河渠志·黄河》，《靖康要录》卷二。

② 《靖康要录》卷九。

③ （宋）赵汝愚编《宋名臣奏议》卷六三《百官门·内侍下》，杨时：《上钦宗论不可复近奄人》（第二状）。

④ （宋）张守：《毘陵集》卷九《辨正薛昌宋违御笔罪名状》。

上引言大宦官邓文诰、梁平、李彀等利用他们任大理寺承受、开封府承受的职务，营私舞弊，妄害善良，坑害百姓，造成恶劣后果。

三　宋徽宗时期吏治混乱与宦官

1. 宦官势力的膨胀

宋徽宗在位时期，宦官势力空前膨胀，达到前所未有的程度。宋陈均《九朝编年备要》卷二九《徽宗皇帝》讲，宣和年间，“时童贯为太师领枢密院，视宰相；师成为开府，亦视宰相。春秋大燕，巍然坐于宰相之上，与人主讲劝酬之礼。”南宋人徐度说：“宣和中，三公三孤皆具。太师三人：蔡京、童贯、郑绅；太傅一人，王黼；太保二人，郑居中、蔡攸；少师一人，梁师成；少傅一人，余深；少保二人，邓洵武、杨戬。”① 据此，在当时三公三孤十人中，宦官竟有三人。又据南宋史学家李心传统计，宋徽宗在位时期，只有四位武将被授节度使官衔，却有宦官七人被授予。童贯是宦官中第一人。② 其余六人是谭稹、梁方平、李彀、杨戬、蓝从熙、梁师成。另有宦官承宣使（留后）多人，可以查见者有：贾详（保康军节度观察留后）、郝随（奉国军节度观察留后）、冯世宁（哲宗潜邸彰化军节度观察留后）、杨震［钦宗潜邸，管勾高密郡王位，大观元年（1107 年）时任安德军留后］、陈兢（宁武军节度观察留后）、黄经臣（保德军承宣使）、李彦（安德军承宣使）、张祐（随龙。彰德军承宣使）、刘瑗（武胜军一作清远军承宣使）。时人朱梦说看到了这种情况，曾于宣和二年（1120 年）五月上书加以抨击说：“宦官委任华重，名动四方，营起私第，强夺民产，名园甲第雄冠京师，卖官鬻爵货赂公行，人莫敢言，道路以目，盖位高而不可仰，势大而不可制。官人以爵而有司不敢问其贤否，刑人以罪而有司不敢究其是非，禄养之臣

① （宋）徐度：《却扫编》卷中。

② （宋）李心传：《建炎以来朝野杂记》甲集卷一二《官制三·文臣节度使》。

畏罪而不敢言，四方之士欲言而不敢达。”[①] 南宋初，蔡京的儿子蔡絛在《铁围山丛谈》卷六中也回顾说：“及政和三四年，由上自揽权纲，政归九重，而后皆以御笔从事，于是宦者乃出，无复自顾借……政和末，[童贯] 遂寖领枢筦，擅武柄，主庙算，而梁师成者则坐筹帷幄，其事任类古辅政者，一时宰相、执政悉出其门。如中书门下，徒奉行文书，于是国家将相之任，文武二道咸归此二人。因公立党伍，甚于水火。又当是时，御笔既行，互相抵排，都邑内外，无所适从，群臣有司大惧得罪，必得宦人领之则可入奏，缓急有所主，故诸司局务争奏乞中官提领。是后大小事百司上下之权悉由阉寺，外路则有廉访使者，或置承受官，于是天下一听而纪律大紊矣。宣和之初，暨中间宦人有至太师、少保、节度使正使、承宣观察者比比焉。朝廷贵臣亦皆由其门，遂不复有庙堂士大夫。始尽向之朝班禁近咸更相指曰：此立里（童）客也，此木脚（梁）客也。反以为荣而争趋羡之，能自饬励者无几矣。”显然，宦官势力过于膨胀，是许多弊病的根源所在。

2. 宦官与宰执勾结掌控政局

宋初以来，特别防范臣民结党，对宰执与宦官之间的勾结，防范尤其严密。但是，宋徽宗时期这方面明显削弱，出现了颇多宰执与大宦官勾结的情况。其中最典型的是蔡京与童贯、王黼与梁方平的勾结。前文已述，蔡京与童贯的勾结始于他们同在杭州时期。蔡京由于童贯的暗中举荐而做了宰相，童贯又因蔡京的举荐而做了西部统帅。他们共同主张西征夏蕃，共同主持花石纲，建延福五位，共同决策联金灭辽（但最后宋朝出动主力伐辽时，蔡京改变了态度）。史载：“时人称蔡京为公相，因称贯为媪相。”[②] 形象地勾画出二人狼狈为奸的丑态。

关于梁师成与王黼的勾结，文献中载：

---

① （宋）徐梦莘：《三朝北盟会编》卷一五九《炎兴下帙》，（宋）陈均：《九朝编年备要》卷二九。

② 《宋史》卷四六八《宦者三·童贯》。

[王黼] 起复宣和殿学士，赐第昭德坊。故门下侍郎许将宅在左。黼父事梁师成，称为恩府先生，倚其声焰，逼许氏夺之，白昼逐将家，道路愤叹。复为承旨，拜尚书左丞、中书侍郎。宣和元年，拜特进、少宰。由通议大夫超八阶，宋朝命相未有前比也。①

梁师成字守道。始以小珰亲文墨得侍上。师成能任数且谨密主传道上旨，遂亲信。

……久之，为睿思殿文字外库，益用事矣。政和间……已阴主上文书，遂行宰相事。俾王黼在外表里之，内为关决。上每宿于外，则师成入处殿中，因于文字外库，择能文笔吏隶其下，凡御笔号令批答率命其徒以自代。后来宰臣执政至于侍从，多其门生。王黼父事焉。亦有望风而不获进者。其若害政败国，首为宗主。②

可知王黼在做执政大臣之前就已投靠梁师成，在梁师成的帮助下做了宰相，做宰相后仍然与梁师成内外勾结，共同把控政局。

除蔡京、王黼外，其他宰执、大臣往往也与大宦官勾结。例如，言官陈禾曾抨击御史中丞与童贯、黄经臣勾结：

陈禾字秀实，四明人……除给事中。时童贯权益张，与[另一宦官] 黄经臣胥用事，御史中丞卢航表里为奸，搢绅侧目…… [禾] 首抗疏劾贯，复劾经臣，怙宠弄权，夸炫朝列，每云诏令皆出其手。言上将用某人，举某事，已而诏下，悉如其言。③

可知御史中丞卢航与宦官童贯、黄经臣的勾结导致朝廷机密的外泄，进而使其势力更加膨胀。蔡京的儿子蔡絛则讲：

政和以还，侍从大臣多奴事诸珰，而取富贵。其倡始者首有王

① 《宋史》卷四七〇《佞幸传·王黼》。

② （宋）徐梦莘：《三朝北盟会编》卷三二《靖康中帙》。

③ 《宋史》卷三六三《陈禾传》。另见宋王明清《挥麈余话》卷一。

丞相黼事梁师成，俄则盛尹章事何忻（炘），宋八座升事王仍。后又有王右辖安中（故事）亦事师成，此最彰著者。宣和以降，则士大夫悉归之内寺之门矣。黼则呼师成为恩府先生，每父事之。安中在翰苑，凡草师成麻制必极力作为好辞美句，褒颂功德，时人谓之王内相。上梁师成启事章，则与忻捧药而进。升对人呼王仍为王爷。又有刘斡者，自小官在童贯幙，始终与之尽力，后仕至延康殿学士。①

可知不少宰执、重要大臣都与宦官有着不正当关系。

宦官掌握重权，又与宰执及重要大臣勾结，造成严重后果之一，是扰乱正常的官员任用，严重影响吏治。这一点，朱梦说上书中有较细致的论说：

［宣和二年夏五月布衣朱梦说上书讲：］某以为人才混淆，财赋不足，缘宦寺之权太盛……出其门下者，以小使臣为可羞，必以团练、观察为足意……其间甚者，有挟气球（术）之野夫，谈命书之贱士，或以伶伦而见收，或以谈谐而获用，或以花石而得官，或以煎茶而被命。出则奔驰于马足之后尘，入则俛首于尊俎之前列，悉皆横金衣紫，杂处朝端。又有能承颜顺意，奉一时之欢笑者，既蒙不次之升擢，又获无穷之锡予。论其才能，则无有也。又有簪缨之后裔，挂借之名儒，开口谈先王，自以身为孔孟，语其名节则扫地矣。悉沐身薰手，愿出其门，得预姻娅之列者，则举族相庆。巨镇雄藩请为其使，削百姓之膏血，供无厌之须求，奔走馈献，动以万计。虽身为禁从之贵人，名实出于宦寺之门下，出拥驺从，意气洋洋，入同仆隶，则志趋龌龊，竟为鄙佞贪沓之士，殊无蹇蹇谔谔之节，人为之羞，已不知耻。如此则仕源不清，盖可见矣。②

① （宋）蔡絛：《铁围山丛谈》卷六。

② （宋）徐梦莘：《三朝北盟会编》卷一六〇《炎兴下帙》。

在宋徽宗退位以后，靖康二年（1127年）正月六日，侍御史胡舜陟上奏论宦官专权时也言及此：

> 赏罚生杀出自其口，所喜则致之青云，所怒则挤之陷穽，差除举措悉由中出。宰相充位，奉行文书。至政和、宣和间，其势尤盛，各立门户，公受货赂，以贩鬻官爵。凡驵侩小流奴隶庸材，皆引以为公卿侍从、牧守、使者。故政和、宣和所除宰执尽出其门。当时大臣与梁师成书，显称门生，略无惭愧，士夫相习成风，皆以附丽内侍为荣。自大臣以至州县小吏，故皆汲汲贪狥财利，以为致身之资，礼义廉耻荡然不复张矣。是以今日人才极乏，风俗极弊，生灵极弱，而外侮凭陵莫之能御，职此之由也……①

显然，一些大宦官与宰执、大臣勾结，掌控了官员的任用权，顺之者昌，逆之者亡，一切以私利为标准，置国家、社会利益于不顾。大宦官有意识地网罗人才，但目的是培植私人势力，史载：梁师成“以翰墨为己任，四方俊秀名士必招致门下，往往遭点污，多置书画卷轴于外舍，邀宾客纵观，得其题识，合意者辄密加汲引。执政、侍从可阶而升……都人目为隐相，所领职局至数十百”②。记载中有不少宦官排斥异己的事例。如方志载：“王次翁字庆曾，其先济南人……除辟雍正。时梁师成用事，荐士多至华要，号隐相。一日，命与次翁友者潜携文卷以去，既而来谓：‘子文达天听矣，将处以台阁。’次翁笑语之曰：‘文间适中其讳，幸取易之。’友亟取以授，并与友绝。师成衔之，出知道州。”③ 这是拉拢不成，即加排斥。又如，《宋史》卷三七二《翟汝文传》载：“内侍梁师成强市百姓墓田，广其园圃，[翟]汝文言于上，师成讽宰相黜汝文出守宣州。”这是宦官伙同宰相排斥正直官员的实例。类似的事例还有很多，无须一一列举。有时，大宦官甚至还卖官鬻爵，《宋史》卷一五九《选举志》

① 《靖康要录》卷一一。

② 《宋史》卷四六八《宦者三·梁师成》。

③ （宋）罗浚：《宝庆四明志》卷八《郡志八·叙人上》。

载，“童贯、梁师成……等凡所请求，皆有定价，故不三五年，选人有至正郎”。

宦官专权，与宰执、大臣勾结，胡作非为，使得政风败坏，正直的官员得不到提升和重用，趋炎附势、贪财牟利之徒窃据要位，严重地影响了吏治，加速了政治腐败。

综前所述，在宋徽宗统治时期，尤其是其后期，宦官势力恶性膨胀，造成了重大祸害，这些祸害是北宋灭亡的重要导因。当时人对此深恶痛绝，导致了几次诛杀宦官的群体性事件。宋钦宗时，胡舜陟讲：“都城每有变，必先殴内侍，人情所恶可知矣。”① “右司谏陈公辅论宦人蛊惑人主状曰……缘士庶伏阙献书，因而喧哗，遂逞积年之忿，杀害宦官二三十人，不由朝廷命令，不假威柄于人使。”御史中丞许翰上言曰……本朝北司之盛殆过汉唐，学士大夫凛凛久矣。前日缘太学生伏阙论事，数万之众不约而从，发愤欢呼，若天导之，使北司之势不诛而自折。② 南宋初逼宋高宗退位的“苗刘之变”，起因也是宦官问题，事变中，相传与宦官有联系的签书枢密院事王渊及康履等不少宦官被杀，也表明了宦官在普通民众中积怨甚深，事变也是这种情绪的一种发泄。

四　如何看待“阉祸”

“阉祸”这一说法包含有对宦官的歧视色彩（可能也包括一般士大夫对宦官的成见及憎恶情感），或许应改为“宦祸”更恰当些，且也文雅一些。所谓“阉祸”“宦祸”，其实就是指宦官造成的祸害。人们常常提出疑问，宦官也是人，为什么常人可以掌大权，而宦官就不能呢？为什么常人带兵打仗不是祸，宦官就是呢？为什么常人主持敛财不是祸，宦官就是呢？难道宦官天生就是祸种？是不同于常人的怪物？我们说：不错，宦官也是人，但宦官又不是普通人，有些事让宦官来做，很容易变成坏事。北宋末年，一些宦官被赋予了本不该赋予的权力，被安排在他们本

---

① 《靖康要录》卷一一靖康二年正月六日侍御史胡舜陟奏。

② 以上并见明杨士奇等《历代名臣奏议》卷二九三《近习》。

不该在的位置上，所以就造成了关系国家生死存亡的祸害。那么，宦官同常人的区别在哪里呢？

宦官之所以做许多坏事，主要是由于他们有普通官员没有的方便条件。宦官的一个重要特点，是他们是皇帝身边的人。在许多情况下，他们是皇帝与外界的中介，能比较容易地阻断基层与最高统治者间的正常信息交流，比较容易地私自改变信息的内涵。宦官的这种特殊权力是制度赋予的，是由皇权派生而出的。梁师成之所以能让当时的宰相、执政都畏惧他、服从他，是因为在一定程度上能左右皇帝的“御笔”。请看以下记载：

> 时中外大宁，徽宗留意礼乐符瑞事。师成特以颖悟善逢迎恩宠。徽宗凡有御笔号令，皆命主焉。于是入处殿中，多择善吏习仿奎画，杂诏旨以出，外廷莫能辨，阴窃用人之柄，权势熏灼，一时嗜进之徒争趋之。①
>
> 庚子宣和二年冬十月，加梁师成太尉。师成累迁河东节度，拜太尉、提举明堂……凡御笔号令皆主于师成，于是入处殿中，多择善书吏习仿奎书，杂诏旨以出，外庭莫能辨，阴窃用人之柄，权势熏灼，一时嗜进之徒争先赴趋之。②
>
> 蔡绦《国史后补》曰……其后始通知今睿思殿文字外库使臣若杨球等掌之，张补等点检，小阉三四人主出纳用宝，以付外，处之于宣和殿之后廊，但谓之东廊，即其所也，寖梁师成统之焉。……是后凡进拟入者必祷补、球辈使点窜讹舛，内外相关，而上但谓外廷不知也。③

以上来源不同的记载，都讲了宋徽宗的御笔中有不少都体现了梁师成的意志。北宋末年，在许多官署中都设有宦官担任的“承受”，负责皇帝与

---

① （宋）王称：《东都事略》卷一二一《宦者传·梁师成》。

② （宋）陈均：《九朝编年备要》卷二九。

③ （宋）岳珂：《宝真斋法书赞》卷二《历代帝王帖·徽宗皇帝诸阁支降御笔》。

官署长官的联系，这使得宦官作为皇帝与文武百官之中介更加制度化、法律化。南宋陆游记：

> 宣和中，百司庶府悉有内侍官为承受，实专其事，长贰皆取决焉。梁师成为秘书省承受，坐于长贰之上。所不置承受者，三省、密院、学士院而已。①

宦官做承受，本来只是上传下达，但这种性质很容易发生改变，就像梁师成那样，作为宦官的承受很容易变成所在官署的老大。由这些宦官承受编织成为一张网，使得大宦官的势力进一步膨胀，更加难以控制。

宦官往往做坏事，也因他们往往以皇家代表的身份出外活动，从而能在相当程度上摆脱监察系统的监督。关于宦官要不要接受台谏的监察，北宋朝廷争论不断，相应地，有关规定时有变更。宦官与皇帝之间的关系远比普通官员与皇帝的关系要密切得多，信息交流要通畅得多，所以，即便有台谏官可以监察宦官的规定，也很难得到落实，更不要说官方常常作相反的规定了。

大宦官很难有人敢监督，而他们与皇帝之间信息畅通，这使得弹劾他们的人往往处于很被动的地位，最具典型性的事例是方劭弹劾童贯案。此事不少种书都有记载，现引录两种：

> ［童］贯已大用事，数坏边事，独不可制。朝廷于是下诏疏其六事，命右司郎官方邵为察访，俾廉之。贯乃使人随邵伺其所为，先得以白上，及邵还奏，每一语上随以折之曰："卿不知是事云云乃御前处分也。"邵大怒，当御榻不去，尽发贯罪恶败坏国事。于是邵得罪，而终身不复，自后天下为贯结舌。②
>
> 其后论者疏［童］贯六事，选方劭以察访廉之。贯密伺劭动静，先得以白于徽宗。及劭入奏，每一事徽宗随折之曰："卿不知是事乃

① （宋）陆游：《老学庵笔记》卷三。

② （宋）徐梦莘：《三朝北盟会编》卷五二《靖康中帙》靖康元年八月二十三日。

> 朕处分也。”劭因尽暴贯恶，贯益衔之，以它事中劭，劭竟得罪，终身不复起。[①]

上引记载中的方劭（邵），是皇帝专门委派来查童贯的，他查访的结果却未得到皇帝的采信，皇帝宁愿更相信被查对象的话，为什么会如此呢？就是因为童贯比方劭更了解宋徽宗，更容易与宋徽宗彼此沟通信息。宦官的皇家私人代表身份，使得一般臣民更不敢对他们实行监督，也使得他们有机会肆意妄为，这一点在如下记载中得到充分体现：

> 李彦括民田于京东西，所至倨坐堂上，监司郡守不敢抗礼。有言于帝，师成适在旁，抗声曰：“王人虽微，序于诸侯之上，岂足为过。”言者惧而止。[②]

试想对于这样一位“王人”，谁还敢对他说三道四，这势必使“王人”为所欲为，做出许多不当的事情来。

宦官之所以往往做坏事，也是因为他们常常得到皇帝特殊的信任，被赋予非常的权力。南宋大儒朱熹回答“唐之人主喜用宦者监军何也”提问时讲：“是他信诸将不过，故用其素所亲信之人。”[③] 就讲的是这个道理。人们往往只注意到宦官的生理缺陷，而忽视宦官的社会身份。宦官之所以成为宦官，是因为这一名称是同皇帝联系在一起的。造成祸患的，大抵都是大宦官，他们都是生活在皇帝身边的，他们与皇帝接触的时间往往比大多数大臣多，他们得到的信任也往往超过许多大臣，甚至超过宰相。就以童贯为例，童贯是否有超群的军事才能呢？当宋徽宗拟任用童贯为西部统帅时，就遭到时任知枢密院事的蔡卞的反对，蔡卞说：“贯本无所长，朝廷无人，何至遂用宦者，他日误边计者必贯也。”[④] 当政和

---

① （宋）王称：《东都事略》卷一二一《宦者传》。事另见《宋史》卷四六八《宦者三·童贯》等。

② 《宋史》卷四六八《宦者三·梁师成》。

③ 《朱子语类》卷一百二十八《本朝二·法制》。

④ （宋）王称：《东都事略》卷一〇一《蔡卞传》。

末年宋徽宗拟将伐辽大任委托给童贯时，又遭到蔡京的反对，“京一日留身奏曰：‘贯徒有虚名尔，无能为也。臣岂不知伐国大事，安危系之，陛下何以付贯。’”“崇宁下青唐，初遣贯行，但若监军尔。”言外之意，收复青唐，真正立功建业者并不是童贯，童贯不过是坐享其成罢了。蔡京又“劾贯前后坏边事”，“章凡四上”。[①] 可惜蔡京的奏章今已不存，无法知其详情。童贯做统帅，也被金军统帅耻笑，粘罕［对马扩］笑云：“汝家更无人可委，止有此辈耶？”[②] 然而这样一个并无大才、决非统帅最佳人选的童贯，为什么被赋予全宋军事最高首脑的重任呢？就是因为有宋徽宗对他的特殊信任。

这里，再以收复青唐的主将王厚与童贯作一比较。王厚在出兵时官阶为东上閤门副使，被委任为权管勾熙河兰会经略司事，而童贯是以入内东头供奉官、走马承受为监军。收复湟州后，王厚授威州团练使、知熙州，而童贯被授入内皇城使、果州刺史。可知，童贯的官阶比王厚低。但到了崇宁四年（1105 年）初，二人的位置就发生了转变，此年正月，童贯被授予熙河兰湟秦凤路经略安抚制置使，成为西部统帅，而王厚仍任熙河兰会经略安抚使，已是童贯的属下。此时二人的官阶同是留后。而不久，发生了高永年之败，王厚作为责任承担者，受到降级处分，而童贯却未受影响。再后，王厚因功恢复了留后官阶，不久就因病致仕去世，而童贯却晋升节度使。王厚、童贯的不同遭遇，生动地说明了宦官比一般武将更得宋徽宗的信任。

童贯、谭稹、梁方平等在军事方面给国家造成巨大祸害，很大程度上是源于童贯等本没有很高的资质和才能，却被赋予了过大的权力和过高的职名。为什么会出现这种情况呢，就是因为童贯等人是宦官，就是因为皇帝对他们的信任超过了对一般文臣武将的信任。宋代宦官造成的祸害，并不全是宦官个人造成的，甚至在不少情况下，从某种角度看，宦官也是受害者，宦官造成祸害的根源在于制度，归根结底都是由皇帝制度造成的。

---

① （宋）徐自明：《宋宰辅编年录》卷一二，《宋史全文》卷一四。

② 《长编纪事本末》卷一四四《金兵》。

所以，宦祸实际上是制度之祸，是皇帝制度之祸，只要皇帝制度存在，宦祸是不可能根除的。对于宋朝皇帝而言，宦官始终没有篡位者，也没有以军队胁迫皇帝者，在这一意义上，可谓“无阉祸”，但对于整个社会而言，对于普通百姓而言，宋代的“阉祸”丝毫不比前代轻，甚至就国家长远利益而言，北宋的“阉祸”比前代更深刻、更严重。

宋代转般仓研究

最近，镇江在施工时发现了宋代转般仓遗址，这使笔者想到，关于宋代漕运的论著颇多，尽管其中有些学者曾对宋代漕运包括漕运中的转般制度，做了较深入的讨论（详下文），[①] 但似未见专门讨论转般仓者，以下拟作一尝试。

一　北宋转般仓

1. 北宋漕粮转般仓

北宋最初建转般仓，是与漕运的转般制度相呼应的。南宋吕祖谦、王应麟已指出，漕运中的转般制度始于唐代裴延龄，成于刘晏，但兴盛

① 常征、余德源：《中国运河史》，燕山出版社 1989 年版；陈壁显：《中国大运河史》，中华书局 2001 年版；李治亭：《中国漕运史》，文津出版社 1986 年版；吴琦：《漕运与中国社会》，华中师范大学出版社 1999 年版等。陈峰：《试论唐宋时期漕运的沿革与变迁》《中国经济史研究》1999 年第 3 期；陈峰：《略论北宋的漕粮》，《学术界》1997 年第 1 期；陈峰：《北宋的漕运水道及其治理》，《孝感师专学报》1997 年第 3 期；陈峰：《北宋漕运押纲人员考述》，《中国史研究》1997 年第 1 期；周建明：《论北宋漕运》，《中国社会经济史研究》2000 年第 2 期；高荣盛：《宋代江苏境内漕运工程考述》，《江苏社会科学》1997 年第 2 期；高荣盛：《两宋时代江淮地区的水上物资转输》，《江苏社会科学》2003 年第 1 期；王艳：《论北宋汴河漕运制度》，《信阳师范学院学报》1999 年第 1 期；王艳：《北宋漕运管理机构考述》，《洛阳师专学报》1998 年第 4 期；袁一堂：《南宋的供漕体制与总领所制度》，《中州学刊》1995 年第 4 期等。

于宋代。[①] 宋朝建都汴梁，在京师地区大量驻军，就需要从东南地区水运大量钱财和物资到京师地区，仅粮食一项，每年要运六百万石，其数量远远超过唐代。这些物资的水运路程漫长，但大抵可分两段：一是长江及其支流；二是运河。于是宋朝的理财家就谋划出转般制度。这是一个智慧含量较高的制度，它兼顾了漕运与禁榷两方面的需要。漕运由长江转入运河，遇到两大困难：一是惯于在长江行船的水手，对于在运河行船有些不适应；二是运河水量因季节而变化，冬季更有结冰期，漕船一旦误期，就陷于进退两难境地。所谓转般，就是要各地漕船将所运粮食等卸于建于长江与运河交汇处，然后装上食盐运回本地出售，以免空船返回造成浪费。再由专门负责运河漕运的船队，在适当时间将粮食等运到京师。这样，就在长江、运河交汇处依次于真州、扬州、涟水军、泗州建了转般仓，其中真州、扬州、楚州、泗州的是粮仓，涟水军的是盐仓，真州除粮仓外也建有盐仓。

宋元时期真州、扬州、楚州、泗州及涟水军的地方志统统失传，使我们要搞清各转般仓的确切位置和具体情况遇到困难。但从全宋性地志及其他文献中还可找到一些相关记载。如：

> 转般仓，在［山阳县］大运河西岸。唐漕江淮等道米，于此转送关陕，北有神堰，周世宗始置满浦闸，以通水运。[②]

引文说明了楚州转般仓的位置，且说明，楚州的转般仓有可能始建于唐五代。又如：

> ［元丰二年冬十月辛丑］权江淮等路发运使沈希颜言："淮南转般仓，泗州最为近便，虽有南北两仓，才可贮榖一百五万余石，扬

① 参见宋吕祖谦《历代制度详说》卷四《漕运》，王应麟《玉海》卷一八二《食货·漕运》。

② 《舆地纪胜》卷三九《淮东路·楚州》，四川大学出版社2005年版，第4册，第1728页。《永乐大典》卷七五一五《转般仓》引《元一统志》《淮安府志》略同，唯"大运河"作"神运河"，"北有神堰"作"北有神运堰"。

> 州废仓三百余间，约贮榖百万石，乞徙置泗州。”从之。①

引文表明，泗州有南北二转般仓，可贮存粮食一百余万石。文中言及“扬州废仓”，没有说明是否就是扬州转般仓，如确是，则扬州仓的储量与泗州仓相当，扬州仓既有三百余间，泗州仓的间数当与之相近。此言“扬州废仓”，易使人想到此时扬州转般仓会不会已被官方废弃，从下引一则记载看，则次年扬州转般仓依然存在，但却改为常平都仓：

> ［元丰三年八月丁巳］权发遣司农寺都丞吴雍言：“淮浙连岁丰稔，昨尝乞存留扬州转般仓，充淮浙常平都仓，欲乞委提举司辟官一员专管勾，每年广谋收籴，除年计外，常积万石，及受纳两浙转般粮斛与发运司上供额斛斗兑换。”从之。②

这二则记载容易让人误以为此后扬州转般仓不复存在，但元祐年间苏轼的奏疏（详下文）却表明扬州转般仓并没有被取缔。元祐年间苏轼几次上奏言转般仓行仓法事，内有言：

> 元祐七年八月一日，龙图阁学士、左朝奉郎、知扬州苏轼状奏：右臣近于七月二十七日具状，奏论纲梢欠折利害，内一事，乞罢真扬楚泗转般仓斗子仓法，并乞扬州转般仓斗子依旧存留四十人。今来扬州转般仓斗子四十人，并曾诣臣投状，乞一时归农。臣虽且抑按晓谕，退还其状，然体访得众情未安，惟欲逃窜。兼访闻泗州转般仓斗子已窜却一十二人，深虑逐州转般仓斗子渐次星散，别行召募，必是费力，兼恐多是浮浪轻犯重法之人，愈见败坏纲运。其逐一利害已具前状，只乞朝廷详酌先次施行，废罢转般仓斗子仓法，及扬州依旧存留转般仓斗子四十人为额。仍乞入急递行下，贵免斗

---

① 李焘：《续资治通鉴长编》（以下简称《长编》）卷三〇〇，中华书局2000年版，第12册，第7471页。

② 《长编》卷三〇七，第12册，第7471页。

子星散，住滞纲运。谨录奏闻。伏候敕旨。[1]

苏轼此奏言及，扬州转般仓有斗子四十人，泗州转般仓逃窜了十二人，则总数也应有数十人，这使我们对转般仓人员数量有了些感性认识。又宋人记：

> 公讳宗谊，字仲宜，姓任氏……上世故为博平人，尚书公改葬于郓，因家焉……签书镇海军判官事、管勾京东转运司文字，转通直郎、通判南平军，不赴。监真州转般仓，转奉议郎，赐绯鱼袋……今上即位恩转朝奉郎……大观元年七月二十四日，寝疾终于家，享年五十有九……真州仓室屋七百区，费大莫敢任葺事。岁霖雨，坏米至万计，吏夜徙弃水中以灭迹。公大撤而新之。计司吝费，公曰："仓虽在真，本漕六路聚米以供京师，则费宜均赋之六路。"众是公议，上之朝，遂着为令。[2]

引文言及真州转般仓有"仓室屋七百区"，也使我们对真州转般仓的规模有了具体认识。

又地志载：

> ［真州］转般仓，旧在宁江门外，属发运司，今废。[3]

引文虽短，却记载了真州转般仓的大概位置。然《永乐大典·转般仓》引《宜春志》又载：

---

① 苏轼：《苏东坡全集·奏议集》卷一二《乞罢转般仓斗子仓法状》，中国书店1986年影印本，下册，第550页。参李焘《续资治通鉴长编》卷四七五元祐七年秋七月条。

② 吕祖谦：《宋文鉴》卷一四四刘跂《任宗谊墓志铭》，中华书局1992年版，下册，第2015页。

③ 王象之：《舆地纪胜》卷三八《真州·景物下》，四川大学出版社2005年版，第3册，第1698页。

转般仓，旧在宁江门外西南隅，转漕诸路米斛，以达于京师，发运司主之。今废为教场，而居民犹称其巷为仓巷云。[①]

考《宜春志》为袁州的地方志，笔者从未见有记载述及袁州与漕运有涉之事，故疑《永乐大典》此处有误，甚至有可能是将记载真州情况的文献误书《宜春志》，如果真如此，则真州转般仓即"在［真州］宁江门外西南隅"。查明代《隆庆仪真志·废迹》恰谓："转般仓，在州城宁江门外西南，宋天圣七年置，转漕诸路米达于汴，以发运司主之。"[②] 可证《永乐大典》确实有误。

这里有一个问题不能不顺带言及，即《宋会要辑稿》有一处载：

［崇宁］三年九月二十九日，户部尚书曾孝广言："……今真州共有转般七仓，养吏卒縻费甚大……"[③]

而另二处则载：

［政和五年］十一月十二日，尚书度支员外郎张勋奏："窃以东南六路上供粮斛，岁额数百万石。前此真、楚等有转般七仓……"[④]

［宣和］八年三月十二日，臣僚言："东南诸路斛斗，自江湖起纲至于淮甸，以及真、杨、楚、泗建置转般仓七所，聚畜粮储……"[⑤]

同是《宋会要辑稿》一说真州一州有"转般七仓"，一说"真、楚等有转般七仓"，一说"真、扬、楚、泗建置转般仓七所"，究竟哪一种说法

---

① 《永乐大典》卷七五一五《仓·转般仓》引《宜春志》，中华书局1986年版，第4册，第3446页。

② 申嘉瑞：《隆庆仪真志》卷三《废迹》。

③ （清）徐松辑：《宋会要辑稿》（中华书局影印本）食货四七之三。

④ 《宋会要辑稿》刑法一之二九。

⑤ 《宋会要辑稿》食货四三之一三。

更可靠？查南宋程大昌言："祖宗朝，岁漕东南米六百万石，支京师一岁之用。故自真至泗置仓七所，转相灌注……"① 陈均记："真楚泗须先储米二百万石已费六百万缗，而三州七仓及七百转之船皆坏……"② 而王应麟则谓："真、楚等州共有转般七仓。"③ 据此，我们虽无法断定究竟是真、扬、楚、泗四州共有转般仓七所，还是其中的某三州共有转般仓七所，但可以肯定的是，所谓真州一州即有转般仓七所的说法是错误的。

2. 北宋盐转般仓

北宋盐转般仓往往被忽视，史载：

> 凡盐之入，置仓以受之，通、楚州各一，泰州三，以受三州盐。又置转般仓二，一于真州，以受通、泰、楚五仓盐，一于涟水军，以受海州、涟水盐。江南、荆湖岁漕米至淮南，受盐以归。④

据此，北宋有真州、涟水军盐转般仓。

北宋中期人强至曾为涟水军盐转般仓作题名记，内言：

> 海利盐最为巨……若是官盐之流通，不可一日而息也。涟水转般仓，受四场之盐，其石常二十余万，以友（供？支?）下淮数州之用……⑤

据强至记，涟水军盐转般仓只储盐二十余万石，供"下淮数州之用"，规模很小，则江西、湖南等广大地区的食盐供应，大约主要靠真州盐转般

---

① 程大昌：《攷古编》卷七《发运司》，台湾"商务印书馆"影印文渊阁四库全书（以下简作四库全书）第852册，第43页。

② 陈均：《九朝编年备要》卷二七《徽宗皇帝》，中华书局2006年版，下册，第682页。

③ 王应麟：《玉海》卷一八二《食货·漕运·宋朝水运太平兴国四河漕运》细文，江苏古籍出版社1988年版，第6册，第3352页。

④ 《宋史》卷一八二《食货志·盐》，中华书局1977年版，第13册，第4438页。

⑤ 强至：《祠部集》卷三二《涟水军监转般盐仓题名记》，四库全书第1091册，第368页。

仓。这大约也是由二处转般仓的地理位置所决定的。又李焘记：

> [庆历元年九月乙卯] 制置司又言：比年河流浅涸，漕运艰阻，糜费益甚。请量增江淮、两浙、荆湖六路籴盐钱。下三司议。三司奏：荆湖已尝增钱，余四路三十八州军请斤增三钱或四钱。诏俟河流通运复故。既而制置司又置转般仓于江州，益漕船及佣客舟以还，因请六路五十一州军斤增五钱。①

如所记不误，则宋廷又曾在江州建盐转般仓。关于盐转般仓的其他情况均失载，也不见南宋时期有盐转般仓。②

二　南宋镇江、建康转般仓

1. 镇江、建康转般仓的建立

人们较关注北宋漕运的转般法，顺带也留意到北宋的转般仓，却很少有人注意到南宋漕运的转般制度及转般仓。南宋的都城变了，驻军的格局也变了，漕运的方向也就随之发生改变。运河在漕运中的地位下降，但转般法仍然存在，转般仓的数量不但没有减少，反而可能有所增加。南宋转般仓中，最重要的是镇江和建康的转般仓。

镇江转般仓创始于南宋高宗绍兴七年（1137 年），地志载：

> 绍兴七年，每上江粮运至镇江，冬则候潮闸占舟，而防折运，纲兵亦复侵耗。运使向子諲乞置仓，以转般为名。诸路纲至，即令卸纳。从之。③

---

① 《长编》卷一三三，第 6 册，第 3173 页。参《宋史》卷一八二《食货志·盐》。

② 按苏辙《栾城集》卷四〇《言张颉第五状》言及元祐年间张颉担任发运使时，曾建议恢复转般盐仓，却未说明所恢复之仓是哪一所。

③ 卢宪：《嘉定镇江志》卷一二《仓·丹徒县·转般仓》，台湾大化书局 1980 年版，宋元方志丛书第 5 册，第 2904 页。

南宋后期人黄震亦谓：

> 绍兴七年，我高宗用向子諲之请，始以昔之置于泗、真者置京口……未几，柄国者攉一世之豪杰而夺之兵，托名四大屯，廪之不容出，尚安以转般为哉。仓于是易名曰大军。①

可知镇江转般仓创建于绍兴七年（1137 年），但存在时间很短，即改为大军仓。至绍兴二十九年（1159 年），又有人建议在镇江设转般仓，李心传记：

> ［绍兴二十有九年九月辛卯］初，以运河春冬水涸，诏江湖诸路粮舟皆自镇江府转江阴而来。至是，司农少卿张宗元入对，论近粮舟自下江来，有全舟俱失、人物俱亡者。是守闸则有关津之阻，转江则有艰险之虑，二者皆非良便。今宜于沿流权就下卸，命户部计行在储蓄之数，豫行量度，因河流济通之时，令两浙转运司随宜转般，公私两便。先是，浙西提点刑狱公事邵大受尝请置转般仓于镇江之海鲜堰（今年闰六月戊辰），未及行，于是，户部乞如二人言。令淮东总领所措置。②

次年，又有人建议在建康府设转般仓，李心传记：

> ［绍兴三十年夏四月壬申］议者以为："川广荆湖每岁漕纲至行在者，既入浙江，即须守闸，且有沮浅之患。而建康府溧阳之邓步、溧水之银林，皆有陆路，止二十里，乃舟楫经从之地，谓宜于此地置转般仓两处。中间陆路，旧曾开通，见有沟港可考，问其所废之由，则曰宣州地高，每遇水涨无以遏水，为患于湖州等处。臣

① 黄震：《黄氏日抄》卷八六《重修转般仓记》。按下文又云"转般之新兮绍兴，尝馕军兮三京，谁与易之兮犹名大军"，大抵重复此意。四库全书第 708 册，第 887 页。

② 李心传：《建炎以来系年要录》（以下简称《系年要录》）卷一八三。台湾文海出版社影印广雅书局本，第 9 册，第 5987 页。

谓只当留最高处二三里不必开通以为仓基，则般运尤易。又言建康上供米自溧阳一夕而可达宜兴，广德军上供米自西安一二日而可至湖州，皆于两浙漕司拨船般运，不数日而可至，诚为利便。”诏江东转运司相度。①

但此二人的提议似并没有被付诸实施。直到十八九年后，宋廷才下令在建康、镇江同时建转般仓。《宋会要辑稿》载：

［淳熙］五年（1178年）闰六月十一日，诏：镇江、建康府各置转般仓一所。镇江府于闸外，建康府于石头城修筑。各置文武监官一员，总领专一提领。②

2. 镇江、建康转般仓的隶属

据前引，镇江、建康转般仓初建时，规定分别由淮东、淮西总领提领，而数年后宋廷却下令转般仓改隶知府，不再隶属总领。时人范成大上奏言及此事，谓：

臣契勘，近奉圣旨，诸路州军应有朝廷米斛去处，专委守臣认数桩管，总司不许干预。并小帖子：大军、转般桩管米，依前收桩管讫……窃缘转般仓虽号建康府户部转般仓，而监官合干人及所管米斛，自来却隶淮西总领所。今朝廷措置即将此米拨付守臣，其合干人等却隶总司，事体相违，难以检察。欲望……将转般仓拨正还所隶，则守臣方可任责（《黄氏日抄》：淳熙九年十月九日奉旨，应有朝颁斛斗，总司不许干预……）。③

① 《系年要录》卷一八五，第9册，第6067页。参李心传《建炎以来朝野杂记》甲集卷一五《财赋二·东南军储数》，《宋会要辑稿》食货六二之六一至六二同年月二十四日条。

② 《宋会要辑稿》食货六二之六五。参《宋史》卷三五《孝宗本纪》。

③ 《永乐大典》卷七五一五《仓·转般仓》引范至能（成大）《石湖集》，第4册，第3443—3444页。

《宋会要辑稿》亦载：

> ［淳熙十年］四月七日，诏：建康、镇江府转般仓各拨隶本府，所有逐州府大军仓桩管朝廷米，并委守臣同本仓监官认数别敖封锁。其监官考任除所属批书外，亦令于逐州府批书有无少欠，方得离任。以知建康府范成大言："近旨诸路州军应有朝廷米斛，专委守臣认数桩管，总司不许干预。今来本府大军转般仓，元系属淮西总司，今朝廷既拨付守臣桩收，其合干人若依旧隶总司难以检察，乞将转般仓拨正所隶，则守臣方可任责。"故也。[1]

《宋诗纪事》载："陈垓，垓字漫翁，闽县人，密学襄六世从孙。开禧元年进士，官至淮东提刑。绝句'砚干笔秃墨糊涂，半夜敲门送省符。掷得幺幺监岳庙，恰如输了选官图'。《吹剑录》陈漫翁监转般仓，与镇江守乔平章争一事。平章乞回避，漫翁得岳祠，吏持牒索回文，漫翁就书一绝云云。"文中所引《吹剑录》文字，今本不见。所引绝句也不知所自。但二者内容均可信。[2] 陈垓与乔行简的关系，包含知镇江府与监镇江转般仓的关系，乔行简既要求回避，说明当时知府与监转般仓间有隶属关系。

这使我们又联想到，在宋孝宗即位初、隆兴北伐前，曾出现"主管淮西转般仓"一职，时人陆游记：

> 公讳郑，字知彦，和州乌江人……通判建康府，主管台州崇道观，主管淮西转般仓，监登闻检院，太府寺丞，知真州……孝宗皇帝受内禅，敌犹窥江淮。上慨然思却敌复中原，庙堂共谋拔擢人材，分任两淮事，筑城浚隍，什伍民兵，漕上江之粟以储兵食，乃自散地起公主管淮西转般仓。然初议乃欲概付以淮西边事，不独治仓庾也。会更用大臣，所议不果行。乃以公监匦院、丞大府，无深知公

---

① 《宋会要辑稿》食货六二之六六。

② （清）厉鹗：《宋诗纪事》卷六〇，上海古籍出版社1989年版，第3册，第1509页。

者，求试外，出守仪真。①

据引文，宋孝宗令张郯任主管淮西转般仓（相应地应另有主管淮东转般仓等），实有意令其肩负有关北伐供军重任，故应有别于监仓，属非常时期的非常设置。

南宋宁宗时及此后，镇江、建康转般仓的隶属，又有新的变化，请看下引：

嘉定六年（1213年）二月十七日，尚书省札子：奉圣旨：令长厅右司，专一提领平江府百万仓，镇江府、建康府转般仓，每岁许举改官二员，仍与左司见举行在仓官改官员数，通行荐举。仍许用户部长贰荐举，为职司。②

嘉定六年（1213年）十二月六日敕：勘会镇江府转般仓监门官，难以令榷货务监门兼监。奉圣旨：镇江转般仓专差监门官壹员，作堂除阙。差经任已关升选人，许用提领官举状，为职司，不许受外路监司、总领、帅守荐举，任满酬赏照镇江大军仓门体例施行。③

据引文，镇江府、建康府转般仓此时已不再隶属知府，而是改为直隶尚书都省，由尚书都省的右司“提领”。宋廷规定：转般仓监门官“许用提领官举状，为职司，不许受外路监司、总领、帅守荐举”，既特别指明不许总领、帅守（即知府，因为镇江、建康的知府例兼安抚使）荐举，即说明转般仓监门官已不再是总领、知府的下属，转般仓监官与监门官的隶属应是一样的，可知此时转般仓的隶属关系发生了重要变化。宋廷作如此改变，显然说明二转般仓的特殊重要性。至嘉定九年（1216年），宋廷敕文中又

---

① 陆游：《渭南文集》卷三七《朝议大夫张公墓志铭》，中国书店1986年影印《陆放翁全集》，上册，第226页。

② 《永乐大典》卷一四六二七引《吏部条法·荐举门·尚书侍郎左选考功通用申明》，第7册，第6598页。

③ 《永乐大典》卷一四六二二引《吏部条法·差注门·尚书侍郎左选申明》，第7册，第6544页。

言及“平江府百万仓，镇江府、建康府转般仓官，今系检正提领”，[1] 则似又由右司提领改为尚书都省检正官提领。嘉定十七年（1224 年），史籍在涉及镇江转般仓的记载中，出现了“提领转般仓所”的名称，[2] 说明此时“提领”已相对独立地设置了机构。宋理宗宝庆三年（1227 年），宋廷又规定，尚书都省“左右司三厅岁举改官六员，将榷货务、封桩上下库、平江府百万仓、镇江府建康府转般仓、激赏钱酒库监官，并与通行荐举”。[3] 而嘉熙元年（1237 年）宋廷又规定“长厅右司每岁合举员数外，创添改官举主一员，专一举镇江建康府转般仓，平江府百万东西仓，并监司（门?）官等”，“免令左右司三厅通举”。[4] 宋理宗淳祐十年（1250 年）三月，又有尚书省札子称：“提领转般仓所申，勘会建康府、镇江府转般仓监门官之任，今后赴上，先经本所铨量及呈验告札，方许交割。候交割讫，本府备申本所，批书到任。”[5] 说明此时期镇江、建康转般仓仍直接隶属尚书都省。这也可由时人的传记中得到佐证，史载：

> 王伯大，字幼学，福州人，嘉定七年进士……端平三年，召至阙下，迁尚右郎官。寻兼权左司郎官，迁右司郎官，试将作监，兼右司郎中，兼提领镇江、建（宁）［康］府转般仓，兼提领平江府百万仓，兼提领措置官田。[6]

王伯大系以“试将作监，兼右司郎中”的身份，兼提领镇江、建康府转般仓，清楚地表明了镇江、建康府转般仓的隶属。

南宋后期，恢复了发运使一职，镇江、建康府转般仓可能一度依照北宋旧制，改隶发运使，但后来发生问题，重又直接隶属都省。时人黄

---

① 《吏部条法·荐举门·侍郎左选申明》，《永乐大典》第 7 册，第 6598 页。
② 《宋会要辑稿》食货五八之三四。
③ 《吏部条法·荐举门·侍郎左选申明》，《永乐大典》第 7 册，第 6599 页。
④ 《吏部条法·荐举门·侍郎左选申明》，《永乐大典》第 7 册，第 6601 页。
⑤ 《吏部条法·荐举门·侍郎左右选考功通用申明》，《永乐大典》第 7 册，第 6588 页。
⑥ 《宋史》卷四二〇《王伯大传》第 36 册，第 12567 页。引文“建宁府”应为“建康府”之讹。

震在议论镇江转般仓的文字中言及转般仓“元属总所。然总所支米者也，久而不能无移兑之弊，继属发运司，然发运司籴米者也，久而不能无通融之弊”[①]。发运使“尝倚转般为子母相私之地”,[②] 又说“朝省近因发运司与此仓子母相私，方改本司提领”。[③] 由于黄震身任提领，故所记应是可信的。史载：“黄震，字东发，庆元府慈溪人，宝祐四年登进士第……沿海制置司辟干办提领浙西盐事，不就。改辟提领镇江转般仓，分司。公田法行，改提领官田所。言不便不听。复转般仓职。”[④] 又黄震给上司写的公文中自署：“门生从事郎、宜差充两浙西路提点刑狱司、同提领镇江府转般仓、分司干办公事黄震谨状。”即南宋镇江、建康转般仓最初隶属总领所，后改隶知府，又改隶提领司，再改隶发运司，最后复专设提领司。

南宋与金、元对峙，军队分为所谓“四屯驻”，实则是三部分：西线川陕、中线襄湖、东线淮南，而淮南最近行都，因而宋廷最为重视。而镇江、建康正是向淮南运送军粮的枢纽。在镇江、建康转般仓监官之上设提领官，凸显了二仓在军事上的重要地位。

3. 镇江、建康转般仓的位置与规模

关于镇江转般仓的确切位置，《嘉定镇江志》仅记转般仓在丹徒县，[⑤]《至顺镇江志》则记：“大军仓，在程公下坝北，前临潮河，后枕大江，即旧转般仓也。”[⑥] 南宋后期黄震为镇江转般仓撰记，言及“淳熙初，我孝宗复度地旧仓之西为今仓”。[⑦] 这说明绍兴七年（1137 年）所建仓在淳熙年所建仓的东面。又谓：“照对京口居淮浙之冲，故转般仓非京口不可

---

① 黄震：《黄氏日抄》卷七二《再申事例钱状》。同书卷九三《谢包发运有结局时改官状纳庙堂忽见予》：“方发运使之置司，即转般仓之为属，岁有专举，首偿分干之劳，路可旁通，更集他司之荐。故僚采朝驰于铁瓮，即姓名夕上于金闺。”也说明转般仓曾隶属发运司。文渊阁四库全书第 708 册，第 722、995 页。

② 黄震：《黄氏日抄》卷八六《重修转般仓记》，四库全书第 708 册，第 887 页。

③ 黄震：《黄氏日抄》卷七二《申明・第三任分司镇江条陈转般仓事申提刑司乞申朝省修仓并乞免江西米入仓状》，四库全书第 708 册，第 714 页。

④ 《宋史》卷四三八《儒林八・黄震》，第 37 册，第 12992 页。

⑤ 卢宪：《嘉定镇江志》卷一二《仓・丹徒县・转般仓》，宋元方志丛书第 5 册，第 2904 页。

⑥ （元）俞希鲁：《至顺镇江志》卷一三《丹徒县・仓》，宋元方志丛书第 5 册，第 3298 页。

⑦ 黄震：《黄氏日抄》卷八六《重修转般仓记》，四库全书第 708 册，第 887 页。

立。甘露港又居京口，贯通淮浙之冲，故转般军粮，非甘露港不能快。”① “今京口转般仓，实依大江而立，一水环其前后，前引上河头以南致浙右之米，后出甘露港以北馈两淮之军。” “大军北仓正与转般仓夹河而立，南仓亦由此河而北。”② 据上引，我们可推知此仓大概位置。

关于建康转般仓的确切位置，《景定建康志》载：“转般仓：淳熙六年置，在上水门外淮水北岸。”③《至大金陵新志》则谓：“下蜀港在城东北一百里，句容县北六十里。唐世置盐铁转运使在扬州，宋发运使在真州，皆于江南岸置仓转般仓。下蜀镇北有仓城基并盐仓遗址尚在。后有河入大江里，俗呼曰官港，即古漕河也。”④ 此段文字文义含糊，前半段言真州有转般仓，后半段言下蜀镇有旧仓，并未说明此仓基是否为转般仓仓基。故建康转般仓的位置还有待进一步考定。

关于镇江转般仓的规模，《嘉定镇江志》记：“淳熙戊戌，守臣待制李大异增为五十四敖。逮今约储米六十余万石外，续纳米餫，敖少不足以容……嘉定甲戌，守臣待制史弥坚念……要须储蓄百万以便转输……起盖敖宇二十座。”⑤

黄震记：“本仓创于淳熙，增于开禧，又增于嘉定。以敖眼计，前后共七十有六。今颓毁不存者十有四，损而未修者三十有八，见桩米二十敖，见空可备收米才四敖耳。”⑥ 又记：“仓旧八十厫，今修六十有一，已仆不存者十有八。”⑦ 据此，镇江转般仓淳熙年间为五十四敖、储六十余万石，嘉定年间增为七十余敖，储约百万石。后一度增至约八十敖，但随又减损，至南宋晚期有六十余敖。

---

① 黄震：《黄氏日抄》卷七二《申明·再申提刑司乞移还甘露闸状》，四库全书第708册，第717页。

② 黄震：《黄氏日抄》卷七二《申明·申提刑司乞浚甘露港状》，四库全书第708册，第715页。

③ 周应合：《景定建康志》卷二三《城阙志四·诸仓》，宋元方志丛书第2册，第1047页。

④ （元）张铉：《至大金陵新志》卷五下《山川志二》，宋元方志丛书第2册，第1047页。

⑤ 《嘉定镇江志》卷一二《仓·丹徒县转般仓》，宋元方志丛书第5册，第2904页。

⑥ 黄震：《黄氏日抄》卷七二《申明·第三任分司镇江条陈转般仓事申提刑司乞申朝省修仓并乞免江西米入仓状》，四库全书第708册，第714页。

⑦ 黄震：《黄氏日抄》卷八六《重修转般仓记》，四库全书第708册，第887页。

关于镇江转般仓的规模，《景定建康志》记："制使姚公希得任内增创转般仓，转般置仓昉于淳熙，为屋不多，岁久损敝，景定壬戌，制司及本府共创修三十座厫屋。"① 如所记不误，建康转般仓之规模，似不如镇江。

另外，黄震记述的一个情况值得注意，他讲镇江转般仓"所收皆江西米也"，又说："南渡后以浙米直达两淮非便，又置转般于京口。朝省近因发运司与此仓子母相私，方改本司提领，而转收江西之纲，革弊已精，权宜甚善。然颇迂路，亦费水脚。"可知镇江转般仓原本是接收浙江地区纲粮的，到南宋淳祐年间，改为接收江西纲粮。黄氏认为，这样安排也有"迂路""费水脚"的弊病。由于江东运程较短，福建产粮数少，湖南粮食主要供应襄鄂驻军，大约南宋需要转般的，主要是两浙、江西的粮食。这也是有别于北宋时期的。

南宋镇江、建康转般仓与北宋泗、扬、真、楚转般仓职能不同，北宋诸仓除转般功能外，兼有京师需求储备功能，南宋镇、建二仓无此功能，当然，南宋有调用镇、建转般仓粮赈灾事，但数量有限。北宋诸转般仓主要供应京师朝廷官员及驻军所需粮食，而南宋镇、建转般仓则主要供应淮南驻军粮食。这就决定了南宋镇、建转般仓的规模总体上要小于北宋诸转般仓。

三　四川、江州、隆兴府、郢州诸仓

镇江、建康的转般仓在南宋很重要，但却远非南宋转般仓之全部，除此二转般仓外，南宋还有其他转般仓。镇江、建康的转般仓创建时间也不是最早的。见于记载南宋创建最早的转般仓是四川境内的转般仓。李心传记：

> [绍兴四年三月丙寅] 驾部员外郎李愿以使蜀之劳，进秩二等。时议者以为："兴、利、阆三州及三泉县见屯军兵，为四川门钥，有司馈粮虽用水运，然每令州县抑勒船户装载，失陷官物。今潼川府

① 周应合：《景定建康志》卷二三《城阙志四·诸仓》，宋元方志丛书第2册，第1052页。

> 路岁运二十万斛，每斛支官钱三千二百有奇，成都路岁运六十五万斛，以水路稍远，所支钱又多，通计费钱二百六（千）［十］万缗。船户既被抑勒，侵欺盗用，巧诈百端，以至自沉舟船，号为抛失，所运米数失陷大半。今欲度江路远近置转般仓，应用舟船，令两路量事力制造，梢梢即于厢军内刷差，不足则召募百姓。每舟约载三百斛，若以百二十舟往来不绝，不过十月拨发尽绝。今兴州银一两博米仅得一斗，缘军粮不足，有司不免贵支坐仓价钱，计司失职，莫此为甚。伏望慎择人材，付之以权，专委措置。”诏宣抚司相度（此疏未得其名，恐即李愿所上，当考）。①

可知绍兴四年（1134 年）就有议者建议在往川北运粮的“江路”上设置转般仓，但仅从引文无法知晓是否真的建立。而地志载：

> 绍兴二年，都转运司于东西两川敷对籴米岁六十余万石，即合州置转般仓，舟船篙挽，悉从官雇，委官部送。凡嘉、眉、泸、叙之米，沿蜀外水至重庆，泝内水至合，寓于仓。又自合泝西汉水至利、阆州，谓之转般……二十一年，总领符行中罢转般仓，行招商法。②

据此，合州在绍兴二年至二十一年（1132—1151 年）曾设转般仓。李心传又记：

> ［绍兴十年五月己亥］……命利州管内安抚王陟发本州转般仓米，存留五万外，尽赴鱼关……③

此则记载说明绍兴十年（1140 年）时，利州设有转般仓。又据《宋会要辑稿》：

---

① 《系年要录》卷七四，第 4 册，第 2376—2377 页。

② 《永乐大典》卷一五九四八引《垫江志·漕运》，第 4 册，第 3446 页。

③ 《系年要录》卷一三五，第 7 册，第 4259 页。

［绍兴十九年］十一月十三日，诏：省合州转般仓。从四川诸州总领钱粮所请也。①

此所记合州罢转般仓时间与前引地志有二年之差，但也可证合州确曾设转般仓。限于记载，我们无法确切知道南宋四川地区究竟建了几处转般仓，但却可以肯定南宋四川地区确实建过转般仓。

记载中还有江州转般仓。前文述及，北宋时曾在江州设盐转般仓，可知此处有建仓之条件。南宋绍兴八年（1138 年），官员向子諲曾建议在江州设转般仓：

［绍兴八年三月］甲辰，徽猷阁待制、两浙都转运使向子諲试尚书户部侍郎。用御史中丞常同荐也。子諲言："安民固圉必资储蓄，江西宜于洪州置籴，于江州置转般仓，以给淮西。湖南于潭州置籴，于鄂州置转般仓，以给襄汉。湖北于鼎州、淮东于真州，仍多造船，则遣戍出兵，无往不利。"②

他的建议虽没有被完全采纳并付诸实施，但其中供给军队军粮的构想却给后人以启发，建康、镇江转般仓以及湖广、淮东西三总领所的设置，都同他的建议有某种联系。

《宋会要辑稿·总领所》又载：

［绍兴三十年］八月十一日，户部言："江州驻札御前诸军合用钱粮，已令取拨江西，合发赴本所，三十年分桩管折帛钱二十万贯，江州桩管上供米三万石应副，续又科拨广东、湖南、江西每年合起赴行在经总制钱三十万贯，并于江州转般仓桩管江西二十七年上供米内取拨三万石，与科见在大军钱物相兼应副去讫……排日拘催，

---

① 《宋会要辑稿》食货五四之八。

② 《系年要录》卷一一八，第 6 册，第 3752 页。参熊克《中兴小纪》卷二四、胡宏《五峰集》卷三《向侍郎行状》。

起赴军前，应办给遣。”从之。[①]

可知绍兴末年江州曾有转般仓。记载中又有隆兴府转般仓：

［乾道三年］七月四日，户部言：“江西州郡每岁起发米纲，应副江池建康镇江府等处军储。以路远，多因管押使臣及兵梢沿路侵盗，往往少欠数多。又如上江滩碛舟船阻滞，欲下江西转运司，就隆兴府踏逐顺便高阜去处，改造转般都仓一所。官吏令运司就差。上流诸州县合发米斛，自受纳之日，差定本州使臣，取见任寄居官计置舟船，每及三千硕或万硕为一纲，支给水脚縻费等钱，先次起发，不必拘定。仍据隆兴府转般仓至交纳处合用水脚縻费等钱数，附纲起发，趁江水泛涨之时，径押赴转般仓交纳。每年所科逐军米各以三分为率，二分令都统司装载粮船，差拨官兵前去隆兴府摆泊，伺候认数交装，或就近便去处支拨起发。合用水脚縻费等钱，将随纲起到钱，依官纲以地里远近则例支破耗米。其管押官酬赏，亦与依见行条法推赏。余一分令转运司依旧用官纲装发。凡转般仓受纳下米斛才及一纲，专委漕司日下支给水脚縻费等钱，出给纲解，起发前来，军前下卸。欲自今年秋成为始。”从之。[②]

据引文，建隆兴府转般仓，主要解决江西往建康、镇江等处运军粮的问题。但此仓可能一度被裁撤，因为现存宋宁宗嘉定年间大儒黄干给朝廷的奏疏中，有黄干建议复建隆兴府转般仓的文字。他认为当时漕运的各种弊病，都是因为“不循祖宗转盘之制，而行后世直达之法”所造成的。“今若于隆兴置转盘仓一所”，令抚州、建昌军等处税粮都输送转般仓，并建一支专门从事水运的漕军，负责从转般仓运往朝廷指定地点，则许多弊病都可去除。则此时隆兴府应没有转般仓。[③] 又史载：

---

① 《宋会要辑稿》职官四一之四九。

② 《宋会要辑稿》食货四四之九又四八之九，另参食货五四之九。

③ 黄干：《勉斋集》卷二五《代抚州陈守一·纲运》，《代抚州陈守奏事第一札》，文渊阁四库全书第1168册，第273页。

> 王埜，字子文，宝章阁待制介之子也。以父荫补官。登嘉定十二年进士第……为江西转运副使、知隆兴府，继有它命。时以米纲不便，就湖口造转般仓，请事毕受代。知镇江府兼都大提举浙西兵船。①

则大约在宋理宗在位前期，官方又在隆兴府的湖口复设转般仓。明初《南昌府志》载："转般仓，在旧城门里，章江寺后，以近水，易于般运，故置。今废。"所记应为南宋隆兴府转般仓，唯不知是指南宋中期所建者，还是南宋后期所建者。

记载中南宋还有郢州转般仓：

> 公讳次张，字汉老，世为济南长清人……被命江西日条上六事，则乞……郢州置转般仓以贮荆襄粮运，籍竞渡游手以备水军，极言纲马致毙之由，上悉开纳……②
>
> ［乾道四年］四月八日，荆湖南路运判官邵及之言："被旨郢州创造转般仓一所，合专置官吏，欲差排岸官一员，拘催交卸监官一员，给纳专知官、攒司各一名，掌管收支。排岸官就差本州都监兼管，专知、攒司从本路转运司踏逐见役人吏衙前充，每月量行添支，专知官食钱一十五贯，攒司一十二贯。监官不拘大小使臣、京官、选人，或乞令踏逐所隶州县见任官管干，每月添支茶汤钱二十贯，排岸官十五贯。"从之。③

前一则引文述王次张设郢州转般仓的建议被采纳，后一则引文表明郢州转般仓已经确实存在。又南宋后期人曾建议：

> 枣阳一城，去虏境六十有三里，水路不通，运粮运料皆自郢中山路，间关险阻……欲以每岁四月朔以后，九月朔以前，令枣阳之战马，

---

① 《宋史》卷四二〇《王埜传》，第36册，第12576页。

② 韩元吉：《南涧甲乙稿》卷二一《中奉大夫提举武夷山冲右观王公墓志铭》，文渊阁四库全书第1165册，第346页。

③ 《宋会要辑稿》食货五四之九又六二之六二。参《宋史》卷三四《孝宗本纪》。

就粮于郢州，则一年可以省郢州运料民力之半。就枣阳新店青潭置转般仓，使郢民卸料于此地，去枣阳止九十里，而地皆坦夷。①

此建议拟于距郢州不甚远的枣阳军建转般仓，未知是否被采纳。

南宋可能还在和州、巢县建了转般仓，《宋会要辑稿》载：

［乾道］八年八月七日，淮南运判向士伟言："本路庐和州、窠县等处，见屯戍军旅，转饷兵食，水路回远，初无经久利便聚粮之所。［欲］就无为军造转般仓一所，约可储三十万斛。今相度得本司自后仓屋见有二十余间，周回空地可添造仓敖。"诏令冯忠嘉疾速修盖。运判冯忠嘉言："无为军距巢县水路一百四十里，路稍径直，在所不论。距和州则下水几十里，至裕溪口合九江，水路之间，冬干则成下水，春水生则为上水，［下水］则快而易进，上水则急而难溯。又下水六十里至杨林渡，又上水二十五里始至和州。凡上下水一百七十五里，迂远如此，臣独谓聚粮最宜乘水未退运入庐州为上。其次则莫如和州。又其次则莫如巢县。盖仓合肥运道不惟艰，且有不通之时。至和州自可指拨下卸，何苦自为迂远。伏望详酌置仓去处，且仍旧贯。"诏令赵善俊、王楫同共相度合与不合修盖。九年正月二十四日，有旨令淮南运司于和州并巢县各盖造可以盛贮米斛一千万硕仓敖一所，其无为军仓敖更不修盖。②

但此二仓离前线过近，设计规模也过大（或则引文"千"为"十"之讹），使人怀疑它们是否能长期存在。

又地志载：

［秀州华亭县］转般仓，在县东南三十六里张泾堰之下，乾道八

---

① 幸元龙：《（幸清节公）松桓集·论国是疏》，宝庆二年正月十五日上，时任通判郢州。宋集珍本丛刊第73册，线装书局2004年版，第308页。

② 《宋会要辑稿》食货五四之一〇又六二之六四。

年置，专为浦东运盐设也。①

此转般仓与前述数处不同，系为运盐而设。

又南宋诗人杨万里有《郴州仙居转般仓记》：

岭隩惟郴，厥土沙砾，厥田硗瘠，厥氓窭啬。氛厉浊蒸，旱暵重仍，黔首艰食，材官匮餫，仰哺于衡。堇堇靡赢，盖其川流自衡而上，厥水益浅，厥濑益险，厥土益矗，厥龙六六，沿若激矢，泝若蹑磴，米舟重迟，暂进寸步，忽退里所。舟至鲤园，胶而不前。州家于焉，廪于兹岸。徒旅请粟，自此入郛。复道山蹊，荦确啮足，棘茨留行，泥呻担唏，过信乃达，人勚费倍，险踰于碛，估踰于籴。猗欤今侯，都公曹公，至无几何，旁诹博茹。郭外十里，亭曰仙居，濒江之麋，一苇可杭。乃谂州隶，我来自东，书笈囊衣，不赁不庸。吾以私人，挈携以从，官僦之布，封识如故。盍以召匠，三十维艓，维庾七楹，乃庑其前，爰受米粟，乃庸其环。爰妥斯屋，隶奉周旋，于陆于川，季春是经，季夏斯成，罔朘于官，罔痡于氓。师饫且逸，歌舞侯德。郴山之石，乃礇乃刻，尚俾来者是式。公字宗臣，曰冠其名，谁其书之，维同年生。绍熙初元，九月既望，具位杨某记。②

据引文，此转般仓之设，主要是为了解决水运湖南产粮的问题。据载，南宋初，抗金名臣张浚曾拟于扬州江都县之瓜洲建转般仓，已得宋廷允准，但后来发现此地土质不宜，不果建。③

以上这些转般仓似乎都是地方官建的，规模较小，或许存在时间也不久，其监官的事迹也从未见诸记载，大约级别很低。文献中还言及北

① 《绍熙云间志》卷上《仓库》，宋元方志丛书第6册，第3727页。

② 杨万里：《诚斋集》卷七四《郴州仙居转般仓记》，《杨万里集笺校》第6册，中华书局2007年版，第3062—3063页。

③ 参见《永乐大典》卷七五一五《转般仓》引张浚《张魏公奏议·报修瓜洲转般仓利害》。

宋后期、南宋初期隶属茶司的“□州转般库监官”,① 说明茶叶运输中可能也曾有转般法，设有类似转般仓的转般库。

四　监官的任职资格

1. 转般仓监官的任职资格

转般仓监官属于宋代监当官，但重要转般仓的监官又有别于一般的监当官。一般监当官差遣，常常任用初入仕的文臣充任，但重要转般仓监官责任重大，故不能委任没有经验、没有经过考验的官员出任。为了说明宋代重要转般仓监官的委任情况，我们将搜集到的资料汇为一表：

宋代重要转般仓监官前任差遣、现本官阶情况表

姓名	时间	前任	现本官阶	仓名	根据文献	备注
田况	仁宗在位前期	楚州团练推官或判官		楚州转般仓	范纯仁《范忠宣集》卷一六《太子太保宣简田公神道碑铭》，王安石《临川文集》卷九一《太子太傅致仕田公墓志铭》	二处记前任官有异。进士甲等
姚程	皇祐四年	知定海县	大理寺丞	泗州转般仓	宋罗濬《宝庆四明志》卷一八，《定海县志第一・县令》	
陈洙	嘉祐年间	知乌程县	太常博士	泗州转般仓	陈襄《古灵集》卷二〇《殿中御史陈君墓志铭》	
沈起	嘉祐年间	滁州判官		真州转般仓	《宋史》卷三三四《沈起传》	进士高第

① 《宋会要辑稿》兵二三之三。

续表

姓名	时间	前任	现本官阶	仓名	根据文献	备注
谢景平	嘉祐年间	签书节度判官公事		楚州西河转般仓	王安石《临川文集》卷九六《秘书丞谢师宰墓志铭》	
李常	治平年间	权宣州观察推官		涟水军转般仓	（宋）杜大珪编《名臣碑传琬琰之集》中卷五三秦观《李中丞常行状》，苏颂《苏魏公文集》卷五五《龙图阁直学士知成都府李公［常］墓志铭》	
孙奕	熙宁年间	签判	都官员外郎	泗州河南转般仓	陈襄《古灵集》卷一《熙宁经筵论荐司马光等三十三人章槁·尚书都官员外郎监泗州河南转般仓孙奕》，梁克家《淳熙三山志》卷二六《人物类》	因政见受排斥
任宗谊	哲宗时期	管勾京东转运司文字	通直郎在任晋奉议郎	真州转般仓	吕祖谦编《宋文监》，刘跂《任宗谊墓志铭》	前授通判南平军不赴
鲍由	徽宗时期	工部员外郎		泗州转般仓	《宋史》卷四四三《文苑传》	因政见受排斥
应洙	约开禧初年		从议郎	建康府转般仓	袁燮《絜斋集》卷二〇《应从议墓志铭》	武臣
范楷	嘉定年间	安庆府怀宁县尉		建康府转般仓	（元）袁桷《延祐四明志》卷五《人物考》	
陈继周	淳祐宝祐间	知卫阳县		淮东转般仓	《宋史》卷四五四《忠义传》	疑淮东转般仓即镇江转般仓

通过表中所列可知，转般仓监官都不是初次任职，其前任差遣多是知县或州郡幕职，即已不是级别最低的簿尉或小处监酒税等。这说明多数转

般仓监官都是资深选人，有些监官甚至已是京朝官。当然，表中所收二位本官阶为员外郎者，都有与当权者政见不同的背景。监官绝大多数是文臣，只有一例为武臣，令人怀疑是否系将转般仓监门官误记为监官。记载中明记监门官有一时期按规定是由武臣担任的，但后来又改为文臣。大约转般仓需要记账并处理一些经济问题，无论监官还是监门官，武臣都不甚适当。

前述隆兴府、江州、合州、郢州等处转般仓监官的情况不见于记载，估计应属于普通监当官。

2. 转般仓监官的荐举与除授

宋代一些重要差遣的选任要得到特定官员的荐举，其中管辖长官的推荐尤为重要。北宋中期规定，转般仓监官由三司使举荐。① 曾任三司使的蔡襄讲："外州军场务钱数三万贯以上，及茶盐转般仓等，并是举官监当。盖朝廷以官物出入，必在择人。"② 后来，转般仓归隶发运使，则似为三司使、发运使分别推荐。

北宋中期以后及南宋，官员的除授分为部除（吏部拟名）、堂除（政事堂拟名）和御前除授（皇帝提名）三个等阶。转般仓监官级别不高，照理应属部除，但南宋中期，镇江、建康转般仓监官已曾被列入堂除系列。《宋会要辑稿》载：

> ［绍熙五年］闰十月二日，中书门下省言："三省堂除选人阙不及百数，而选人之在吏籍者一万三千四百余贯，顾何以能尽满其欲，徒长奔竞之俗与留滞之叹。今措置欲将建康府转般仓等五十阙，并发下吏部审定资格差注外，余左藏东库等四十五阙，其间多是与京官、使臣通差，合依旧存留三省使阙，仍须公共遴选贤能，依条例差注。如不知其人，则临特取旨，委官荐。"从之。（开其阙次：建康府转般仓、镇江转般仓……）③

---

① 参《长编》卷一七五皇祐五年冬十月壬子。

② 蔡襄：《蔡襄集》卷一八《乞商税院不用赃吏》，上海人民出版社1996年版，第333页。

③ 《宋会要辑稿》职官八之四九。

引文表明，绍熙五年（1194 年）以前的一段时间，监建康府转般仓、监镇江转般仓是堂除阙，此年被改为部除阙。但至迟于宋宁宗嘉定初年，它们又重被列入堂除范围。《宋会要辑稿》载：

［嘉定］六年二月五日，都省言：建康府转般仓监官目今堂除文臣，其监门兼斗面官亦合一体。得旨建康转般仓监门兼斗面官堂除使阙，差选人经任有举主无过犯人，部授见任许终满，已差下人依省罢法。①

据此，嘉定六年（1213 年）时，不但建康府转般仓监官是堂除，而且低于它的建康府转般仓监门官也被定为堂除。

又南宋淳祐年间颁行的《吏部条法》转载：

嘉定六年十二月六日敕：勘会镇江府转般仓监门官，难以令榷货务监门兼监。奉圣旨：镇江转般仓专差监门官壹员，作堂除阙。差经任已关升选人，许用提领官举状，为职司，不许受外路监司、总领、帅守荐举，任满酬赏照镇江大军仓门体例施行。②

可知镇江府转般仓监官、监门官也是堂除，与建康府是一样的。引文还明确规定监官、监门官只许用提领官举状，不许用监司、总领、帅守举状，如前所述，这反映了隶属关系的改变。《宋会要辑稿》亦载：

［嘉定八年］十一月四日，提领建康、镇江府转般仓［言：］“监门职事，自来系差武臣。自嘉定六年内准指挥专差经任、有举主、无过犯选人，永作堂除。照得本仓监官亦系堂除选人，昨因提辖镇江榷货务詹阜民陈乞，仓官任满推赏，已蒙行下，任满与减二

① 《宋会要辑稿》食货六二之七四。

② 《永乐大典》卷一四六二二引《吏部条法·差注门·尚书侍郎左选申明》，第七册，第6544 页。

年磨勘讫。惟是门官，虽系改差文臣，与仓官事均一体，未蒙比附推赏。乞明降指挥。”诏今后建康府、镇江府转般仓监门官任满，如能搜检无透漏官物，比仓官与减半推赏施行。①

引文再次明确镇江、建康转般仓监官、监门官都是堂除，且规定了他们的考核、奖励办法。南宋除镇江、建康二处之外的转般仓，重要性稍差，虽不见记载，估计应都是部差。

关于转般仓除提领、监官、监门官、斗子之外，还有什么其他人员，殊少记载，唯《宋会要辑稿》载：

［乾道四年］四月八日，荆湖南路转运判官邵及之言：“被旨郢州创造转般仓一所，合转置官吏，欲差排岸官一员、拘催交卸监官一员、给纳专知官攒司各一名，掌管收支。排岸官就差本州都监兼管，专知攒司从本路转运司踏逐见役人吏衔前充，每月量行添支，专知官食钱一十五贯，攒司一十二贯。监官不拘大小使臣、京官、选人。或乞令踏逐所隶州县见任官管干，每月添支茶汤钱二十贯，排岸官十五贯。”从之。②

据此，郢州转般仓又有排岸官、拘催交卸监官、给纳专知官、攒司，官员系兼职，吏人系专职。或许镇江、建康等转般仓也有类似人员配备。

五　续论转般的利弊

关于转般制度及转般仓的利弊，前人多有讨论，但多忽略南宋的有关情况，另外众人看问题角度不同，或有不尽完善处，拟于此继续做些讨论。

由于北宋漕运转般制度是在宋徽宗时期被废弃的，又与奸臣蔡京有

---

① 《宋会要辑稿》职官四八之一四六。

② 《宋会要辑稿》食货五四之九、六二之六二。

关，因此，南宋人多对转般制度持赞许态度（如吕祖谦、黄干），而对取而代之的直达纲持否定态度，这也影响了今人（今人的一些史学著述中也有持类似南宋人观点的）。如王艳列举了转般法五大优点：一是“保证漕粮的及时起发”，并有促进生产，调剂丰歉功能；二是“解决了各段运河阻滞漕船的问题”；三是“节省了时间”，缩短了周期；四是“转般法与般盐法相因，补充了漕运经费”；五是实行“放冻”，“减少了舟卒的逃亡”。[①] 但也有学者看到了转般仓自身的弊病，例如周建明先生正确地指出：转般变直达“是当时各种因素造成的必然结果”。转般法的被废弃，不只是因为籴本的丧失，还有更深层次的原因。他指出，盐法的改变（钞盐法的实行）对漕运制度的改变有重大影响。他又提出，“江淮土地潮湿”不宜建仓。他还提出，“多一次装卸过程”，“侵盗之弊由此而起”。“屡载屡卸，故得因缘为奸。”“不时受纳，是有停滞之患。”“还有一个很大的问题。要实行转般，必然要增置官兵，增加耗费。装卸费用、转般仓维护费用也是一笔不小的开销。”[②] 他的这些论断，大大深化了讨论。

平心而论，转般制度只是宋朝财赋调配系统工程中的一个组成部分，宋朝的不少具体制度都与其他制度有着密切联系，它的改变，有时也同其他制度的改变一样，存在“触一发而动全身”的问题。因而，对转般与直达之变，不能孤立地就漕运论漕运，也不能简单地予以肯定或否定。

人们往往将胡师文上缴籴本作为导致转般制度被废弃的主要原因，其实这并不正确。因为发运司没有了籴本，主要是破坏了转般制度中与均输制度相联系的部分，增加了漕粮的成本，压缩了转般仓的调剂能力，并没有触动转般制度的根本。而导致转般制度被废弃的关键，是宋朝在全国范围内实行盐钞制度，这使得漕船返程不再有盐可运，原先的构想出现了大缺口。这一点，周建明、高荣盛等都曾论及。在全国范围内实行盐钞制度也是蔡京搞的，尽管颇受非议，但南宋时期却基本上予以沿

① 王艳：《论北宋汴河漕运制度》，《信阳师范学院学报》1999 年第 1 期。

② 周建明：《论北宋漕运转般法》，《史学月刊》1988 年第 6 期。

行，说明此制度有其合理性。漕船返程空载，此问题在当时的条件下，是难以解决的，至少到南宋时期，漕船返程仍是空载。可见，实行钞盐制度、漕船返程空载并不直接导致转般制度被废弃。然而，我们必须看到，实行钞盐制度却最终导致转般制度的被废弃。这是因为，实行钞盐制度，其直接后果是使地方财政减少一大笔收入，这破坏了原先的中央与地方的财政分割比例，蔡京为了讨好皇帝，没有充分照顾地方财政负担能力，即没有将地方因实行钞盐制度而减少的收入足额补回，同时，又搞直达纲，使地方增加了漕运开支。这一减一增，使本来已相当困难的地方财政雪上加霜，地方财政困难，就不能制造新船和维修旧船，不能给漕运人员按时支发俸禄，甚至不能按时启运，也就不能完成所谓直达纲的任务。所以，尽管转般、直达可能有优劣之分，但更主要的却是整个宋朝财政调配系统如何通盘筹划的问题。

转般、漕运制度的破坏，是与宋朝财权不断上移直接关联的。各路漕运不能按时启动，是由于地方财政困窘，宋廷错误地用过度扩大发运使权力的办法解决（汴船出江），结果是造成更大混乱。宋廷废弃转般法，改及直达纲法，又不能满足直达纲法所需几个必要条件（直达纲需要的必要条件：一是每路都能组建和维持足够完成纲运任务的船队；二是按时启运以避开运河浅水期；三是水运沿路通畅遇到麻烦能及时排除），以至完不成漕运任务。这时，宋廷仍然没有看出问题的根本，急躁地改直达纲为转般法，这无疑是给已极度混乱的漕运增加混乱，不可能获得成功。

正如前人所指出，转般仓的设置，不仅有利，也有弊，所谓“弊”，首先是成本的投入。要建仓并经常性地维修，要设置管理机构，给官吏支发薪饷，在运路上多一次卸装，也要花一笔钱（崇宁三年即 1104 年，户部尚书曾孝广讲，“屡载屡卸”也会造成流失，不知是否属实）。“弊”的另一方面，是由于转般仓的设置，等于在税粮上缴过程中增加了一个层次，多一个层次，就多一层盘剥：各地漕船运粮到转般仓，仓吏难免要敲诈勒索，从中渔利。北宋时期官方已注意到此种情况，宋仁宗天圣二年（1024 年）规定：“真、楚、泗州转般仓监官，今后收到出剩，不得批上历，理为劳绩。”[①] 次年又申明“逐处转般仓监官，须是公平装卸，不得大纳小支，收到出剩，不得批上历子”。[②] 这说明宋朝官方已经注意到转般仓官可能大斗进、小斗出的问题，并设法防范。宋神宗时，在转般仓行仓法，也是试图杜绝转般仓官吏贪赃枉法现象。宋代漕船水运官兵盗取漕粮的事是个带有普遍性的问题，为了掩盖偷盗痕迹，通常的办法是给粮食掺水增加重量，而粮食一湿就难以储存。这种情况的存在给转般仓官吏敲诈勒索找到了冠冕堂皇的借口：仓储需要粮食干燥，最终接受粮食的军兵等要求粮食的质量好，而漕船的粮食往往不合格。“转般纳入者动经旬月不为交量”，[③] 试想如果某一纲的漕船的粮食被指为不合格，若干条船都停在港口日复一日地等待，本纲官吏、水手该是何等急切！有时，这种勒索导致漕运吏卒铤而走险，凿沉漕船逃亡，其对漕运的破坏作用是可想而知的。

这使人联想到南宋理学家黄干的如下议论：

> 窃见方今纲运之弊，惟抚州建昌军最甚，公私受害，殆非一端。国家全资纲运，每纲亏折动数千石，遂至军储不给，此总纲所以害也。亏折之后，部纲官吏与夫纲梢拘縻两州动数百辈，文移迫促，责在州郡，此州郡之害也。部纲之官图赏而获罪，篙工舟师规利而被害，大者褫爵，小者破家，此部纲者之害也。纲官舟人亏折之后，既无以偿，妄指富民以图摊赖，州县追逮，不问虚实，囹圄禁系，责以代偿，此居民之害也。以一纲运而公私俱受其害如此，是可不思所以革之乎。盖尝访求其故，则其积弊非一日矣。两州处江西之上流，溪狭而水浅，州窘郡乏，起纲不以时，则坐浅日久，亏折日多。人见其亏折之为害，则官吏之谨畏，商贾之富实者，类以部纲为戒。其甘心部纲者，皆破落无赖之徒，故纲未离岸而水脚之费已空，纲已离岸则盗粜官米以自给。又自知其大势之必不免也，则公

---

① 《宋会要辑稿》食货六二之五五又五四之三。

② 《宋会要辑稿》食货四六之八又四二之一〇。

③ （宋）李廌：《师友谈记》。

然发粜以为买嘱请求之资。此纲运之弊所以无岁而不为害也。此无他，不循祖宗转盘之制，而行后世直达之法耳。[①]

由于黄干是朱熹的正宗传人，他的此种议论有一定影响。黄干讨论的是江西二州漕运的具体问题，但他有意无意中却将它扩大到整个漕运中转般与直达二法之优劣，而且得出了弊病统统源于直达法的结论，似乎只要改为转般法一切弊病都可革除，这显然是有失偏颇的。黄干所论漕运弊病，源头就在于纲运亏欠，直达纲运路长容易造成亏折，这是事实。但纲运亏欠不只是直达纲有，实行转般法时也有。大抵是运路上出现的故障（包括人为的和自然的）越多，亏折得就越严重。如前所述，有时，转般法甚至直接导致严重亏折。南宋后期黄震讲："大率米出民户，无不干净，米经纲梢无不湿杂，此三尺孺子所知者。"[②] 讲的也是行转般法时的情况。黄干将纲运失陷之弊统统归罪于未实行转般法，是不正确的。

所以，究竟是实行直达法还是转般法，归根结底是个权衡利弊的问题：要考虑实行转般法所须管理机构成本，卸装成本，麻烦扯皮成本，建修仓成本，将这些与它所能带来的效益相比较，才能最终正确判定优劣。

---

① 黄干：《勉斋集》卷二五《代抚州陈守奏事第一札》，文渊阁四库全书第 1168 册，第 273 页。

② 黄震：《黄氏日抄》卷七二《申提刑司办总所欲追治本仓状》。

李志道行迹析评

李㱿是宋神宗至宋徽宗时期重要宦官，考察他的行迹，有助于更深入地了解那段时间的历史，以下拟一尝试。

一　李㱿的名字及家世

关于李志道的名字及家世，南宋岳珂述：“钦宗皇帝御押内藏御笔内藏库支钱一万贯付李㱿，充应副道君皇后修造使用，行书四行，御押……帖中内臣李某中兴后更名志道，盖避建炎讳云。”又李心传《建炎以来系年要录》卷一一载：“［李］志道，宪养子（原注：宪祥符人，元丰中为熙河制置使。志道名犯上嫌名，以字行，按志道名㱿）。”据此，李志道原名李㱿，字志道，因避宋高宗赵构的名讳，以字代名。但文献中却多有差异。如《宋会要辑稿》“蕃夷”中此人出现凡三次，两次“㱿”都作“壳”。文渊阁四库全书本《宋史全文》卷一三“李㱿”作“李毂”。今本宋李心传《旧闻证误》“李㱿”出现两次，都作“李穀”。[①]有些文献的不同版本用不同的字。如宋徐梦莘《三朝北盟会编》卷六六《靖康中帙》的“李㱿”，许涵度校刊本作“李擢”，越东集印袁祖安活字本、文津阁四库全书本作“李悫”，中华再造善本影印国家图书馆藏季振宜旧藏明抄本、湖东精舍本、文渊阁四库全书本作“李壳”。文渊阁本

① 李心传：《旧闻证误》卷三，中华书局1981年版点校本，第43页。

《续资治通鉴长编》卷五一六作“李穀”，卷五一七、卷五一八却作“李穀”。宋苏辙《龙川畧志》卷九《议除张茂则换内侍旧人》中华书局1982年4月点校本第55页作“悫”，出校：“傳本作‘李穀’”。文渊阁四库全书本此处作“李悫”。文渊阁四库全书本《九朝编年备要》卷二五作“李悫”，中华书局2006年12月点校本《皇朝编年纲目备要》下册第620页作“李壳”。李心传《建炎以来朝野杂记》卷一二《宦官节度使》，中华书局2000年7月点校本第240页“李瑴”作“李瑴”，同书文渊阁四库全书本却作“李穀”。有的同一种书的同一版本，前后也不一。如大象出版社“全宋笔记”本2003年10月版的曾布《曾公遗录》，第180页作“李穀”，第184页以后均作“李瑴”。造成这种情况者，一是“瑴”字较生僻，二是此字犯宋高宗名讳。然而“瑴”字既犯宋高宗名讳，因“穀”“壳”“悫”三字与“构”不同音，则作“穀”、作“壳”、作“悫”都应是错讹，作“李瑴”应是正确的。

《中兴小历》卷一九“李志道”二次，“志”均作“至”。[①] 佚名《靖康要录》卷一〇引靖康元年（1126年）闰十一月一日，侍御史胡舜陟奏，“志”亦作“至”。尽管作“李志道”处远比作“李至道”处多，但我们无法证明后者为误。为了叙述上的方便，以下暂定“李瑴字志道”是正确的，并以李志道代指此人。

关于李志道的家世，前引李心传语谓李宪养子。这涉及宋朝宦官制度。宋代宦官是允许建立家庭的，就是说，宦官可以有妻子，可以有一个儿子。当然，宦官的儿子与宦官本人是没有血缘关系的，按照通常的说法，即宦官的儿子是养子，但由于宦官没有亲生子女，而且只有一个养子，所以他们的养子与本人的关系，要比普通人与养子的关系更密切，或许可以说，宦官的养子就是他的儿子。至于李志道的亲生父母，像绝大多数宋代宦官一样，都是不见记载的。李宪是宋神宗最信任的宦官，很早就被派往西部前线，曾辅助王韶征讨西蕃，立有功劳。熙宁末年，又一度被派往安南，因与主帅赵卨不和，调回，重又被派往西线。此时

---

① 熊克：《中兴小纪（历）》卷一九，文渊阁四库全书本、福建人民出版社1985年点校本，第232页。

宋神宗正谋划进攻西夏，李宪被委任为宣制使、宣州防御使、入内副都知、秦凤熙河路计议措置边事，参与西线军事的决策，并主管熙河路财政。元丰四年（1081 年），宋神宗决策发五路大军进攻西夏，李宪被委任为其中一路的统帅，率兵自兰州进攻灵州。进攻西夏的战役以失败告终，其他各路都损失惨痛，而李宪一路因误期未到灵州城下，损失较小。朝廷中有大臣主张以贻误军机处死李宪。而李宪却在此时提出了再次进攻西夏的主张，此意见正好迎合了宋神宗不甘失败的心理，于是，李宪非但未被惩处，相反受到宋神宗的进一步信任，被委以谋划再攻西夏的重任。恰在此时，宋神宗去世。高太后支持司马光旧党上台执政。旧党反对进攻西夏，视李宪为罪人，李宪被罢官定罪，受到降级处分。此后一直未被委任职务，元祐七年（1092 年），郁郁而终，时年五十一。李志道作为李宪的养子，较早地就随养父到了西部前线，而且身不由已地卷入了新旧党争。《宋史》卷四六七《宦者传》中有李宪传，照例是应该述及李志道的，但却只字未及，这是修史者的疏漏。

二　活动于西部边疆

李志道最早见诸史籍，是在元丰元年（1078 年），李焘记：

> ［元丰元年八月己酉］入内高品李彀言：编排赐董毡等物，乞下所属供赴资善堂编排。从之。①

董毡为西蕃一部，叛附不常，熙宁末年，曾派使者向宋朝纳贡，表示臣服。故此时宋廷决定赏赐其茶、锦、衣服等，李彀应是受命筹措此事。李彀此时官阶为入内高品，正九品，虽级别较低，却已有正式宦官身份。既受命筹措赐物，说明已较受重视。另此记载说明李彀此时尚在京师。关于李志道在元丰二年至四年（1079—1081 年）中的行迹，特别是要宋军五路攻夏时的行迹，史文失载。元丰五年（1082 年），李彀的名字出现

① 《长编》卷二九一，另见《宋会要辑稿》蕃夷六之一四同年月八日。

在宋神宗关于西线军事的批示中：

> ［元丰五年冬十月］辛酉，上批："西贼攻陷永乐城得志之后，颇肆猖狂，扬言必欲复得去年所失之地而后已，则来岁春初秋末之际，极要准防。其熙河新创兰州定西城并堡寨，皆去年李宪总兵出塞所得之地，于今保守得失利害最为亲切。若非身任其事，则他人不可倚仗。李宪候到泾原，如安泊兵马已定，即径归熙河营葺照管，使新复之地战守之具皆及十分，如欲搬家，即速具奏，当令李彀津遣以往。"①

从引文看，宋神宗前此曾派李宪到泾原路处理事务，现在感觉熙河路离不开李宪，于是命令李宪返回熙河路，为了让李宪安心驻守熙河，特命李彀将其家属等移至熙州。李焘又记，元丰六年（1083 年）冬十一月，"熙河兰会路经略安抚制置使李宪奏：'臣僚奏，兰州守御须及一万人，今在州总计六千六百余人，临事旋乞益兵，窃虑误事。本司契勘兰州依百步法，止合用六千四百五十六人。本州通计仅及八千人，自可有备。走马承受阎仁武合守季兰州，亦复畏怯，不免牒梁安礼前去，尚虑仁武素无心胆，自为张皇，不敢一面勾回熙州，兼臣已遣弟宇往兰州照管。伏望下入内省严责臣男彀趱程前来。"上批："李彀已出门，更不须指挥。梁安礼既随将官往兰州，其阎仁武仰却归熙州守季。"② 引文表明，受宋神宗委任，李宪时正经营兰州军事，李宪属下，还有数位宦官参与此事，即李宪弟李宇（宦官通常无弟弟，李宪为何有弟，待考）、阎仁武、梁安礼，李宪请求宋神宗让李彀也来西部前线，而宋神宗讲李彀前此已出发。这说明李彀当时尚在前往西部前线的路上，未抵达熙州。李焘又记，元丰七年（1084 年）正月，西夏军进攻兰州，被李宪率领宋军击退。二月初一日，宋廷颁令嘉奖有功人员，在受奖人员名单中，有"管当公事李彀迁一资寄资"，李彀的叔叔"管勾文字使臣李宇""迁一资"。③ 但李焘

① 《长编》卷三三〇。

② 《长编》卷三四一元丰六年冬十一月己巳条。

③ 《长编》卷三四三元丰七年二月庚午朔。

未说明李彀、李宇受奖的具体原因及在此次战役中的表现。李焘又记，本月癸巳日（二十四日），“李宪言：‘子彀渐可驱使，乞一随行差遣，庶可倚信。’上批：‘特差彀充熙河兰会经略安抚制置司勾当公事。’”① 这表明李彀已到前线，但此前尚未得到朝廷正式委任，现在宋神宗决定委任李彀为熙河兰会经略安抚制置司勾当公事，因李宪时任熙河兰会经略安抚制置使，李彀实为其父的下属。但李焘所记存在一点矛盾，即本月初一日受奖时李彀已带“管当公事”官衔，而在二十四日处，又说宋神宗授予他“勾当公事”官衔。对此初一日条的注文中做了讨论（此注文的撰者不知是李焘本人，还是别人）：“李彀此月二十四日乃除熙河路勾当公事，此已云勾当公事，不知何故。又据《御集》正月二十五日手札，入内内侍省内侍殿头、勾当延福宫李彀守兰州有功，今来赴阙可特迁东头供奉官，仍特添差勾当后苑，然则此云勾当公事误也。”对于记载中的矛盾，我们也找不到其他相关记载以解开这个谜。另从注文中可知，李彀虽已身在边疆，有保有“入内内侍省内侍殿头、勾当延福宫”的官衔，此时，又另拟晋升东头供奉官（从八品），另加“添差勾当后苑”衔。宋哲宗即位，官员们照例要晋级，在宦官因晋级而由内侍省转入吏部的名单中，有李彀，② 说明此时他已成为中级官员，因为按照宋朝制度，宦官由大使臣晋升诸司副使，名义上要离开内侍省而改隶吏部。此后七年时间李彀不见于记载，这是因为其父李宪遭贬斥，有可能他随李宪离开了皇宫及京城，先后在洛阳、陈州等地生活。直到元祐八年（1093 年），高太后去世，政局发生根本性转变，新党重新上台执政，李彀出现在宋哲宗下令召回的十名宦官名单中。佚名《宋史全文》卷一三载：

> ［癸酉元祐八年］十一月，枢密院出刘瑗以下十人姓名，并换入内供奉官。三省但将有过犯冯景、黄某二人，见持服刘瑗、李（毂）［彀］二人不行外，抽取六人。苏辙奏曰：“陛下方亲政，中外贤士大夫未曾进用一人，而推恩先及于近习，外议深以为非。”后数日，

---

① 《长编》卷三四三元丰七年二月癸巳。

② 《长编》卷三五四元丰八年夏四月辛未条。

枢密院复出内批，以刘惟简随龙，除内侍省押班。梁从政内侍省都知。［吴］靖方带御器械。中书舍人吕希纯封还词头。上曰："只为禁中阙人，兼有近例。"辙曰："此事非谓无例，盖谓亲政之初先擢内臣，故众心惊疑。"上释然曰："除命且留，竢祔庙取旨可也。"既退，大防等知上从善如流，莫不相庆。范祖禹言："近闻陛下召内臣十人，而李宪之子亦在其中……"

《宋史》卷三三七《范镇传附从孙祖禹》也记此事，谓：

祖禹字淳甫，一字梦得……宣仁太后崩，中外议论汹汹，人怀顾望，在位者畏惧莫敢发言。祖禹虑小人乘间害政，乃奏曰："……自熙宁、元丰间，李宪、王中正、宋用臣辈用事总兵，权势震灼。中正兼干四路，口敕募兵，州郡不敢违，师徒冻馁，死亡最多。宪陈再举之策，致永乐摧陷。用臣兴土木之工，无时休息，罔市井之微利，为国敛怨。此三人者，虽加诛戮，未足以谢百姓。宪虽已亡，而中正、用臣尚在。今召内臣十人，而宪、中正之子皆在其中。二人既入，则中正、用臣必将复用，愿陛下念之。"①

苏辙在其《龙川略志》卷九《议除张茂则换内侍旧人》也述此事：

元祐八年十月末，上遣张茂则传宣曰："非久替换内中旧人，却于转出大使臣内抽取数人，令寄资充内中差遣。"……十一月二日，崇政殿门幕次，密院出刘瑗以下十人姓名，并换入内供奉官，仓卒不审，殆将有过犯冯景等二人、见持服刘瑗、李（悫）［彀］二人不行外，抽取六人。既退，讲议，乃知祖宗无抽取寄资例。至初四日见上论之。辙奏曰："陛下方亲政，中外贤士大夫未曾进用，而推恩先于近习，外议深以为非。臣等浅陋，前日失不开陈，今已无及，陛下今后慎之而已。"

① 范祖禹：《范太史集》卷二五《论召内臣劄子》。

上面三段引文中反对起用这十名宦官的苏辙、范祖禹都是旧党大臣。显然，旧党大臣对起用这批宦官十分反感，特别是对起用李嗀，更极力反对。由于李宪于元祐七年（1092年）去世，至此时李嗀尚未服丧满三年，所以，此次起用李嗀的命令终被撤销。不过，随着新党大臣的被起用，李宪的罪名被去除，朝廷表彰其开拓西线的功劳，又追赠李宪节度使官衔，追加“忠敏”谥号，李嗀的境遇肯定发生了扭转。但李嗀重新入皇宫的时间史籍失载。到元符元年（1098年），李嗀重又出现在记载中。李焘记：

> ［元符元年八月］癸卯，诏差内侍省押班阎安替入内供奉官、勾当内东门司李嗀，按阅开封府界、京东路将兵（御集八月二十八日下）。①

据此，此前李嗀已被召回皇宫，担任勾当内东门司，并受命按阅开封府界、京东路将兵。然而引文未交代，李嗀被阎安替换下来是否另有委任。而《宋会要辑稿》蕃夷六之三三至三四载：

> ［元符二年］闰九月三日，宰臣章惇札子：“据熙河兰会路经略安抚使胡宗回申：青唐新伪主（龙）［陇］拶及大贡领结吪龊、心牟钦毡，率诸族首领并在城蕃、汉人、部落子、回鹘等，并契丹、夏国、回鹘伪公主等，并出城迎降。”诏熙河兰会路经略司：“候陇拶到熙州，馆舍供帐，优加礼待。其余大小首领，各令随溪巴温、陇拶及瞎征作两蕃赴阙。瞎征差入内供奉官黄经［臣］，陇拶差入内供奉官李嗀，并前去熙州照管进发，务从优渥。”②

---

①　《长编》卷五〇一。

②　参见《长编》卷五一六元符二年闰九月癸酉条，曾布《曾公遗录》（大象出版社2003年“全宋笔记”本）卷八。

引文讲西蕃青唐首领陇拶等投降宋朝后，宋廷委派李彀专程到熙州接陇拶到京城朝见。李彀此次被派往熙州接青唐首领，显然与他曾经随父亲李宪到熙州的经历有关。此前，不愿归顺宋朝的青唐部族首领溪巴温等率众包围宋军驻守的一公、错凿城，青唐部族首领边厮波结、其妻遵麻、其子钦波结、角蝉率众支援宋军。事后又向宋朝献出四座城，此时受到宋廷嘉奖，并授予官爵。十月，宋哲宗又命令李彀将立功的边厮波结等人一并接到京城。① 李焘又记：

> ［哲宗元符二年十一月］癸酉，入内供奉官李彀言："奉诏照管王子瞎征等赴阙，瞎征、拢拶并边厮波结、角蝉首领乞赐忠顺等旗，使知朝廷恩宠。内瞎征、拢拶等以忠勇及心白为三等，仍等第推恩，赐以银帛袍带，且贷其罪，令赴阙朝见。及选见留诸族首领，自归顺曾立功效之人，权补管勾部族及带巡检，请与给俸，将来与正补管勾。"从之。②

据此，李彀没有简单地接受使命、执行命令，而是对如何处置青唐事务提出了一系列建议，这反映了李彀是一个有胆识且有独立见解的人。此间，局势发生重大变化。青唐蕃族首领拢拶（即前述陇拶）等虽已归顺宋朝，但西蕃中不赞同归顺宋朝的首领率众反叛，宋朝重要将领种朴战败被杀，宋朝君臣为之震惊，想尽快对青唐事务做出进一步处置。于是，下诏令："李彀相度，如三公主已有来期，即并瞎征、拢拶等赴阙。"③ 李焘复记：

> ［元符二年十一月辛巳］诏熙河经略司勘会苗履、姚雄、种朴下亡失使臣士卒人数，并其它因战斗亡殁之人，并勘会闻奏。又令李彀因便犒设将士，及密切勘会阵亡人数闻奏。以李夷行言：苗履在青唐获八九百级，失三千余人，及其它使臣士卒阵亡者甚众，而经

---

① 参见《长编》卷五一七元符二年冬十月丁巳条。另参《宋会要辑稿》蕃夷六之三四至三五。

② 《长编》卷五一八，参见《宋会要辑稿》蕃夷六之三五。

③ 《长编》卷五一八元符二年十一月乙亥条。

署司不奏故也（《布录》辛巳十二月十五日，夷行罢提举弓箭手）。

种朴的兵败，使宋哲宗及朝中大臣对以往的战报发生怀疑，因为前线距都城数千里之遥，他们很担心受蒙蔽。引文所载要求核查军队官兵缺失人数就反映了这种担忧。于是，李彀受命从另外角度核查阵亡人数，说明宋廷对经略司的不完全信任。曾布又记，宋哲宗又命李彀“李彀体量青唐、邈川河南事宜以来，前后覆没兵将闻奏”，即核查的范围又有扩大。而李彀被赋予此次权力，为他进一步了解西线军事情况、干预决策提供了条件。果然，李彀很快就对军事调度提出了意见。李焘述：

［元符二年十一月甲午］是日，李彀奏乞早令王赡归湟州，焚毁青唐巢穴。诏经略司不得辄有焚毁。彀奏多攻胡宗回及言青唐近来危急之状。上谓曾布曰：“此辈所言未可尽信。”众皆谓诚如圣谕。因言内臣好货及作气焰，凡所好恶皆毁誉过实。上又言：“利珣喜奏事，然亦好货。”章惇曰：“珣最甚。”布再对，上又及彀等。布曰：“陛下察见近习用情如此，乃中外之福。”上亦深然之。①

引文表明，李彀的意见与宋哲宗、枢密使曾布的意见有差异，因而未被接受。李彀上奏对西线主要军事负责人、熙河兰会路经略安抚使胡宗回多有批评指责，这显然超出了原规定的他的使命范围，表明他很想有所作为，很想显示出自己的能力。但是，他的企图或多或少受了挫，反而给宋哲宗、曾布留下了言过其实的印象。曾布又记：本月丙申日，“再对，以上批李彀乞陇掺赴阙，沿路官吏懈慢等，并以违制论，仍禁劾，令依奏。余云：‘彀所陈未成文理，已别草定文字，乞依此行下。’上从之。仍指彀写恩雠字作酬字，上亦哂之”。曾布所记表明，曾布对李彀颇反感，也颇鄙视，特别是嘲笑李彀文化水平低下。尽管李彀的意见被指为言过其实，但李彀的建议事实上还是受到了特殊的重视。李焘记，元符二年（1099 年）十二月乙卯日，“三省密院同呈李彀奏青唐利害，乞

① 《长编》卷五一八，曾布《曾公遗录》卷八。

立溪巴温，且言王赡一罪魁不足惜，一行将佐何辜，乞早令还湟州等事”[1]。宋哲宗与宰相、枢密使等就此展开了热烈的讨论，虽然没有完全接受李彀的建议，但讨论毕竟是围绕他的建议展开的。

元符三年（1100 年）正月，宋朝发生重大变故：年仅二十五岁的宋哲宗病故，宋徽宗即位，向太后垂帘听政。向太后试图调和新旧两党，政局随之变化。宋哲宗去世时，李彀尚在护送青唐首领拢拶、契丹公主等人进京的路上。于是朝廷下令，命李彀一行人停在西京，等待进一步指令。[2] 事情拖到二月里，李彀一行才被指令进入京城。三月乙酉日，宋徽宗正式朝见拢拶，李彀参加了朝见仪式。[3] 李彀此次出使青唐，始于元符二年（1099 年）闰九月，终于元符三年（1100 年）三月，历时约半年。与前次到青唐不同，前次李彀是作为李宪的儿子来的，未见有独立的作为。此次他展示了自己的能力和抱负，但似未达到预期目的。特别是将他同其父李宪、李宪的旧日部下童贯相比，突出的是李彀未能获得统兵的机会。曾布记：

> ［元符三年四月辛酉］以元子庆诞，随龙人并推恩，御药刘瑗遂寄延福宫使、晋州观察使。乃前所未有。阎守懃遥刺，李彀遥团，余诸司使副以下十余人，皆中批也，瑗等各更减二年半磨勘。[4]

前面引文中，均未记述李彀官阶晋升及担任的差遣官名。此处述及李彀晋级“遥团”，即诸司使带遥郡团练使，则表明此时李彀的官阶已达中级偏上的位置。

三　在徽宗朝、高宗朝的表现

南宋陈均《九朝编年备要》卷二五于元符三年（1100 年）二月立有

---

① 《长编》卷五一九。

② 《长编》卷五二〇哲宗元符三年春正月丙戌条。

③ 曾布：《曾公遗录》卷九。

④ 同上。

“斥内侍郝随、刘友端”一目，其述：

> 上曾谕曾布曰：“禁中修造华侈太过，墙宇梁柱涂金，翠毛一如首饰，又作玉虚，华侈尤甚。”……未几，逐随与友端。布因问故，上曰：“彼自乞宫观。”因言：“营造过当，曾见西北角上月榭否?”……既至，见其侈丽可惊，柱梁椽榱皆作花卉龙凤之类，涂以金翠，环绕其上，去梁柱皆数寸，若飞动状。上令筑墙隔出后苑门外，仍令毁撤。又诏太常少卿孙杰同内侍李（悫）［彀］驱磨，［郝］随、友端等所领后苑造御前生活所、翰林书艺局、造御前生活所修万寿观本命等殿，所收支官物，仍令（悫）［彀］先诣逐处封锁见在官物簿历及拘收干系人。盖此三所前后所费尤不赀。友端尝作一屏风，至用象牙二百株，后苑作计料一物用金百两，却取千两，以九百两为备，诸皆类此。

据引文，宋徽宗即位不久，为了表示自己反对奢华，下令罢黜宦官郝随、刘友端，而命文臣孙杰与李彀核查郝随、刘友端主管后苑造御前生活所、翰林书艺局、造御前生活所的财务收支账。这说明当时李彀还是较受信任的。

关于李彀在建中靖国元年（1101年）至崇宁初年的行迹失载。大约在崇宁末年至大观初年，李彀担任了主管军器所的差遣。佚名《靖康要录》卷五载靖康元年（1126年）五月七日，监察御史胡舜陟上奏弹劾李彀，内言及李彀“于军器所前后盗用官钱不计其数”。李心传又记，南宋绍兴六年（1136年）六月，大臣进呈军器所事。宋高宗讲：“初缘李志道措置得有法，至今整齐。”又说：“志道夜间着帽而寝，中夜起治事，左手运筹，右手书计，不差毫厘。是亦人妖。”鼎曰：“惟其如此，便非国家之福。”[①] 宋高宗虽骂李彀为人妖，但却没有讲到李彀的过错，相反，

① 《系年要录》卷一〇二。按熊克《中兴小纪（历）》卷一九绍兴五年“七月壬申朔，上谓赵鼎曰：‘内侍亦有动人者。如军器所初缘内侍李至道措置有法，至今整齐。至道左右手筹计，不差毫厘，是亦人妖尔。’鼎曰：‘惟其精敏如此，便非国家之福。’”系时、人名及所言，有些差异。其中“李志道”作“李至道”，多“亦有动人者”一句。

宋高宗认为，李彀为军器所制定的制度很合理，到南宋初仍沿用。李彀恪尽职守，很勤奋，也很精明能干。可谓赞赏有加。这使我们想到时人慕容彦逢《宣政使金州观察使李某可宣庆使依前金州观察使制》：

> 敕：朕褒励庶工，协济万务。凡以劳列闻于朕者，虽在疏逖，赏不淹时。矧官省近臣，克有勤绩，耳目所及，其可弭忘。具官某，赋材敏明，迪己庄慎，业履之美，朕所眷知。曩资其能，总按戎器，制作犀利，工用不愆。宜锡恩章，昭示嘉奖。宣庆置使，品峻秩隆，往其钦承，勿替忠恪。可。(《摛文堂集》卷四)

引文中的“李某”应就是李彀，此敕令表明，李彀因主管军器制造有功，由宣政使、金州观察使晋升为宣庆使、金州观察使，宣政使、宣庆使都是宦官专有的官阶，相当武臣中的横行使。以横行使兼遥郡观察使，已是宦官中的较高官阶。李彀得到提升，显然是因为他主管军器制造成绩突出但上引文字，都没有说明李彀主管军器监的确切时间。而《摛文堂集》书后附慕容彦逢墓志铭表示，慕容彦逢于崇宁三年（1104 年）服母丧前曾任中书舍人，短暂。崇宁五年（1106 年）服丧毕至大观元年（1107 年）复任（曾权学士），此后改兵侍。政和七年（1117 年）病故。故撰敕文时间应在崇宁五年（1106 年）至大观元年（1107 年），而此时李彀担任主管军器监职务应已有一段时间。至于李彀何时解除此职务，亦不见记载。

这里要涉及一则历史疑案，南宋著名史家李心传《旧闻证误》卷三谓：

> 政和初，上欲建延福宫。一日鲁公命召诸巨珰来，且有事约束。时童贯、杨戬、贾祥、蓝从熙、何欣皆奏禀以此。上默。已晓，因戏之曰：“汝等必作过，今为师臣定行遣汝等矣。”诸珰莫测，咸变色而诣省。鲁公则戒之曰：“恐至尊暑热，汝等各办事，建一二纳凉之所，朝廷当一切应副汝也。”于是改作延福五位。按此政和三年事也。蔡京素与宦者交结，必相表里。此云师臣行遣，又云诸珰变色，

皆妄也。况童贯已为太尉，恩数视二府矣，可召至都堂尔汝之邪。延福五位，何欣、蓝从熙第一，李（穀）［彀］第二，此无（穀）［彀］名，亦误也。①

李心传是治史名家，他在这里是专门纠正他人失误，言之凿凿，似乎不可不信。然而，宋洪迈《容斋三笔》卷一三《政和宫室》、宋陈均《九朝编年备要》卷二八、宋徐梦莘《三朝北盟会编》卷五二《靖康中帙》等均记建延福五位的是童贯、杨戬、贾祥、蓝从熙、何欣（“欣”或作“忻”“訢”），均不记有李彀。故李彀于政和年间是否参与建延福五位，还是有疑问的。

靖康元年（1126 年）监察御史胡舜陟弹劾李彀，内又言及：李彀“甚则窃弄权柄，自作威福。上皇（指宋徽宗）御笔放逐使臣史义，彀輙追还，以一时私怨勒停翟通，责降晁敏中等，人皆侧目，恐遭毒螫。上皇以其罪大，尝尽褫其官，尽没其别业”。即讲宋徽宗曾罢免李彀官职，没收其家产。然此事未见他处有载。唯《宋会要辑稿》职官六九之一三载：

［宣和五年八月］十三日，检校少保、安德军节度使、醴泉观使李彀责授岳阳军节度副使致仕。以言者论其子雍奏乞析居，而彀遂逐之，不以为子，慈孝两失故也。雍亦追毁出身以来文字，放归田里。

此记载讲李彀被罢黜只是因为他与儿子李雍“慈孝两失”，并非因为公务。当然，因为自家私事就遭如此重的处理，也令人不免存疑，但与胡氏所言毕竟相差很远，特别是未有没收家产一节，使人不解。然而此记载表明，李彀在宣和五年（1123 年）八月以前，已晋升为节度使。据记载，北宋徽宗以前，宦官无授节度使者（死后追授者不计），宋徽宗共授七名宦官节度使，分别是童贯、蓝从熙、梁师成、谭稹、杨戬、李彀、梁方平。由此可知，李彀一度是宋徽宗最信任的宦官之一。已知较早被

① 按如前所述，李心传《旧闻证误》卷三，中华书局 1981 年点校本第 43 页“李彀”误作“李穀”。

授节度使的几位宦官，童贯最早，是在大观二年（1108 年），杨戬其次，在政和四年（1114 年），梁师成政和七年（1117 年）六月，谭稹宣和三年（1121 年）八月，李彀被授节度使的确切时间失载，估计应与谭稹接近。据考当时武将中只有四人得授节度使，而宦官中却有七人荣晋此阶，这充分说明北宋末年宦官地位的不寻常。至于此次李彀为什么被罢斥，却还是一个谜。

宋钦宗即位，李彀被召回，被任命为提举京城所。靖康元年（1126 年），监察御史胡舜陟弹劾李彀时，讲李彀在宋钦宗即位以后的罪行，道：

> ……陛下弃咎录用，是为隆恩，宜其改行，仰副委任。访闻提举京城，肆行残鸷，给予不时，而广固、广备指挥逃者过半，招填者不至，濠寨官不胜其苦，有致仕者。董役使臣皆以其家私工充之。未尝督役而虚窃廪禄。以城兵私用日不减百人。其妄作如此，必至误事。复闻彀屡献花果及献钱于禁中，多为钓具以奉游幸。此皆前日内侍应奉之具，今日复启其端，原其用心，尤为可恶……彀欲以［唐仇］士良之术荧惑陛下，窃恩宠而据权势……彀之用心如此，罪莫大焉。今虽罢睿思殿职事，而其子尚在内与之传导语言。时乞宣唤，万一使之亲近，为害可胜言哉。此奸人之雄，国之巨贼，伏望睿断，特行窜斥，与［童］贯、［谭］稹等同科，天下幸甚。①

次年正月，已升任侍御史的胡舜陟又上奏讲：“［臣］论李彀奏状至详，谓彀不可提举京城所，有其词，痛切不蒙施行。臣又尝论彀于京城所拘占店宅物业，沮上皇罪己之诏，乞赐废斥，不蒙施行。”② 二次上奏都主要讲李彀担任提举京城所的罪行。其主要有四方面：一是欺压服役者及有关官吏；二是侵害百姓利益；三是以权谋私；四是假公济私讨好皇上。至于讲沮上皇罪己之诏，似与职务关系疏远，是李彀同时间内犯下的其

① 《靖康要录》卷五靖康元年五月七日，监察御史胡舜陟奏。

② 《靖康要录》卷一一靖康二年正月六日条。

他罪行。名儒杨时曾上奏反对宦官乱政，其中言及李彀，他说：

> 李彀尝管干京城，监造军器，奸欺侵蠹，无所不至。近兴复濠之役，调夫数万，减克口食，残虐百端，役夫至于殍踣逃亡，亦不可胜计。近在国门之外，陛下其亦闻之乎……靖康元年正月上。①

也是讲李彀主管京城所时的罪行，主要讲他欺压服役者。此外，时人李光上奏札也言及李彀监工的情况，说：

> 臣访闻朝廷专委李彀开撩城濠，日役万人，而将作监分管东壁樊家冈一带六十八万余工，比之别壁，工料最为浩大，见役本监并步军司人兵不满千人。兼闻本监长贰未差正官，张元干书生不足倚办，欲望圣慈特降指挥，令李彀将所辖兵夫与将作监就城东驻扎，并力先从东壁开掘。兼新除少监井度见在蜀中，未有到任之期，乞逐急选任有材干官同共管干，所役兵夫逐日兴工放散，各依时刻，仍日轮从官及台谏官一员躬诣检察，庶几早得办集。敌人闻之，有所忌惮，不胜幸甚。②

李光只是客观讲述施工情况，没有对李彀作批评，但所讲情况似与胡舜陟、杨时所讲是同一工程。这说明李彀在靖康年间任提举京城所时曾负责修城池，有些不良表现。又南宋岳珂曾见到一幅宋钦宗的手迹，内容是“御笔内藏库支钱一万贯付李彀，充应副道君皇后修造使用”，③ 或也与他任提举京城所有关。《靖康要录》又记，胡舜陟弹劾先后担任中书侍郎和少宰的唐恪交结内侍时，也涉及李彀，胡舜陟讲：“唐恪……交纳内侍百端……凡诸［执目］御皆以谄谀结之，比召李彀至中书议事，闻彀

---

① （宋）赵汝愚：《宋名臣奏议》卷六三《百官门·内侍下》，杨时：《上钦宗论不可复近奄人》（第二状）。

② 见明杨士奇等《历代名臣奏议》卷二二三《兵制》李光乞修京城守御之备札子。

③ （宋）岳珂：《宝真斋法书赞》卷二《历代帝王帖》。

之言，徐以手握彀之带曰：‘至道处置安有错者。’谄奉百端，吏皆鄙笑。”① 所言并非针对李彀，但从中我们可以体会到李彀在当时是颇有权势的，连执政大臣都要讨好他。

南宋初，宋高宗即位不久，曾想召回李彀，李心传记：

> ［建炎元年十有二月］庚午，除名勒停人李志道复内客省使、保庆军承宣使，添差入内内侍省都知。志道，宪养子（宪祥符人，元丰中为熙河制置使。志道名犯上嫌名，以字行，按志道名彀），宣和末，为检校少保、庆远军节度、醴泉观使、直保和殿。靖康末，坐典炮失职，有旨俟解严日远窜。至是复用之。右谏议大夫卫肤敏言：志道在上皇朝用事最久，其弄权怙宠势可炙手，一时达官贵人多出其门。挠法害政以乱天下，其恶不在童贯、谭稹、梁师成之下。今纵未能窜逐，奈何用赦复之。上亟寝其命。志道寝命在是月癸酉，今并书之。②

引文补充记述了李彀在北宋末年的一些情况，一是讲他曾任检校少保、庆远军节度、醴泉观使、直保和殿，这与前引宣和五年（1123年）时他的官衔不一样，不详其因。二是讲李彀于靖康曾负责炮兵，因失职而受到除名勒停的处分。关于他曾负责炮兵一事，徐梦莘曾言及，谓“靖康元年闰十一月十四日乙巳，雪晴，驾在城上擐甲劳军，殿班撮城下战胜赏金帛，命点检炮石圣旨李（壳）［彀］助勘”，可惜原文在“勘”字后脱缺，使我们无法了解更多的情况。但此记载却与李心传所记彼此呼应，证明李彀在京城保卫战中确曾管过炮。③ 前引文所述宋高宗召回李彀事，《宋史·卫肤敏传》及卫肤敏的墓志铭里也有记载。④ 此事表明，入南宋后李彀尚在，宋高宗曾想重用他，遭到言臣反对未果。此后李彀的情况

---

① 《靖康要录》卷一〇靖康元年闰十一月一日条。

② 《系年要录》卷一一。

③ （宋）徐梦莘：《三朝北盟会编》卷六六《靖康中帙》。

④ 《宋史》卷三七八《卫肤敏传》，（宋）汪藻：《浮溪集》卷二五《尚书礼部侍郎致仕赠大中大夫卫公墓志铭卫肤敏》。

失载。

李彀一生的行迹，充分地显示了北宋时期宦官制度的一个特点，那就是理外事。中国自古有宦官只管宫廷洒扫的说法，这与事实是大相径庭的。北宋的宦官参与政治、财经、军事、外交等各方面的事务。最突出的是统兵当大帅，这是前所罕见的。李彀早年效力边关，后又负责军器制造，再后又负责京城的土木建筑，再后还参加了京城保卫战。这些都超出了宫廷洒扫的范围。关于李彀早年在西线的功过，评价起来十分困难，因为它牵扯到最难说清的一个问题：如何评价北宋中后期的西部开拓。无论如何，李彀是为宋王朝开拓西部的战略效力，这一点是确定的。关于李彀在北宋末年的行迹，似乎应作基本否定的评价。我曾撰文说明，北宋的灭亡与宦官有直接关系。这首先表现在宦官掌控军队方面。童贯以使相的身份任领枢密院事，成为全国军队的最高统帅，开拓西疆、联金灭辽等重要决策都有他的参与。宋军在金军进攻下的全面溃败也与他直接相关。童贯之外，谭稹、梁方平等也是统军大帅，而梁方平受命率兵守黄河渡口的失败，更成为金军包围京城的直接导因。其次，宦官干预官员职务安排。这突出地表现为梁师成与宰相王黼勾结胡作非为。再次，是参与了“花石纲”、强取民田、大兴土木等倒行逆施之事。花石纲是由童贯开的头，不少宦官都参与了此事。强取民田突出地表现在西城所核查土地上。此事是由大宦官杨戬（官至节度使）、李彦（官至承宣使）负责。大兴土木主要是建艮岳、延福五位等事上，此事据说是始于大宦官郝随，不少宦官都扮演了重要角色，如前所述，李彀有可能也参与了此事。从对李彀行迹的考察可知，上述重大弊事中，李彀相对参与的较少。北宋末年，有祸国“六贼”之说，他们是蔡京、王黼、童贯、梁师成、李彦、朱勔，这“六贼”中有三位是宦官，都被处死。同时被处死的还有因黄河渡口失守而被处斩的梁方平。北宋灭亡前夕，愤怒的百姓自发地聚结起来，围杀宦官，先后杀死宦官数十人。胡舜陟将李彀列为宦官“十恶”之一，“奸人之雄，国之巨贼”，应与“［童］贯、［谭］稹等同科”即受到同样的惩处。但所列罪状，却难以与童贯、谭稹相比。如讲李彀“昔置东庄北宅，穷奢极侈，令翟佑之等盗官栰巨材以营堂室，斯役兵匠计工数万。又磨河堤取水为池。又盗官玉，令陈宗妙等造带及器物，强买人户刘宗愿屋产，而低偿其值。于军器所前后盗用官钱不计其数。其甚则窃弄权柄，自作威福。上皇御笔放逐使臣史义，㱿輙追还，以一时私怨勒停翟通，责降晁敏中等人，皆侧目恐遭毒螫”。这些虽足以说明李㱿个人品质的低劣，说明他以权谋私、贪污腐化，但所列诸事，与国家大局关系都较为疏远，特别是同北宋末年几项最失民心的事无直接关系。这或许就是李㱿在北宋末得以保得性命的原因。如果我们作进一步分析，李㱿在北宋末年的一系列罪行，大抵是在一个特殊的社会环境中的罪行。这个特殊的环境，给宦官提供了施展才能的机会，同时也给他们犯罪提供了条件。对李㱿行迹的考察，有助于我们更深地了解北宋末年各方面的社会关系。

赵范、赵葵研究

近年，对于南宋抗金、抗蒙元的战争，颇有研究成果。[①] 但恕笔者孤陋，对赵范、赵葵兄弟似未见有专文研究。赵范、赵葵是南宋后期抵抗金、蒙元入侵的重要统兵大臣，或有专门研究之必要，故拟作一尝试。

一　身世及与史弥远、郑清之的关系

必须承认，赵范、赵葵兄弟之所以在南宋后期军事史上发挥重要作用，除了其父赵方的地位和影响之外，他们同宋宁宗、宋理宗统治集团核心成员的不同寻常的关系是重要原因。就中最重要的，是赵氏父子同权相史弥远的关系、赵氏兄弟同宋理宗最信任的大臣郑清之的关系。

关于赵方同史弥远的关系，史载，赵方入仕之初，就是史弥远的下属，庆元六年（1200 年）前后，史弥远任知池州，赵方任属下知青阳县。[②] 虽然史籍并没有具体记载二人关系的详情，但从史弥远任独相期间赵方得到朝廷信任来推断，二人间的关系应是不错的。另外，史载，嘉定末年赵氏兄弟主张平定李全，赵葵上书史弥远，内言："淮东安则江南

---

① 关于端平入洛的讨论，有陈高华《早期宋蒙关系和端平入洛之役》，刊《宋辽金史论丛》第一辑，中华书局 1985 年版；黄宽重《辨"端平入洛败盟"》，收入其《南宋史研究集》，台北新文丰出版公司 1985 年版等。关于宋与蒙元的战争，有胡昭曦、邹重华主编《宋蒙（元）关系研究》，四川大学出版社 1989 年版；胡昭曦、邹重华主编《宋蒙（元）关系史》，四川大学出版社 1992 年版等。

② 《宋史》卷四〇三《赵方传》。

安，江南安则社稷安，社稷安则丞相安，丞相安则凡为国之臣子为丞相之门人弟子莫不安矣。”赵范又遗赵善湘书曰：“今日与宗社同休戚者，在内惟丞相，在外惟制使与范及范弟葵耳。贼若得志，此四家必无存理。”[①] 赵氏兄弟自称是史弥远的门人弟子，且公开讲史弥远、赵善湘、赵范、赵葵四家关系非同寻常，充分说明史、赵二家关系的亲密。

关于赵氏父子同郑清之的关系，那就更有传奇色彩。请看下引：

> 嘉定十年，郑清之登进士第，调峡州教授，帅赵方严重，靳许可，清之往白事，为置酒，命其子范、葵出拜，方掖清之无答拜，且曰：他日愿以二子相累。[②]
>
> 又赵忠肃开京西阃日，郑忠定丞相清之初任夷陵教官，首诣台参，郑素癯瘁若不胜衣，赵一见即异待之，延入中堂，出三子俾执师弟子礼，局蹐不自安，旁观怪之。即日免衙参等礼以行，复命诸子饯之前途，且各出《云萍录》书之而去。他日，忠肃问诸郎曰：郑教如何？长公答曰：清固清矣，恐寒薄耳。公笑曰：非尔所知。寒薄不失为太平宰相。[③]
>
> 郑清之字德源……教授峡州，江陵帅赵方善风鉴，夜梦有告者曰：明日当有贵客至，宜敬礼之。迟明，典客以峡州教授谒入。方从厅屏窥清之，状貌黧瘠且短小，殊不称所告梦。宾次坐逾日昃，方往来益视，清之危坐迄不惰，方大器服，设高会见其二子，挟使受拜礼，且曰：公他日大贵，愿以累公。后为相卒拔其二子。曰葵为丞相，曰范为襄阳帅。后王师入洛，皆葵、范赞启之。[④]

可知赵方对郑清之有知遇之恩，而赵范、赵葵又与郑清之有师生之谊。

这里应附带言及，赵氏父子与理学家有较密切的联系。据载，赵方为张栻学生，又师事刘光祖。赵方父赵棠为胡宏学生。[⑤] 又史载：“方器

---

① 《宋史》卷四一七《赵葵传附兄范》。

② 《宋史》卷四一四《郑清之传》，另参卷四一七《赵葵传》。

③ 周密：《齐东野语》卷一八《前辈知人》。

④ （元）袁桷：《延祐四明志》卷五《人物考》。

⑤ 《宋史》卷四〇三《赵方传》。

之（赵葵），聘郑清之、全子才为之师。又遣从南康李燔为有用之学。”①

二 早年战功及战败李全

赵方本人在宋宁宗时期就是一位文臣统兵的成功典型，他在保卫襄阳、稳定南宋中部战局方面卓有贡献。赵范、赵葵兄弟从小就受到战火的熏陶，在青年时期曾随父亲参加抗击金军的战斗，且表现勇敢，立有功勋。史载，嘉定十年（1217 年，赵葵 32 虚岁），参加襄阳、枣阳保卫战。嘉定十三年（1220 年，赵葵 35 虚岁），高头、邓州之战，葵为先锋。嘉定十四年（1221 年），唐、邓之战，监军。范将左军，葵率突骑。大胜。“补葵承务郎、知枣阳军。范授安抚司内机。”②

在唐、邓取得胜利后，赵范、赵葵又转战淮西，据载：

> ［嘉定十四年］七月二日，诏江陵副都统扈再兴特与先次转行右武大夫，带行忠州团练使；赵范特与转通直［郎、直］秘阁，依旧京湖制置司主管书写机宜文字；赵葵特与转承事郎，特免铨试，特差充京西安抚司主管书写机宜文字。以枢密院言：虏犯蕲黄，驱策未退，制置赵方遣再兴同监军赵范、赵葵率兵至蕲州久（衍）黄州神马岗，连日继夜鏖战获捷，边面平静。乞加旌赏。故有是命。③
>
> 金人既陷蕲州，扈再兴、赵范及其弟葵邀击于天长，全随行，袭金人。后谒而贺曰：二监军已立大功，乞以余冦付全追之。然全追之不甚力，亦以是进承宣使。④

当年，赵方病逝。⑤ 赵范、赵葵官阶虽不高，却破例被起复（不准解官服丧），先后被调离京湖，调到淮南，这为赵氏兄弟为南宋建一大功勋做了

---

① 《宋史》卷四一七《赵葵传附兄范》。

② 同上。

③ 《宋会要辑稿》兵二〇之二八。

④ 《宋史》卷四七六《叛臣中·李全上》。

⑤ 《宋会要辑稿》职官七七之二四。

铺垫。此一大功勋就是击败李全割据势力。

李全割据势力是金朝统治衰落的产物。嘉定年间，李全投靠宋朝，宋朝想利用李全屏蔽淮南，就采取供给李全军饷、利用李全抵抗金军的策略。这种策略作为一时权宜是可以的，但时间一长，弊病就显现了：李全得到宋朝的钱粮，实力不断壮大，而宋朝将大量钱财送给李全，用于淮南的军费不能不减少，且淮南驻军长时间没有仗打，戒备也大大放松，军队战斗力逐渐减弱。而李全投靠宋朝，实际也只是名义上的，宋朝对李全的辖区用军队并没有实际上的管理权。李全与宋朝的关系也是时好时坏。到宋理宗即位不久，南宋发生了“霅川之变”，据揭发李全参与了此次旨在推翻宋理宗统治的政变，这使得李全与宋朝的关系变得异常紧张。于是，赵氏兄弟提出了坚决平定李全割据势力的主张。这一主张最初并没有得到当权者支持，直到李全与南宋的关系发展到不可收拾的地步，即到了绍定三年（1230年），宋廷才转变态度，决定起用赵氏兄弟、调集兵力与李全决战。范由知镇江府擢“直徽猷阁淮东安抚副使，寻转右文殿修撰，赐章服金带”知扬州。葵由知滁州加兼淮东提点刑狱。应当指出，赵范、赵葵作为讨伐李全宋军的主要首领，其官位显然是太低了，难怪李全得知后嘲笑说：“岂有安抚、提刑能擒节度使哉。”但是，正是官阶较低的赵氏兄弟，统率数量上大大少于李全军的宋军，不但打败了李全军，而且杀死了李全本人，从而为宋朝消除了切腹之患。① 此次战役说明了赵氏兄弟决非只靠父亲的威名、靠社会关系窃据要位的庸人，而是有非凡军事才能的英才。当然，赵氏兄弟此次成功，赵善湘的支持也起了重要作用。赵善湘是江淮制置大使，是名义上的统帅，“善湘季子汝棣，史弥远婿也。奏请无阻。而善湘以范、葵进取有方，慰藉甚至，故能成功”。②

赵氏兄弟因击败李全而一举成名，他们本人的官阶也得到迅速提升。赵范先升任工部侍郎兼中书门下省检正公事，又进兵部侍郎淮东安抚使

---

① 参见《宋史》卷四七七《叛臣·李全传》及卷四一七《赵葵传》，《齐东野语》卷九《李全》等。

② （元）陈桱：《通鉴续编》卷二一。

兼知扬州兼江淮制置司参谋官，加吏部侍郎，进工部尚书沿江制置副使，寻兼淮西制置副使。赵葵则先被授福州观察使、左骁卫上将军。因是武官，葵辞不受。随奉诏回京任秘书监兼侍讲，授宝章阁待制、枢密副都承旨，再以兵部侍郎授淮东制置使兼知扬州。

三 赵氏兄弟遭受重大挫折

正当赵氏兄弟平步青云之时，他们却遭受了前所未有的大挫折。那就是他们因是端平入洛的提议者和主要实施者而受到惩处。而赵范则随后又因丢失襄阳而遭受了更大的挫折。端平入洛时，赵范的官衔是端明殿学士、京河关陕宣抚使、知开封府、东京留守兼江淮制置使，赵葵则为权兵部尚书、京河制置使、知应天府、南京留守兼淮东制置使，级别之高，与平定李全时的官阶形成鲜明对照。他们是端平入洛的真正统帅。但众所周知，此次战役以失败告终。毋庸置疑，赵氏兄弟应对失败负责。但是，细读史籍中关于端平入洛全过程的记载，人们不难发现，端平入洛失败的主要原因，不是军事上的，而是由后勤补给不利造成的。[①] 所以，赵氏兄弟在此事上的主要失误，并不是军事指挥上的，而更主要的或许是不该向朝廷提收复三京的建议。事前镇守襄阳的史嵩之曾讲“荆襄方尔饥馑”，[②] 淮西转运判官杜杲也讲“沿淮旱蝗，连岁薄收”，[③] 而朝廷及赵氏兄弟对这些意见没能予以充分重视。值得注意的是，赵氏兄弟最初并没有主张进兵的意向，据载：

> ［绍定六年十一月］丙寅，新除权工部侍郎赵范奏对……上又问曰：“今日何者为急务？”范奏：“事有本末、有缓急，正人心、变风俗、举贤能、奖廉退、黜贪佞、去奸邪，此为国之本务。国未富，兵未强，此今日之急务也，陛下不可不加之意……”[④]

---

① 见周密《齐东野语》卷五《端平入洛》等。

② （元）陈桱：《通鉴续编》卷二二。

③ 《宋季三朝政要》卷一。

④ 《宋史全文》卷三二《宋理宗二》。

[绍定六年十一月] 己巳，赵葵入见，帝问以金事，对曰："今国家兵力未赡，姑从和议。俟根本既壮，雪二帝之耻以复中原。"①

可知，至端平元年（1234 年）的前一年年底，赵氏兄弟都没有马上出兵的想法。为什么他们会在短时间内"改图易谋"呢?② 史籍均载是受了降人谷安用的影响。这固然可能是一个重要原因，但更重要的可能是受了宋理宗及宰相郑清之的影响，权相史弥远新死，宋理宗、郑清之都急迫地想显示自己的能力，如果真的能收复三京，无疑是对"端平更化"效果的最好说明。然而，事情既以失败告终，赵氏兄弟自然成了替罪羊。先是由赵范出面，弹劾赵葵等。于是，"诏赵葵削一秩，措置河南京东营田边备，全子才削一秩，措置唐邓息营田边备，刘子澄、赵楷并削三秩放罢"。同年八月，将赵葵的帖职由端明殿学士降为龙图阁学士。③ 客观地讲，宋廷此次对赵氏兄弟的惩处并不算很严厉，事后，赵范被委任为京西湖北安抚制置大使兼知襄阳府，赵葵被委任为兵部侍郎、淮东制置使，仍旧是握有重要权力的大臣。

然而，赵范却又接着铸成大错，使南宋丢失了包括重镇襄阳在内的大片国土。一位在平定李全过程中显出有杰出军事才能的人，为什么会突然变成了一位庸才了呢？笔者以为，这必须从赵范此时期的心理活动中寻找原因。

赵范的心理素质不太坚强，他又较早地对宋朝官场的险恶有所洞察。还在宝庆初他积极主张平定李全时，当权相史弥远告诫赵范"无出位专兵"时，他就在给史弥远的复信中讲："其祸贼（李全）见范为备，则必忌而不得以肆其奸，他日必将指范为首祸激变之人，劫朝廷以去范。先生始未之信也，左右曰可，卿大夫曰可，先生必将曰是何惜一赵范而不以纾祸哉？必将缚范以授贼，而范遂为宋晁错。虽然，使以范授贼而果足以纾国祸，范死何害哉。谚曰：护家之狗盗贼所恶。"要求朝廷允许他

① 《宋史》卷四一《理宗纪一》，《宋史全文》卷三二《宋理宗二》。
② 《后村先生大全集》卷一四七《毅肃郑观文神道碑》。
③ 《宋史》卷四一《理宗纪一》，《宋史全文》卷三二《宋理宗二》。

解官赋闲以避祸。① 在他受命率大军收复三京时，“朝绅置酒以饯，适有呈缘竿伎者，曹西士赋诗云：‘又被锣声送上竿，这番难似旧时难。劝君着脚须教稳，多少旁人冷眼看。’”② 显然，此次出征，赵范始终承受着巨大压力。而在出征失败以后，赵范忧谗畏讥的心一定是很重的。虽然可能由于宋理宗、郑清之的保护，赵范所受处分并不重，但他心理上所受冲击恐怕是远远超过行政处分对他的影响的。而且事实上，朝廷上对他的弹劾似一直都未停止。端平入洛受挫后，魏了翁受命出任都视军马，他曾专门给皇帝上奏要求台谏官对统军者手下留情，以便让其集中精力处理军务，他说：

> 臣闻纠正官邪，固是台谏职分。但势有缓急，事有轻重。如乘边之守、临阵之将，苟无大恶，宜务优容。击一人未足戢奸，旷一官或能误事。况其间方倚之阃外之事，如陈铧、赵范、赵彦呐、丁黼、赵葵各当一面者，皆尝为台官所论，此用之他人犹难轻发，矧当重任，訾议尤不可易。盖御众之道全在威名，兼有知耻之人不肯受辱，辱之则不可用，用之则不可辱。既辱之又用之，彼亦何颜以居乎人上。③

可知，统军大臣在前方拼死指挥战斗，却仍然时时遭到朝廷官员的弹劾，这对统军大臣的情绪造成了不良影响。统军大臣遭受猜忌，这在宋代具有普遍性，就连作为督视的魏了翁也不能避免，魏了翁视察赵葵军，他与赵葵互赠了些礼物，事后马上向朝廷禀报，就说明了这方面的问题。④

由于赵范的心理负担过重，导致他的行为失常、举措失当。赵“范至［襄阳］则倚王旻、樊文彬、李伯渊、黄国弼数人为腹心，朝夕酣狎，

① 《宋史》卷四一七《赵葵传附兄范》。

② 周密：《齐东野语》卷八《曹西士上竿诗》。

③ 见魏了翁《鹤山集》卷二九《督府奏陈·奏襄阳被围日久乞降诏勉谕制臣》二月三日贴黄。

④ 魏了翁：《鹤山集》卷二七《督府奏陈·奏与赵葵私觌礼物》。

了无上下之序。民讼边防一切废弛”。[1] 唐州发生叛乱，是由于他处事粗率造成泄密所致。他命令亲信的部下全子才、刘子澄（二人都曾随他出征收复三京）去平叛，此二人的表现也一反常态，竟然是不战而逃。这说明端平入洛对他的部下也产生了很消极的影响。无奈赵范又转而寄希望于北军（金国的降宋部队），结果北军也不认真执行命令。这时“朝廷遣镇江都统李虎号无敌军偕光州都统王福所部军至襄策应”。我们看到了更加反常的情景：“赵出城迓虎，虎传朝廷宣谕之命。赵涕泣谢恩，乃对虎慷慨，共酾十余大觥以归。”[2] 李虎传达了什么朝廷旨意，竟让赵范“涕泣谢恩”并痛饮呢？我们自然无法知晓，但这很容易让我们猜想是不是前此赵范又受了什么诬陷。李虎军的到来并没有起到好作用，反而逼反了北军，加速了襄阳及周围州军的失陷，从而造成了极恶劣的后果：“［襄阳］城中官民尚四万七千有奇，钱粮在仓库者无虑三十万，弓矢器械二十有四库，皆为敌有。盖自岳飞收复百三十年，生聚繁庶，城高池深，甲于西陲，一旦灰烬，祸至惨也。”[3]

作为此次事变的直接责任人，赵范先是被“降三官落职”，随又“再降两官，送建宁府居住”（而朝廷对供给不济的责任者几乎没有追究）。赵范从此一蹶不振，基本退出了历史舞台。[4] 赵范的结局固然主要是他自身心理素质薄弱所致，但也同时说明了南宋抗金、抗元大臣处境的恶劣。联系到他之前的岳飞、他之后的余玠等的遭遇，使人不能不深思南宋国力衰落的原因所在。

四　赵葵端平以后功绩

赵范的受挫似乎对赵葵并未造成过大影响，赵葵依然受到宋廷的信任，就在襄阳失陷不久，赵葵被任命为华文阁直学士、淮东安抚制置使兼知扬州。当年十一月“大元兵围光州。诏史嵩之援光，赵葵援合肥，

---

① 《宋史》卷四一七《赵葵传附兄范》，周密：《齐东野语》卷五《端平襄州本末》。

② 佚名：《宋季三朝政要》卷一《理宗》，周密：《齐东野语》卷五《端平襄州本末》。

③ 《宋史》卷四一七《赵葵传附兄范》，参《宋史》卷四二《理宗纪二》。

④ 《宋史》卷四一七《赵葵传附兄范》。

陈韡遏和州，为淮西声援”。[①] 赵葵成为抗元宋军东线三主帅之一。关于这次战役的具体过程，笔者未见有记载，但次年（嘉熙元年即 1237 年）三月“己巳，诏陈韡、史嵩之、赵葵各官两转”。嘉熙“二年春正月……己未，诏史嵩之、赵葵应援黄州、安丰，其立功将士等第亟具名以闻，光州、信阳二城共图克复。辛酉，诏史嵩之进端明殿学士视执政恩数，赵葵刑部尚书、制置并如旧”。[②] 从赵葵等主帅得到优厚奖赏的情况看，战役是取得了较佳成绩的。

赵葵于淳祐二年（1242 年）正月被擢任同知枢密院事，五月，以资政殿学士出知潭州，三年，坚决要求为母服丧，得准。四年，重任同知枢密院事，进知枢密院事兼参知政事。七年四月，以枢密使兼参知政事任督视军马，另兼知建康、留守、江东安抚。宋廷“出缗钱千万、银十五万两、祠牒千、绢万并户部银五千万两，付督视行府赵葵调用”。[③] 关于此次抗蒙元战争，笔者仍未查见现成的综述性记载，从下引记载或可略窥一二：

> [淳祐] 八年春二月丁亥，赵葵言：吕文德洎诸将解泗州之围有功。诏补转推赏有差……辛丑，赵葵表：招泗断桥将士用命兵退，陈奕、谭涓玉、王成等战涡河龟山有劳，闻其步兵多山东人，遂调史用政等袭胶州，复袭高密县以牵制侵淮之师。诏趣上立功将士等第姓名推赏……五月癸丑赵葵进三秩。[④]
>
> [戊申淳祐八年] 二月甲寅，督视赵葵上将士泗州解围之功。诏奇功特与补转四官，其余补转有差。其淮西招抚司应援立功将士并与比类推赏。[⑤]

---

① 《宋史》卷四二《理宗纪二》。

② 《宋史》卷四二《理宗纪二》，《宋史全文》卷三三《宋理宗三》。

③ 《宋史》卷四三《理宗纪三》。

④ 同上。

⑤ 《宋史全文》卷三四《宋理宗四》。按《宋史》卷四一四《郑清之传》也谓赵葵、陈韡统军，“战于泗水、涡口、木库，皆以捷闻”。

大抵仗是打胜了的，宋廷基本实现了最初的战略目的，所以，作为战役的总负责人，赵葵也受到连升三级的嘉奖。大约此时赵葵年事已高，同时赵葵很可能接受了前此统军大臣遭遇的教训，他在战事结束后就立即坚决要求退休。宋廷以委任他做宰相酬劳他，他在稍事犹豫之后也加以坚决拒绝（详下文），过了一段退隐生活，直到宝祐年间宋元战争形势趋紧，他才再度出山。

> ［甲寅宝祐二年八月］丁酉，特进、观文殿大学士、醴泉观使信国公赵葵上疏："臣昨辞相位，退居长沙。今蜀事孔艰，思报恩纪，乞申溧阳居正之命，庶便驱策。"内批："卿世济其美，谙练边筹，夙著勋劳，朕所嘉赖。兹览来奏，备见忠轨。伏自壬子以来，狄难孔炽，今安西之垒虽复，而宝峰之寇未退。朕尝轸忧，卿既慨然体国，且许为朕一来，尤见一饭不忘君之义。卿可趋装过溧阳以便咨访。凡有所见，无靳奏陈。"①

显然，此次是赵葵主动要求上前线的。此后，他曾给宋理宗上两份奏疏，对边事提出建议。② 于是，他于宝祐五年（1257 年）正月被任命为少保、宁远军节度使、京湖宣抚大使、判江陵府兼夔路策应大使，且被进封卫国公。当年闰四月，宋理宗对身边大臣讲："赵葵行边已见的确，如郢之增溪城濠，运粮于襄有三年之积，措置可谓合宜。"宰相程元凤奏："赵葵于边事实是留意。"宋理宗又讲："赵葵奏乞招兵十万，分布淮蜀沿江京湖。"程元凤奏："当从其请，钱粮自合与办。"可知赵葵已到前沿指挥备战。当年七月，宋理宗讲："赵葵水陆并进，其志颇锐。"程元凤奏："葵思立功以报陛下，良可嘉尚。"数日后，宋理宗又讲："赵葵奏新野既捷，欲养锐以图光枣。"程元凤奏："葵遣王登等入敌境，焚其粮食，亦可绝光枣之援。若能审机而发，当有可图之理。"③ 可知赵葵在此次战役

---

① 《宋史全文》卷三五《宋理宗五》。

② 同上。

③ 《宋史全文》卷三五《宋理宗五》。《宋季三朝政要》卷二《理宗》载，宝祐五年，"赵葵水陆并进，大捷"。宝祐六年，"赵葵申随州之捷"。

中表现积极，并取得了较好的战绩。开庆元年（1259年）九月，宋廷拟调赵葵任判庆元府、沿海制置使，负责海防，但不久就改任赵葵为江东宣抚使，改沿江江东宣抚使，置司建康，以对付蒙元“斡腹”之军。十一月，“诏赵葵授少保、观文殿大学士、江东西宣抚使，进封益国公，其饶信袁临抚吉隆兴官军民兵并听节制，调遣谘访罢行黜陟皆得便宜行事，以缗钱五百万、银五万两给其用”。[①] 大约赵葵此时已移驻信州，后又移驻隆兴。史载：“开庆初，宪宗皇帝自将征蜀。世祖皇帝时以皇弟攻鄂州。元帅乌兰哈达由云南入交阯，自邕州蹂广西，破湖南。传檄数宋背盟之罪。理宗大惧，乃以赵葵军信州御广兵。”[②] 又据载：“［开庆元年］十月，丁大全罢，吴潜入相。上以贾似道为右相、荆湖宣抚策应大使、进兵援鄂州；赵葵为枢密使、江东西宣抚策应大使，屯兵信州，遏广右斡腹之师……殿司崔彦良援隆兴。彦良，崔福子也，以兵三千援隆兴。时赵葵督视江淮，退保隆兴，闭门自守。崔兵至城下不得入。邸报北兵至生米市，距城三十里。彦良渡江迎敌，北兵退。而保隆兴者彦良之功居多。”[③] 无论如何，在关系国家存亡的开庆之战中，赵葵作为一个方面军的统帅，发挥了重要作用。

此次战后，贾似道行打算法，迫害此次大战中的有功之臣，赵葵也是受迫害者之一。据载：

> 贾似道忌害一时任事之阃臣，行打算法以污之。向士璧守潭，费用委浙西阃打算；赵葵守淮，则委建康阃马光祖打算；江阃史岩之、徐敏子，淮阃杜庶，广帅李曾伯，皆受监钱之苦。史亦纳钱，而妻子下狱。徐、李、杜并下狱。杜死而追钱犹未已也。时江东谢枋得率邓传二千人举义，擢兵部架阁，科降招军钱给义兵米。似道打算招军钱，开征所得米，枋得自偿万楮，余无所偿。乃上书贾相云：千金为募徙木，将取信于市人。二卵而弃干城，岂可闻于邻国。乃得免。[④]

---

① 《宋史》卷四四《理宗纪四》。

② 《宋史》卷四七四《贾似道传》。

③ 《宋季三朝政要》卷三《理宗》，参元刘一清撰《钱塘遗事》卷四《北兵渡江》。

④ （元）刘一清：《钱塘遗事》卷四《行打算法》。

引文中所言谢枋得钱米，实也与赵葵相关。另据载：

［景定二年八月］丁酉，诏夺向士璧从官恩数，穷竟侵盗掩匿之罪。时以兵退，遣官会计边费。似道忌功，欲以污蔑一时阃臣。士璧及赵葵、史岩之、杜庶皆责征偿。信州谢枋得以赵葵檄给钱粟募民兵守御，至是自偿万缗。①

［景定元年五月］兵退。行打算法，贾似道忌害一时之阃臣，故欲以此污之。向士璧守潭城费用委浙西阃打算，赵葵守洪则委建康阃马光祖打算，江阃史岩之、淮阃杜庶广西帅皆受监钱之苦，累及妻子。徐李杜逮系狱，杜死后追钱犹未已也。谢枋得举民义科降招军钱给义兵米，及行打算，枋得曰：不可以累赵宣抚也，自偿万楮，余无所偿，乃上书贾相云：千金而募徙木，将取信于市人；二卵而弃干城，岂可闻于邻国。乃得免焉。②

当然，相对向士璧、杜庶等，赵葵是幸运的，他似乎没有受到太坏的影响，只是再度解职奉祠赋闲，因此时赵葵年事已高，赋闲应是一种好的待遇。

五　二赵发现、提携人才

在南宋军事史上，除战功外，赵氏兄弟又一方面的贡献是发现、提携了数量可观的人才。其中最突出者有：

王登，他也是一位文臣，却热衷于军事，史载：

王登字景宋，德安人……出制置使孟珙幕府……淳祐四年举进士……赵葵为制置使，见登握手曰：“景宋一身胆，惜相见晚也。”

① 《宋史》卷四五《理宗纪五》。

② 《宋季三朝政要》卷三《理宗》。另参谢枋得《叠山集》卷三《代干丞相免追算功赏钱粮启》。

俾参宣抚司兼京西两节。①

王登的好友杨掞与王登性格迥异，更长于谋略，史载：

杨掞字纯父，抚州临川人……调潭州节度推官。赵葵为京湖制置使，掞与偕行。王登迓于沙市，极谈至夜分。掞退曰："王景宋满身是胆，惜欠沉细者，如掞副之，何事不可为也。但恐终以勇败。"后登死，人以为知言。②

余玠是南宋后期保蜀的功臣，有学者撰有研究他的专著，最初也是由赵葵发现的，史载：

余玠字义夫，蕲州人，家贫，落魄无行，喜功名，好大言。少为白鹿洞诸生，尝携客入茶肆殴卖茶翁死，脱身走襄淮。时赵葵为淮东制置使，玠作长短句上谒，葵壮之，留之幕中。未几，以功补进义副尉，擢将作监主簿。③

南宋末以身殉国的汪立信也曾得到过赵葵的提携，史载：

汪立信澈从孙也……辟荆湖制司干办、通判建康府。荆湖制置赵葵辟充策应使司及本司参议官。葵去而马光祖代之，立信是时犹在府也。④

得到赵葵提携的还有南宋末年曾任宰相的王爚，史载：

王爚字仲潜，一字伯晦，绍兴新昌人，登嘉定十三年进士第

① 《宋史》卷四一二《王登传》。
② 《宋史》卷四一二《杨掞传》。
③ 《宋史》卷四一六《余玠传》。
④ 《宋史》卷四一六《汪立信传》。

……［宝祐］五年，京湖宣抚大使赵葵辟为判官。[1]

南宋晚期著名文士杨文仲及前已述及之谢枋得也曾被赵葵任用，据载：

杨文仲字时发，眉州彭山人……荆湖宣抚使赵葵署文仲佐分司幕。[2]

谢枋得字君直，弋阳人。宝祐丙辰，试中礼部高等……调建宁府教授。赵葵宣抚江东西，辟为属，寻除兵部架阁，令募兵援江上。出楮币十万贯，得信抚义士数千人。[3]

以上所述均为文臣从军者，受到赵葵提携的也有武将，其中最出名的是崔福和吕文德，请看下引：

崔福者，故群盗……隶军籍。初从赵葵收李全，有功名重江淮。[4]

［吕］文德，安丰人，魁梧勇悍，尝鬻薪城中，赵葵于道傍见其遗屦长尺有咫，讶之。或云安丰鬻薪人也，遣吏访其家，值文德出猎暮负鹿各一而归，留吏一宿偕见赵，留之帐前，在边立功，遂至显宦。[5]

可知赵范、赵葵尤其是赵葵在长期的军事生涯中，在发现、提携人才方面卓有成效，为国家做出了可观的贡献。

---

① 《宋史》卷四一八《王爚传》。

② 《宋史》卷四二五《杨文仲传》。

③ 《叠山集》卷五附元李道源《文节先生谢公神道碑李源道》。

④ 《宋史》卷四一九《陈韡传》。参《宋季三朝政要》卷二《理宗》。

⑤ 《宋季三朝政要》卷一《理宗》。另黄震《古今纪要逸编》：吕“文德起土豪，赵葵始擢之为将”。(清) 姚之骃《元明事类钞》卷二四《衣冠门》引《元史类编》：“吕文德微时，鬻薪于市，宋淮帅赵葵见其遗履长尺有咫，异之，招致麾下。后官京湖安抚制置使。”

六 关于赵葵辞相

赵葵于淳祐九年（1249 年）闰二月，因前此的军功，被宋理宗任为宰相。但赵葵最终拒绝了任命，此事颇令人寻味，于此专门做些讨论。

关于赵葵被任为相及最后辞免，史载：

> ［淳祐］九年……闰二月甲辰，以郑清之为太师、左丞相兼枢密使，进封魏国公。赵葵为右丞相兼枢密使……夏四月……庚戌，赵葵四辞免右丞相兼枢密使，诏不允。五月己丑，赵葵乞归田里，又不允……八月……辛亥，诏趣赵葵治事，命吴渊宣谕赴阙……［淳祐十年］三月癸未，赵葵辞，以为观文殿大学士、醴泉观使兼侍读，奉朝请……十一月壬申，赵葵授特进，依旧观文殿大学士判潭州、湖南安抚大使。①

今存文献中有淳祐九年（1249 年）五月诏书：

> 朕以卿宣力之勤，延登右揆，告廷已久，避宠益坚。比遣内侍往谕至，意申命漕臣式遄其归，胡为来章，又以疾谂。夫知不俟驾之义，是即教事君之礼，岂不忠孝兼尽、家国俱荣哉。其亟造朝，副朕钦伫。②

仅从诏文看，宋理宗要赵葵做宰相似乎很热切。又从前引史文看，赵葵辞相的过程长达一年多。这种情况在宋代实不多见。在宋代，士大夫往往以做宰相为最高梦想，为什么作为文臣的赵葵要坚决辞相呢？周密对此有如下相当详细记述：

① 《宋史》卷四三《理宗纪三》。

② 《宋史全文》卷三四《宋理宗四》。

［淳祐九年年初］中书陆德舆载之转对，疏以为去岁泗州大捷，彼方丧胆落魄。今春淮水涨溢，欲来不可。涉冬而春，边镇宁谧。近者骇言寇至，张大其说，或云到仪真之境者止五六十骑耳。赵公闻之大不能堪，封章屡上，力辨此谤，且云："今年北军之入，系四大头项：一曰察罕河西人，二曰大纳，三曰墨点，四曰别出古，并鞑号四万，实三万余，马人各三匹，约九万匹。惟恐有劳圣虑，前后具奏，一则曰宽圣虑，二则曰宽忧顾。臣领舟师往来应敌，未尝有一语张大。今观陆德舆奏疏，实骇所闻。伏乞委德舆亲至维扬，审是虚实。臣当躬率骑士护送入城，便见真妄。"于是朝廷以载之之言为过，遂为调停，寝其事焉。未几，工部尚书徐清叟进故事，亦讥其辟属之滥。赵公愈不自安，是岁闰二月，郑忠定拜太师，赵公拜右相，所有督府日下结局。遂差右司陈梦斗宣赴都堂治事，而陈辞以此貂珰之职不行，遂改差御药谢昌祖往焉。夕郎赵以大复有不肯书牍之意。事虽不行，而公之归兴不可遏矣。屡腾免牍，且引其父忠肃遗言不许入相之说以告，且云宁得罪以过岭，难违训以入朝。御笔不允，降宣趣行。时陆载之方居翰苑，以嫌不草诏。遂改命卢壮父武子为之。时赵公各通从官书，谓元科降簿内尚余新楮四百余万，银绢度牒并不支动。且言决不可来之意。常时从官作宰相书，例有先生之称。至是皆去之。独赵汝腾茂实尚书答书云："大丞相高风立懦力疏辞荣。昔司马公固逊密府，崔清献苦却宰席，书之史册，并公而三，甚盛休。"而其微意亦可见也。公归计既决，遂申朝廷，于三月二十四日散遣将士，取道归伏田里，所有新除恩命决不敢只受。既而与告复召，然公终不来矣。①

可知，还在赵葵任相的诏令尚未颁下之时，他就先遭到中书陆德舆的恶意弹劾，说他夸大敌情。随又有徐清叟指责他"辟属之滥"。拜相诏书下达过程也不平顺，先是右司陈梦斗拒绝传宣，后有夕郎赵以大复不肯书牍，又有陆德舆以嫌不草诏，又有从官复书不施敬，最后还有赵汝腾的

① 周密：《齐东野语》卷一八《赵信国辞相》。

婉辞劝退。这当中据载又有人提出“宰相须用读书人”问题。[①] 这种种情况使得赵葵预感到，他若入相，凶多吉少。他于是做了非常明智的选择：弃官告老还乡。

赵葵做宰相为什么阻力如此之大？这恐怕首先同前引反对者明确提出的理由“宰相须用读书人”有关。赵葵虽是文臣，且与理学家们颇有联系，但终因没有正式科举出身，且长期从事军事，仍被视为非类，视为不是读书人。据记载，赵葵在辞相过程中，曾有如下举动：

> 题《南乡子》壁间云：“束发领西藩，百万雄兵掌握间。召到庙堂无一事，遭弹。昨日公卿今日闲，拂晓出长安，莫待西风割面寒，羞见钱塘江上柳，何颜。瘦仆牵驴过远山。”后有表奏曰：“霍光不学无术，每思张咏之语以怀惭；后稷所读何书，敢以赵抃之言而自解。”

赵葵于中抒发了对自身遭遇的愤懑不平，其中特别讲到了对自己被人视为非读书人的不满。南宋后期对科举出身的过度强调，与占统治地位的理学也有直接关系，周密总括赵葵不能做宰相的原因时讲“盖一时搢绅方以文学科名相高，其视军旅金谷等为俗吏粗官”，“视军旅金谷等为俗吏粗官”，正是南宋理学家中普遍流行的认识。

当然，宋理宗对赵葵的这次任命，并不是真心要靠赵葵在国家管理上有什么作为，而是想以宰相的职务作为赵葵军功的酬劳，[②] 所以，宋理宗任命赵葵为相的动机是有问题的，从这个意义上讲，赵葵辞相也是明智的。

七　赵葵盖棺定论

赵葵由于能急流勇退，迄得善终。史载：

---

① 《宋史》卷四一七《赵葵传附兄范》，（元）陈桱：《通鉴续编》卷二二。

② 《宋史》卷四一四《郑清之传》，（元）陈桱：《通鉴续编》卷二二。

咸淳元年，加少傅。二年，乞致仕，特授少师武安军节度使，进封冀国公。舟次小孤山，薨，年八十一。是夕五洲星陨如箕，赠太傅，谥忠靖。①

文献中存有时人林希逸、吴龙翰追悼他的诗：

勋名已盛端嘉日，身佩安危三十年。自去鸿枢开督府，迄辞鸱合老平泉。早看养马封侯将，晚作骑鲸捉月仙。纵道进贤冠最好，不须画此上凌烟。

长淮当日事尤危，孤垒身当数月围。杨子江头如虎卧，平山堂下似羓归。二难千载为时出，一战三京与愿违。赍恨伯符投镜去，追怀到老泪沾衣。

百万频年战虎貔，神驰漠北到洮西。空余八阵江头石，未见一丸关上泥。守父训辞黄合去，负时名与紫巘齐。河山收此英灵气，下马千年看墓题。

出语无多动造微，公于学问似生知。客游槐府珍遗帖，世诵樗翁序近诗。握手最先门下士，伤心谁勒墓前碑。匆匆四十年间梦，忆到庐江下榻时。②

祥云中屹祝融峰，秀出全材一巨公。银管曾提修国史，金戈几出策边功。九秋健羽横空鹗，万里威声当道熊。谭国为前冀国后，汗青千古玉玲珑。麟符玉策总兵权，手托江淮半壁天。大节有关宗社里，深谋常画庙堂先。三朝已表蝉冠像，八袠终逢鸡梦年。不独羊公碑尚在，万民堕泪滴湘烟。③

---

① 《宋史》卷四一七《赵葵传》。按《宋史》卷四六《度宗纪》系赵葵死于咸淳二年冬十一月乙卯。(元) 刘一清《钱塘遗事》卷三《赵信庵》也记为同年同月二十六日。《宋季三朝政要》卷四《度宗》、佚名《咸淳遗事》卷上系于咸淳三年，似误。

② 林希逸:《竹溪鬳斋十一藁续集》卷一九《挽诗·信庵赵少保》。

③ 吴龙翰:《古梅遗稿》卷五《哭赵信庵》。

一位远离政治权力中心多年的人死后能得到如此的赞许（未查见二位作者同赵葵间有什么特殊联系），实属不易，或许可以说明赵葵作为一位历史人物，留下的基本是正面的形象，他给国家、百姓作的贡献，受到了人们的肯定。

八 余论：赵范一个重要理念

赵范因连续两次重大失误，给国家造成了重大损失，从而失去了为国再立新功的机会。作为一位以军事见长的文臣，他的过错几乎可以将他以往的功勋全部抵消，这使人感到惋惜。但是笔者认为不能因为他过错大就抹杀他的一切，尤其是不能忘记他提出过的一个重要理念，这一理念是他于绍定六年（1233 年）提出的，据载：

> ［癸巳绍定六年十一月］丙寅，新除权工部侍郎赵范奏对。上曰："卿儒英之子，乃能出入兵间为国宣力，朕喜见之。"上又问曰："今日何者为急务？"范奏："事有本末、有缓急，正人心、变风俗、举贤能、奖廉退、黜贪佞、去奸邪，此为国之本务。国未富，兵未强，此今日之急务也。陛下不可不加之意。大农课额大亏于昔，要必有由。至于兵之未强，则缘诸边近年筑城太多，遂分兵力。国家之兵聚则不少，散则不多。若能散能聚，可守可战，使江淮表里皆有可恃之势，则戎马侵突足以御之矣。"①

笔者以为，赵范在这里指出了南宋抵御金、蒙元时的一个根本性战略失误，即消极防御，处处设防，军队多而不精，而又力量分散。结果是百姓不堪负担之重，军事力量却是感觉弱小不堪一击。后来，赵葵提出建立"游击军"的设想，② 其出发点应也与此有关，也是一个有远见的建议。当然，赵范设想的实现存在着巨大的障碍，首先是军权的集中有悖

---

① 《宋史全文》卷三二《宋理宗二》。

② 《宋史》卷四一七《赵葵传》。

于宋朝的传统国策，容易引起皇帝对统军者军权过大的忧虑。但纵观宋与辽、夏、金、元军的战争史，很多失败都是因局部战场的敌我力量对比悬殊所导致的。所以，赵范提出的问题，实际是一个带根本性的问题，可惜未能引起时人的足够重视。

宋代军的再研究

宋代的“军”有两种以上的含义，本文拟主要讨论的军是特指作为与州并立的作为一级行政单位的军。关于它聂崇岐、李昌宪先生等已做过相当深入研究。[①] 但军作为一级行政单位，似仅存于宋代（或认为五代十国时期亦有），在中国历史上颇有特殊性，故有必要稍加重视。笔者拟在他们已有研究成果的基础上再作一些研究。

一　军的由来

宋代的军与前代的军有继承关系，这一点是公认的——尽管宋代的军在性质上可能有别于前代的军。由最初的军到宋代的军，有一个演化过程，在此，就考察一下这个演化过程，即考察一下宋代军的由来。

宋人在记述宋代的军时，已注意到其同前代军事设施的联系，如宋景德二年（1005 年）十二月王平叔撰《建昌军记》谓：“……至德之间，锡大郡有节度之额。朔方、瀚海，因地以立名；天策、平虏、威戎而夸狄。尔后以繁会之县道、边要之戍城，或用建军，取诸董武。其增置僚吏、互奉贡输，诏令下颁，章奏专达，同乎州郡，无有等衰。”[②] 他已看

---

① 见聂崇岐《宋代府州军监之分析》，载《燕京学报》第二十九辑，《宋史地理志考异》分载《禹贡半月刊》第一至三卷各期，均收入《宋史丛考》，中华书局 1980 年版；李昌宪《宋代的军、知军、军使》，载《史学月刊》1990 年第 5 期及《上海师范大学学报》1990 年第 3 期，《宋受周禅所得州县考实》，载《转变与定型：宋代社会文化史学术研讨会论文集》，台湾：台湾大学历史系2000 年 10 月版。

② 《正德建昌府志》卷六。

到，宋代的军与前代在重要地点驻军有联系。唐代地理书中，虽没有作为行政区划的军，但也有不少关于“军”的记载，例如，唐李吉甫《元和郡县志》卷三九《陇右道》：“临洮军，开元中，移就节度衙置，管兵五万五千人马八千四百匹。河源军，州西一百二十里，仪凤二年，中郎将李乙支置，管兵一万四千人马六百五十三匹。白水军，乙匹州西北二百三十里，开元五年，郭知运置，管兵四千人马五百匹。安人军、河源军，西一百二十里星宿川，开元七年，郭知运置，管兵万人马三百五十匹。振威军，州西三百里开元中信安王祎置管兵千人。威戎军，州西北三百五十里，开元二十六年，杜希望置管兵千人马五十匹……莫门军，千洮州城内，仪凤二年置管兵五千五百人马二百匹。宁塞军，廓州城内管兵百人马五十匹。宁塞军，廓州城内管兵百人马五十匹。积石军，廓州西一百八十里仪凤二年置管兵七千人马一百匹。镇西军，河州城内，开元二十六年，杜希望置，管兵一万二千人，马三百匹。”宋人也记述了唐代已存在的一些军，与宋代的军有直接联系，如：

宋乐史《太平寰宇记》卷五七《河东道》：“岢岚军……隋大业中置岢岚镇……唐长寿中李迥秀置军……今复为军。”《舆地广记》卷一九《河东路》：“皇朝太平兴国四年析置岢岚军……唐长安三年，析宜芳县置［岚谷县］，属岚州，并以岢岚栅为军。景龙中，张仁亶徙其军于朔方……皇朝复以置军。”

《太平寰宇记》卷一〇〇《江南东道》：“唐武德三年，兴延平为军。盖以居咽喉总要之地。后改为永平镇。伪唐保大四年，立为延平军，因析沙县、建安、顺昌等县所管交溪……六里户口共成九里为军额。”

《太平寰宇记》卷三九《关西道》：“天德军（今置在中受降城，权置军于永清栅）本安北都护。唐……天宝八年张齐邺又于可敦置横塞军，十二年，安思顺奏废横塞军，请于大同川西筑城置军，元宗赐名曰大安军……乾元后改为天德军，缘居人稀少，遂西南移三里，权居永清栅。”

《舆地广记》卷一六《陕西秦凤路》：“积石军，本汉之金城郡河关县地，唐置军，隶陇右节度府，后没吐蕃，皇朝复置。”①

① 《通考》卷三二二《舆地考》所载略同。

《太平寰宇记》卷一五六《陇右道》："瀚海军，唐开元中，盖嘉运在此置北庭都护府城内，管镇兵一万二千人、马四千二百匹。天山军，唐开元中置在伊州城内，管镇兵五千人、马五百匹……伊吾军，唐开元中置，在伊州西北五百里甘露州，管镇兵三千人、马三百匹。"

《太平寰宇记》卷七三《剑南西道》："永康军，今理灌口镇，本彭州导江县灌口镇地。唐贞观十年，立为镇静军，管四乡。皇朝乾德三年平蜀，四年，改为永安军，仍割蜀之青城、彭州之导江二县隶焉。太平兴国三年，改为永康军。"

《资治通鉴》卷二〇七则天后长安元年载，郭元振在凉州"北境碛中置白亭军，控其冲要"。

上引各记载都涉及唐代的军，有些军早在唐前期即已存在。但众所周知，无论是《新唐书·地理志》，还是《旧唐书·地理志》及《元和郡县图志》等，均不载唐代行政区划中有军一级。显然，引文中的军不是行政单位名，也不是节度使军。从上引记载并参考有关记载可知，所言唐代的军都是军事设施名，即某支军队的名号。但设军以后，有些军名也就成了地名，例如积石军、威戎军等在唐代史籍中作为地名反复出现。这给后来军变为行政单位名埋下了伏笔。到了五代十国时期，军见于记载者更多，虽然对建军原因罕有记载，但从设军地点看，也大抵为军事要地，应主要出于军事目的。所以，讲宋代的军是由前代作为军事设施的军发展演化而来的，应是可以成立的。

关于宋代军与前代军的差异，欧阳修《新五代史》卷六〇《职方考》注文谓："五代置军六，皆寄治于县，隶于州，故不别出……皇朝军监始自置属县，与州府并列矣。"李昌宪先生对此提出质疑，认为记载中后周末年有些军下辖县而不载上隶州。笔者对李先生的意见也有怀疑，因为所谓下辖县也只有一个县，而不载所隶州未必就一定不隶州。事实上欧阳修所言五代军都隶于州是很有疑问的，因为有些军的长官（军使）地位高于州郡长官（详下文）。从记载看，宋代的军与前代相比，存在两点明显差别。一是宋以前的军或不辖县，或只辖一县，无辖二县或两个以上县的情况。宋代的军辖两个或两个以上县者颇为普遍。二是宋以前的军的长官为军使,[①] 或设判官,[②] 无称本军刺史或知军者。

二 前代已有宋初存留的军（含军使军）

李昌宪先生论宋受周禅所得州，列举了宋受周禅共得十三军，即通远军、雄胜军、清边军、威肃军、昌化军、德清军、静安军、定远军、乾宁军、保顺军、大通军、汉阳军、天长军。但李先生同时指出，其中雄胜军、清边军、威肃军、昌化军、大通军宋初是否存在都有疑问。另李先生未指出，天长军宋受周禅时是否存在也有疑问。乐史谓：“天长县，本古之千秋县。唐元宗开元中，以诞辰为千秋节，遂改县为天长县。晋天福中，江南伪命改为建武军，周显德四年，平定江淮，改为雄州。国朝既克江南，降雄州为天长军领县事。”[③] 明记南唐所建为建武军，周已改军为州，宋初始将州降为天长军。宋王钦若等记：周“显德五年二月，征淮南，幸扬州。辛酉，伪天长军使兼雄州刺史易赟及监军使周晖已下诣行宫见，寻以赟为天雄军节度行军司马，以晖为莱州团练副使，咸加赐赉焉”[④]。这里出现了“伪天长军使”。但司马光却谓：“显德五年春正月庚戌，唐以天长为雄州，以建武军使易文赟为刺史。二月甲寅，文赟举城降。”[⑤] 其中“易文赟”即“易赟”，而官衔却是“建武军使”而非“天长军使”。北宋前期人徐铉为易文赟撰神道碑，内言后周“以君为雄州刺史充建武军使，其理所即广陵之天长县也，据冲要之地，有士民之众”。[⑥] 亦谓易文赟所任为建武军使而非天长军使。照理神道碑所言可信度是较高的。当然，关于此军记载颇有分歧。李先生引马令《南唐书》记南唐所建为天长军。而《元丰九域志》卷一〇《省废州军》谓

---

① 如《舆地纪胜》卷四一《通州》载唐末设东洲静海军使；《五代会要》卷二四《军》载后晋天福七年四月改雄州为昌化军、警州为威肃军，“其军使委命本道差补”。

② 如《宋史》卷二六七《魏羽传》载魏羽为南唐雄远军判官。

③ 《太平寰宇记》卷一三〇《淮南道》。

④ 《册府元龟》卷一六七《帝王部·招怀第五》。

⑤ 《资治通鉴》卷二九四《后周纪五》。

⑥ 《骑省集》卷二七《大宋故天雄军节度行军司马易府君神道碑》。

“周以扬州天长县建为军……皇朝至道二年废军，以天长县还旧隶”[①]。《新唐书》卷六〇《职方考》则谓“天长、六合，故属扬州。南唐以天长为军，六合为雄州，周复故（据此，入宋时天长、六合均为县）”。众说中虽似以《太平寰宇记》为优，但亦未便武断宋受周禅时此军存在与否。另有破虏军宋受周禅时也可能存在，《太平寰宇记》卷六八《河北道》：“破虏军，古淤口关。周显六年收复关南，于此置军。”但《长编》、《元丰九域志》、《宋会要辑稿》方域、《舆地广记》、《宋史·地理志》却均谓此军建于宋太平兴国六年（981年），故只能存疑待考。故宋受周禅时可以肯定存在的军共有七个，有疑问的军共七个。

除了宋从后周处继承下来的军外，宋朝平定各割据政权，也接收了一些军。它们是：

1. 江阴军：《太平寰宇记》卷九二《江南东道》：“江阴军（理江阴县），本江阴县，伪唐升元年中建为军，以江阴县属焉。皇朝因之。”

2. 衣锦军：《元丰九域志》卷一〇《省废州军》：“顺化军，伪唐以杭州安国县建衣锦军，领县一。皇朝太平兴国三年改顺化军……五年废军。”

3. 建武军：《太平寰宇记》卷三七《江南西道》：“建昌军，本抚州南城县，开宝二年伪唐置建武军。皇朝太平兴国四年改为建昌军。”[②]

4. 雄远军：《舆地广记》卷二四《江南东路》：“太平州……南唐置雄远军。皇朝开宝八年改平南军。太平兴国三年升为太平州。”[③]

另有荆门军、固（故）军是否为宋朝从割据者手中接收尚存疑问，《太平寰宇记》卷六八《山南东道》：“荆门军……唐末荆州高氏割据建为军，领荆州当阳县。皇朝开宝五年割荆州之长林县、襄州之故乐乡合为一县置于郭下。”据此，本军为宋从割据者手中接收者。但《皇朝郡县志》谓高氏建军后，“寻废”，[④] 但又有记载却谓高氏建军，“国朝因之，

---

① 《宋会要辑稿》方域六之一〇、一八所载略同。

② 参前揭《建昌军记》。

③ 参叶廷珪《海录碎事》卷四上《州县门》。

④ 《舆地纪胜》卷七八《荆门军》引。

仍徙治长林”，“不言高氏废军一节”。[1] 另有记载只载宋开宝五年（972年）建荆门军，而不述高氏建军事。[2] 故此军是否为宋朝从割据者手中接收还有待进一步考察。又，关于故军或固军，有记载说：“初，北汉置固军于岚州北，汉亡，废为宣化县，[太平兴国七年八月] 甲戌，复号宁化军。”[3] 又有记载谓：“宁化军，本岚州之故军，东北接蕃界，皇朝太平兴国六年，改为宁化军。”二书均谓固（故）军在宋灭北汉时尚在。[4] 但另有一些文献，则谓此军建于太平兴国五年（980 年），不言北汉建军事，[5] 则固军（故军）北宋灭北汉时是否存在也有疑问。

据此，宋朝从前代（后周及各割据政权）接收的军可以肯定者共十二个，另有九个军情况待考，或者可以说，宋朝从前代接收的军在十一至二十个之间。其数量仅为宋朝自己新建军数的四分之一以下。

三 设军缘由考

聂崇岐先生言州军监建置原因有九种，其中七种实言军，现引录如下：

> ……二、如开宝二年从西川转运使刘仁燧之请，以合州浓洄、渠州新明二镇地为广安军，以免山川险僻之所多聚寇扰，为镇遏也。……四、如乾德元年疏菏水漕转兵食……太平兴国二年……建为广济军，为保护漕运也。五、如开宝六年以夔州云安县“上水去州二百里，人户输纳不便”，遂建为云安军，为便输赋税也。六、如大中祥符四年以祀汾阴驻跸宝鼎，因县俯迩神祠，特建庆成军，为应奉宫祠也。七、如太平兴国五年从福建转运司之请，以建州邵武县立

① 《舆地纪胜》卷七八《荆门军》又注引《图经》。

② 《长编》卷一三、《宋会要辑稿》方域六之三七。

③ 《长编》卷二三。

④ 《太平寰宇记》卷五〇《河东道》。

⑤ 《宋会要辑稿》方域六之七，《宋朝事实》卷一八《升降州县》，《舆地广记》卷一九《河东路》等。

> 为军，为户繁地要也。八、如绍兴九年权开封尹王伦奏云……两国若有关会事宜，各须州军文移往来……南岸与滑州相对系是胙城县。今欲将本县升作一州军……以便文移……诏升作胙城军。此类建置为便外交文移也。九、如熙、丰之经营河、湟，分置州、军，为治理新辟土地也。

聂先生所言充分体现出设军缘由的多样性，却容易让人忽略宋代设军缘由的主次关系，即绝大多数军的设置都有军事目的。为了更进一步了解宋代建军的缘由，现搜集有关记载补充如下：

通利军："黎阳当舟车交会，禁兵常屯万余……命［王］宾护黎阳军，兼领黄、御两河发运事，俄领本州团练使。以宾请黎阳建通利军，命就知军事。"①

镇戎军："为泾原仪渭北面捍蔽，又为环庆原渭仪秦熟户所依，正当回鹘、西凉六谷、咩逋……诸族之路。"②

德顺军：知渭州曹玮上言："陇山之外，坦为兵冲，而州无捍蔽之势，请兵戍守而城之（德顺军）。"③

威胜军：建军时，诏曰："要冲之地，控扼攸宜，特筑军城，以壮戎备。"④ 又史载，此地为"要害必争之地"。⑤

绥德军："元丰七年正月十九日，陕西转运副使范纯粹言：'绥德城当夏贼之冲，乞立军额。'以米脂、义合、浮图、怀宁、顺安、绥平六城咸隶焉。"⑥

清远军："熙宁四年十一月十八日，西上閤门使、荣州刺史、知代州高遵裕言：'已收复清远军……清远军正当隘险，可以屯聚兵种，合依旧

---

① 《宋史》卷二七六《王宾传》。
② 《长编》卷五〇录李继和语。
③ 《宋会要辑稿》方域五之四三。
④ 《宋会要辑稿》方域六之七。
⑤ 《宋史》卷八七《地理志》。
⑥ 《宋会要辑稿》方域五之四一、《长编》卷三四二。

置军，增修城垒……’从之。”[①]

晋宁军：“元符二年八月二十四日，枢密院言：‘河东路经略使林希奏，元丰中进筑米脂、葭芦、吴堡三寨。以岚、石之人始戍河西，然密睇麟、府，犹迂十舍。自前年复葭芦后，筑神泉、乌龙，通接麟、延，稍相屏蔽，岚、石遂为次边，麟、府不为孤绝，实自先帝经始葭芦，为今日通道之根本。望建葭芦为军，以章先烈。’诏特建为晋宁军。”[②]

镇戎军：“镇戎军控夏人之咽喉，为诸夏之扞蔽，守御之固至今赖焉。”[③]

值得注意的是，关于威虏军的去存曾有一番争论。北宋太宗端拱二年（989 年），户部郎中张洎上封事提出：“今闻威虏军等置在平川，地非险阻，带甲之士不满万人，议者谓国家比创此军以捍蔽定州，此军若废，则犬戎立至城下。臣以为议者不究事实，盖谋虑之过焉。今请以敌势言之，若犬戎举十万之众，长驱深入，量留数千骑营于威虏等军城隍之侧，则威虏等军闭垒不暇，岂能出城野战哉。贼畧地则既无邀截之期，贼攻城则自有败亡之祸，而望藩屏镇定，不亦难乎。是知威虏等军废之非有利于犬戎，置之又无益于邦国。”[④] 张洎主张废罢威虏军。然而也有人反对，其中就有名将李继隆，史载：“尝有诏废威虏军，继隆言梁门为北面保障，不可废。遂城守如故，讫为要地。”[⑤] 争论双方观点对立，但他们都以在军事上是否具重要意义作为是否立军的标准。又马端临记：“国初，以梁门、遂城二县为安肃、保信军。所谓铜梁门、铁遂城者也。自童贯、蔡攸既得燕山，谓安肃、保信在内地，皆废为县，移军营废楼橹。宣和末，始诏复为军，而金兵已大入，遂陷。”[⑥] 引文说明，安肃军、保信军之所以一度被撤销，就是因为它们变成了内地，不再具有军事价值。这些事例都说明，设军缘由中，军事方面的考虑是很重要的一个方

① 《宋会要辑稿》方域七之二六至二七，《宋史》卷四六四《高遵裕传》。

② 《宋会要辑稿》方域六之七、《长编》卷五一四。

③ （宋）杨亿：《武夷新集》卷一〇《李继隆墓志铭》。

④ 《长编》卷三〇。

⑤ 《宋史》卷二五七《李处耘子继隆传》。

⑥ 《文献通考》卷三一六《舆地考二》。

面。与此相关联，宋代多数的军都设于边疆地区。

宋代设于多民族杂居地及少数民族聚居区的军也较多，这些地区中有不少是在边疆，有军事方面的考量，也有加强治安、巩固边疆的考虑。聂先生所举诸例中，熙丰时期在新辟土地上所建诸军就属此类。再如四川的南平军。李焘记：宋神宗熙宁八年（1075 年）十一月，“以渝州南川县铜佛坝为南平军。熙宁四年既讨定李光吉、王衮旧地，置荣懿、扶欢两寨。其外有铜佛坝，近南接西南乌蛮、昆明哥蛮、大小播州等蕃界数十部族。据有之后……部族无所统一，数出盗边，命熊本往讨平之。于是本言：所开拓皆膏腴地，至林箐深密处皆可募民开畲佃种，谓宜废南川县，于此置军，以大使臣为梓夔路都监、知军兼沿边都巡检，稍置官属并领荣懿、扶欢二寨增置开边、通安、安稳三寨以为控扼。”① 彭百川亦记：“熙宁八年十月丙戌，诏以渝州南川县铜佛坝为南平军。先是，南川熟户李光吉、王衮、梁承秀三族据其地，各千家，间以威胁诱汉户，不从辄屠之，没入其田土……招纳亡命，数以其徒伪为生獠劫边民……筑城堡以自固，缮修甲兵，远近患之。于是，夔州路转运判官张诜等相与密议……于是进兵穷讨……遂置荣懿、扶欢两砦。是岁，熙宁四年也。然其地西南接乌蛮昆明哥蛮，其间种族且数十，时为边患……八年，木攀、木斗辈二十余族复数出盗边。诏下察访熊本，于是董督兵破骆益、王本二、木斗辈凡七寨等四国，斩首六十六级，俘男女百三十三人，木斗翁已下四十八人来降……于是即铜佛坝置军，以南平为名，盖其地南平獠之故地故也，并领荣懿、扶欢二寨，增置开边、通德凡三寨，而并废南川县云。”② 可知南平军之置就是为了解决民族矛盾，加强治安。又北宋后期设武冈军也出于类似目的。据记载：“徽宗朝以武冈县疆境濶、户口繁，可为军以制溪洞。”其敕牒中又言其“市井稠密，商旅行还”，则兼顾经济方面。③ 时人张纲讲得较具体：“武冈地近辰沅，唐元和中，蛮獠不顺，盗弄库兵，贼胁守臣，赖柳公绰屯兵此地以镇抚之，然后人

① 《长编》卷二七〇。

② （宋）彭百川：《太平治迹统类》卷一七《神宗置南平军》。

③ 《舆地纪胜》卷六二《荆湖南路·武冈军》。

情始安。以此见武冈虽远且僻，亦一方控扼去处，正须慎择师帅，以善政抚循。”[①] 情况类似的还有渠阳军、积石军等。有些军更是在少数民族酋长献纳的土地上建立的，如遵义军、长宁军、通化军、渠阳军、怀远军等。大抵因少数民族或不同民族杂居而设的军主要集中在西部和西南部。

南宋疆界变化，沿淮河、长江的不少地方都变成了前沿地区，一些原拟裁撤的军便又被恢复、加强。例如汉阳军就是如此。绍兴六年（1136 年）汉阳军降军使，是因为“本军累经残破，户口减少，官吏之费，深扰于民。兼鄂州见屯大军，无盗贼之患，与承平日事体不同”。[②] 次年，复升为军，是因为宣抚使岳飞讲它“最是控扼去处”。曾任本军知军的黄干也讲：“汉阳军地居江北，实巴蜀之咽喉，武昌之藩蔽。”[③] 即讲出了汉阳军在新形势下的特殊军事地位。

离原隶州的州治遥远也是设军的重要原因。如曾巩记：“盖广德居吴之西疆，故鄣之墟，境大壤沃，食货富穰，人力有余，而狱讼赴诉、财贡输入以县附宣，道路回阻，众不便利，历世久之。太宗皇帝在位四年，乃地图，因县立军，使得奏事专决，体如大邦。自是以来，田里争辨、岁时税调始不勤远，人用宜之。”[④] 又如，绍兴“三十一年四月十九日，权发遣淮南路转运副使杨杭（一作抗）言：‘扬州高邮县元系军额……今来户口在淮东最为盛处，第去扬州辽远，民户输纳不便。兼县界所管运河堤岸接连，湖泺深远，豪右猥通奸利，虑致引惹生事，乞依旧改为高邮军。’”[⑤] 绍兴“三十二年十一月二十三日，江淮东西路安抚使司言；‘涟水县已得旨隶属海州，昨差忠义（纯）［统］制郭升知县事。缘本县去海州二百四十里，道路艰远，乞升为军额，隶本路帅司’。从之”[⑥]。据此，高邮军、涟水军的重新设立，都有距所隶州州治太远的原因。又司

---

① （宋）张纲：《华阳集》卷一九《驳李绍祖差遣指挥状》。

② 《宋会要辑稿》方域六之三七。

③ 《勉斋集》卷二四《汉阳条奏便民五事》。

④ 《曾巩集》卷一八《广德军重修鼓角楼记》。

⑤ 《宋会要辑稿》方域六之九至一〇。

⑥ 《宋会要辑稿》方域六之一二。

马光记：“［提举梓州路常平仓何］浃欲废广安军，众议以为旁出他州远，不可废。”则广安军之设，应也有距州治太远的原因。[①] 聂先生所引云安军的情况，也属此类。

通观宋代的军，大多地理位置重要，其中有些更是在军事、经济、交通等方面有特殊的重要性。例如南安军：“［杨允恭］又以海盐盗入岭北，民犯者众，请建大庚县为军，官辇盐市之。诏建为南安军，自是冒禁者少。”[②] 又如怀安军：“乾德五年，以金水县立军（原注：先是，蔡州团练使曹翰上言：遂州取金水县路至西川五百里，其金水县又是简州大路，最居要津，请建置为军……）。”[③] 再如盱眙军：“国家故都汴……南舟必自盱眙绝淮，乃能入于汴，北舟亦自是入楚之洪泽以达大江。则盱眙实梁宋吴楚之冲，为天下重地，尚矣。”[④] 另如南康军“［星子县］当江湖之会，商贾所集”，[⑤] “地当要津”。[⑥] 宋朝在与辽夏金元交界处设榷场，作为双方贸易场所。这些榷场多数建在沿边各军内，北宋的火山军、安肃军、保安军、镇戎军，南宋的盱眙军、枣阳军、安丰军等都曾建有榷场，这突出地说明了军在地理位置上的特殊性。

在实施政治统治方面有需求，有必要提高本地长官的地位和权力，即所谓“加重事权”，也往往是设军的一个理由。如枣阳军“地当冲要”，[⑦] “随州枣阳县密迩虏境，弹压为先，官府稍卑，体面不振……揆诸事宜，合与加重……欲望朝廷升枣阳为军……”[⑧]。再如南宋重设高邮军。绍兴三十一年（1161 年）“夏四月辛酉，复升扬州高邮县为军。以淮南转运副使杨抗（一作杭）言其户口最盛，且接连湖泺，猥通豪右，非增重事权，无以弹压故也”。[⑨]

---

① （宋）司马光：《涑水记闻》卷一六。
② 《宋史》卷三〇九《杨允恭传》，参《隆平集》卷一八。
③ 《宋朝事实》卷一九《升降州县》。
④ 《渭南文集》卷二〇《盱眙军翠屏堂记》。
⑤ 《宋史》卷四三一《儒林·孔宜传》。
⑥ 《太平寰宇记》卷一一一《江南西道九》。
⑦ 《宋会要辑稿》方域一二之一〇。
⑧ 《舆地纪胜》卷八八《京西南路·枣阳军》。
⑨ （宋）李心传：《建炎以来系年要录》卷一八九。

有少数军的设置，有特殊的政治原因，聂先生所言“应奉宫祠”及“便外交文移”即属此类。又如永安军（有可能是军使军）之设，是专为北宋皇陵的。这些仅属特例，数量很少。

据上所引，连同聂先生所述，可知宋代建军缘由大抵有一点是共同的，即地理位置重要，需要派驻军队，这大约也是军区别于一般州郡的主要特点，其他特点往往是由此派生出或与此相联系的。大抵宋代州郡的设置都是为了便于统治，于是州郡设置即与人口的分布关系密切，但人口分布总是不均衡的，就存在一些统治上的相对薄弱地区，即有方圆数百里无州郡的情况。为了加强对这些地区的统治，宋朝往往就在这些地区设军加以“镇遏”（此处应理解为加强治安）。这是内地一些地方也设军的主要原因。设军有时要受财政条件制约，为此，上述建军缘由中所谓“户口繁”，大抵都是讲其地具备设军的财政条件。所以，“户口繁”不是绝对意义上的人口密集，特别是在全国范围内，设军地绝不是人口最稠密、最富足的地区。也就是由于有些军财经条件不具备，最终只好降级为军使或县。从上引记载也可看出，建军的缘由往往并不是单一的，有时是由几方面的原因促成的。如广德军促成设军有便输税、便诉讼两方面原因；盱眙军设军既有助漕运的目的，也有控制交通枢纽的目的。

四 军使考

唐、五代的军使不同于宋代的军使，唐、五代的军使是一种专门用于统率军队的官职，它通常不具备行政职责。所以，军使既有由官阶较高的人担任的，也有由官阶较低的人担任的，这往往是由所统率的军队人数及重要性决定的。就是说，一些军使的官阶比州郡长官还要高。如据载：开运二年（945 年）三月，“以岢岚军使郑谦为忻州刺史，遥领应州节度使，充忻代二州义军都部署”。[①] 又如南唐易文赟以雄州刺史任建

① 《旧五代史》卷九九《汉·高祖纪》。

武军（即开长军）使，后投降周朝。[①] 这二例中军使地位就高于州郡长官。这种军使在北宋初期仍可见到。如开宝元年（968 年），任命“殿前散员都虞候董遵诲为通远军使”。[②] 至开宝三年（970 年）五月，“诏通远军直隶京师”。[③] 直到太平兴国六年（981 年）三月，董遵诲去世，他的官衔依然是“通远军使、罗州刺史”。[④] 董遵诲担任通远军使十余年，很得皇帝信任，官阶、地位都远高于州郡长官。再如史载：“杜汉徽……宋初补本军都校领，茂州刺史。改领潮州。从平李筠，又从平李重进，录功居多。建隆三年，出为天长军使，移雄武军使，知屯田事。是冬，被病……家人劝其求医药。汉徽笑曰：‘我在戎行四十年，大小百余战，不死幸矣，安用药为。’未几卒。”[⑤] 这位“戎行四十年”功勋卓著的刺史，地位也远高于一般的州郡长官。这些军使同后来只略高于知县的军使显然是无法相比的。

宋代的军使虽然仍有统率军队的责任，但同时又有行政职责。宋人高承讲：“宋朝之制，地要不成州，而当津会者则为军，以县兼军使。”[⑥] 南宋韩元吉主张将淮南的一些州军降级为军使，讲：“盖淮南州郡有不若江左一县者多矣，人民未集，财赋未充，命一太守则必有供给之奉，公帑之须，招兵置吏之冗，所费多矣。且又难得资序相当之人。岂若姑以倚郭知县兼军使而守之，而并省其外县，择京官选人可用者，不次而用，则名废而实举矣。”[⑦] 韩元吉的话点明了一个情况，那就是作为府州军监的军，是要依照州郡的规格设置一批官职的，要有通判，有监押或都监，有幕职官，有国库，开销较多，而知县兼军使则大抵依县级设官职，开销较少。这是有些州、军降为军使的重要原因。

宋代的军使军来源主要有二，一是县、镇、关升军使，见于记载

---

① 《通鉴》卷二九四，（宋）徐铉：《骑省集》卷二七《易文赟神道碑》，《册府元龟》卷一六七《帝王部·招怀第五》。

② 《长编》卷九。

③ 《长编》卷一一。

④ 《长编》卷二二，参《宋史》卷二七三《董遵诲传》。

⑤ 《宋史》卷二七一《杜汉徽传》。

⑥ 《事物纪原》卷七《州郡方域部·镇》。

⑦ 《南涧甲乙稿》卷一〇《论淮甸札子》。

者有：

1. “建隆元年，以镇州娘子关建［承天］军，仍隶镇州。”[①]

2. “建隆三年，升青州北海县为军，以［杨］美为军使。”[②]

3. “［商州］鄜城县，康定二年即县治建康定军使，隶本州。”[③]

4. “［皇祐五年二月］己亥，夔州路转运司请升南川为怀化军，并三溪入南川县，以朝臣为军使，兼知南川县……从之。”[④]

5. “威州……通化县……治平三年即县治置通化军使。”[⑤]

6. “［熙宁九年夏四月］己酉，复导江县为永康军，以武臣为军使兼知县事，仍属彭州。”[⑥]

7. “茂州……县二：熙宁九年即汶川县治置威戎军使。”[⑦]

8. “元祐三年，以［密州］板桥镇为胶西县，兼临海军使。”[⑧]

9. 建炎三年六月戊辰，“升公安县为军”，“止是知县兼军使”。[⑨]

10. “［绍兴九年三月癸卯］升衡州茶陵县为军。”[⑩]

11. “治平三年，即［通化］县地置通化军使，在保、霸二州之间。”而《宋史》卷八九《地理志》则载：“通化军，熙宁间所建，在保、霸二州间。政和三年，董舜咨纳土，因旧名重筑军城，宣和三年，省军使为监押。”[⑪] 据此，通化军在宣和三年（1121 年）前一段时间也是军使军。

二是军降军使，见于记载者有：

1. 庆历二年（1042 年）六月丙戌，“建定州北平寨为军”。次年十二

---

① 《宋会要辑稿》方域五之三五，参《元丰九域志》卷二、卷一〇。

② 《宋史》卷二七三《杨美传》，参《长编》卷三、《宋会要辑稿》方域五之一五。

③ 《宋会要辑稿》方域五之四〇，参《长编》卷一三〇。

④ 《长编》卷一七四。

⑤ 《舆地广记》卷三〇《成都府路》。

⑥ 《长编》卷二七四，参《宋会要辑稿》方域七之三。

⑦ 《元丰九域志》卷七《成都府路》，参《长编》卷二七九、《十朝纲目备要》卷八、《舆地广记》卷三〇《成都府路》。

⑧ 《宋史》卷八五《地理志》细文。

⑨ 《系年要录》卷二四《宋会要辑稿》方域六之三二。

⑩ 《系年要录》卷一二七，参《宋会要辑稿》方域六之二九。

⑪ 《舆地纪胜》卷一四八《威州》，另参《宋会要辑稿》方域七之二。

月乙卯，“以北平军隶定州，以朝臣为军使兼知北平县事”。①

2. “大中祥符中，以荣河为庆成军……熙宁元年废，以荣河隶［河中］府，即县治置军使。”②

3. “熙宁三年，复废［宣化］军为县，隶州，即县治置宣化军使。”③

4. “［元祐二年十一月丙辰］复涟水军（原注：《赵偁行状》……于是涟水县亦求复军，而灵璧镇又已升为县。偁……乃独上奏论之，请如先帝诏，且罢灵璧。由是，复罢灵璧县，而涟水止立军使焉）。”“［绍兴五年闰二月］废涟水军为县，隶楚州，以知县兼军使。”④

5. “石泉军，本绵州石泉县，政和七年建为军……宣和三年降为军使。”⑤

6. “云安军……建炎三年，为军使。”“国朝中兴……以云安为夔州属邑，差朝官为军使，仍借服色，盖以县往隶，而军额仍旧。”⑥

7. 绍兴五年（1135 年）秋七月丙子，“都督行府奏移鼎州龙阳县于黄城寨地建立，仍升为军，以持服人黄与权起复左奉议郎充龙阳军使兼知县事……皆从之”⑦。

8. “枣阳军，旧随州枣阳县，绍兴十二年升为军，是年降军使，隶随州。”⑧

9. “安丰军……绍兴三十二年十二月二十九日，即县为军使兼寿春府安丰县事。”⑨“隆兴二年十月五日，吏部言：‘昨降旨，寿春县改为寿春府，安丰军改为安丰军使，隶属寿春府，今合以安丰军使兼知寿春府

---

① 《长编》卷一三七、卷一四五，参《元丰九域志》卷二《河北路》。

② 《宋史》卷八七《地理志》。

③ 《元丰九域志》卷一《京东路》。

④ 《系年要录》卷八六。

⑤ 《宋史》卷八九《地理志》，参《宋会要辑稿》方域七之三。

⑥ 《宋史》卷八九《地理志》，《舆地纪胜》卷一八二《云安军》。

⑦ 《系年要录》卷九一，参《宋会要辑稿》方域六之三四。

⑧ 《宋会要辑稿》方域五之二〇。

⑨ 《宋会要辑稿》方域六之一九。

安丰县事……’诏王希吕差权安丰军使兼知寿春府安丰县事……”①

又有河北路的保顺军使，前已述及，后周时已建保顺军，宋初沿留。但所保留之保顺军为军还是军使军却有疑问。有的记载将此军与州并列。② 又有记载则谓宋开宝三年（970 年）置保顺军，不载其为军还是军使。③ 复有记载复谓：“周置军于沧州无棣县南二十里。开宝三年（970 年），又以沧、棣二州界保顺、吴桥二镇之地益焉，仍隶沧州。”④ 据此，此军于开宝年间隶沧州，是军使军。而另有记载谓：治平元年（1064 年）“徙无棣县治保顺军，即县治置军使，隶州”，⑤ 则又似保顺军于治平元年（1064 年）始降为军使军。无论怎样，保顺军曾是军使军则是确定无疑的。

以上所录不包括存在时间过于短暂者如保定军、安肃军、永宁军等宣和七年（1125 年）均降军使，寻复旧。嘉定末，武昌县先升军使，随即升军等。⑥ 总的来讲，宋代军使军远不如州郡级军数量多，大抵都是出于特殊需要，往往也不够稳定，变化较多。

《吏部条法》载“尚书左选格”：“军使，右注通判，次第贰任知县人。”又载：“军使知县，右注保义郎以上经亲民人。”⑦ 说明军使的选任与一般知县有明显差异。李德《云安军使橘堂记》谓军使“使名官仪备太守之略，而时节得以需章自达于朝，他邑莫得而比也”，⑧ 表明军使有一般知县没有的直接上书朝廷的权力。

五　几处特殊的“知军”

众所周知，宋代军的长官称知军，但在宋代史籍中，称知某军的却

① 《宋会要辑稿》方域六之一七。
② 《太平寰宇记》卷六八《河北道》。
③ 《长编》卷一一，《宋会要辑稿》方域五之二八。
④ 《宋史》卷八六《地理志》细文。
⑤ 《元丰九域志》卷二《河北路》，《宋史》卷八六《地理志》等。
⑥ 《宋史》卷八六、卷八八《地理志》。
⑦ 《永乐大典》卷一四六二一引。
⑧ 《舆地纪胜》卷六三《茶陵军》引。

不一定是军的长官，如有三处州府往往被称为“军”，其长官也往往被称为知某军，这三处州府分别是永兴军（京兆府）、成德军（真定府）、天雄军（大名府）。这是一类很特殊的情况，往往使初涉宋史的人感到困惑，在此略作辨析。

京兆府、镇州（真定府）、大名府在史籍中分别被称为永兴军、成德军、天雄军，说到底，都是用本州府节度使军名代替州府名。为什么会如此，史籍未载。笔者以为，这很可能同宋初消除藩镇隐患时，在节度使出现空缺时以文臣权领的做法有关。文臣代管节度使事务，上述三州府又都是军事重镇，任命为知军比任命为知州府更便于兼管政务和军务两方面事务。当然，这只是一种猜测。

在上述三个“军”当中，情况又有差异。天雄军大约较早地改称大名府。庆历二年（1042 年）五月“己未，以知天雄军程琳知大名府，兼北京留守司”①。此后记载中即不再有天雄军作为地名、知天雄军作为官衔出现，“天雄军”一般都被“大名府”所取代。估计是官方此时有某种规定。

又据记载：“宣和二年，诏守臣不用军额称京兆府。”② 又：“宣和二年三月六日，诏永兴军守臣等衔位并不用军额，永兴军称京兆府，成德军称真定府。”③ 则永兴军、成德军从官衔中去除，比天雄军迟许多，是在北宋末的宣和二年（1120 年）。此前称知永兴军、知成德军都是官方规定（或官方允许）的。

对于这三个特殊的“军”，初治宋史者是应特别注意的，不要被其特殊的称呼所迷惑。

宋代军一览表

河北地区

1. 保塞军：建隆初，以莫州清苑县地置，太平兴国六年（981 年）

---

① 《长编》卷一三六。

② 《宋朝事实》卷一八《升降州县》。

③ 《宋会要辑稿》方域五之三八，另参同书方域五之三一、三七。

升保州。

2. 顺安军：淳化三年（992 年），以瀛州唐兴寨地置顺安军。

3. 宁边军：雍熙四年（987 年），以定州博野县地置，景德元年（1004 年）改永定。天圣四年（1026 年，一说七年，即 1029 年），改永宁。宣和七年（1125 年），废为博野县，知县事仍兼军使，寻依旧。

4. 通利军：端拱元年（988 年）以滑州黎阳县地置。天圣元年（1023 年），改通利为安利；四年（1026 年），以卫州卫县隶军。明道二年（1033 年），复改名通利军。熙宁三年（1070 年）废为黎阳县，隶卫州，元祐元年（1086 年）复为军。政和五年（1115 年）八月升为浚州。

5. 永静军：周置定远军，隶沧州，宋太平兴国六年（981 年），直隶京师，景德元年（1004 年），改永静，治东光县。嘉祐八年（1063 年）废，熙宁十年（1077 年）复。

6. 乾宁军：幽州刘氏置芦台军，后周为永安县隶沧州。宋太平兴国七年（982 年）置乾宁军，大观二年（1108 年），升为清州。

7. 破虏军（信安军）：太平兴国六年（981 年），以霸州淤口砦地置破虏军，景德二年（1005 年）改为信安。

8. 平戎军（保定军）：太平兴国六年（981 年），以涿州新镇地置平戎军。景德元年（1004 年），改为保定军。宣和七年（1125 年）废保定军为保定县，隶莫州，知县事仍兼军使，寻依旧。

9. 静戎军（安肃军）：太平兴国六年（981 年），以易州宥戎镇地置静戎军，景德元年（1004 年）改安肃军。宣和七年（1125 年）废军为安肃县知县事仍兼军使，寻依旧。

10. 威虏军（广信军）：太平兴国六年（981 年），以易州遂城县地置威虏军，景德二年（1005 年，一说元年，即 1004 年），改广信军。

11. 静安军：后周显德二年（955 年），以李晏口为静安军。宋太平兴国八年（983 年），复置静安军。雍熙二年（985 年）裁废。

12. 平寨军：太平兴国六年（981 年），以易州大保寨置平寨军。不久，入于辽。

13. 德清军：后晋天福年间曾于旧澶州（顿丘）置德清军。宋初，德清军作为地名仍存在。宋乐史《太平寰宇记》卷五七《河北道六・德清军》将它同州郡并列。《宋史》载，宋真宗时，张旦曾任知军。刘延世《孙公谈圃》卷中张日用任知德清军。

河东地区

14. 平定军：太平兴国二年（977 年，一说四年，即 979 年），以镇州广阳寨置平定军。后领县二：平定、乐平。

15. 威胜军：太平兴国二年（977 年，一说三年，即 978 年），以潞州铜鞮县乱柳新筑城置威胜军。后辖四县：铜鞮、武乡、沁源、绵上。

16. 宁化军：太平兴国五年（980 年）以岚州宁化县置宁化军。

17. 火山军：太平兴国七年（982 年，一说八年，即 983 年），以岚州雄勇镇置火山军。

18. 岢岚军：唐建岢岚军，后唐改胜州，后周复置岢岚军，入北汉，曾设军使。宋太平兴国四年（979 年，一说五年，即 980 年），复置岢岚军。

19. 定羌军（保德军）：淳化四年（993 年），析岚州置定羌军。景德二年（1005 年），改保德军。

20. 晋宁军：元符二年（1099 年）八月（一说十一月），以石州葭芦寨为晋宁军。

21. 静乐军：咸平二年（999 年），以宪州静乐县为静乐军，五年（1002 年）废，入宪州。

22. 飞狐军：雍熙三年（986 年），以飞狐县升飞狐军。不久，入于辽。

23. 平晋军：乾德元年（963 年），以乐平县置平晋军，太平兴国四年（979 年）废。

陕西地区

24. 保安军：太平兴国二年（977 年），以延州永安镇置保安军。

25. 通远军一：后周显德四年（957 年），降环州为通远军。宋开宝三年（970 年）五月，诏通远军直隶京师。淳化五年（994 年）八月，以通远军复为环州。开宝元年（968 年）至太平兴国六年（981 年），董遵诲任军使。

26. 通远军二：宋神宗熙宁五年（1072 年）五月，以秦州古渭砦为通远军。一度入夏朝，元丰四年（1081 年）十月收复。元丰五年（1082 年），北移一百二十里移治定西城。崇宁三年（1104 年）十二月，升通远军为巩州。

27. 绥德军：元符二年（1099 年）八月，以延州绥德城置绥德军。

28. 定边军：元符二年（1099 年），环庆路进筑定边城，后改为军。

29. 镇洮军：熙宁五年（1072 年）八月，以唐临州羌人武胜军地置镇洮军，十月改熙州。

30. 镇戎军：至道元年（995 年，一说三年，即 997 年），以原州高平县置镇戎军。建炎后没于金。绍兴三十二年（1162 年）收复，随失。

31. 积石军：唐置积石军，隶陇右节度府，后没吐蕃，地名仍存。大观二年（1108 年）五月，溪哥王子臧征朴哥降，以其地置积石军。建炎三年（1129 年）十二月乙亥，张浚承制废积石军，绍兴三十二年（1162 年）二月一度收复，随失入金朝。

32. 怀德军：大观二年（1108 年）六月，以平夏城为怀德军。靖康元年（1126 年）十一月，入夏朝。后复，南宋初入于金朝。

33. 德顺军：庆历三年（1043 年），以渭州笼竿城置德顺军。

34. 庆成军：大中祥符四年（1011 年），以河中府宝鼎县置庆成军，隶河中府。七年（1014 年），设知军，许直达朝廷。熙宁元年（1068 年）五月，废庆成军为县，置军使。

35. 清远军：淳化五年（994 年）八月，以鸡城寨置清远军。真宗咸平四年（1001 年）九月，入于夏。

36. 震武军：政和六年（1116 年）七月，以湟州古骨龙城置震武军。

37. 威德军：崇宁三年（1104 年），以保安军北丰、石堡寨置威德军，五年（1106 年）废为石堡寨。

38. 至道元年（995 年）五月，以灵州界定远镇建为威远军，不久，入于夏。

淮南地区

39. 建安军：乾德二年（964 年），以扬州迎銮镇置建安军。大中祥符六年（1013 年）五月，升建安军为真州。

40. 高邮军：开宝四年（971，一说二年，即 969 年），以扬州高邮县置高邮军。熙宁五年（1072 年）废为县，隶扬州。元祐元年（1086 年）复为军。建炎四年（1130 年），升承州。绍兴五年（1135 年），废为县，复隶扬州，以知县兼军事使。三十一年（1161 年），复为军。

41. 无为军（镇巢军）：太平兴国三年（978 年），以庐州无为监置无为军。建炎二年（1128 年），入于金。寻复。曾辖三县：无为、庐江、巢。景定三年（1262 年），升巢县为镇巢军。

42. 涟水军：太平兴国三年（978 年），以泗州涟水县置涟水军。熙宁五年（1072 年），废为县，隶楚州。元祐二年（1087 年），为军使。建炎四年（1130 年），升军。绍兴五年（1135 年），废为县。绍兴十一年（1141 年），入金朝。三十二年（1162 年），收复置军使，隶楚州，随升军。绍定元年（1228 年），属宝应州。端平元年（1234 年），复为军。景定三年（1262 年），升安东州。

43. 盱眙军（招信军）：建炎三年（1129 年），以泗州盱眙县置盱眙军。四年（1230 年），降为县，隶濠州，后隶泗州、天长军。绍兴十二年（1142 年），复盱眙军。宝庆三年（1227 年），入于金。绍定四年（1231 年）收复，改为招信军。辖县二：天长、招信。

44. 天长军：始建时间记载不一，有说为南唐所建，后周沿之，宋初又沿之。一说后梁改雄州为昌化军，南唐改建武军，周复改雄州，宋初降雄州为天长军。宋太宗至道三年（997 年）裁撤。南宋建炎元年（1127 年）复置军，四年（1130 年）废为县，绍兴十一年（1141 年）复升为军，十二年（1142 年）复为县，隶盱眙军。

45. 淮安军：咸淳七年（1271 年）六月，以泗州五河口置淮安军。

46. 淮安军一：宝庆三年（1227 年，一说绍定元年，即 1228 年），降楚州为淮安军。端平元年（1234 年），复升州。后再军。

47. 淮安军二：咸淳七年（1271 年）六月，以泗州五河口置淮安军。

48. 清河军，咸淳九年（1273 年），以清河口置清河军。

49. 六安军（安丰军）：政和八年（1118 年），以寿春府六安县置六安军。绍兴十二年（1142 年），建安丰军，降六安军为六安县，隶安丰军，另以霍丘县、寿春县隶安丰军。绍兴三十二年（1162 年），建寿春府，降安丰为县，隶于府，以知县兼军使。乾道三年（1167 年，一说二年，即1166年），降寿春府复为安丰军。景定五年（1264年）以六安县置六安军。端平元年（1234年），降六安军为县。后复置六安军。

50. 怀远军：宝祐五年（1257年）五月，以荆山县置怀远军。

江浙地区

51. 平南军：南唐于当涂置雄远军。宋开宝八年（975年），以升州当涂县置平南军。太平兴国二年（977，一说三年，即978年），以平南军为太平州。

52. 南康军：太平兴国七年（982年），以江州星子县置南康军。辖县三：星子、建昌、都昌。

53. 广德军：太平兴国四年（979年），以宣州广德县置广德军。后辖县二：广德、建平。

54. 南安军：淳化元年（990年），以虔州大庾县为南安军。后辖三县：南康、大庾、上犹。

55. 临江军：淳化三年（992年）以筠州之清江县置临江军。后辖三县：清江、新淦、新喻。

56. 建昌军：南唐置建武军。太平兴国四年（979年），改建武军为建昌军。后辖二县：南城、南丰。南宋又增二县：新城、广昌。

57. 永兴军（兴国军）：太平兴国二年（977年），以鄂州永兴县置永兴军。三年（978年），改名兴国。后辖三县：永兴、大冶、通山。

58. 顺化军：南唐以杭州安国县置衣锦军。宋朝太平兴国三年（978年），改名顺化军，五年（980年），裁撤。

59. 江阴军：南唐以常州江阴县置军。宋朝淳化元年（990年），裁撤。三年（992年），复置。熙宁四年（1071年），又裁撤。建炎初，复置江阴军。绍兴二十七年（1157年），废江阴军为县，隶常州。绍兴三十一年（1161年），复江阴县为江阴军。

荆湖地区

60. 荆门军：开宝五年（972年），以江陵府长林县置荆门军。熙宁六年（1073年），废军，县复隶江陵府。元祐三年（1088年），复为军。端平三年（1236年），移治当阳县。辖县二：长林、当阳。

61. 汉阳军：后周以鄂州汉阳县置汉阳军。熙宁四年（1071年），废，以汉阳县隶鄂州。元祐元年（1086 年），复置。绍兴五年（1135 年），又废为县。七年（1137，一说六年，即 1136 年），复为军。辖县二：汉阳、汉川。

62. 寿昌军：嘉定十五年（1222 年），升鄂州武昌县为寿昌军使，续升军。

63. 桂阳军：绍兴二十二年（1152 年，一说绍兴三年，即 1133 年），以旧桂阳监升为军。北宋辖县二：平阳、蓝山。南宋增临武县。

64. 武冈军：崇宁五年（1106 年，一说四年，即 1105 年），以邵州武冈县升为武冈军，辖县三：武冈、绥宁、临冈。南渡后废临冈，增新宁。

65. 渠阳军：元祐二年（1087 年），改诚州为渠阳军。三年（1088 年），降为寨。

福建广南地区

66. 邵武军：太平兴国四年（979 年，一说五年，即 980 年），以建州邵武县置邵武军。后辖四县：邵武、光泽、泰宁、建宁。

67. 太平军（兴化军）：太平兴国四年（979 年），以泉州游洋、百丈二镇地置太平军。不久改名兴化军。后辖三县：莆田、仙游、兴化。

68. 太平军：太平兴国八年（983 年）降廉州为太平军，移治海门镇。咸平元年（998 年），复升廉州。

69. 昌化军（南宁军）：熙宁六年（1073 年），降儋州为昌化军。绍兴六年（1136 年），废昌化军为宜伦县，隶琼州。十三年（1143 年），升军使。十四年（1144 年），复为军。后改名南宁军。辖三县：宜伦、昌化、感恩。

70. 万安军：熙宁七年（1074 年），降万安州为万安军。绍兴六年（1136 年），废万安军为万宁县，以军使兼知县事，隶琼州。十三年（1143 年），复万安军。辖二县：万宁、陵水。

71. 吉阳军：熙宁六年（1073 年），降崖州为朱崖军。绍兴六年（1136 年），废朱崖军为宁远县。绍兴十三年（1143 年），复置朱崖军。后改名吉阳军。南宋，辖宁远、吉阳二县。

72. 延德军：大观元年（1107 年），以延德县置延德军，又置倚郭县曰通远。政和元年（1111 年），废延德军为感恩县，隶朱崖军。

四川地区

73. 梁山军：开宝三年（970 年，一说二年，即 969 年），以万州丕氏屯田务置梁山军，拨梁山县来隶。元祐元年（1086 年）还隶万州，寻复故。

74. 南平军：熙宁八年（1075 年），以恭州南川县铜佛坝地置南平军，后辖二县：南川、隆化。

75. 永康军：唐于彭州导江县灌口镇置镇静军，唐末改灌州。宋乾德四年（966 年）闰八月，改为永安军。太平兴国三年（978 年），改为永康军。熙宁五年（1072 年）废为寨。九年（1076 年），复即导江县治置永康军使，隶彭州。元祐初复故。辖导江、青城二县。

76. 广安军（宁西军）：开宝四年（971 年，一说二年，即 969 年），以合州浓洄、渠州新明二镇置广安军。宝祐末，归元朝。景定初，收复。咸淳二年（1266 年），改名宁西军。北宋辖三县：渠江、岳池、新明。南宋开禧后，增和溪县。

77. 石泉军：政和七年（1117 年）十一月，以绵州石泉县置石泉军。宣和三年（1121 年）降为军使，县皆还旧隶。宣和七年（1125 年），复为军。辖三县：石泉、神泉、龙安。另有石关寨。

78. 云安军：开宝六年（973 年），以云安监（一说夔州云安县）置云安军。建炎三年（1129 年），降军使。

79. 大安军：至道二年（996 年），以三泉县置大安军。三年（997 年），复降为县。绍兴三年（1133 年），复升军。

80. 遵义军：大观三年（1109 年）二月，播州杨文贵纳土，以其地置遵义军。宣和三年（1121 年）一度裁撤。南宋时又复出现。嘉定十年（1217 年），再次被裁撤。因是否隶属珍州记载模糊，故无法判定其是州郡军还是军使军。

81. 怀安军：乾德五年（967 年），以简州金水县置怀安军。辖二县：金水、金堂。

82. 天水军：嘉定元年（1208 年），以南天水县地置天水军。九年（1216 年），移于天水县旧治。

83. 长宁军：政和四年（1114 年），以泸州淯井监地置长宁军。

84. 寿宁军：政和五年（1115 年，一说六年，即 1116 年），以夷人郅永寿所献地置寿宁军。宣和三年（1121 年），降为寨，隶茂州。

85. 延宁军：政和五年（1115 年，一说六年，即 1116 年），以夷人汤延俊、董承有所献地建延宁军。宣和三年（1121 年），降为寨，隶茂州。

京东西地区

86. 淮阳军：太平兴国七年（982 年），以徐州下邳县置淮阳军。辖二县：下邳、宿迁。建炎三年（1129 年），入金朝。

87. 北海军：建隆三年（962 年），以青州北海县建为北海军，置昌邑县隶之。乾德三年（965 年），升为潍州。

88. 广济军：太平兴国二年（977 年，一说乾德元年，即 963 年），以曹州定陶镇置广济军。熙宁四年（1071 年），降为县。元祐元年（1086 年）六月，复为军。

89. 光化军（通化军）：乾德二年（964 年），以襄州谷城镇置光化军。熙宁五年（1072 年），废军，改原辖乾德县为光化县，隶襄州。元祐初，复为军。绍兴二十八年（1158 年），避金朝讳，改名通化军。三十一年（1161 年），复用原名。

90. 义阳军（信阳军）：开宝九年（976 年），降申州为义阳军。太平兴国元年（976 年），避讳改名信阳军。辖二县：信阳、罗山。

91. 枣阳军：绍兴十二年（1142 年），以随州枣阳县升为枣阳军，随降军使，隶随州。后因京湖制置赵方申请，复升军。

92. 胙城军：绍兴九年（1139 年），以原滑州胙城县置胙城军，县与金界滑州相连，升名额，以便文移。

93. 清平军：景德三年（1006 年），以齐州章丘县置清平军。熙宁三年（1070 年）八月，降清平军为章丘县，隶济南府，即县治置军使。

94. 宣化军：景德三年（1006 年），以淄州高苑县置宣化军。熙宁三年（1070 年）八月，降宣化军为高苑县，隶淄州，即县治置军使。

宋代军使一览表

1. 保顺军使：治平元年（1064 年），徙无棣县治保顺军，即县治置军使，隶沧州。

2. 永宁军使：宣和七年（1125 年），废永宁军为博野县，知县兼军使，寻依旧。

3. 承天军使：建隆元年（960 年）以镇州娘子关建军，仍隶镇州（真定府）。

按：唐、五代作为地名。多次出现。后周有承天军使。宋时未明为军使，但既隶州府，则应为军使。

4. 保定军使：宣和七年（1125 年），废保定军为保定县，隶莫州，知县兼军使，寻依旧。

5. 安肃军使：宣和七年（1125 年），废安肃军为安肃县，知县兼军使，寻依旧。

6. 北平军使：庆历二年（1042 年），以北平寨建军。四年（1044 年），复隶州，即北平县置军使，隶定州。

7. 天威军使：熙宁八年（1075 年），复置真定府井陉县，徙治天威军，即县治置军使，隶真定府。

8. 德清军使：庆历四年（1044 年），徙澶州清丰县，县治于德清军，即县置军使，隶澶州。北宋后期，颇有军使见于记载。

按：庆历四年（1044 年）以前，曾有人担任知德清军，则非军使军。

9. 清平军使：大观元年（1107 年），升凤翔府清平镇为军，隶永兴军，清平军使兼知终南县，专管勾上清太平宫。曾有单煦任军使。

10. 庆成军使：熙宁元年（1068 年）废庆成军，以荣河县隶河中府，即县治置军使。熙宁七年（1074 年），升军。

11. 康定军使：康定二年（1041 年），即鄜城县治置康定军使，仍隶鄜州。

12. 吉乡军使：熙宁五年（1072 年），废慈州，以吉乡县隶隰州，即县治置吉乡军使。元祐元年（1086 年），复吉乡军为慈州。

13. 庆祚军使：政和三年（1113 年），以赵氏始封之地，升为军，以军使领之。

14. 岢岚军使：记载中不言何时设岢岚军使，但“岢岚军使”却屡见记载。太宗时有张煦、刘文质、贾综，仁宗时有米光浚、王懿。

15. 涟水军使：元祐二年（1087 年）十一月，升涟水县为军，以军使兼知县，隶楚州。建炎四年（1130 年），升军。绍兴五年（1135 年），降军使，隶楚州。随入金朝。后曾收复，情况失载。

16. 高邮军使：熙宁五年（1072 年）废为县，隶扬州。元祐元年（1086 年）复为军。建炎四年（1130 年），升承州。绍兴五年（1135 年），废为县，复隶扬州，以知县兼军事使。三十一年（1161 年），复为军。

17. 六安军使：景定三年（1262 年）冬十月，诏安丰六安县升军使。

18. 安丰军使：绍兴三十二年（1162 年），升寿春为府，以安丰军隶焉。隆兴二年（1164 年），军使兼知安丰县事。乾道三年（1167 年），罢寿春复为安丰军。

19. 汉阳军使：绍兴六年（1136 年）八月，废汉阳军为县，隶鄂州，知县带军使。绍兴七年（1137 年）闰十月，宣抚使岳飞奏准复升军。

20. 寿昌军使：嘉定十五年（1222 年），升武昌县为寿昌军使，续升军。

21. 茶陵军使：绍兴九年（1139 年），升衡州茶陵县为茶陵军使，知县曰茶陵军使兼知茶陵县事，仍隶衡州。直至南宋后期。

22. 公安军使：建炎三年（1129 年，一说靖康年间），升江陵府公安县为公安军，知县兼军使。绍兴六年（1136 年）八月，废为县。

23. 龙阳军使：绍兴五年（1135 年）七月，移鼎州龙阳县于黄诚寨，置龙阳军使，兼知县事。绍兴三十一年（1161 年），废龙阳军为县，还隶鼎州。

24. 永康军使：熙宁九年（1076 年），复即导江县治置永康军使，隶彭州。元祐初复升军。

25. 云安军使：建炎三年（1129 年），降云安军为县隶夔州，以军使兼知云安县。直到南宋后期。

26. 石泉军使：宣和三年（1121 年），降石泉军为县，隶绵州，以知县兼军使。七年（1125 年），复升军。

27. 通化军使：治平三年（1066 年），即通化县治置通化军使。后似废。政和三年（1113 年），以董舜咨纳土建通化军，宣和三年（1121

年)，废军使为监押。

按：光化军南宋曾改名通化军，与此同名，须加区别。

28. 威戎军使：熙宁九年（1076 年），即茂州汶川县置威戎军使。

29. 万安军使：绍兴六年（1136 年），降万安军为万安县，以军使兼知县。绍兴十四年（1144 年，一说十三年，即 1143 年），升为军。

30. 昌化军使：绍兴十三年（1143 年），升琼州宜伦县为昌化军，以军使兼知县。十四年（1144 年），升为军。

31. 吉阳军使：绍兴十三年（1143 年），升琼州宁远县为吉阳军，以军使兼知县。十四年（1144 年），升为军。

32. 江阴军使：绍兴二十七年（1157 年）二月，降江阴军为县，隶常州，以知县兼军使。绍兴三十一年（1161 年），复升军。

33. 临海军使：元祐三年（1088 年），以密州板桥镇为胶西县，知县兼临海军使。

34. 永安军使：政和三年（1113 年）三月，升皇陵所在永安县为永安军，以知永安县兼军使。

35. 枣阳军使：绍兴十二年（1142 年），升随州枣阳县为军，同年降军使，隶随州。赵方任京湖制置使时复升军，日期不详。

36. 宣化军使：熙宁三年（1070 年），废宣化军为高苑县隶淄州，即县治置宣化军使。

37. 清平军使：熙宁三年（1070 年），降济南府清平军为章丘县，即县治置军使。

几点说明：

1. 此表系依据宋乐史《太平寰宇记》，宋王存等《元丰九域志》，宋欧阳忞《舆地广记》卷六《京东东路》，宋祝穆《方舆胜览》，曾巩《隆平集》卷一《郡县》，李埴《皇宋十朝纲要》卷三，宋李攸《宋朝事实》卷一八《升降州县》，元马端临《文献通考》卷三一七《舆地考三》，《宋史》卷八五至九〇《地理志》，《宋会要辑稿》方域五至七及李焘《长编》、李心传《建炎以来系年要录》等制作。

2. 凡不能确定是州级军还是军使军者，一律暂入州级军。

3. 凡辖二县或多于二县者，于表内说明，凡不辖县或只辖一县，则忽略。

4. 宋代有些边疆城寨也称军，实与表内军、军使性质不同，概不收入表中。

试论北宋前期过度集权及其影响

已故著名宋史专家漆侠先生在其《宋太宗与守内虚外》一文中说：“事为之防，曲为之制，以防弊之政，作立国之法。宋太宗将宋太祖立国的方针、政策发挥到了顶点，把专制主义集权推到了绝境。事物的发展总有它自己的极限，超过这个极限，便会沿着相反的方向发展。”① 漆先生明确指出了北宋前期集权的过度性，但漆先生此文重点在论述宋太宗的“守内虚外”，对过度集权问题未能展开论述，而先生生前似也未见另撰专文论述，笔者不揣浅陋，拟就先生提出的问题作进一步探讨。

北宋前期的加强中央集权，前人已给予了特殊的重视，但多偏重于肯定，即认为鉴于晚唐五代的割据对社会发展的阻碍，有利于统一的集权是必要的。而本文则关注事情的另一面，即北宋前期集权的矫枉过正，这种“过正”如何被强化，以及由此引出的消极结果。

一　是黄老之治还是颇有作为

以往学界有一种认识，即宋初实行黄老之治，与民休息，清静无为，对前代弊政少有改革。这种认识其实带有片面性，宋初的君臣确有推崇黄老之治的言论，但用黄老之治来概括宋初政治显然是不适当的，黄老之治的方略，在宋初只在有限的范围内和有限的时间段内得到实施。众

---

① 原载《纪念邓广铭先生九十华诞论文集》，河北教育出版社 1997 年版；收入《探知集》，河北大学出版社 1999 年版。

所周知，在宋太祖在位时期，做了一件大事，那就是加强中央集权。宋太宗在政治上也不是无所作为。他在晚年曾对身边大臣说："……［朕］即位之始，览前王令典，睹五代弊政，以其习俗既久，乃革故鼎新，别作朝廷法度。于是远近腾口，咸以为非，至于二三大臣皆旧德耆年，亦不能无异。"① 依照他的说法，他不但不是无所作为，而且还是力排众议，"革故鼎新"。那么，宋太宗做了些什么呢？经过仔细考察，我们看到，宋太宗在治国方略方面所做的一切努力，都可以概括为一句话：继续巩固和加强中央集权。巩固和加强中央集权的努力至少持续到宋真宗时期，例如以文驭武方略的实现就是在宋真宗时期及此后。从宋太祖到宋真宗，持续不断地加强中央集权，是否是矫枉过正？以下先就这个问题做些分析。

二　过度集权表现之一——大权不分，朝廷要员不能独当一面

北宋前期权力集中于中央，中央的权力集中于"朝廷"。何谓"朝廷"？朝廷是以皇帝为核心包括宰相和全体执政大臣在内的一个班子，此外还应包括三司使、御史中丞这样的重要大臣。在一般人的观念中，朝廷要员都是独当一面的角色：宰相理政，枢密使治军，三司使（他是执政大臣之外的朝廷要员）管财等。实际情况却同一般人的想象相差颇远。经过宋初以来的调整，在朝廷要员中，除皇帝以外的其他人，都只是皇帝的高级助手。包括宰相在内的重臣，都不能独当一面，他们不能在未征得皇帝同意的情况下作任何较重要的决定，下较重要的命令，任免升黜甚至较大力度奖惩任何官员。

宰相，在人们通常的观念中，是介于皇帝与一般官员之间的一个中介，一个管理层次，宋代宰相所扮演的角色，却与此有一定的距离。有意识地限制宰相权力，似不始于宋代，但宋初不但将前代这方面行之有效的手段加以继承，而且在许多方面比前代走得过远。宋太祖在位后期，有人指责宰相签发的堂帖分量比朝廷敕命还重，引起太祖的反感，这成

① 李焘：《续资治通鉴长编》（以下简称《长编》）卷三八至道元年十二月条。

为赵普被罢相的主要原因之一。宋太宗时期，在限制宰相权力方面表现尤为突出。雍熙元年（984 年）八月癸巳，右补阙、知睦州田锡上疏，内言："今宰相若贤，愿陛下信而用之；宰相非贤，愿陛下择可用而任之，何以置之为具臣，而疑之若众人也。"① 说明当时已有视宰相为"具臣"的问题。淳化四年（993 年）五月壬寅，宋太宗对宰相李昉等讲："……在位之人，始未进用时，皆以管、乐自许，既得位，乃竞为循默，曾不为朕言事。朕日夕焦劳，略无宁暇。臣主之道，当如是耶？"② 淳化五年（994 年）五月戊寅，宰相吕蒙正讲："中书、枢密院自来难处之地。唐末帝王，专委臣下，致多阙失，兼家族罕有保全。今陛下躬决万几，臣下止于奉行圣旨，臣尝与同列等言，实知荣幸。"③ 上引君相对话，都讲到皇帝很累、宰执轻松的情况，很耐人寻味。宰执之所以很少作为，之所以轻松，是因为他们的权力很有限，权与责是统一的。用吕蒙正的话说就是没有"专委臣下"。宰执们既无独自决策的权力，自然也就少了许多由决策失当导致的风险。宋太宗责备宰执们太轻松，并没有要他们分担政务，却只是要他们"为朕言事"（出主意），这非常确切地表现出当时宰执的皇帝助手的功能。至道二年（996 年）秋七月丙寅，寇准被罢免了参知政事的官职，宋太宗就此事与宰相吕端、大臣张洎有一番对话："上又曰：'前代中书有堂帖指挥公事，乃是权臣假此名以威服天下。太祖朝，赵普在中书，其堂帖势重于敕命，寻亦令削去。今何为却置札子，札子与堂帖乃大同小异尔。'张洎对曰：'札子盖中书行遣小事，亦犹京百司有符帖、关刺，若废之，则别无公式文字可以指挥。'上曰：'自今大事须降敕命，合用札子亦当奏裁方可施行。'"④ 从引文可以看出，寇准被罢原因之一就是他在政事堂未经皇帝用札子下指挥，这引起宋太宗的反感。从张洎的话可知，政事堂（宰相和参知政事）用札子只是处理小事，大事是要经皇帝过目并使用敕的。此次宋太宗明确提出，以后札子也要奏裁，即此后凡从政事堂下文，无论大事小事，都要经奏裁程序，

① 《长编》卷二五。
② 《长编》卷三四。
③ 《长编》卷三六。
④ 《长编》卷四〇。

从而完全杜绝了宰相、参知政事不经皇帝下指令的渠道。为了防范宰相专权，宋真宗还采取了“异论相搅”的做法，即故意在现任执政大臣中安排与首相政见相左的人，这种做法对后世有深远影响。①

按照中国古代的惯例，宰相的主要职能之一是选拔人才。北宋前期（整个宋朝也是如此）宰相不能不经皇帝批准任用任何一位官员，不管多小、多不重要的官员。宰相只有建议权、拟名权，尽管有时这种建议、拟名被批准的比率非常之高，以致有时人们把“堂除”视为宰相直接委官，但事实上，包括“堂除”和其他形式的宰相提名，都是要经皇帝批准的，因而与宰相直接自行委任官员有很大的差异。北宋太宗时，专门设置了考核并安排京朝官差遣的磨勘院和差遣院，后二院合并为审官院，又设置了负责幕职州县官考核的考课院，这些机构都直隶朝廷，却没有明确规定它们同宰相有隶属关系。其长官由朝廷直接选任。

北宋初年，枢密院曾起过主导政务的作用，宋太祖把赵普安插在枢密院，以防止宰相们有对自己不利的举措。但这种作用随赵普改任宰相而改变。此后枢密院成为主掌军事的机构，与政事堂并称二府。但是，枢密院长官并没有军事上的全权。枢密院只有发兵权而没有统兵权，统率军队的权力归三衙。北宋中期著名儒者程颐讲：“枢密院乃虚设，大事三省同议，其它事有司之事，兵部尚书之职。然艺祖用此以分宰相之权，神宗改官制，亦循此意。”② 他讲枢密院虚设是过激之言，确切表述是枢密院权力很有限，枢密院长官很难有大的作为。他讲枢密院分割了宰相的军权不假，实际上，枢密院还分割了三衙的军权。当然，枢密院的所谓“发兵权”也是打折扣的，枢密院发兵要先征得皇帝同意。南宋大儒朱熹讲：“今枢密院号为典兵，仓卒之际要得一马使也没讨处。今枢密要发兵，须用去御前画旨，下殿前司，然后可发。若有紧急事变，如何待得许多节次。”③ 他讲的虽是南宋情况，其实制度却是北宋前期立的，他把枢密院发兵时要去御前画旨这一环节讲得很清楚。所以，枢密院长官

---

① 参见《长编》卷二一三所载宋神宗与王安石的对话。

② 《程氏外书》卷一二《传闻杂记》。

③ 《朱子语类》卷一二八《本朝二·法制》。

只是皇帝的高级军事参谋。

宋真宗即位不久，知代州柳开上奏提出："臣又以宰相、枢密、朝廷大臣委之必无疑，用之必至当……今京朝官则别置审官，供奉、殿直则别立三班……银台一司，旧属枢密，近年改制，职掌甚多……臣欲望停审官、三班复委中书、枢密……银台司复归枢密院……"① 从他的话可以看出，设审官院、三班院、银台司分别有削减宰相、枢密院长官职权的意义。

三司使号称计相，是执政大臣以外最重要的大臣，职在理财。宋太宗在位的大部分时间里，不设统管全面的三司使，分设盐铁使、户部使和度支使。显然，是避免将财权过多地集中于一使。但多头理财，势必麻烦不断。宋真宗即位以后合为一使，但对三司使的权力仍做了多方面的限制，使三司使在事实上仍无独立理财之能力。

唐代盐铁使等在地方设有巡院，宋初三司也在地方设有派出机构，称场院。"据《太宗实录》：上谓赵普等曰：［判三司］王仁赡纵吏为奸，诸州场院皆隐没官钱。朕初即位，悉罢去，分命使臣掌其事，利入遂数倍。以此见诸州监当分差使臣，自太宗始。雍熙三年始着于令：监当使臣、京朝官并三年替，仍委知州、通判提举之，遂为定员。"② 可知宋太宗时去除了三司在外地的派出机构，各地监当场院官由三司下属变成朝廷命官，三司使不再能直接管辖场院。粮料官原由三司军大将掌管，宋初改用命官，设粮料院官，虽仍隶属三司，有事却可直接奏报，也有缩小三司直接管辖范围的意义。

关于此时期三司使（指盐铁、户部、度支三使）的权力，有一个事例很有典型意义。淳化三年（992年）"十一月九日，给事中李惟清责卫尉少卿，盐铁判官仓部郎中李管降本曹员外郎。坐任盐铁使日，淮南榷货务卖岳州茶，斤为钱百五十，主吏言二十六万六千余斤陈恶，惟清擅减斤五十钱不以闻，亏损官钱万四千余贯，为勾院吏卢守仁所告。诏罢

---

① 《长编》卷四三。

② 《通考》卷一四《征榷》引止斋陈氏曰。

惟清，使劾之，而有是命”[①]。作为专门主管禁榷事务的盐铁使和盐铁判官，竟然无权自己决定根据实际情况调整一种茶叶的价格，由于茶叶陈恶“擅自”减了价格，造成收入减少了一万余贯（须知当时榷茶年收入上百万贯），二位主管官员就受到罢官、降级的严厉惩处，清楚地说明当时作为三司使之一的盐铁使独立行使职权的范围是何等的狭小。

另外，考察此时期三司内的机构、人员设置，也可窥见限制三司使的寓意。如三司使对本司主要官员如三司副使、判官、推官等均无任命罢免权。三司内设都监一职，又设勾院官，这些机构的官员如赵赞、郑昌嗣、陈恕、刘式、马亮等都是皇帝的亲信，显然含有令其监督三司使的用意。另左藏库也由朝廷任命官员监管，与三司使也无隶属关系。

在北宋前期，我们还可以看到一种耐人寻味的现象，即在政事堂、枢密院、三司以官代替一部分吏，因为吏只向长官负责，官员则既向长官负责，同时也向朝廷负责，且首先向朝廷负责，其次向长官负责。这显然也含有对长官加强监督的用意。

三　过度集权表现之二——军权不分，帅无专权

对于北宋太宗、真宗时期对武臣的任用失当，前人已有深入分析，指出了此时期“将从中御”“以文驭武”“任将惟用恭谨”等诸多弊病。本文拟加以强调的是：这些弊病的总根源，就在于军权的过度集中，就在于军权的集而不分，“将从中御”“以文驭武”“任将惟用恭谨”等都是军事上的过度集权、不分权的表现。

早在宋太宗端拱二年（989年）正月，户部郎中张洎在上奏时就提出：“元戎不知将校之能否，将校不知三军之勇怯，各不相管辖，以谦谨自任，未闻赏一效用、戮一叛命者。”[②] 其中就讲到了“不相管辖”及没有（实际上是无权）赏罚的问题。宋真宗即位不久，咸平二年（999年）闰三月，京西路转运副使朱台符上奏批评“自拒马失律以还，夏廷逆命

---

① 《宋会要辑稿》职官六四之九，参《宋史》卷二六七《李惟清传》。

② 《长编》卷三〇。

之后，军声不振，庙胜无闻”，原因就在于“将帅弗用命而委任不专”，“兵以奇胜而节制以阵图，事惟变适而指踪以宣命；勇敢进无所奋，知谋者无所施”。[①] 宋真宗丝毫没有接受宋太宗的教训，仍旧一再地给统兵大帅颁阵图，以致受到当时的和后代的官员们的批评。颁阵图这种做法背后有一卑劣用心，那就是仗打胜了功劳归君主，因为方略是君主定的，打败了责任是将帅的，因为归根结底是你没有依照君主的战略意图办事。

北宋前期君主不但颁给阵图，而且派宦官或亲信做监军。宋太宗时，名将杨业实际上就是死于监军之手。宋真宗景德元年（1004 年）二月，大将知天雄军兼驻泊都部署王显上疏言及：“临敌之际，事当责成；监军宠臣，不须多任；十羊九牧，古人所讥。”宋真宗还曾派遣“掌御剑中使”，[②] 也是一种变相的监军。宋仁宗庆历二年（1042 年）十月，贾昌朝上奏言：“将权不专，每命将帅，必先疑贰；非近幸不信，非姻旧不委。”[③] 庆历八年（1048 年）曾公亮上奏讲：“咸平而后，守文偃革，大臣当柄者罕历边务，故帅臣进一言画一计尚如祖宗之时，利病用舍悉从中覆，及其画奏报下，苟一事不适机要，则将有不得尽其才虑者矣。望其立功何可得哉！故咸平迨今乏善将者，其弊未必不由此也。孙子曰：不知三军之事而同三军之政，则军士惑矣。不其信哉……委其命而勿制，用其言而勿疑，此孙子所谓将能而君不御者胜是也。”[④] 思想家李觏也对军权不分、将从中御进行了深入批评，他说：“孙子曰：将能而君不御者胜。故古者天子遣将于太庙，亲操钺持其首授其柄曰：从是以上至天者将军制之。乃复操柄授与刃曰：从是以下至渊者将军制之。故李牧之为赵将居边，军市之租皆自用飨士。赏赐决于外，不从中御也。周亚夫之军细柳，军中唯闻将军之命，不闻天子之诏也……马之所以能千里者，以其独行也。若使驾以辎车、骖以蹇驴、役夫罢羸执辔其上，则未必不倾覆矣，况乎致远哉！凤之所以能千仞者，以其自恣也，若使系之以线缕、养之于园囿，藩篱之类啁啾其侧，未必不忧死矣，况乎冲天哉！用

---

① 《宋诸臣奏议》卷三七，《长编》卷四四。

② 《长编》卷五七。

③ 《长编》卷一三八，《宋史》卷二八五《贾昌朝传》。

④ 《宋名臣奏议》卷一四七《总议门·上仁宗答诏条画时务》。

兵之法，一步百变，见可则进，知难则退，而曰有王命焉，是白大人以救火也，未及反命而煨烬久矣。曰有监军焉，是作舍道边也，谋无适从而终不可成矣。窃迹其原，盖知之不尽、信之不笃也。”① 曾公亮、李觏都讲了孙子“将能而君不御者胜”的格言，宋朝统治者恰恰违背了这一格言。

四　过度集权表现之三——使职的普遍化、固定化

使职的大量出现始于唐代，但三省六部制的瓦解却在宋初。史载：“宋初，台省寺监犹多莅本司，亦各有员额资考之制……建隆二年……是后……诸司互以他官领之，虽有正官，非别受诏亦不领本司之务。又官有其名而不除者甚众，皆无定员无月限……”② 显然，在宋朝建国以前，尽管使职众多，但三省六部体制还在，且在不少场合发挥作用。但是，入宋以后，有意识地进一步增加使职，使三省六部制瘫痪，用新的使职为主的官僚体系基本代替了三省六部体系。

扩大使职首先被用来削弱相权。省部寺监体制，宰相的地位较为重要，因为六部寺监长官都是宰相的下属。然而，使职普遍化的影响并非只限于宰相，实际上，它使旧的官僚体系受到全面破坏，使旧的隶属关系被打乱。使职的特点是直接由朝廷任免、直接向皇帝本人负责。由此派生出它的另外两个特点，即互不隶属性和临时性。宋朝的使职随后发生变异，即使职逐渐固定化。然而其互不隶属性却在相当程度上得到保留。朝廷之下，众使并立，三司使、御史中丞、翰林学士、宣徽使、三衙长官、皇城使、群牧使、提举在京诸司库务司、提点在京仓草场、提举审官院、提举审刑院、提举三班院，判三省六部诸寺监，判太常礼院、发运使等，包括地方上的转运使、知府州军监等，诸使有大小高低贵贱之别，却无明确、严格的相互统属之关系。

---

① 《盱江集》卷一七《强兵策第六》。

② 《宋史》卷一六九《职官志》。

五 过度集权表现之四——地方官权力削减

宋初以来的集权，很突出的一个方面是官员的任免上的集权。宋初为了防止重新出现地方割据的情况，收回了所有官员的任免权。也就是说，所有的地方官员，从县尉、县主簿、巡检以上，都由朝廷直接任命和罢免。宋太宗淳化三年（992 年），官员陈靖对此提出过批评，他说："方今天下知州军仅及四百，县不减数千，若令一一选于朝廷，人人欲其称职，深恐阔略未得精专。"① 宋仁宗时期欧阳修也曾讲："今自京师至于海隅徼障，一尉卒之职必命于朝。"② 这种所有官员都由朝廷直接任命的做法是典型的过度集权表现。唐代官员理论上也都是国家任命的，但地方长官却有相当大的辟举权和临机处置权，即实际上有先任免后上奏的权力。宋初以来，对这些方面做了严格的限制，使得地方官的辟举权和临机处置权大为削减。宋朝把官员使职化也推广到地方，南宋章如愚评议说："宋朝惩五季之弊，凡朝臣领外寄者，必带省曹寺监官僚之名奉使而出，上至牧守监司，下至倅宰管库，通以使目之。"③ 其结果之一，就是路、州、县三级官员之间的隶属关系的弱化。路级长官号称监司，州级长官称为"知"州，县级长官称为"知"县，从名称上即失去了地方全权总管的意义。

宋初以来的集权，另一个突出的方面是财政上的集权。笔者前些时撰《宋代转运使补论》一文，④ 论述了北宋前期转运使的情况：终年巡视，官无定署；没有或极少固定僚属；对本路州县监当官没有直接任免权，也基本上没有辟举权，甚至不允许他们荐举官员担任本路州县的长官；对本路财赋收支无自行调配权等。人们一般视转运使为主掌一路财政的官员（这是由其名称决定的），我们就来看看转运使的财权。

宋太祖乾德二年（964 年），诏令地方经费之外，余财全部上缴。开

---

① 《宋朝诸臣奏议》卷七二《上太宗乞天下官属三年替移一年一考》。

② 《文忠集》卷四八《问进士策三首》。

③ 《群书考索》续集卷三七《官制》。

④ 刊《中国史研究》2004 年第 1 期。

宝六年（973年），规定地方存留财赋全部“系省”，非得允准，不得擅自支用。宋太宗淳化五年（994年），令各州置应在司，每年“具元管、新收、已支、见在钱物申省”。[①] 此后至宋真宗在位时期，又规定了各地每年向朝廷输送的钱、帛、粮等的数额。这样，各州郡在财政上大抵直接同朝廷联系，路只起监督和协调的作用。路、州、县三级，除了极少量的公使钱以外，对任何收入都没有了自行支配的权力。地方上无论是要盖官廨，还是要修城墙，无论是赈灾还是修水利，都要先申报转运司，再由转运司上奏朝廷，得准而后行。转运使有责任在本路各州之间调剂余缺，但履行职责的方式也是，提出方案，申报朝廷，而不能自作决定。通常转运使所能自行决定的，只是本路各州一定范围内的赋税支移折变。苏辙于熙宁初曾批评财政上的过度集权说：“夫天下之财，下自郡县而至于转运，转相钩较，足以为不失矣。然世常以转运使为不可独信，故必至于三司而后已。”[②] 他讲的虽是北宋中期的情况，而北宋前期的情况大抵也是如此。

地方管理商税、禁榷收入、官工业的机构被称为物务，其长官称为监官或监当官，通常是级别很低的。尽管地位低下，其任命罢免权却是由朝廷直接操持的。物务是地方财政收入除田赋的主要来源，因而同转运使关系密切。但转运使与物务监官却没有严格的上下隶属关系。北宋前期有如下一生动事例：淳化二年（991年），张咏任湖北转运使，发现荆南造船场虚占匠人，帐籍不清，遂上奏章，乞行磨勘，寻奉敕命，允许张咏选官取代原船场监官郑元佑。张咏根据朝廷命令选取派官员前去，郑元佑却拒绝同张咏派的官员办交接手续。又让儿子进京向朝廷递交弹劾张咏的奏状。张咏于是连上《奏郑元佑事自陈状》《申堂自陈状》自辩，且致书同年中进士的寇准（时任参知政事）请求援助。张咏作为一路转运使，面对本路犯有明显过错、级别比他低许多的船场监官，却如此被动软弱，充分说明了地方官使职化的负面效果，说明了监司与监当官之间隶属关系的松散。

---

① 《通考》卷二四《国用考》。

② 《栾城集》卷二一《上皇帝书》。

除官员任免、财权外，地方在军权、刑事权等方面的许多权力也都上移。北宋前期，军队大抵都抽调到边疆和京师周围，其他地区驻军很少。朱熹曾讲："仁宗时，淮南盗贼发，赵仲约知高邮军，反以金帛牛酒使人买觅他去。富郑公（富弼）欲诛其人，范文正公（范仲淹）谓他既无钱又无兵，却教他将甚去杀贼，得他和解得去，不残破州郡亦自好。"[①]此事生动地说明了北宋前期地方军力之弱。

宋初以来实行死刑申报制度，地方也就失去了处死罪人的权力。地方刑事权的上移似还远不止此，稍重一些的刑罪都要上报朝廷审复，北宋人范祖禹称："民自徒罪以上，吏自罚金以上，皆出于天子。"[②] 可知地方刑事权上移之甚。

监司与州县、监当官之间关系松散，知府州军与本府州军官员的关系也一样松散，发生在北宋神宗时的一个事例或许有典型性。蔡确原任知阌乡县，陕西宣抚使韩绛认为他很有才能，就推荐给时任知开封府的弟弟韩维。韩维有辟举权，就荐举蔡确任开封府右厢巡官，朝廷允准。蔡确到开封时，知开封府已由韩维换为刘庠。蔡确到任后不向刘庠行庭参礼，受到刘庠指责。蔡确理直气壮地为自己辩解说："藩镇辟除掾属乃有此礼，今辇毂下比肩事主，虽故事，不可用。"结果，"尹不能屈，神宗闻而嘉之"[③]。知府是本府长官，巡官本是其级别相差较大的下属，现在巡官拒不庭参，声称"辇毂下比肩事主"，这"比肩事主"四字十分清楚地表明了地方官使职化的特点，他的行为受到皇帝和时人的赞赏，说明当时人的观念是认可此种行为的。事虽发生在北宋中期，但显然观念的转变实反映宋初以来的官制现实的改变。

六　管理制度化及建议、弹劾、荐举制度强化及重反馈

从管理的角度看，权集而不分是不可能的，是不能付诸实践的，但

---

① 《朱子语类》卷一二八《本朝二·法制》。

② 《范太史集》卷二二《转对条上四事状》。

③ 《东都事略》卷八〇。另参《宋史》卷四七一《奸臣·蔡确传》。

是宋朝的过度集权的长期存在又是事实，其原因何在呢？首先，我们应当指出，宋代的集权是过度的，但不是绝对意义上的，即不能理解为绝对集权。宋朝也是有分权的，只不过分得不够，分得不到位。其次，宋代过度集权得以长久维持，是由于宋朝统治者采取了一些重要的弥补性措施，这其中主要有管理的制度化、量化及建议、弹劾、荐举制度的系统化。

所谓管理的制度化是指宋初以来统治者所做的努力，即凡是能用文字规定的方面，都立有制度或法律。如关于官员的任用资格、条件等有详细的铨选制度。官员的考核、奖惩、升黜也都立有详细的制度。再如军队的调动、驻扎、奖惩晋升等也有详细的制度。涉及理财的制度就更加完备，有上供、系省、封桩制度，有禁榷制度，有征商制度，有地方经费的管理制度，等等。所谓量化管理，主要是指财政方面的，如上供有定额，漕运有定额，盐茶酒矾禁榷收入有定额，商税有定额，不但有全国的岁额，还分解到路、州、县、镇务，逐级各有定额。自北宋真宗时起，工商税收方面逐步建立了作为考核基准的祖额，又由此衍生出递年额等。这些形成文字的制度越来越多，越来越细密，越来越复杂。

法多文繁，推广制度化管理，一可防止皇帝以外的个人权威建立，因为人们的晋级、受赏、被罚都是制度规定的，不是上司个人决定的。二可大大简化管理，减轻朝廷负担，人们不须事事请示，只需照章办事，使集权化管理得以维持。

然而，制度再细密、条法再周全，也不可能解决所有的问题。各地毕竟存在许多制度、条法不能涵盖的新问题、新情况，总要由本部门、本路、本府州军处理。转运等使毕竟是一路的长官，有时也需要对所属州郡发号施令；知府州军毕竟是一府州军的长官，有时需向本府州军所属各县发号施令。各部门长官、转运使、知府州军在没有决策权、任免权、奖惩权等的情况下，上司如何能驱使下属依自己的意志行动呢？宋初以来采取了弥补性措施，即以建议权、规划（制置）权代替决策权，以荐举权代替委任权和提升权，以弹劾权代替罢黜权。

当有关部门、各地遇到无法可依、无制度可循的情况时，有关长官可以自行提出解决方案，申报朝廷。也可由朝廷下令委托有关长官“制置”（提出解决方案、长远规划），然后以朝廷敕令形式颁下。长官对他认为优秀的下属，可以向朝廷荐举。朝廷也时常下令要求某一级别以上的官员或担任某些重要职务的官员推荐官员。在一些范围内，例如对文臣选人的推荐很快形成制度，还实行了量化，即每位长官每年推荐所属官员数、选人晋级、改官必须推荐者数等都有定额。宋廷规定长官对下属有监管权，下属办事不力或有重大失误有弹劾权。有时，朝廷甚至以长官弹劾下属的人数作为考核长官的标准。各级长官特别是受到信任的长官，其建议、推荐、弹劾等允准率、采信率均很高。有时甚至给人以有关长官有决策权、任免权、奖惩权的假象。但是，只要细心考察，就会发现二者存在本质的差异。各级长官有了建议、荐举、弹劾等权，也就在事实上实现了某种分权，各级长官有了这些权力，也就有了驱使下属依自己意志行动的能力。但是，这种分权是一种有保留、打了折扣的分权，各级长官驱使下属的能力也是受到严格限制的能力，渗透了防止皇帝之外出现任何范围的权力中心的动机。从管理学的角度看，以建议权、荐举权、弹劾权等代替决策权、任免权、奖惩升黜权等，其实质是弱化和模糊了管理层次。因为作为一级管理，一定范围内的决策权，对下属人员的统辖权（包括任免、升黜、调动、奖惩权等），管理上的不可逾越性（特殊情况除外）都是必要的，而现在，这些必要的权力被削弱而变得残缺不全了。除皇帝、朝廷与臣民之间的隶属关系外，其他隶属关系都变得模糊、松散了。

重视反馈（恤人言）也是根据集权需要而采取的必要措施。宋初以来，统治者扩大言路，允许各级官吏甚至百姓越级直接向君主报告重要情况。每当遇到天变（含重大灾害），一般都要征求“直言”，以听取舆论对朝政的批评。为君主专制提供依据。皇帝还时常派专人、派宦官、派近臣到各地明察暗访，了解下情。这种努力在一定程度上减少了朝廷决策的失误。

管理制度化及建议、弹劾、荐举制度强化及重视反馈，都是弥补过度集权缺陷的措施，宋廷的这些努力使得过度集权的矛盾得到暂时缓解，但却使过度集权得以维持和延续，在某些方面甚至得到强化。

七　过度集权未能得到有效纠正

北宋初年的矫枉过正，是无可厚非的。但到了宋真宗即位以后，特别是到了宋辽澶渊之盟以后，未能加以纠正，失掉了转折的机遇，在不少方面，反而继续朝着加强集权的方向越走越远，这就不能不说是宋朝统治者的重大失误了。

宋真宗即位之初，至道三年（997年）十一月甲子，“时有建议请增损旧政者，上曰：‘先帝赐名之日，抚朕背曰：名此，欲我儿有常德，久于其道也。罔极之训朕何敢忘。’因涕泣沾衣，左右无不感咽”①。宋真宗的一番话，断送了一次除旧更新的机会。此后他更忙于东封西祀，改革内政的事大抵未尝顾及。叶适批评宋真宗时期君臣执迷不悟、死守处处设防的祖训说：“自景德以后……上下之意以为守邦之大猷当百世而不变，盖古人之未至，而今日之独得也，奚暇他议哉！纪纲之失犹其粗者耳，并与人材皆坏。人之知虑不能自出于绳约之内，历代载籍非不灿然明备，而皆未能援昔以证今者，但于烦文细故加增之，使不可复脱而后已，此岂不为大可叹哉。”② 他的批评可谓入木三分，恰中肯綮，正是宋真宗君臣死抱着过时的、应当纠正的旧教条，把谬误当珍宝，使得宋朝丧失了与时俱变的历史机遇。对此，南宋大儒朱熹也评论道：“向见何万一之少年时所著数论，其间有说云：本朝自李文靖公、王文正公当国以来，庙论主于安静，凡有建明便以生事归之，驯至后来，天下弊事极多。此说甚好。且如仁宗朝是甚次第时节，国势却如此缓弱，事多不理。英宗即位已自有性气要改作，但以圣躬多病，不久晏驾，所以当时谥之曰英。”③ 正如朱熹所指出的，不但宋真宗时期，而且在宋仁宗、英宗时期，都未能根除北宋前期留下的弊端。叶适也有相同看法，他说：“本朝之所以立国定制……皆以惩创五季而矫唐末之失策为言，细者愈细，密者愈

① 《长编》卷四二。

② 《水心别集》卷一四《纪纲二》。

③ 《朱子语类》卷一三〇《本朝四自熙宁至靖康人物》。

密，摇手举足辄有法禁，而又文之以儒术，辅之以正论，人心日柔，士气日惰，人才日弱，举为懦弛之行以奉繁密之法……以仁宗极盛之世，去五季远矣，而其人之惩创五季者不忘也……夫以二百余年所立之国，专务以矫失为得，而真所以得之之道独弃置未讲。”① 正如他们所指出，北宋中期以后及南宋统治者总念念不忘唐五代割据的教训，想方设法地加强集权，致使北宋前期的许多错误做法迟迟得不到纠正。

宋神宗想大有作为，又是一次纠弊的时机。但他急于富国强兵，把主要注意力都放在去除外患上。他在位期间，不但没有解决过度集权的问题，因为战争不断，因为要变法，于是在不少方面反倒加强了集权。这一点陈亮看得很清楚，他说：“神宗皇帝之大愤也，王安石以正法度之说首合圣意，而其实则欲借天下之兵尽归于朝廷，别行教阅以为强也。括郡县之利尽入于朝廷，别行封桩以为富也。青苗之政，惟恐富民之不困也。均输之法，惟恐商贾之不折也。罪无大小，动辄兴狱，而士大夫缄口畏罪矣。西北两边致使内臣经画，而豪杰耻于为役矣。徒使神宗皇帝见兵财之数既多，锐然南征北伐，卒乖圣意，而天下之势实未尝振也。彼盖不知朝廷立国之势正患文为之太密，事权之太分，郡县太轻于下而委琐不足恃，兵财太关于上而重迟不易举。祖宗惟用前四者以助其势，而［王］安石竭之不遗余力，不知立国之本末者，真不足以谋国也。”② 朱熹也议论过此事，说：“唐藩镇权重为朝廷之患，今日州郡权轻却不能生事，又却无以制盗贼。”当有人提出“此亦缘介甫刮刷州郡太甚”时，朱熹纠正道：“也不专是介甫。且如仁宗时……只是介甫（按指王安石）后来又甚，州郡禁军有阙额处都不补，钱粮尽欲解发归朝廷，谓之封桩阙额禁军钱，系提刑司管（文蔚）。”③ 他指出，王安石变法时实施的某些措施，有进一步加强集权的意义。

元丰改官制在有限的范围内触动了使职系统，如在宰相与尚书省六部之间有了名义上的隶属关系。但改制前官僚体系的核心原则却得到保

---

① 《水心别集》卷一二《法度总论》。

② 《宋史》卷四三六《儒林六·陈亮》，陈亮《龙川集》卷一《书疏·上孝宗皇帝第一书》淳熙五年上。

③ 《朱子语类》卷一二八《本朝二·法制》。

留，即不同级别的官员之间的从属关系被严格控制，即上级官员对下级官员仍然没有任免、升黜、赏罚等权力。枢密院被保留。地方官员的名称、职权也基本未变。

此后至北宋末，再到南宋，过度集权的问题始终未得到很好解决，宋理宗时，官员任用上的过度集权、将从中御等仍是大臣们议论的重要话题。大抵宋朝过度集权的问题逐渐病入膏肓，最终成为宋朝走向灭亡的主要原因之一。

八　宋人对过度集权的批评

北宋前期的过度集权，不但对当时，而且对此后的国家管理都产生了不利的影响。对此，宋代的有识之士已有所觉察，提出了批评。

由于宋军在对辽、夏战争中不断遭受挫折，人们首先对军事上的过度集权提出批评。前面引文中已经涉及了这个问题，而且对此前人也已多有论述，此不重复。

对于政治上和官员任用方面的过度集权，如前所述，对宰相和朝廷要员不能充分发挥作用，则很早就有人提出了批评。宋真宗即位初，已有官员对官员任用集权造成优劣混淆提出批评："左正言、直史馆孙何表献五议……其三厘革迁转。曰：伏见国家抚有多方，并建众职。外则郡将通守，朝士代行，关征榷酤，使者兼掌，下至幕府职掾之微，咸自朝廷选补而授。用人既广，推择难精。贡部上名，动逾千计，门资入仕又不在焉。稍著职劳，即升京秩，将命而出，冗长尤多。既躬祀圜丘，诞敷霈泽，无贤不肖并许叙迁，至使评事、寺丞纔数载而通闺籍，赞善、洗马不十年而登台郎。窃计今之班簿台省宫寺凡八百员，玉石混淆，名器猥滥……"[①] 官员任用权集中，相应地也就要将成千上万的官员的鉴别事务集在一处，优劣不分是有必然性的。到宋仁宗在位前期，欧阳修上奏讲："今自京师至于海隅徼障，一尉卒之职必命于朝，政之大小皆自朝出，州县（县一作郡）之吏奉行而已。是举天下皆所治，其于大体则为

---

① 《长编》卷四二至道三年九月壬午。

繁且劳矣……今自宰相至于州县有司，莫不行文书治吏事，其急在于督赋敛、断狱讼而已。”① 他的话生动地指出了过度集权的弊病，特别是揭示出过度集权扼杀了各级官员管理上的主动性和积极性。苏轼是欧阳修的学生，他也有类似议论：“用法太密而不求情……时之大患也。何谓用法太密而不求情……夫人胜法则法为虚器，法胜人则人为备位。人与法并行而不相胜则天下安。今自一命以上至于宰相，皆以奉法循令为称其职，拱手而任法，曰吾岂得自由哉。法既大行，故人为备位。其成也，其败也，其治也，其乱也，天下皆曰非我也，法也，法之弊岂不亦甚矣哉……今天下泛泛焉莫有深思远虑者，皆任法之过也。”② 他侧重于人与法（包括制度）之间的关系。其实法多并不一定是坏事，只是宋朝的法以防范为宗旨，多是限制性规定，往往起束缚人手脚的作用，故而苏轼有“法胜人”之说。

北宋灭亡，南宋前期的思想家痛定思痛，在总结历史教训时，往往对过度集权提出较前更有深度的批评。

例如，思想家朱熹曾批评宋初以来的官员任用制度说：“铨择之法，只好京官付之监司，选人付之郡守，各令他随材拟职，州申监司，监司申吏部，长贰审察闻奏，下授其职。却令宰相择监司，吏部择郡守，如此则朝廷亦可无事。又何患其不得人。朝廷只当择监司、太守，自余职幕县官容他各辟所知，方可责成。天下须是放开做，使恢恢有余地乃可。”“国初缘藩镇强，故收其兵权，置通判官。今已无前日可防之弊，却依旧守此法，可谓不知变也。只通判是要何用？缪者事事不管，只任知州自为，强者又恣意妄作，以挠郡政。是何益哉？”“本朝建官重三迭四，多少劳扰，此须大有为，后痛更革之。”③ 官员任用权统得过死，防范原则运用过滥，妨碍了正常的人才选任，朱熹的认识是颇有道理的。

南宋浙东学派学者薛季瑄也批评宋初以来的官制说：“国朝以来，置转运副使、判官，有提点刑狱，有提举常平茶盐，又有总领、市舶、坑

---

① 《文忠集》卷四八《问进士策三首》。
② 苏轼：《东坡全集》卷七二《应制举上两制书》。
③ 《朱子语类》卷一一二《论官》。

冶、茶马诸司，屯驻之军又别制都统制，大抵牧伯之任分为五六，而州之知、通，县之令、佐，不相统临，权均势敌，一彼一此，各行其意，民无适从，为害滋甚。”① 他又批评北宋以来军权处置失当说：“兵法：将能而君不御者胜。故古之命将筑坛推毂而必付之以阃外之寄。今诸道将帅已有制置、招讨之除，而进取之计尚每听中旨。金字牌旁午于邮传，而一进一退殆莫知适从矣。”（《浪语集》卷一九宋薛季宣撰《札子·上宣谕论淮西事宜十》）引文前段批评了宋初以来隶属关系乱的做法，后段批评将帅军权不专，都是颇中要害的。

南宋另一思想家陈亮也批评过度集权说：“朝廷立国之势，正患为文之太密，事权之太分，郡县太轻于下而委琐不足恃，兵财太关乎上而重迟不易举。”② 他于此处所讲“事权太分”，显然不是讲朝廷的事权分散，而是讲具体执行机构的事权分散，特别是路、州、县的事权分散。或者说，是由于朝廷的事权过于集中造成办事官署、路州县的事权太分散。他还指出：“五代之际，兵财之柄倒持于下，艺祖皇帝束之于上，以定祸乱。后世不原其意，束之不已，故郡县空虚而本末俱弱。今不变其势而求恢复，虽一旦得精兵数十万，得财数万万计，而恢复之期愈远。就使敌人尽举河南之地以还我，亦恐不能守耳。”③ 他讲后世“束之不已”，指出了北宋中期以后继续加强集权的失误。

南宋著名文人洪迈曾郑重地劝说宋孝宗：“以国事付一相而不贰其任，以外寄付方伯而不轻其权。”④ 实际上是要求适当分权。

南宋思想家叶适对宋初以来的过度集权给予了最深入、最系统的思考，他指出：“盖自昔之所患者，财不多也，而今以多为累；自昔所患者，兵不多也，而今以多为累；自昔所患者，法度疏阔也，而今以密为累；自昔所患者，纪纲纷杂也，而今以专为累。”⑤ 宋朝的财政收支经常吃紧，财并不是过多，所谓以多为累，是讲朝廷直接管的事太多，国家

---

① 薛季宣：《浪语集》卷一六《召对札子二》。

② 《龙川集》卷一《上孝宗皇帝第一书》。

③ 同上。

④ 见《容斋随笔》卷八《东晋将相》。

⑤ 《水心集》卷四、《水心别集》卷一〇《实谋》。

养的闲人太多，造成财政收支数目太大、项目太多，管起来太吃力。宋朝军事方针是养兵备用，由于处处设防，兵总是不够用，供养、管理这样多的军队太吃力，打起仗来又没有战斗力。宋朝的制度、法规，也远没有达到事事有法可依的程度，所谓法度密，是指宋朝的立法原则是防范，其中没有鼓励人们积极进取的宗旨，因而许多制度定得很死板，很少有可操作性，程序烦琐，很不合人情事理，照章办事往往行不通，更不能照顾全国各地的复杂多变情况。当某位官员想为国为民有所作为的时候，各种制度、法规又来掣肘。他特别批评了宋朝浸透了防范原则的法规和制度，指出："今内外上下一事之小、一罪之微皆先有法以待之。极一世之人志虑之所周浃，忽得一智，自以为甚奇，而法固已备之矣。是法之密也。虽然，人之才不获尽，人之志不获伸，昏然俛首一听于法度，而事功日隳，风俗日坏，贫民愈无告，奸人愈得志。此上下之所同患而臣不敢诬也。故法度以密为累而治道不举。"他进而指出其根源就在于过度集权："自今边徼犬牙万里之远，皆自上制命，一郡之内兵一官也，财一官也，彼监此临，互有统属，各有司存，推之一路犹是也。故万里之远，嚬伸动息，上皆知之，是纪纲之专也。虽然，无所分画则无所寄任，天下泛泛焉而已。百年之忧，一朝之患，皆上所独当，而群臣不与也。夫万里之远皆上所制命，则上诚利矣。百年之忧，一朝之患，皆上所独当，而其害如之何。此夷狄所以凭陵而莫御，雠耻所以最甚而莫报也。故纪纲以专为患而至于国威不立。"① 他又从利弊权衡的角度指明过度集权的严重后果，说："有大利必有大害。为国者不敢专大利而分受其大害，以人参之，使其害消，昔之帝王莫不然。国家因唐五代之极弊，收敛藩镇权归于上。一兵之籍，一财之源，一地之守，皆人主自为之也。欲专大利而无受其大害，遂废人而用法，废官而用吏，禁防纤悉，特与古异，而威柄最为不分。虽然，岂有是哉。故人才衰乏，外削中弱，以天下之大而畏人，是一代之法度又有以使之矣，宜其不能尽天下之虑也。"② 叶适的分析提示我们，宋朝过度集权，从管理学的角度看，是违

---

① 《水心集》卷四、《水心别集》卷一〇《实谋》。

② 《水心集》卷四、《水心别集》卷一〇《始议》。

背了管理必须适当分权的基本法则的。

九　结语

宋代的过度集权是对唐五代割据分裂的反动，宋初加强集权是完全必要和正当的，应当予以肯定。但是，我们同时应当看到，在当时条件下，加强集权也应该是有客观限度的，不能无限制地加强。以上分析旨在说明，宋朝在加强集权方面是超过了客观限度的，其造成的弊病是明显的和严重的。

这个问题实际还牵涉中国古代一个深层次的理论问题，即皇权问题。依照历史唯物论，皇权的产生是历史的必然，它存在的历史合理性和必然性是不依人的意志为转移的。北宋前期的集权有加强皇权的效果，有积极的一面。但是，我们也必须看到皇帝制度的天然缺陷，其中最突出的两条：一是存在皇帝本人因不可能很好了解世事而能力低下与皇帝被赋予的过多、过大的权力之间的尖锐矛盾；二是皇室私利与社会公利之间的矛盾。在宋代，加强集权既有加强皇权的效果，于是，皇帝就成为过度集权的推动者和维护者，他们往往认为分权会导致皇权的削弱。例如财权集中，皇室支配起来较为便利，财政上分权，就限制了皇室直接支配财赋的权力。允许某级官员对下属官员有任命权，就等于剥夺了皇帝对这些官员的直接任命权。允许将帅有指挥军队的全权，就等于限制了皇帝直接指挥军队的权力。所以，每当有人要对过度集权提出改革建议时，皇帝往往拒绝采纳，甚至公开反对。这是过度集权长期得不到纠正的主要原因之一。

我们必须在这里强调，宋代的集权并不等同于皇帝独裁，宋代的集权实际上是集于朝廷，它与集权于皇帝个人是有区别的。“朝廷”既是一个整体，就存在在皇帝懦弱无能或由于某种原因不能很好发挥作用的情况下，宰相成为事实上的实权人物的可能性（如后代宋徽宗时的蔡京、宋高宗时的秦桧、宋宁宗时的史弥远等）。所以，我们讲宋代过度集权，并不直接牵扯皇权、相权消长问题，而主要是从国家管理的角度分析其与客观规律相违背之处，说明其给历史发展造成的负面影响。

宋代施利钱研究

一　施利是宋代寺院宫观祠庙生存发展的重要经济来源

在宋代，寺院是佛教出家人的生活处所，宫观是道教出家人生活的处所，祠庙原本是用于祭祀某一特定神灵或历史人物的，不一定与佛教、道教联系，但宋代习惯上也请僧尼道士来入住管理，原因是当时人对僧道可以充当神人中介的角色有较普遍认同，认为僧道比普通人洁净，所以，宋代祠庙通常也是由僧尼道冠来居住管理的。宋代寺院宫观祠庙的主要经济来源，除田租、房租之外，主要就是信众的施舍。有些寺院宫观等有少量自耕农业、手工业、放贷收入，由于这种收入与通常流行的僧道“不耕而食，不蚕而衣”的认识相悖，故近年受到学术界特殊的重视，但平心而论，这种收入数额并不大，在宋代寺院宫观祠庙总收入中所占比重很小，其重要性远不如施舍所得。

寺院宫观祠庙施舍收入中有田产、房产，也有祭器、佛像装饰品（衣服、珠宝等）、佛经、舍利、家具等许多种类。其中施舍给寺院宫观祠庙的田产最为引人注意，因为由此派生出的田租收入是维持寺院宫观祠庙日常生存的基础部分。对此，黄敏枝教授做了深入考察。黄敏枝《宋代佛教社会经济史论集》第二章“宋代寺田的来源与成立”第二节“赐田”、第三节“舍田”、第三节“购买”表一“宋代敕赐田表”及表二“宋代舍田入寺表”，相当深入地考察了宋代寺观所得施舍的田产。但她将施利钱释为“即高利贷”（第29页）显然是不妥的。

1. 施利是寺院宫观祠庙设施建设的主要经济来源

当然信众施舍中也有一定数量的钱财（当时财政紧张，国家拨款是很少见的，但皇室成员的施舍却有相当数量）。这种钱财宋代沿用前代的用语，称之为施利、檀施或施利钱等（以下统称为施利）。以往学术界似对寺院宫观祠庙施舍方面除田产以外的收入重视不够，对施利收入更未见有人专门论述。本文拟专门对此做些研究。

在宋代信众（包括皇室成员）施舍给寺院宫观祠庙的钱财中，数量最大、见于记载最多的是用于设施建设方面的，包括寺院宫观祠庙的重建、扩建、增建殿堂楼阁，购置经藏、铸大钟、挖放生池等。从寺院宫观祠庙的角度讲，这种募集资金方式称缘化或化缘。其中有些是皇室成员或贵族的资助，有些是地方官员的资助，有些是当地富豪的资助。在宋人文集、宋代碑刻中大量存留的各种记文中，往往都记载了寺院宫观祠庙的重建、扩建、增建殿堂楼阁，购置经藏、铸大钟、挖放生池等过程中，接受施利的情况，此种记载之多，可谓不胜枚举。或许可以讲，当时寺院宫观祠庙的重建、扩建、增建殿堂楼阁，购置经藏等，除少数例外，大部分资金及建筑材料等都来源于信众的施舍。甚至寺院宫观祠庙的田产，也有相当一部分是用信众施舍的钱财购置的。对此笔者不拟赘述。

笔者这里想重点讨论的是，施利与宋代寺院宫观祠庙日常运转的关系。

2. 施利与宋代寺院宫观祠庙日常运转的关系

寺院宫观祠庙所得施利的多少，直接关系其兴衰，对此，文献颇有记载。例如，北宋文学家黄庭坚记：

> ［江西萍乡县宝积寺］以元符二年十二月敕，破律为禅，以僧绍概主之。而概于萍乡无法缘，居十月而里人不施一钱，于是弃而去。三年十月，余伯氏元明为令也，择请延庆院山主宗禅来尸法席。禅

倦游诸方，号称得安乐法。其居延庆也，变饮酒食肉处为菩提坊，开草莱荆棘为金碧聚，故元明以为是必能兴我宝积。三招而后肯来，至则破六律院为一丛林，谤者杜口，檀者倾施，六阅岁尽彻蜂房之屋，郁为鹫峰之会。建中靖国之元，方丈、三门、世尊之庙崇成矣。粤明年，乐静室、德味厨、法堂皆毕工。凡率有钱之家为五百万，而所以庇覆安乐道众冗徒之屋无不具。［黄庭坚《山谷别集》卷四《萍乡县宝积禅寺记》（崇宁二年十一月丁丑记）］

僧绍概因得不到施利，只好离去，僧宗禅由于善于谋得施利，结果使此寺兴盛发达，对比十分鲜明。又释惠洪记善本禅师事迹：

禅师名善本，生董氏，汉仲舒之后也……住婺州双林六年，浙东道俗追崇，至谓傅大士复生。移住钱塘净慈，继圆照之后，食堂日千余口，仰给于檀施，而供养庄严之盛，游者疑在诸天。时号大小本。神考（或作哲宗）闻其名，有诏住上都法云寺，赐号大通禅师。（释惠洪《禅林僧宝传》卷二九《青原十二世·大通本禅师》）

善本由于善于谋取施利，竟能供养千余人，寺院自然兴盛。诗人陆游记：

法云禅寺，寺居钱塘会稽之冲，凡东之士大夫仕于朝与调官者、试于礼部者，莫不由寺而西，饯往迎来，常相属也。富商大贾捩柂挂席，夹以大橹，明珠大贝翠羽瑟瑟之宝，重载而往者无虚日也。又其地在镜湖下，灌溉滀泄最先一邦，富比封君者家相望也。故多施者，寺易以兴。（陆游《渭南文集》卷一九《法云寺观音殿记》）

越州（绍兴府）法云寺因地处要津，途经的官员士大夫多，富商大贾多，本地富人多，因此所得施利就多，寺院的状况就好。又南宋庄绰记：

慧日禅寺为屯兵残毁，县宰欲请长老住持，患无以供给，文用首助钱五百千，由此上下乐之，施利日广。自建炎戊申至绍兴癸丑，六岁之间化钱余十五万缗。又请朱勔坟寺旧额为崇教兴福院，不数年遂为大刹矣。其人故未可与澄观拟，但其所为，皆用权术悦人以取，而人不悟也。（庄绰《鸡肋编》卷中）

慧日禅寺由于得到了源源不断的施利，于是由废而兴，由小变大。

宋代僧道贪图施利，受到儒家学者的讥讽和批评，如南宋前期胡寅就讲：

今佛者所以处己处人，一何贪忍之甚邪！何谓贪？凡人之物不同义有可否，礼有辞让，设布施利益之说，一切取之。其异于盗贼者，特以甘言献笑，不持器刃，不踰墙垣耳，非贪而何？何谓忍？小人营朝夕升斗锥刀之利，以养其生，僧人未尝以粟（一作概）于心也。则又说之曰："尔今生所以困苦者，坐前世富乐而不布施也。若今世不布施，则来世之困必又甚于此矣。"小人厌困苦而慕富乐，一闻此言，虽割肤剔体以施佛僧，可资来世之福者，诚不爱也。不知僧人特操此为取之之术耳。今年竭其家资而去，明年其家饥饿而死，未闻有僧人过其门而周其急者也。（胡寅《崇正辩》卷四）

南宋中后期朱熹的大弟子陈淳则谓：

［今僧道］大率只是饱食暖衣于幽闲无事之境，专一巧运机筹，鼓唱邪说，以攫良民财帛，为奸养之资……日集民礼塔而取其金，动以千百计，小民沾体涂足为仰事俯育之资，终岁所获能几何，而即日累月取之为之一空，良可哀悯……至如乐山一所非有寺额，而僧道设计裒敛民财，尤为精致，每一岁间招诱农商工贾递分节次各以时会，名曰烧香，就稠众中察其猾黠好事者分俵疏且请为劝首，抄题钱物，每疏以数百缗，经年积蓄，今已浩大……（陈淳《北溪大全集》卷四五《与李推论海盗利害》）

胡、陈都以排斥佛教著称，所言不无偏颇，但从他们的言论中，我们也可看到僧道谋求施利在当时是很普遍的，且造成了较大影响。

如前所述，信众的施利主要是用于寺院宫观祠庙的设施建设，但也有一部分被用于寺院宫观祠庙的日常开支，转为僧道的生活资料，有些甚至变成僧道的个人财产。例如南宋前期人方勺述：

福州幽岩寺千人面床，君谟作帅，因圣节遣人舁置使厨。久之，院僧祷护伽蓝神："春会动无面床，何以聚众？施利不至，神亦何依？"一夕，公独坐便斋，神声诺而不见形，问："何人？"神对："幽岩每岁恃春会以瞻众，愿请面床以归。"公颔之。明日，公库中夜失面床，令问幽岩，果已还院，莫不异之。（方勺《泊宅编》卷四）

此言幽岩寺每年靠春会来谋求施利，故有"施利不至，神亦何依"之说，然而此言也透漏出春会信众施利是维持寺院日常开支不可或缺的。与方勺生活年代接近的程俱，撰文赞扬衢州僧正妙空大师用良，谓：

绍兴二年，管内僧正妙空大师用良始募檀施，益以私财，作菩萨像，又作大阁覆之……用良淳质无玷，诚谛不欺，焚诵之余，刻意炎黄之书，卢仓张华之说，施利之入，仅支四事，则举以为栋宇像设庄严佛事之资。言行既孚，有募必应。（程俱《北山小集》卷一九《碑记·衢州大中祥符寺大悲观世音菩萨阁记》）

引文中所谓"施利之入，仅支四事"，也是讲施利所得以一部分用于寺院日常开支。南宋光、宁之间，大臣周必大写信给僧人绍南，内言：

某启，别后方切思企辱书，喜承四大轻安，入院无魔，福缘响合，向来妄传，如汤沃雪矣。比来人户穷乏，少得檀施，用度更宜樽节。若放手则须取债，未免费力，此僧俗所同也。茶笋荷寄，贶复有余，白臼烛二十条表意，笑留为幸，余希善爱，不宣。（周必大《文忠集》卷一八八《书三·书稿三·仰山绍南》绍熙五年十二月）

其中讲人户穷乏，所得施利减少，故应节约开支，也说明信众施利是僧人日常开支的重要来源。南宋人林亦之代僧人撰写开堂疏，内言：

> 丹井名区，玄都胜地，有来儌福，曾是问津，苟为蔬食之弗充，即见香火之或废，敢求檀施有开倒廪之怀，勿谓神仙自多辟谷之术。（林亦之《网山集》卷八《福真观开堂》）

其中要信众施舍，竟说别以为“神仙”（应包括世外的神和现世的僧）不吃东西。可知施利中的一部分是要解决食物问题的。宋元之间的吴自牧记南宋临安的“社会”，其中即言及：

> ……奉佛则有上天竺寺光明会，皆城内外富家助备香花灯烛，斋衬施利，以备本寺一岁之用。（《都城纪胜》）

说明上天竺寺光明会所得施利，是用于本寺次年日常开支的。

记载中还颇有僧道争施利的事。如李焘记：

> ［宋太宗太平兴国三年五月］丙子，遣蕃僧满珠锡哩归其国。天竺之法，国王死，太子袭其位，余子皆出家为僧，不复居国中。满珠锡哩者，中印土王子也。开宝中来，至中国，太祖诏令馆于相国寺，善持律，都人归向，施财盈室，众僧颇嫉之，以其不解华言即伪为奏请归，既得请，始惊恨。（《长编》卷一九）

蕃僧得到的施利多，引起其他僧人（应主要是相国寺僧人）的嫉妒，故设计令其离去。沈括记：

> 庐山简寂观道士王告好学有文，与星子令相善。有邑豪修醮，告当为都工。都工薄有施利，一客道士自言衣紫当为都工，讼于星子，云职位颠倒称号不便。星子令封牒与告，告乃判牒曰：客僧做

寺主，俗谚有云：散众夺都工，教门无例。虽紫衣与黄衣稍异，奈本观与别观不同，非为称呼，盖利乎其中有物，妄自尊显，岂所谓大道无名，宜自退藏，无抵刑宪。（沈括《梦溪笔谈》卷二三《讥谑》）

因给人修醮作都工可得施利，故二道士之间发生争执，虽是笑话，却应源于社会生活实际。又郑克记一案例：

俞献卿侍郎初为寿州安丰尉，有僧积施财甚厚，其徒杀而瘗之，乃告县曰师出游矣。献卿揣其有奸，诘之曰：师与吾善，不告而去，何也。其徒色动，因执之，得所瘗尸，一县大惊（见本传）。（郑克《折狱龟鉴》卷五《惩恶》）

因老僧得施利丰厚，竟导致徒弟心生孬念，足以说明在一部分僧人中，视所得施利为私财。

有些记载中的事例表明，有些僧道不但将所得施利视为私财，而且用于不正当花费。例如，北宋彭乘记：

孙元规知杭州，摘奸发伏，号为神明。有僧元夕市中然顶求化，以新寺宇，左右施利山积。公出见立马不行，瞰其情久之，入呼僧前诘其奸状，僧惶恐顿伏。（彭乘《墨客挥犀》卷九）

引文似有缺漏，因为未说明僧人有何奸状，或许下引记同事的文字可做些补充：

孙元规知杭州号为神明。有僧元夕市中炙顶求化，施利山积，公命捕其妻女数人，遂寘于法。（曾慥编《类说》卷四七引《遁斋闲览》）

二则记载仍使人有不够完整之感，但主要情节是清楚的，即杭州僧人以修建为名求得施利，却用于供养妻女等方面，显然是欺骗了施财的信众。南宋洪迈也记一则传说，有人在地狱见到一位受惩罚者，自言：

……我作行者时，缘化施主钱修造钟楼，隐瞒入己。又将打回斋饭归家，所以受罪。（洪迈《夷坚志》丁卷六宋《阿徐入冥》）

这是僧人将寺院因修造钟楼所得施利据为私有的事例，但似并未用于不正当方面。又碑刻中载，南宋后期延昌寺僧人可遵，“中岁始驻于延昌……累以施利赀度小师祖寿外，小蓄余谷”，其侄晋叟等又添上家中本应属于可遵的租谷，为其置买良田四亩，舍给延昌寺，田租专用于可遵死后为其做法事费用（《续括苍金石志》卷二《延昌寺遵公舍田碑》，《宋代石刻文献全编》第三册第866页）。此碑刻表明，僧人可遵将所得施利的一部分用于给徒弟买度牒，另一部分则自己存储。南宋人娄机撰文批评一些僧人“蜗旋茧裹，用财自卫，一钵一衣之储，植丰矜隆，甚至割众施利以肥己”，也是批评将施利化为私有的现象（元徐硕撰《至元嘉禾志》卷二二《碑碣》引娄机《嘉兴县东塔置田度僧记》）。

北宋孔平仲又记一则传说：

华山下有南岳行宫，祈祷甚盛，云台观常以道士一人主之。有一道士以施利市酒食，畜妇人。巡检姓马者知而持之，共享其利。一夕道士梦为官司所录，送五道将军殿中，并追马勘鞫，狱具，各决杖七十。既寤，觉脊间微疼，溃而为疮，自知不祥，亟往诣马，马亦在告矣。问其梦中所见皆同，马亦疽发于背，二人俱卒。（孔平仲《谈苑》卷一）

所述情节颇有失真，但其中所讲当时有些僧道将施利用于个人享乐应非空穴来风。南宋胡寅又述：

昔荆南有慢行和尚，两人掖之，一步累息，未尝发言，人以为异，施利之物山积。忽元夕，市井张灯，有民家夫出妇守舍者，及中夜，夫归敲门，久之而后应。疑其妻有奸状，急逻舍傍，有一僧趴垣如飞，且逐且呼，而后众获之，则慢行和尚也。乃知此等代不乏人，可不过为之防哉！（胡寅《崇正辩》卷一）

此慢行和尚以施利用于嫖娼，也是用于不正当方面的典型。

无论是将施利化为私有，还是用于不正当方面，都可进一步说明寺院宫观祠庙所得施利并不总是用于设施建设，而是有一部分被用于其他方面。

按时人在称扬僧道时，也往往将不泛用施例视为美德。如释赞宁《宋高僧传》卷二八《兴福篇第九之三》："宋杭州报恩寺永安传释永安，姓翁氏，温州永嘉人也……汉南国王钱氏召居报恩寺，署号禅师焉，乃以华严李论为会要，因将合经募人雕板印而施行，每有檀施，罕闻储畜，回舍二田矣。以开宝甲戌岁终而焚之。"洪迈《夷坚三志》壬卷八《集仙观醮》："德安府应城县集仙观，罹兵火之后，堂殿颓圮。乾道初元，南昌法录吴道士自淮南来领观事，用符水治人疾，不择贫富，不受饷谢。或持办施常住，则一切桩籍，专充修造。十年之间，里外一新。县民无不信悦。"

3. 僧道等多方设法谋求施利

如前所述，僧道谋求施利最常见的做法是以兴建设施（包括购买或印制经藏、铸钟、挖放生池等）为名目。这种募集资金方式称缘化或化缘，数额通常较大。但缘化所得从情理上讲不应直接用于僧道等吃穿消费。僧道等更希望有经常性施利，于是多方设法，以其他名目获取施利。北宋前期人陶谷记：

汴州封禅寺有铁香炉，大容三石，都人目之曰香井。炉边锁一木柜，窍其顶，游者香毕以白水真人投柜窍，寺门收此以为一岁麦本。他院释戏封禅房袍曰：贵刹不愁斋粥，世尊面前者五百斤铁蒸胡，好一件坚牢常住。（陶谷《清异录》卷上）

这是在文物前设集资柜的募集零散资金的办法，与近代寺庙的做法颇类似。又宋人王辟之记：

> 萧楖字大珎，后梁宗室，为青州刺史，有惠爱笃信于民，及死，民为立祠千乘县西，相与谥曰信公。嘉祐中，祠宇颓敝，主庙者贾天恩，老伶也，有王乂者，金家苍头也，幼苦痛寒汗不洽，病腰不能行，偻而丐，且十年，一旦人灸之遂愈。天恩教之曰："第云信公召语，能为吾修庙则使尔腰伸。诺之，腰即伸。"于是远近闻之凑奔，争施钱帛以新庙貌，踰年得钱数千缗，功未卒而二人争钱相殴，事稍谊，施者因不复来。（王辟之《渑水燕谈录》卷一〇《杂录》）

此记主庙者贾天恩与王乂合谋，声称萧楖神灵能使佝偻伸直腰，使得人们争施钱帛，后来二人争钱，才使事情败露。又苏轼于元祐年间上奏说：

> 臣体问得惠因院亡僧净源，本是庸人，只因多与往还，致商人等于高丽国中妄有谈说，是致义天远来从学，因此本院厚获施利，而淮浙官私遍遭扰乱。（苏轼《东坡全集》卷五六《论高丽进奉第二状》贴黄）

据苏轼所讲，惠因院僧人是借高丽僧人来扩大自身影响，进而谋求施利。南宋赵彦卫记：

> 随州大洪山本名大湖，介于随、郢之间……唐有僧自五台来，遇异人云，遇湖即止。僧至，问地名遂止。适逢大旱，乡人皆屠牛祈雨，僧为祈禬成丰岁，遂入山断足祭龙以谢。乡人张素敬之，父子俱入山，与之俱逝。节帅以闻，僧赐号灵济菩萨，二张封将军。土人相与即水落处建伽蓝。本朝尤盛……自后多说神怪，以桀黠者四出，号端公，诳取施利，每及万缗，死则塑作将军，立于殿寺。（赵彦卫《云麓漫抄》卷一二）

这是以亡僧神灵的名义谋求施利。南宋叶绍翁记：

> 光尧（已退位之宋高宗）幸径山……为龙君注香，有五色蜥蜴出于塑像下，从光尧左肩直下遂登右肩，还圣体者数，又抶而朝亦数四，光尧注视久之。蜥蜴复循宪圣（皇皇后）圣体之半，拱而不数。时贵妃张氏亦缀宪圣，觊蜥蜴旋绕。僧至讽经，嗾至宪圣，亦祝曰：菩萨如何不登贵妃身。蜥蜴终不肯，竟入塑像下，妃惭沮，不复有施利……蜥蜴亦僧徒以缶贮殿中，施利者至，则嗾蜥蜴旋绕……僧徒本为利，既为利则必嗾蜥蜴登妃身。（叶绍翁《四朝闻见录》卷一甲集《光尧幸径山》）

据叶绍翁所言，此处蜥蜴不过是僧人用以谋取施利的手段。南宋时又多利用佛教节日募求施利，如：

> 浴佛四月八为佛诞日，诸寺院各有浴佛会，僧尼辈竟以小盆贮铜像，浸以糖水，覆以花棚，铙钹交迎，遍往邸第富室，以小杓浇灌，以求施利。(《武林旧事》卷三)
>
> 七月十五日……诸宫观设普度醮与士庶祭拔……僧寺亦于此日建盂兰盆会，率施主钱米。（吴自牧《梦粱录》卷四《解制日中元附》）

可知宋代僧道等除以设施建设为名募集施利钱，又利用其他各种名目、各种机会来谋求施利，以维持寺院宫观祠庙的日常运转和僧道的日常消费。

按元脱脱等《金史》卷一〇《章宗纪二》：明昌五年（1194 年），金章宗对身边大臣讲："僧道以佛、老营利，故务在庄严闳侈，起人施利自多，所以为观美也。"可知与南宋对峙的金朝境内的僧人也在多方谋求施利。

二 僧道的有偿宗教服务

宋代寺院宫观祠庙所得施舍钱物中，值得注意的是，有一部分是因僧尼道冠等公开或变相地有偿服务而得到的施舍，这种收入可以直接用于寺院宫观祠庙的日常开支，包括用以改善本寺院宫观祠庙人员的生活。僧道等更希望有经常性施利，于是多方设法，宋代公开或变相有偿服务有增多的趋势。

宋代寺院宫观祠庙中的僧道时常为人举行有偿的道场。有时为官方启建的道场也是有偿的。例如，《宋会要辑稿》载：

> 熙宁元年十月二十六日，诏将来大祥，令诸路州府军监各就寺观破系省钱请僧道三七人建道场七昼夜，罢散日设斋醮一事，各赐看经施利钱三十贯。道士少处只据人数设醮。《宋会要辑稿》礼二九之五六。

按同书礼二九之六六至六七载元祐元年（1086年）十二月八日，礼部言："神宗皇帝将来大祥，乞依英宗皇帝故事，诸州府军监各就一寺观开启道场斋醮。""诏依熙宁元年十二月十六日故事施行。"

> ［建中靖国元年］九月二十日，礼部言：哲宗皇帝建中靖国二年正月十二日大祥，今检到神宗皇帝大祥故事，圣旨令州县军监各就一寺观支破系省钱，请僧道三七人，长吏专切管勾，开启道场七昼夜，罢散日设斋醮一座，各赐者（看）经施利钱三十贯文。内道士少处只据人数设醮。诏依故事施行。（《宋会要辑稿》礼二九之八三）

按同书礼三〇之三、五七、八一载南宋孝宗、光宗、宁宗死后大祥日也各启建道场，唯不载赏赐施利钱事。

可知至少北宋英宗、神宗、哲宗三帝死后，大祥日都令僧人启建道场，而每次启建道场都要赏赐施利钱。

又诗人陆游记：

> 严州建德县有崇胜院，藏［宋仁宗］天圣五年内降札子，设道场，云皇太后赐银三十两，皇太妃施钱二十贯，皇后施钱十贯，朱淑仪施钱五贯，有仁庙飞白御书。今皆存。盖院有僧尝际遇真庙，召见赐衣及香烛故也。（陆游《老学庵笔记》卷一〇）

此记载再次证明，宋代皇室或官方令僧人启建道场，有时也是要付酬的。可以想见，一般士大夫、普通百姓要想让僧道为其做法事、设道场，自然更要付酬了。

关于道徒为信众作有偿服务，南宋洪迈记：

> 庆元四年二月十六日，饶州天庆观设黄箓大醮，募人荐亡，每一位为钱千二百，预会者千人。（洪迈《夷坚三志》己卷二《天庆黄箓》）

此例颇具典型性，因为此次设醮荐亡是明码标价的。或许有时有偿服务并不采取这种赤裸裸的等价交换方式。洪迈又记一则传说，谓：

> ［已变为鬼的阮公明］酒罢辞去，握手嘱［同舍王质］曰："某尚有十年留滞，未能受生，幸为作书白家君，修水陆道场，可减六七年之限，愿无忘。"长揖而逝。明日，质遣报其父，不之信。质自捐橐金办佛事。（洪迈《夷坚支丁》卷三《阮公明》）

此传说中，王质为了使老同学阮公明早日超脱，特"自捐橐金"为之"修水陆道场"，也表明要僧人"修水陆道场"是要花钱的。南宋人侯安石为寺院长生库撰写的一篇碑文中，记述了曹溪县一位富人在长生库中寄存钱财用于修功德的情况，其中有三笔钱是准备让寺院为三姐妹修水陆道场的费用：一为"一百贯足，以追修姊三八娘七七水陆"；二为"又舍钱一百二十贯足，三九娘、四十娘预修水陆之费"；三为"又舍钱四十五贯足，预为三九娘异时殁请适大祥三会水陆之费”。台北明文书局影印“中国佛寺史志汇刊”第二辑《康熙重修曹溪通志》卷三引南宋侯安石《长生库碑记》也说明要寺院开启水陆道场是要花钱的，而且其数额相当可观。

宋人谢采伯记述了有人为被宰杀的羊开启水陆道场以使其灵魂超脱的情况：

> 张乖崖遇设厨刲羊，及百口，其毛角召行人估价卖，纳钱送僧院，令与羊子转经。李参政光有《荐羊疏》，文云：诸处馈羊既不忍杀，十有三头，畜养滋久，遂无脱期。今转变到净财五十贯足，躬就报恩禅寺斋供佛僧，看转经文，仍设水陆荐拔群羊超生人天者，先辈重物命如此，余亦效尤为之忏悔。（谢采伯《密斋笔记》卷五）

如上的记述是颇耐人寻味的，人们在食用羊肉之后却又为羊做道场，但从如上记述中，我们却也可从中了解到请僧人给羊做道场也是要付费的：张咏是以“毛角”钱，李光的钱不知来自何方，却有五十贯之多。

宋代僧人的有偿服务中，寺院的撞钟、转轮藏较为常见。寺院撞钟收费，不始于宋代，前代已见记载，如司马光记：

> ［唐玄宗天宝］七载夏四月辛丑，左监门大将军知内侍省事高力士……于西京作宝寿寺，寺钟成，力士作斋以庆之，举朝毕集，击钟一杵施钱百缗，有求媚者至二十杵，少者不减十杵。（司马光《资治通鉴》卷二一六）

宝寿寺“击钟一杵施钱百缗”，可谓是高价收费。为了讨好高力士，有人居然花了数千贯钱。

按明代王世贞《弇州四部稿》卷一六六《说部·宛委余编》、徐应秋《玉芝堂谈荟》卷三引《宛委余编》、彭大翼《山堂肆考》卷一一〇《人品》均记：“唐黄巢乱后修宫阙，有商人王酒胡助钱三十万贯。后修安国寺，上幸之为击十杵，施钱万缗。群公有击至五杵者。一日，王酒胡乘醉入，连撞百杵，径辇十万缗群置寺而去。”与上引颇类似，不详所据。

此处记载撞钟似是为祝寿，宋代寺院击钟则通常是为了荐亡。但下引记载则说明宋代既有击钟荐亡者，也有击钟祝寿者：

> ［平江府常熟县僧文用以转轮藏所得铸大钟］时慧日、东灵二寺已为亡人撞无常钟，若又加一处，不特不（已?）多，且有争夺之嫌。文用乃特为长生钟，为生者诞日而击，随所生时而叩，故同日者亦不相碍，获施不赀。(庄绰《鸡肋编》卷中)

则慧日、东灵二寺是撞无常钟荐亡，而僧文用所在寺则是撞长生钟，三寺都因此得到可观收入。

轮藏据说是傅大士发明的，傅大士在宋代是次于观音、僧伽的一尊佛教大神，轮藏在宋代相当流行，许多寺院都设置有轮藏，转轮藏以资冥福已被广大百姓所接受，所以，转轮藏就成为寺院创收的手段。宋人庄绰记：

> 凡释氏营建，作大缘事，虽赖行业，然非有才智亦不可也。平江府常熟县有僧文用，目不识字而有心术……又作轮藏，殊极么么。它寺每转三匝率用钱三百六十，而此一转亦可，取金才十之一，日运不绝，遂铸大钟，用铜三千斤。(庄绰《鸡肋编》卷中)

此则记载表明，至少平江府附近寺院转轮藏收费是较为普遍的，已经形成了每匝一百二十文的通常定价，而僧文用却标出了比他寺低十分之九的超低价，结果反而赚发大钱。宋人费衮又记：

> 惠历寺轮藏。临江军惠历寺初造轮藏成，寺僧限得千钱则转一匝，有营妇丧夫，家极贫，念为转藏以资冥福，累月辛苦收拾，随聚随费，终不满一千，廹于贫乏无以自存，嫁有日矣，而此心眷眷不能已，遂携所聚之金号泣藏前，掷金于地，轮藏自转，阖寺骇异，自是不复限数云。(费衮《梁溪漫志》卷一〇)

这又是一个寺院转轮藏收费的实例。又北宋释道元讲：

有婆子令人送钱去请老宿开藏经，老宿受施利便下禅床，转一匝乃云：传语婆子，转藏经了也。其人回，举似婆子，婆云：比来请开全藏，只为开半藏（玄觉征云：什么处是欠半藏处，且道那个婆子具什么眼，便恁么道）。（释道元《景德传灯录》卷二七《明州奉化县布袋和尚》，《大正藏》第51册，第2076种）

撇开道元所要阐述的禅理，我们看到这里也述及一位老妇人花钱请僧转轮藏事。宋人刘一止又记湖州德清县妙香禅院的情况说：

然后以禅律相踵，住持者数辈，而转轮藏施利之人未尝有虚日，用是加葺门序略备，而简陋褊迫不类丛林，邑之人恨焉。（刘一止《苕溪集》卷二二《湖州德清县城山妙香禅院记》）

他虽未讲此寺转轮藏施利是否有定价，但却讲到了寺院因转轮藏而得到了可观收入。南宋洪迈又讲：

台州临海县上亭保有小刹曰真如院，东庑置轮藏，其神一躯，素著灵念，海商去来，祈祷供施无虚日。（《夷坚支庚》卷五《真如院藏神》）

照宋代的习俗，轮藏旁所设神像，即应是傅大士像。此寺因信众崇拜傅大士及转轮藏得到海商的施舍，成为本寺的重要经济来源。洪迈又记了一则传说：

张彦文尚书大经长者也。布衣时与建昌景德寺僧绍光厚善，后为谏议大夫。绍光死于乡，张公盖未知也。梦其荷械立庭下，泣诉曰：绍光以某月某日死。缘生前罪业沉重，沈沦地狱，无从脱免，愿公不忘平生，特为救释。请作佛事以济冥涂。忆有金一两在弟子姚和尚处，并有钱二十千在市上某家，傥索而用之，庶可获助。张许之，他日遣仆归询其事皆合，乃命其子元晋取金与钱为诵经转轮，仍塑观音像一躯于太平兴国寺，燃长明灯以供，且刻石纪以示人。当淳熙初……（洪迈《夷坚志》甲卷六《张尚书》）

张大经依照绍光的愿望，以绍光遗下的金一两（约值铜钱十五贯）、铜钱二十贯做了两件事：一是诵经转轮藏；二是塑观音像并设供。此事也说明转轮藏是要花钱的。又南宋蔡开为秀州崇福寺轮藏作记，内言："双林大士创造法轮藏秘典，传袭至今，作大利益。夫岂规规然斡转机轴裒取檀施而已哉。"元徐硕撰《至元嘉禾志》卷二六引庆元三年（1197 年）十一月蔡开《崇福寺藏记》。其中也言及以轮藏"裒取檀施"。南宋陈善在下引文字中对二位中了状元者的表现做了比较：

艾慎几尝为予言：咸平中，王沂公状元及第日，尝于佛寺供僧一年，人以为难。近逮建炎初，李顺之廷对第一，以为离乱之后，亦于扬州僧寺特施钱二缗，转大轮藏，欲为陈亡战士追福。由是闻者笑之，谓其所欲者奢也。予谓李公平生滑稽玩侮无所不至，乃欲以二千钱为陈亡之福，便可想见其为人，然王李优劣于是可见。（元陶宗仪撰《说郛》卷二二上引陈善《扪虱新话·王沂公李顺之优劣》）

这一比较颇为生动有趣，其中讲李顺仅以二贯钱就要为那么多的阵亡者作资荐，确实令人失笑，而此事却也涉及了转轮藏要花钱之事。

三 官方参与寺院宫观祠庙施利钱的管理与瓜分

关于宋代官方参与寺院宫观祠庙施利钱管理与瓜分的记载并不多见，但仅就现有记载仍能看到这种情况确实存在。

1. 宋代官方干预某些寺观的收支

宋朝财政收支通常都较为紧张，故用于宗教方面的开支受到限制。

记载反映，有些重要寺院宫观祠庙的财务收支是受官方监管的。据载：

太平兴国三年，遣使修东林，议减田租。使还，奏寺僧不多，遂诏取寺田十之三充修葺费，仍命江州置籍检校（见《国朝会要》并旧志）。（《永乐大典》卷六六九九引《江州志·宫观寺院》《永乐大典方志辑佚》第1638页）

［景德二年秋七月］丙寅，诏以庐山太平兴国、干明寺田租十之三，充葺寺宇经像，令江州置籍检校，选名行僧主之。张知白使还，言寺僧不谨故也。（《长编》卷六〇）

据上引，庐山太平兴国寺（即东林寺）、干明寺的田租收入受到官方监管，强制性地存留三分之一用于本寺维修。又据载：

［元丰三年夏四月庚申］知齐州王临言，州有灵岩寺，地课几万缗，皆为僧徒盗隐。乞差官监收，每岁计纲上京纳。诏赐与上清储祥宫。（《长编》卷三〇三）

可知齐州灵岩寺的田租收入竟被官方调用。值得注意的是，庐山太平兴国寺、干明寺、齐州灵岩寺，这三所寺院并不是与官方关系最密切的。类似此三所寺院的情况究竟存在于多大范围，我们无法考知，但或许不只是这三所寺院。

2. 宋代一些祠庙施利受到官方控制

宋代一些祠庙施利收入受到官方控制，见于记载不少。《宋会要辑稿》载：

宋太祖乾德三年平蜀，诏增饰导江县应圣灵感王李冰庙。开宝五年庙成。七年，改号广济王（广济王：原无，据《文献通考》卷九〇补）。岁一祀。庙旁有显灵王庙，盖丹景山神，诏去其伪号。真宗大中祥符三年，诏本军判官专掌施物，庙宇隳坏，即以修饰。

(《宋会要辑稿》礼二〇之二四)

据此，李冰庙施利收入自宋初即全部为官方掌控，理由是以此用于维修。《宋会要辑稿》又载：

真宗大中祥符四年四月，诏："平晋县唐叔虞祠，庙宇摧圮，池沼湮塞。彼方之人春秋常所飨祭，宜令本州完葺。"天禧元年，又诏："每岁施利钱物，委官监掌。其银、铜、真珠并以输官，自余估直出市，以备修庙、供神之用。"(《宋会要辑稿》礼二〇之二二)

据此，晋祠的施利收入自宋真宗天禧年以后，也是由官方掌控。《宋会要辑稿》又载：

神宗熙宁二年八月十七日，龙图阁直学士傅永言：奉符县泰山下，真宗皇帝昔封禅日所立碑记，旧有屋宇，当时委本州常切修护，今屋宇随陋，碑石扔折，甚非所以尊奉祖宗一代告成盛事。乞下转运司支岱岳庙施利钱修葺。从之。(《宋会要辑稿》礼二二之一九)

据此，东岳庙的施利钱在此前已被官方掌控，此时又被移作他用。《宋会要辑稿》又载：

元丰三年六月十七日权监察御史里行丰稷言：近见京城内外士庶与军营子弟转相告言，今日神见某处，明日神降某处，恢诡谲怪，无所不道，倾动风俗，结成朋杜，率敛财物，奔赴祥符县邓公卿菜园内安顿，欲与灵惠侯立庙。小人缘此易生奸心。神民异业久矣，不可不禁。如国家以泉水之灵，可兴祀典，宜委命官主领施利，明载簿历，支修庙貌，亦可以示朝廷祭祀驭神之意。从之。(《宋会要辑稿》礼二〇之一四)

[元丰]四年五月十六日，诏开封府开封县邓公乡菜园内水泉见，听士民汲取，宜特许侧近以所得施利建立庙像。(《宋会要辑稿》

礼二〇之四）

此为官方掌控“神泉”施利，建庙后依上引丰稷建议，施利应继续为官方掌控。

罗池庙是祭祀唐代柳宗元的，当地百姓颇相信柳宗元的神灵，因而此庙颇有施利收入，对于此，宋徽宗政和三年（1113 年）丘崇所撰记文有如下记述：

唐元和十年，州刺史柳侯至，以圣人所常行之道善其民。四年不幸，而平时浃人胸中者已深，人将释之而不得，追其尝与部将魏忠辈驿亭酒间语，乃祠于罗池。自欧阳翼之梦、李仪之死，人尤神之，以忧患乞怜者每每获报如所庶几，三百余年英灵犹存。皇朝元祐五年赐额曰灵文庙，崇宁三年赐爵曰文惠侯，从斯民之欲也。庙阅日深，仰见星斗，蚁封蠹蚀，几莫能支，而承糈践笾，袂犹相属，所谓施利钱者岁不知几何，率以十万为公帑用，余则庙得之以备营缮。然一岁之间给公而外，所存无几。虽欲改作将焉能为。郴陵朱公以政和二年十一月视守事……考其故事，得庙利岁时移用之状，语诸僚佐曰：侯生死皆有功德于斯民，而祠宇敝陋如此，吾曹当思有以崇大之……土木之役，上求则费公，下敛则耗众，曷若归其利于庙，纤毫籍之，久自可举。咸曰然。未几籍以羡告。州监兵陈莘者开敏有干局，俾掌其事，购材募能取足于籍。堂室门序卑高如仪，焕然一新，观者嗟异……政和三年十月望日承事郎通判融州军州事丘崇记。（《柳先生集》附录卷二丘崇《重修罗池庙记》）

据他所记，罗池庙的施利收入虽然不少，但较长时间里，每年“十万为公帑用，余则庙得之以备营缮”，使得庙宇破败不堪。这又是一祠庙施利被移作他用的实例。据上引，政和二年（1112 年），知州朱某将此笔钱改归本庙，于是才能实施重修。又地志载：

上天竺灵感观音寺……绍圣二年，郡守陈轩请于朝，诏以一路

祠庙施利缮修精舍。（潜说友《咸淳临安志》卷八〇《寺观六·寺院·飞来至上竺》）

此言“以一路祠庙施利”维修上天竺灵感观音寺，也言及移用祠庙施利。

南宋晚期颁行的《吏部条法》中有如下规定：

《侍郎左选尚书考功通用令》：诸选人任岳庙及不釐务差遣者，并不理为考任（内岳庙兼收施利钱，兼本庙市烟火盗贼公事者，非）。（《吏部条法》的《宫观岳庙门》《考任门》均载此文）

这里讲，如果诸选人任岳庙差遣而兼收施利钱者，即可理为考任。考虑到南宋时北岳、东岳、中岳、西岳均已不在境内，故此条立法可能是沿用北宋条法原文，故可能同时反映北宋情况。据此规定，岳庙施利钱可能历来都是由岳庙官掌管的。

南宋光宗时，大臣周必大曾致书赵汝愚，内言及：

潭州申尚书省，乞截拨四年施利钱修岳庙，想密院不欲干预。然以庙中施利而修庙，名正言顺，朝廷必不计此一二千缗，特本州无从出耳。因徐子宜白事密语之为幸……（周必大《文忠集》卷一九一《札子三·赵子直丞相》绍熙四年夏）

以本庙所得施利钱修庙，却还要上奏朝廷，称为“截拨”，说明此时南岳庙施利钱已用于上供。此后卫泾在知潭州任上又上奏言及：

臣前所申述，本州总制元额内一项南岳施利钱，一岁约二千余贯，已蒙朝廷拨入本庙。又一项常平抵当库息钱，一岁约三千五百余贯，已承提举司取回。两项尚占岁额无可趁办，总所既不为豁除，有司亦不为指定，徒令凿空贴补，其为民害尤无穷也。（卫泾《后乐集》卷一二宋撰《奏议·乞蠲放总制无额窠名钱奏状》）

据此，南岳施利钱在此前一段时间里，曾被纳入总制钱上供朝廷，后又返还本庙。这说明南岳庙施利钱不但为官方掌控，而且还一度成为上供财赋的一部分。

说到祠庙施利钱，人们就会联想到宋神宗时实行新法过程中的一件事，即出卖祠庙事。北宋魏泰记：

> 张谔检正中书五房公事、判司农事，上言：天下祠庙，岁时有烧香施利，乞依河渡坊场，召人买拆。王荆公秉政，多主谔言，故凡司农启请，往往中书即自施行，不由中覆。卖庙敕既下，而天下祠庙各以紧慢价直有差。南京有高辛庙，平日绝无祈祭，县吏抑勒祝史，仅能酬十千。是时张方平留守南京，因抗疏言：朝廷生财当自有理，岂可以古先帝王祠庙卖与百姓，以规十千之利乎。上览疏大骇，遂穷问其由，乃知张谔建言而中书未尝覆奏。自是有旨，臣僚起请必须奏禀方得施行。卖庙事寻罢。（魏泰《东轩笔录》卷六。事又见祝穆《古今事文类聚》前集卷四八《神鬼部》引《倦游录》）

李焘记述此事，称：

> [熙宁九年八月壬辰] 宣徽南院使、判应天府张方平言：司农寺言，近降新制，应祠庙并依坊场河渡募人承买，收取净利。管下五十余祠，百姓已买阏伯庙，纳钱四十六千五百，宋公微子庙十二千，并三年为一界。阏伯主祀大火，火为国家盛德所乘，微子开国于宋，亦本朝受命建号所因，又有双庙，乃唐张巡、许远以孤城死贼、所谓能捍大患者。今既许承买，小人以利为事，必于其间营为招聚，纷杂冗亵，何所不至，慢神黩礼，莫甚于此，岁收细微，实损大体。欲乞朝廷不卖此三庙，以称国家严恭典礼追尚前烈之意。上批：司农寺鬻天下祠庙，辱国黩神，此为甚者，可速令更不施行。其司农寺官吏令开封府劾之。又批：擅鬻祠庙，为首之人已劾罪。其赦后不觉举改正官可并劾之。又诏司农寺市易司创改条制，可并进呈取旨，毋得一面拟进行下。（《长编》卷二七七。参《宋史》卷三一八《张方平传》）

张方平有关此事的奏疏今存，录如下：

> 臣伏见司农寺奏请降下新制，应祠庙并依坊场河渡之例，召人承买，收取净利。本府勘会，在府及管下所管祠庙五十余处，寻已依应施行讫。内有阏伯庙、宋公微子庙已系百姓承买。阏伯庙纳钱四十六万五百文，微子庙十二贯文，并系三年为一界。臣窃以阏伯远自唐尧迁此商丘之土，主祀大火，而火为国家盛德所乘。而王本朝历世尊为大祀。微子宋之始封君，开国于此，亦为本朝受命建号所因，载于典礼，垂之著令，所当虔洁以奉时事。又有双庙，乃是唐张巡、许远以孤城死贼、所谓能捍大患者。今既许承买之后，小人以利为事，必于其间营为招聚纷杂冗亵何所不至，慢神渎礼莫甚于此。盖闻有天下者祭百神，故咸秩无文，毖于群祀。先圣哲王所以致恭于鬼神者，所以为国家万民，六经训典备矣。故曰：克典神天，俾作神主，此人君之职也。今既岁收微细而损国体至大，臣愚欲乞朝廷详酌，留此三庙更不出卖，以称国家严恭典祀追尚前烈之意（熙宁九年八月上，时知应天府。上批：司农寺鬻天下祠庙，辱国黩神此为甚者，可速令更不施行。其司农寺官吏令开封府劾之。又批：擅鬻祠庙，为首之人已劾罪，其赦后不觉举改正官，可并劾之。又诏司农寺市易司创改条制，可并进呈取旨，不得一面拟进行下）。（赵汝愚编《宋朝诸臣奏议》卷九一《礼乐门·群祀》张方平《上神宗论鬻祠庙》。张方平《乐全集》卷二六《论祠庙事》，另见刘挚《忠肃集》卷三《代留守张方平留阏伯微子张许三庙奏》）

可知，宋神宗时，曾一度拟将重要祠庙的施利收入纳入国家财政收入，以求财政增收，但后来旧党大臣张方平等指出这样做得不偿失，宋神宗下令停止实施，收回成命。此事说明，祠庙施利收入已引起广泛关注。

3. 宋代寺院施利收入

与宋朝官方干预祠庙施利收入不同，关于宋朝官方是否干预寺院宫观的施利收入，文献中却极少直接记载。但我们从现存记载中，仍可找到一些线索，说明宋朝官方对寺院的施利收入也有染指。

关于泗州塔施利钱收入的记载值得特别注意。北宋中期大臣胡宿曾上奏请求以“乞将泗州塔下等处寺院施利钱物”维修相国寺普满塔。胡宿《文恭集》卷七《论人使诣塔烧香》。宋英宗增建南北福田院，治平年间，“又赐以泗洲大圣塔施利钱”（《长编》卷一九九嘉祐八年十二月庚寅，《宋史》卷一七八《食货志·役法下·振恤》）。这二则记载都是官方调用泗州塔施利钱。如前所述，泗州僧伽塔位于运河畔，系在交通要道上，官员、商贾、赶考的举子往来不断，施利钱必定十分可观。官方曾出资修此塔及此塔所属的普照王寺，故掌控此塔的施利收入也是情理之中的。宋神宗熙宁三年（1070 年）冬十月乙酉，“诏信州茶盐税、泗州僧伽塔、秦州柴墟口岸、睦州酒税、江宁府织罗务、隰州温泉税，旧差内侍监当，自今并令三班差人。上语辅臣，以课利场务不欲令少年宦者与其间故也”（《长编》卷二一六熙宁三年冬十月乙酉）。这说明宋廷曾专门委派宦官监管此塔，而后来改派小武臣信监官的原因，也是因为此塔有“课利”收入。以上三则记载，均说明僧伽塔施利钱数量可观，官方颇重视并加以监管。这至少说明，宋朝官方干预寺院施利钱收支情况是确实存在的。

李焘又记：

> ［宋仁宗天圣六年春正月］辛卯，上谕三司曰：“太平兴国寺太宗所建，岁久隳摧。其以诸塔庙所施钱、亡僧衣钵增葺之。”（《长编》卷一〇六）

所言“诸塔庙所施钱”应包括寺院施利钱，这里被官方调用来维修太平兴国寺。又苏轼为上清储祥宫作碑文，内言：

> 元丰二年二月，神宗皇帝始命道士王太初居宫之故地，以法箓符水为民禳禬，民趋归之，稍以其力修复祠宇。诏用日者言，以宫之所在为国家子孙地，乃赐名上清储祥宫，且赐度牒与佛庙神祠之遗利，为钱一千七百四十七万……（苏轼《东坡全集》卷八六《上

清储祥宫碑》）

其中“佛庙神祠之遗利”，应也包括寺院施利钱。又晁补之为友人陈辅撰墓志铭，内言：

> ［陈辅字安国，嘉祐二年进士，迁义乌令］双林傅大士道场，岁输供至二百万缗。提点刑狱元积中欲尽以助公，君持不可，犹取七十万。然双林赖是不为墟。（晁补之《鸡肋集》卷六七《朝奉郎致仕陈君墓志铭》）

所谓双林傅大士道场，应即婺州双林寺，其言“岁输供至二百万缗”，缗字应为衍文，一寺所输，不可能有二百万缗（贯）之多，应为“二百万”即二千贯。因县令陈辅力争，减为七百贯，一寺一年上缴如此多的钱，自然是不易。由于没有按二千贯之数上缴，双林寺得以维持。然而此处记载颇简略，没有说明官方为什么要此寺上缴如此多的钱。傅大士是宋代佛教中排在释迦、观音、文殊、普贤、僧伽之后第六大神，双林寺是与泗州僧伽塔知名度相当的名胜，因此，每年所得施利应也与僧伽塔相差不远。故上引文中官方要双林寺上缴的，应也即本寺的施利钱。当然，这一推论还有待进一步证实。

北宋后期晁以道（说之）批评官方“又复广设名目悉笼遗利，曰课利钱，曰净利钱，曰过月钱，曰施利钱，其微尚多，有司且难于条对也，不知斯民嗷嗷然何以胜其责乎。有一身而丛此数责者，将何以久乎”（晁以道《景迂生集》卷一《奏议·元符三年应诏封事》）。其所言“施利钱”，应即寺院宫观祠庙施利钱。官方由于财政越来越恶化，饥不择食，开始打寺院宫观祠庙施利钱的主意，这也是势所难免的。南宋时期福建地区要求寺院主首上任伊始就要承包向官府缴纳的钱，应也是由上缴施利钱派生出的。

宋代官员火灾问责研究

对宋代消防问题，已有学者做过研究，笔者也曾发表过论文。① 但对宋代有关官员的火灾责任追究，似未见有专文探讨，以下拟作尝试。

一　宋代有关官员的火灾责任

宋代火灾发生较为频繁，这主要是由于城镇聚集的人口较多，人们居住的房屋中茅草房占较大比重，宗教流行香火兴盛等原因造成的。宋代受儒家天人感应说的影响，把火灾视为上天示警，因而把大的火灾，特别是皇宫内发生的火灾视为上天对皇帝的惩戒。这无疑对火灾的责任追究产生了一些负面影响。但是，宋人对火灾也已有了相当理性的思考，与此相伴，在火灾责任追究方面，也有了积极的进展。这首先体现在官员火灾责任的确定上。

要追究责任，必须在火灾发生前事先规定官员的相关责任。应当说，宋朝官方在这方面的规定还不够完备（或许是有关文献遗失，使得一些重要规定失载），但仅就现存记载看，宋代官方至少在此方面已做了相当努力。

先请看南宋官方颁行的有关规定：

---

① 我和罗炳良先生共同向中国宋史研究会1994年年会提交论文《宋代火政考略》，此文收入年会论文集于1996年1月由河北大学出版社出版。我还曾指导硕士生以宋代火政为题作学位论文。

失火（敕；令；格）·敕·杂敕

诸官府廨院应住家处失火者，论如《非时烧田野律》。

诸因烧田野致延烧系官山林者……其州县官司及地分公人失觉察，杖六十。

……

诸在州失火，都监即时救扑，通判监督，违者，各杖八十。虽即救扑、监督而延烧官私舍宅，二百间以上（芦竹草版屋三间比一间），都监、通判，杖六十，仍奏裁；三百间以上，知州准此。其外县丞、尉（州城外草市、倚郭县同）并镇寨官依州都监法。

杂敕

诸故烧官粮草、钱帛、军器、防城官物（并谓积聚或在仓库内者。下条故烧官酒曲等准此）。并敌棚、楼橹及仓库屋宇者……已然，而专副及看守、巡防人失觉察者，杖一百。若缘边、次边，计已烧之直五十贯以上者，加二等，监官各减一等，擅离地分致故烧者，各加二等。

诸故烧黄河埽岸并物料场，依烧粮草法；非向著处，依烧积聚财物法。监专、巡防人失觉察者，各杖一百，非向著处，杖七十，擅离地分致烧者，各加三等。

诸故烧官酒、曲、茶、盐、香、矾、宝货……已然，而专副及看守、巡防人失觉察者，杖八十，监官减等，擅离地分致故烧者，各加二等。

擅兴敕

诸役兵、役夫放火者……其本辖将校、节级对头，减犯人罪三等，不知情各减同五保知犯法罪二等，部辖官失觉察犯人罪至流者，杖六十，仍奏裁。①

此处所载，首先对州县官员的火灾责任做了明确规定。即“失觉察”

① （宋）谢深甫：《庆元条法事类》卷八〇《失火》。中国书店1990年影印本，第477—479页。

者有罪，州城失火，救火的责任主要由管驻军的都监承担，通判有监督的责任，此责任还被量化，以烧二百间为下限。烧三百间以上，知州也要被追究责任。而“其外县丞、尉（州城外草市、倚郭县同）并镇寨官依州都监法”。就是说，外县县城、镇、寨发生火灾，要追究相应的县丞、县尉、知县（县里问责顺序应是县尉、县丞、知县）及监镇、知寨的罪责。引文的后半部分主要是针对火灾烧毁军需物资、防汛物资、禁榷物资的，这反映了宋代三方面重要问题，即供军、治河、禁榷，这三方面对国家关系重大。对于故意纵火烧毁军需物资、防汛物资、禁榷物资的火灾，主要追究专副、看守巡防人、监官的罪责。如是部内役兵、役夫放火，则要追究本辖将校、部辖官的罪责。上引文未涉及皇宫、中央机构、行都火灾的责任追究，不知是否另有专门规定。另上引规定中有关黄河的文字，不适用于南宋，因为黄河不在南宋境内，说明此段文字是北宋时期形成的。查北宋哲宗绍圣二年（1095 年）有如下立法：

> ［绍圣二年］六月三日，详定重修敕令所言：“故烧黄河浮桥者……即于浮桥内停火及遗火者，各依仓库内燃火遗火律。看守、巡防及部辖人不觉察，各减犯人五等，监官又减一等……”从之。①

引文首句与《庆元条法事类》接近，规定的内容也与《庆元条法事类》接近，这说明前引《庆元条法事类》规定虽是南宋中期颁行的，但其中有相当部分是沿袭北宋时的已行用的条文和规定。这又使我们联想到南宋孝宗时知温州王之望上奏时征引的如下文字：

> 按《绍兴敕》：诸在州失火，都监实时救扑，通判监督，违者杖八十。虽即救扑监督而延烧官私舍宅二百间以上（芦竹草版屋三间比一间），都监、通判杖六十，仍奏裁。三百间以上知州准此。②

---

① （清）徐松辑：《宋会要辑稿》刑法一之一六，中华书局 1957 年 11 月影印本。

② （宋）王之望：《汉滨集》卷七《温州遗火乞赐降黜奏札》，文渊阁四库全书本。

他引的《绍兴敕》与上引《庆元条法事类》中所载基本相同，即可进一步证明上引《庆元条法事类》中的有关规定并非当时新创，而是沿用长期行用的旧制。可惜，限于记载，我们无法确切考清这些规定的起始时间。

宋代财政收入很大一部分依仗商税和禁榷（时称征榷），由此衍生出一大批负责征商和禁榷品交易的监当官，监当官直接管钱管物，其所辖如发生火灾影响较大，故记载中可查见如下规定：

> ［宝元元年二月庚午］三司言：山场榷务自今火焚官物其直万缗以上者，监官并勒停，主吏刺配别州牢城。从之。[①]

此规定反映了朝廷对监当官火灾责任的确认。南宋时期，监镇官、监当官官衔中经常兼带“烟火公事”，这种兼衔更明确了其火灾责任。

宋代已有专业的消防兵——潜火兵，但数量有限，大的火灾仍须调用其他军队。另外，平时的防火离不开巡逻兵，这些军兵通常由巡检、都巡检官统辖，所以，驻军将领、巡检官等就被赋予了防火、救火责任，而且根据情况作了具体区分。如：

> ［大中祥符］二年六月，诏：“在京人户遗火，须候都巡检到，方始救泼，致枉烧屋。先令开封府，今后如有遗火，仰探火军人走报巡检，画时赴救。都巡检未到，即本厢巡检先救。如去巡检地分遥远，左右军巡使或本地分厢界巡检、员僚指挥使先到，即指挥兵士、水行人等，与本主同共救泼，不得枉拆远火屋舍，仍钤辖不得接便偷盗财物。如有违犯，其军巡使、厢虞候、员僚指挥使，并勘罪以闻……访闻近日须候都巡到，方始下手，宜令检会分明，榜示举行，违者（计）［许］遗火人户、侧近公私人等陈告，当行重

① （宋）李焘：《续资治通鉴长编》（以下简称《长编》）卷一二一，中华书局 1985 年版，第 9 册，第 2860 页。

断。”天圣五年六月十五日，复申明前诏。[1]

此诏令规定了巡检、左右军巡使、厢界巡检、员僚指挥使的救火责任及防止有人趁火灾偷盗等的责任。又如：

［绍兴元年七月］二十七日，臣僚言：“今来车驾驻跸临安府，日近府城遗火，诸军以救火为名，持刃乘闹，公然抢夺钱物。乞今后遇有火，依京城例，止许马、步军司及临安府兵级救扑。仍预给色号、常切准备外，其余诸军并不许辄离本寨。仍委统兵官钤束，犯人重作行遣。若临时御前处分，差殿前司官或搭财兵级或神武统制下一军同共救扑。”从之。[2]

此规定实际上明确了统辖马、步军司御前军及临安府军兵的军将的救火责任。次年，宋廷又规定：

绍兴二年正月二十一日，臣僚言：“钱塘州城内相去稍远，数有盗贼。又缘兵火之后，流寓士民往往茅屋以居，则火政尤当加严。虽有左右厢巡检二人，法制阔略，名存而已。乞下枢密院，委马、步军司措置，略效京城内外徼巡之法，就钱塘城内分为四厢，每厢各置巡检一人，权差以次军都指挥使有材能者充。每厢量地步远近，置铺若干……皆总之于巡检……”从之。[3]

此规定将行都划分为四厢，各置巡检，分担治安及防火之责。文中称此系效“京城”，即效北宋汴京之法，说明京城分厢由巡检负责防火的规定由来已久。

① 《宋会要辑稿》兵三之一。
② 《宋会要辑稿》刑法七之三四。
③ 《宋会要辑稿》兵三之七至八。

二 京师（或行都）地区（含皇宫及中央各官署等）火灾的责任追究

1. 皇宫

皇宫在古代是最重要的地方，皇宫失火是很重要的事件。宋代皇宫火灾发生多次，每次皇帝都要下诏罪己或下诏求直言，还往往要减膳、停乐等，有时还借此调换宰辅。每次对直接责任人的处理都是很严厉的，一般都是死刑（法律上也有处死刑的条文），重的更有处凌迟等刑及牵边他人的。但却较少有处理相关责任官员的记载。这大约一般都认为皇宫失火是上天对皇帝本人的示警，故对追究相关官员的责任有所忽略。

笔者查见的最早因皇宫火灾而处理相关官员的，是宋神宗熙宁十年（1077 年）仙韶院失火事。仙韶院是皇宫内伶人习乐处。此年正月“戊辰，仙韶院火，撤屋二百五十楹。上不御朝”①。当年三月辛酉“诏入内供奉官吴靖方寄崇仪副使、裴昱寄供备库副使，各降一官；殿头蓝从熙以下八人各罚铜二十斤，坐仙韶院火也”。② 可见受处分的都是宦官。

又宋哲宗绍圣四年（1097 年）七月皇宫火灾，在事后奖赏救火有功的一批武臣、宦官之后，哲宗又有御批：“内中遗火，勾当内东门司官等有失提举，可依此施行：勾当内东门司刘有益降一官，更罚铜三十斤。会通门上召使臣冯瑀、史世康、容彭年各罚铜三十斤。”③ 受处分者似乎也都是宦官，处分都不重，可能此次火灾扑救及时，后果不严重。

南宋宁宗嘉泰元年（1201 年）三月，行都火灾，火起于居民家，但延烧到皇宫。烧毁居民家五万八千余户，烧死五十九人，烧毁御史台等多所官署和部分军营。有人揭露：“救火之初，步帅夏侯恪酣酒未醒，全不指呼，是以军人亦拱手相视，莫肯向前。虽曰各执火具，所执殆成虚器。其持桶以取水者，姑以空桶往来；其拆屋以断火路者，则邀索钱物，

---

① 《长编》卷二八〇，中华书局 1986 年版，第 20 册，第 6853 页。

② 《长编》卷二八一，中华书局 1986 年版，第 20 册，第 6883 页。

③ 《长编》卷四八九绍圣四年七月丁丑，中华书局 1993 年版，第 33 册，第 11615 页。

以待火至。至于烧及酒库，则又抢酒恣饮，更无纪律。”要求“议救火不力之罪”。[①] 宋廷于是下令：“观察使、右武大夫、主管侍卫步军司夏侯恪降两官，放罢。”[②] 随又有人揭发：殿前司后军统制刘端仁“比因回禄，内侍等人挈箱笼什物赴教场避火，火势益炽，端仁坐视不救，止般己物下船。内侍等乘此般下船间，则掩为己有，人号曰劫火统制”。于是诏令“刘端仁降三官，放罢”。[③] 此次惩处了救火不力的二位三衙将领，但未见追究防火不力官员责任的记载。

南宋宁宗开禧二年（1206 年）二月，太皇太后吴氏所居寿慈宫发生火灾，于是“寿慈宫提举官、正侍大夫、安庆军承宣使吴回，提点、武功大夫、成州团练使王思诚，右武大夫、和州防御使宋安世，并于阶官上降两官”。“内使王溶等三人各降一官，罢寿慈宫职事”。此见被追究责任和被惩处的都是本宫负责官员。[④] 当然，此宫为太皇太后所居，与皇帝居住地略有差异。

宋理宗绍定四年（1231 年）九月，火灾烧毁了太庙，此事性质严重。“诏罢前军统制徐仪，仍削官三等，统领马振远除名勒停，编置湖南州军。以殿前司副都指挥使冯榯言其救火弗力也。”“戊午，诏殿前副都指挥使冯榯、主管侍卫步军司王虎救焚弗力，延及太庙，各夺一官，罢之。”[⑤]

从上引数例看，皇宫失火被追究责任的主要是具体负责官员，而三衙的将领则因救火不力而被追究责任。

---

① 《宋会要辑稿》瑞异二之三九至四二。

② 《宋会要辑稿》职官七三之二九。

③ 《宋会要辑稿》职官七三之三一。

④ 《宋会要辑稿》职官七三之三六开禧二年二月五日，《续编两朝纲目备要》卷九《宁宗》开禧二年二月癸丑、丙辰，中华书局 1995 年版汝企和点校本，第 159 页、第 160 页。

⑤ 《宋史全文》卷三二。此次惩处了殿前司四位将军，且处理得较重，大约与当时有人讲，军队救火，将救宰相府置于比太庙更优先的位置有关。按：《宋史》卷四二三《陈埙传》：“都城火……应诏言……历陈致灾之由。又有吴潜、汪泰亨上弥远书，乞正冯榯、王虎不尽力救火之罪及行知临安府林介、两浙转运使赵汝惮之罚。人皆壮之。”也说明舆论要求惩处冯榯等。

2. 官办宫观寺院

宋代官方尊崇道教、佛教，官方投资在都城内建了不少宫观、寺院。特别是宋真宗“以神道设教”，编造出天书和赵氏“圣祖”等，因而建了玉清昭应宫、景灵宫、会灵观等，这些宫观的地位非同寻常，委派有宦官参与管理，有军队守卫、洒扫，有官员任使、判官、都监等。但是，由于它们香火盛，常常发生火灾。其中最引人注目的是玉清昭应宫的火灾。因为此宫的兴建是整个宋代最宏大的土木建筑工程。据记载，它有三千六百多楹，极其豪华壮丽。天圣七年（1029 年）六月丁未，此宫在火灾中被焚毁，垂帘听政的刘太后闻讯当众伤心地落了泪。于是，时兼任玉清昭应宫使的宰相王曾首先被罢官：

> ［天圣七年］六月二十七日，门下侍郎、兼吏部尚书、同中书门下平章事、充玉清昭应宫使、昭文馆大学士王曾罢为吏部尚书、知兖州。制书以曾“分职灵宫，孅心妙道。虽钦崇匪懈，克守于虔诚；而警备或亏，适罹于炎火。顾夙宵而增惧，念典法之有常”。故有是命。①

随后，兼任本宫判官的宋绶及负责宦官、道官也受到惩处：

> ［天圣七年秋七月］乙丑，翰林学士兼侍读学士、中书舍人、同修国史宋绶落学士。绶领玉清昭应宫判官，而宫灾，故责之。内侍为都监承受者停降赎铜有差。道士……知官李知损乃编管陈州。御史台鞫火起，得知损尝与其徒茹荤聚饮宫中故也。②

我们还可查见关于会灵观火灾后追究责任的记载。此观毁于宋仁宗皇祐五年（1053 年）春正月，据载：

---

① 《宋会要辑稿》职官七八之一四至一五。

② 《长编》卷一〇八，中华书局 1985 年版，第 2519 页。

丁巳，会灵观火。道士饮酒殿庐，既醉而火发，居宇神像悉被焚，独三圣御容得存。乃诏权奉安于景灵宫……庚午，降西京左藏库使、康州刺史沈惟恭为供备库使、监蔡州税，西染院副使、兼合门通事舍人张承衍为供备库副使、监汝州税。并坐勾当会灵观遗火故也。惟恭，德妃弟，承衍，乐安郡主婿，命既下，妃、主皆为上章乞留京师。上曰："已行之命，为国戚所回，则法徒设矣。"乃诏开封府促行。①

此次处理的是本观的"勾当"官员，尽管属于皇亲国戚，也未免于惩处。其他重要官寺观火灾后都未见有惩处有关官员的记载，无法确知是未作处理，还是曾作处理而文献失载。

3. 重要官署

宋代重要官署发生火灾，而有关官员被追究责任，较早者应是宋真宗大中祥符八年（1015 年）宗正寺失火。据载：

[大中祥符八年二月甲寅] 宗正寺火，有司奉玉牒属籍置他舍得免。判寺官并坐责黜。②

此次损失似较小，受处分的只是判寺官。而宋神宗熙宁七年（1074 年）三司失火事影响重大，据载：

[熙宁七年九月壬子] 是日，三司火，自巳至戌止，焚屋千八十楹，案牍等殆尽。诏三司权于尚书省莅事……甲寅……检正中书五房公事李承之言：三司帐案文字焚烧几尽……乙卯……诏权三司使、翰林学士、兼侍读学士元绛落侍读学士，罢三司使；盐铁副使、户

---

① 《长编》卷一七四，中华书局 1985 年版，第 13 册，第 4196—4197 页，《宋会要辑稿》职官六五之一〇至一一。

② 《长编》卷八四，中华书局 1985 年版，第 10 册，第 1916 页。

部郎中张问知虢州；判官、金部郎中李端卿，太常博士、秘阁校理韩忠彦为军通判，并降一官；户部副使、太常少卿贾昌衡，度支副使、刑部郎中孙坦，其余判官、检法、提举帐勾院等十二人并罚铜三十斤。制置永兴秦凤路交子、司封郎中宋迪，监三司门内侍殿头李世良，并夺两官勒停。初，廸来禀事于三司，而从者遗火于盐铁之废厅，遂燔三司。故廸坐免，绛等及责应救火官令御史台劾罪以闻。①

[熙宁七年]九月十九日，权三司使、翰林学士兼侍读学士元绛落侍读学士，罢；盐铁副使、户部郎中张问降礼部郎中，知虢州；判官、金部郎中李端卿降虞部郎中，通判淮阳军；太常博士集贤校理韩忠彦降秘书丞，依旧职通判永宁军；权度支副使、太常少卿贾昌衡降兵部郎中。以制置永兴秦凤路交子公事宋迪来禀事三司，人从遗烬于盐铁之废听，三司遂燔而莫能救，故迪坐免官，而降等及责有职于三司者皆赎金。②

[熙宁七年十一月]八日，侍卫亲军马军副都指挥使、昭信军节度观察留后贾逵降利州观察使，捧日左厢都指挥使、彭州团练使孙吉降潮州刺史，右厢都指挥使、大州团练使张忠降蓬州刺史。以三司燔不能救止也。③

[熙宁七年十一月壬寅]诏马军副都指挥使贾逵、旧城里左厢廵检孙吉、右厢廵检张忠各降一官，步军副都指挥使宋守约、新城里左厢廵检顾兴、右厢廵检石嵒、开封府判官吴几复、勾当旧城里左厢公事魏中孚，各罚铜四十斤。坐不能救三司火也。④

据上引，此次被惩处的有四部分人：一是三司官员，即权三司使、盐

---

① 《长编》卷二五六，中华书局1986年版，第18册，第6256、6290页。

② 《宋会要辑稿》职官六五之三八。

③ 《宋会要辑稿》职官六五之三九。

④ 《长编》卷二五八，中华书局1986年版，第18册，第6290页。另参《长编》卷二六二熙宁八年夏四月癸亥、卷二六七熙宁八年八月丁酉，中华书局1986年版，第19册，第6373页、6546页。

铁副使、户部副使、度支副使及数位判官；二是三衙将领，即侍卫亲军马军副都指挥使、步军副都指挥使、捧日左厢都指挥使、捧日右厢都指挥使；三是开封巡检军官，即新城里左厢巡检、右厢巡检；四是开封府官员，即开封府判官、勾当旧城里左厢公事。就中又可以分为两类：防火不力的文臣和救火不力的武臣。上述四部分官员之外还有肇事者的长官。

北宋时期发生的另一件大事，是元丰八年（1085 年）二月的临时贡院火灾，此次临时贡院设在官方出资重建的开宝寺内。据载：

> [元丰八年二月辛巳] 是夜四鼓，开宝寺寓礼部贡院火，承议郎韩王冀王宫大小教授兼睦亲广亲宅讲书翟曼、奉议郎陈之方、宣德郎太学博士马希孟皆焚死，吏卒死者四十人。丁亥，三省言：礼部贡院火，试卷三分不收一分，欲令礼部别锁试。从之。①

两个多月后，宋廷惩处有关责任官员的决定做出：

> [元丰八年五月] 二十四日，户部侍郎李定、给事中兼侍讲蔡卞、起居舍人朱服，各降一官；权知开封府蔡京、判官胡及、推官李士良，各罚铜八斤。卞、服坐知贡举日贡院遗火，京及士良坐救火延烧，虽会赦特责故也。②
>
> [元丰八年五月丙辰] 正议大夫、户部侍郎李定，承议郎、给事中兼侍讲蔡卞，奉议郎、起居舍人朱服各降一官，坐知贡举日开宝贡院遗火。权知开封府蔡京、判官胡及、推官李士良各罚铜八斤。坐救火延烧寺延及人口，虽会赦特责之也。③

记载中将受处分的两类人明确区分：主考官李定、蔡卞、朱服是因为贡

---

① 《长编》卷三五一，中华书局 1990 年版，第 24 册，第 8408 页。
② 《宋会要辑稿》职官六六之三一。
③ 《长编》卷三五六，中华书局 1990 年版，第 24 册，第 8520 页。

院失火，而开封府官蔡京、胡及、李士良则是因为救火不力。受处分者所受处分都不算重，是因为遇到大赦令。

4. 重要设施

北宋时期曾发生几起京师重要设施失火的事件。建隆二年（961 年）三月丙申，发生了内酒坊失火事。起火后，又“工徒突入省署”，因而使宋太祖异常震怒，于是，“以酒坊使左承规、副使田处岩纵其下为盗，并弃市，酒工五十人，命斩于诸门。宰臣极谏，上怒微解，遽追释之，获免者十二人而已”。[①] 此次处置有些非理性，或许与宋太祖着意立威有关。宋真宗时，又发生京师事材场火灾。据载：

> ［天禧五年夏四月］丁巳，事材场火军士杨胜等三人杖脊黥面配沙门岛。当宿监官、内殿承制石惟清削两任，赎铜二十斤，勒停。不当宿监官、内殿崇班、閤门祗候王承仅，供奉官、閤门祗候张惟一并削一任，勒停。自余主典军校皆决杖、降职有差。胜等洎惟清当处死，特贷焉。张惟一，旻子。[②]

此次处置较为得当，或是依法办事。据记载，受惩处的主要是监官，未涉及监官的上司。

宋徽宗时期，又有大盈仓失火事，据载：

> ［政和三年五月二十二日］同日，司农少卿卢法原放罢，以大盈仓遗火故也。[③]

据引文，此次惩处的是监仓官的上司——司农寺官，本仓监官应也受到惩处，不知为何不载。

---

① 《长编》卷二，中华书局 1979 年版，第 2 册，第 40 页。

② 《长编》卷九七，中华书局 1985 年版，第 8 册，第 2245 页。《宋会要辑稿》刑法六之一〇至一一系此事于本年四月十二日。

③ 《宋会要辑稿》职官六八之二八。

5. **都城地区**

记载中京师地区（南宋是行都）还有府衙失火和本地区居民火灾两种情况。

北宋哲宗元祐六年（1091 年）年底，开封府府衙失火，据载：

> ［元祐七年］四月二十一日，宝文阁直学士、中大夫、兵部侍郎李之纯降授左中散大夫，以知开封府日廨宇遗火故也。①

南宋孝宗淳熙十三年（1186 年）又发生了类似情况，据载：

> ［淳熙十三年八月］十七日，知临安府张杓特降两官。以府治遗火，杓上章自劾故也。②

二次府衙失火，知府都受到降级处分。

北宋开封城内居民失火事见于记载较少，仅见李焘记：

> ［熙宁十年三月乙亥］权知开封府孙固言："本府火，朝廷当正典刑，以惩不恪，未敢即交职事。"诏释固罪。府推官吕希道责监陈州粮料院，以火起希道家也。③

所记"本府火"似即本府居民失火。权知府孙固虽自劾，宋廷并未处分他。

南宋行都临安居民遭受火灾的事明显多于北宋东京。宋高宗在杭州落脚不久，就发生火灾，李心传记：

---

① 《宋会要辑稿》职官六七之六至七，《长编》卷四七二元祐七年夏四月癸酉，中华书局 1993 年版，第 32 册，第 11271 页。灾情参《长编》卷四六八，中华书局 1993 年版，第 31 册，第 11183 页。

② 《宋会要辑稿》职官七二之四五。

③ 《长编》卷二八一，熙宁十年三月乙亥，第 6888 页。

［绍兴六年十有二月甲午朔］是日临安火，所燔几万家……乙巳……直宝文阁、知临安府李谟与本府二通判、火作地分兵官，皆贬秩。坐不即救火也。[①]

本府三位长官，连同火作地分兵官，全因火灾受了降级处分，罪名却是救火不力。

宋宁宗庆元五年（1199年）六月，临安民居发生火灾，知府被罢官，但主要却不是火灾本身，而是处置失当，据载：

［庆元五年］六月八日，知临安府丁逢放罢，与宫观，理作自陈。以臣僚言："逢为尹京畿，府侧居民被火破家，从吏留火衖之请，万口嗟怨，绝无忧民之心。"[②]

看来知府丁逢被罢官，主要是因为怕火延烧到府衙，为留火衖，拆毁过多，引起民愤，这与一般追究火灾责任有别。宋宁宗嘉定十三年（1220年）十一月，临安又发生火灾。十二月"十一日，殿司步军统制薄处厚降一官放罢，以居民遗漏延烧城外至步军寨，处厚却护廨舍，不用心督兵救扑"。[③] 这次处置殿前司的军官，除了救火不力外，还因为此军官过于重视本军廨舍。前述宋理宗绍定四年（1231年）焚及皇宫的临安火灾，吴潜等要求惩处的官员中，除了三衙将领外，还要求"行知临安府林介、两浙转运使赵汝惮之罚"，[④] 据下引时人方大琮文，"辛卯帅臣林介罢，曰谢太室也。辛酉帅臣赵善坚罢，时太室亦无恙，盖谢百姓也"。则林介最终是作为太庙被焚的责任者受到罢官惩处。后嘉熙元年（1237年）五月临安火灾。"甲戌，诏避正殿，减常膳。主管殿前司韩昱、马步军司田庆宗、知临安府赵与欢并上章俟罪，诏释之……辛巳，赵与欢再乞窜削。

① （宋）李心传：《建炎以来系年要录》卷一〇七。

② 《宋会要辑稿》职官七三之二六。

③ 《宋会要辑稿》职官七三之五四。

④ 《宋史》卷四二三《陈埙传》。

诏贬秩一等。”[1] 这次，在知府自己的主动请求下，宋廷给予知府降级处分。三衙将领虽也主动要求处罚，但却未见被处罚的记载。[2]

三　地方官员（含武臣）火灾后被追究责任

宋代除京师（或行都）外的城镇失火，灾情严重，一般追究地方官员的责任。前文已述，这种责任事先已作规定。从实际情况看，被追究责任的主要有知州（有时兼安抚使）、通判、幕职官、驻军长官、都监、监押等。以下将搜集到的有关情况汇为一表。

宋代地方官因火灾被问责受处分情况表

年份	地点	火灾情况	官员职务姓名	受处分情况	根据文献	备注
太平兴国二年	广州	火焚公帑香药珠贝犀象殆尽	知州、蔡州团练使张延范	贬为护国行军司马	《长编》卷一八	奏不以实，又纵奴受贿
太平兴国七年	雄州	延火烧其官舍城门楼	知州、右监门卫将军韦进韬	贬为右卫率府率	《长编》卷三三	鄙吝不市牛酒犒士卒，火起不知觉
庆历八年	江宁府	毁江南李氏旧宫	知府、右谏议大夫、集贤殿学焉李宥	贬秘书监直令致仕	《长编》卷一六二，《宋会要辑稿》职官六五之四	朝廷恶其上奏语
治平三年	温州	烧屋万四千间死五十人	知州张侗、兵马监押张宗古	侗贬知小州，宗古贬监当	《宋会要辑稿》职官六五之二五至二六	
元丰元年	廉州	焚器甲二十四万	知州、供备库使李时亮，监押右侍禁卫立之，司户参军孔元孙	时亮降一官，立之降二官，元孙冲替	《长编》卷二八八，《宋会要辑稿》职官六六之二	不救火，会赦特责

① 《宋史全文》卷三三《理宗》，台湾文海出版社1969年影印本，第5册，第2534页。

② 参方大琮《铁庵集》卷三《缴奏户部侍郎权兵部尚书兼知临安府浙西安抚使赵与欢奏火灾乞削夺窜斥奉圣旨依累降指挥不得再有陈请录黄》。

续表

年份	地点	火灾情况	官员职务姓名	受处分情况	根据文献	备注
元丰元年	邕州	焚官舍千三百四十六区，诸军裹衣万余分，谷帛车器等百五十万	权知州、庄宅副使、阁门通事舍人刘初权，通判、观察推官陈中，监押、西头供奉官高怀亮，都监、内殿承制戴恩，权签书判官侯称，录事参军翟瑜，监仓、贵州推官吴瑾，三班借职张赞，摄司户齐国镇，司理梁景初	权知州追二官，通判追二官并勒停，监押、都监并除名，余各追一官免勒停	《长编》卷二九八	参《长编》卷二九三宋神宗批语
政和三年	温州	烧公私舍屋（数失载）	知州郭敦实，通判韩绪，权都监丁约定	三人各降一官	《宋会要辑稿》职官六八之二九	
绍兴十二年	镇江府	大军仓燔米麦四万斛，刍六万束，公私室庐被焚者甚众	守臣刘子羽	坐贬秩	《系年要录》卷一四四	
绍兴十五年	大宁监	民居遗火延烧官物文书甚众	知监、右朝请郎庞昌孙及兵职官三人	罢官	《系年要录》卷一五三	不即救火，为宣抚司弹劾
绍兴三十年	夔州	州城火，焚官寺民居甚众，焚死六人	知州、直秘阁程敦临，通判、左朝散郎郭篪及本州长兵将官中人	贬秩各一等	《系年要录》卷一八四	不救火，提刑司弹劾
乾道五年	温州	不详	知州、资政殿大学士、左中大夫王之望	罢官	《宋会要辑稿》职官七一之二四	坐视火灾，如越人视秦人之肥瘠，另有其他罪行
乾道九年	台州	都酒务、商税务、糯米仓、馆驿、寺院及临海县衙等	守臣陶之真	降两官放罢	《宋会要辑稿》瑞异二之三七	拯救无方。焚毁据《嘉定赤城志》

续表

年份	地点	火灾情况	官员职务姓名	受处分情况	根据文献	备注
淳熙五年	兴州	沙市三百余间	知州杨绛，监押王洧，主簿孟养直	杨绛追三官勒停，王洧、孟养直各降一官	《宋会要辑稿》瑞异二之三七	宴饮，不亲救扑，提刑奏劾
淳熙十六年	南剑州	延烧市心居民、官舍	知州王楫	降一官，改任宫观	《宋会要辑稿》瑞异二之三九，又职官七二之五三至五四	事发自劾
绍熙二年	徽州	不详	知州赵彦恂，通判李法言、卢瑢	赵彦恂降两官，李法言、卢瑢各降一官，并放罢	《宋会要辑稿》职官七三之七	彦恂夜饮于法言之居，守倅皆醉，救扑甚缓，而又役使兵卒般挈家属行李，人力不给，致其蔓延
绍熙二年	金州	延烧官舍	权知州、利州东路安抚司参议官林枢、通判陈京	林枢降一官放罢，陈京降一官	《宋会要辑稿》职官七三之七	
淳祐元年	徽州	不详	守臣郑崇	降官一秩	《宋史全文》卷三三	按表内“年份”均为官方处置年份，与火灾发生年份或不一致

除表内所示之外，还有一些较为特殊的事例。宋太祖建隆三年（962年）二月“乙未，滑州节度使张建丰免官仍配唐州，坐甲仗军资库火也”。[①] 此时节度使尚未被剥夺地方行政权力，应属地方长官。但令人不解的是，张建丰史籍仅此一见，无论是新旧《五代史》《册府元龟》《续资治通鉴长编》《宋史》等，均不见有关于张建丰的任何其他记载。这对

① 《长编》卷三建隆三年二月乙未，中华书局1979年版，第2册，第62页。《宋史》卷一《太祖纪》略同。

于一位身居节度使高位的人来说，是较罕见的和令人持疑的。南宋高宗绍兴“二十六年五月十七日，湖南转运司申，潭州南岳庙遗火，烧毁殿宇。诏监官先次放罢，令取勘具条闻奏”。[1] 岳庙监官因火灾被罢官，从诏令看，他还有可能受到进一步的惩处，但文献失载。绍兴二十九年（1159年），镇江府先后两次火灾，记载中未见有关官员受处分。但李心传记：

> ［绍兴二十有九年五月甲辰］左朝议大夫郑作肃复直秘阁，知镇江府。时居民遗火，［镇江府驻札御前诸军］都统制刘宝遣其下救之，因而大掠。作肃以为言。他日又火，宝恨之，闭壁不出，下令曰：辄出救者死。城中半为煨烬，仓米被燔者数万斛。[2]

事后一年，台谏官弹劾刘宝，其罪行之一就是此次救火不力。[3] 于是，刘宝被处分：

> ［绍兴三十年十月］十七日，刘宝罢都统制，添差福建路副都总管，福州驻札。以臣僚累言：宝多差军士往湖广贩卖回易，去年镇江火，宝乃闭壁，下令辄出救者死，城中为之煨烬，故责之。[4]

但前引李心传所记实有疑问：绍兴二十九年（1159年）一年内镇江换了三任知府，第一次火灾时，任知镇江府者不是郑作肃，而是杨揆，杨揆之后又有韩仲通任知府，故记“作肃以为言”云云实有疑问。当然，无论是谁“以为言”，刘宝泄私愤拒不救火的事很可能还是属实的。这是事后被追究责任的事例。

记载中还有宋孝宗乾道年间真州六合县火灾，当地驻军长官、武锋

---

① 《宋会要辑稿》职官五四之三六。

② 《建炎以来系年要录》卷一八二，中华书局1956年版，精装第4册，第3028页。

③ 《建炎以来系年要录》卷一八六绍兴三十年冬十月庚申殿中侍御史陈俊卿入对，论镇江府驻札御前诸军都统制刘宝十罪，文渊阁四库全书。

④ 《宋会要辑稿》职官七〇之五〇。

军统制钱卓因不努力救火而被降黜事，但却有两种系时，请看下引：

［乾道六年春正月］甲子，诏真州六合县遗火延烧居民寨屋，统制官钱卓并不用心救扑，显是弛慢不职，可降三官。①

乾道三年正月四日，真州六合县武锋军寨遗火，诏令王之奇将被火居民并流移之人逐［户］赈济，仍开具实支过米数申尚书省。寻诏："本军统制官钱卓并不用心救扑，显是弛慢不职，可降三官。"②

［乾道三年正月］十四日，诏武德大夫、侍卫步军司武锋军统制官钱卓特降三官。坐真州六合遗火，不措置救扑故也。③

《宋史全文》系此事于乾道六年（1170 年），《宋会要辑稿》（二处）系此事于乾道三年（1167 年），由于缺乏旁证，似难确定何者准确。但三处记载关于真州六合火灾及钱卓因不努力救火而被降三官的记述却是一致的。

又有记载：

淳熙元年九月十六日，衡州火。既而诏本路安抚司优加存恤，具已措置赈恤事件以闻。十一月二十七日，泸州火。既而十二月二十六日泉州，二年八月七日严州，四年十二月二十二日鄂州城南市，九年九月八日合州，十二年九月二日温州，十四年六月二十二日临安府，逐州守臣自劾，并放罢。④

这里综述七处火灾，文字简略，末称"逐州守臣自劾，并放罢"，说明此时期火灾后罢免本地长官实的惯例。

南宋周必大记述了李焘任知泸州，本州发生火灾，李焘被追究责任

---

① 《宋史全文》卷二五上，台湾文海出版社 1969 年影印本，第 4 册，第 1959 页。
② 《宋会要辑稿》瑞异二之三六。
③ 《宋会要辑稿》职官七一之一七。
④ 《宋会要辑稿》瑞异二之三七。

的情况：

> ［乾道八年］改直宝文阁帅潼川兼知泸州……淳熙元年被召，适城中火，公上章自劾，既放罪矣，提刑何熙志奏公不亲至火所，并指《长编》记魏王食肥彘，语涉诬谤。上曰……止命成都提刑李蘩体量火事。公行及国门，乞祠，待辨。除江西转运副使，且许归遣……进秘阁修撰。旋坐火后不尽书焚室，贬秩一等。而熙志以辄议史事削两官。[①]

尽管此事有些曲折，但李焘作为知州兼安抚使，因为火灾受到降级处分这一基本事实还是清楚的，只是降级是由于奏报焚数不实，还是因不亲至火灾现场，稍有疑问。

我们也可看到一些地方火灾后本地长官没有受到处理的事例。如大中祥符二年（1009 年）夏四月戊子，升州火灾，宋真宗虽遣“入内高品郝昭信驰驿究劾”，[②] 知升州张咏也有《谢传宣抚问失火及安抚人户事状》，[③] 但宋廷似未处分张咏及其下属。宋真宗大中祥符七年（1014 年）三月癸巳，雄州甲仗库失火，[④]“枢密院请劾不救火状”，而知州李允则辩解说，不救火是为防备敌情，宋廷就不再追究。[⑤] 又如李心传记，淳熙十四年（1187 年），赵汝愚任知府兼成都府路安抚使，发生火灾，赵上奏称焚千八百家（李心传谓实焚七千家），赵汝愚似未受到处分。此事当时曾有人提出赵申报不实，诏令核实，后亦不了了之。[⑥] 嘉定十七年（1224

---

① 见周必大：《文忠集》卷六六《平园续稿·敷文阁学士李文简公焘神道碑》嘉泰元年撰。按《宋史》卷三八八《李焘传》记此事谓：“［乾道］八年，直宝文阁、帅潼川兼知泸州……淳熙改元，被召，适城中火，上章自劾。提刑何熙志奏焚数不实，且言《长编》记魏王食肥彘语涉诬谤。上曰：‘宪臣按奏火数失实，职也。何预国史。’命成都提刑李蘩究火事，诏熙志贬二秩，罢焘止贬一秩。”与周必大所记有小异，即周必大记何熙志弹劾李焘不亲至火所，而史文谓何熙志弹劾李焘奏焚数不实，而据周必大记，言焚数不实者应是李蘩。

② 《长编》卷七一，中华书局 1980 年版，第 6 册，第 1600 页、1602 页。

③ 《乖崖集》卷一一，中华书局 2000 年版，第 125 页。

④ 《宋史》卷八《真宗纪》，中华书局 1977 年版，第 155 页。

⑤ 《长编》卷九三天禧三年六月丁酉，中华书局 1985 年版，第 7 册，第 2151 页。

⑥ 《朝野杂记》乙集卷八《丁未成都火》，中华书局 2000 年版，下册，第 639—642 页。

年）三月黄州火灾，共烧毁民居三百六十九家，知州左奢在上奏自责谓"奢治郡无状，致使君民沿烧，贻害百姓，其何以堪，须至具申朝廷。时赐敷奏，将奢镌罢以谢百姓"，结果是"诏不允"。①

四　因火灾发生后处置失当而被问责

宋代火灾发生后，有些官员往往因处置失当而被问责。其中最为多见的是火灾发生后出现了抢劫现象，有一部分是救火军兵趁火打劫。如：

> 景德元年正月二十五日，平虏城上言：军营遗火，焚居人庐舍甚众。遣阁门祇候谢德权乘驿至宁边军，会孙全照同往穷诘其故。军民谋剽财物者，并按军令；军校不知情者，决杖，隶别州员僚直；余并论如律。②

引文虽未明言发生了趁火打劫事，但从行文中已透露出趁火打劫事已然发生。引文亦未涉及追究官员的责任事。宋真宗大中祥符四年（1011 年）四月九日，专门针对此种情况下诏书称：

> 近日遗火稍多，虽累条约，访闻尚有接便奸幸，放火谋盗财物。其救火兵士、水行人等，又不用心救泼及收捉贼人，致有将擎刀斧斫开门户笼柜，般盗物色。本主收救，又为巡检人员约拦，不令向前，或致缘烧舍屋，疏失财物甚多。开封府宜令左右军巡使、厢界所由及密切差人缉捉放火及遗火去处贼人，仍榜示许人陈告，候获贼，勘逐人不虚，犯人于本处处斩，一房骨肉并配远恶州军……如止于遗火处偷窃，仰收捉勘罪，仍不得约拦本主收救财物。候救灭，即都巡检等搜检救火当直军人及水行人等，如搜捉下财物、犯人，即送开封府，依今条施行。别处捉获及因事彰露，本地分人员、所

① 《宋会要辑稿》职官四之五一。

② 《宋会要辑稿》刑法五之一九至二〇。

> 由，并当严断，巡检并军巡使，亦重行朝典。[①]

此诏书最后部分已涉及追究有关官员责任。数年后，就有官员因部下军兵趁火打劫而受惩处的事例：

> ［大中祥符九年十一月］乙巳，黜天武右厢都指挥使、兴州团练使鹿信为陈州马步军都指挥使，领郡如故。先是京城北民舍火，信领兵救之，部卒毋谦等五人盗民家白金五百两，命斩谦等，仍先断手足。信以所部不肃故及于责，都虞候而下咸决杖配江淮本城。[②]

南宋时期也有军兵趁火打劫而地方长官因弹压不力而被处分的情况。如：

> ［乾道三年］二月十三日，诏知婺州赵不猷特降两官放罢，汀州居住。坐城中遗火，兵士乘间剽劫民财，不猷专务姑息，不能弹压，为言者论列，故有是命。[③]

另前述温州火灾情况也涉及火灾时军兵抢劫而兵官受降级处分事。

火灾发生后，有些地方官为逃避罪责，申报时隐瞒灾情，少报被焚户数也是较为常见的。表内北宋太平兴国二年（977 年）知广州张延范被处分的罪名中就有"奏不以实"一项。又如前述李焘、赵汝愚都曾受到此种指责，李焘有可能就是因申报不实被降级。又如：南宋宁宗嘉定五年（1212 年）九月"二十七日，知和州富嘉谋……放罢。以江淮制置使黄度言：'嘉谋遗火延烧，掩覆不尽以闻……'"[④] 富嘉谋也因申报不实受到处分。

有些地方火灾后，缮后事务处置失当，地方长官也被追究责任。如：

---

① 《宋会要辑稿》兵三之二至三。另参三之四天圣二年正月诏，《宋会要辑稿》刑法二之一〇九至一一一绍兴三年十二月十七日诏等。

② 《长编》卷八八，中华书局 1985 年版，第 7 册，第 2026 页。

③ 《宋会要辑稿》职官七一之一七，参见同书瑞异二之三六。

④ 《宋会要辑稿》职官七四之四三至四四。

［淳熙十二年］五月一日，知郴州赵不俄放罢。以本路监司奏劾，本州遗火，不行赈救，刻剥百姓，故有是命。①

［绍定四年九月］丁巳，诏两浙转运判官赵汝惮予祠。以臣僚言其［临安］火后营缮科扰州县也。②

这些官员受处分，虽不是直接因为火灾，但所涉及的事却与火灾密不可分。

综上所述，可知宋代官员火灾问责已经趋于制度化，其中包括对防火责任的追究，对救火不力责任的追究，对火灾伴生事故的责任追究等，反映了社会文明程度的提高。但同时我们也可以看到，这种问责还存在局限性，还有不少不科学的地方，还受到专制社会人治方法（如制度执行的随意性）的不利影响。

① 《宋会要辑稿》职官七二之四一。

② 《宋史全文》卷三二，台湾文海出版社1969年影印本，第5册，第2480页。